国家社科基金后期资助项目（21FGLB033）

"一带一路"沿线基础设施投资问题研究

Research on infrastructure investment along the Belt and Road

李建军 等著

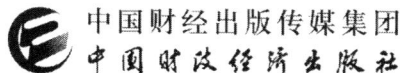

国家社科基金后期资助项目
出版说明

　　后期资助项目是国家社科基金设立的一类重要项目，旨在鼓励广大社科研究者潜心治学，支持基础研究多出优秀成果。它是经过严格评审，从接近完成的科研成果中遴选立项的。为扩大后期资助项目的影响，更好地推动学术发展，促进成果转化，全国哲学社会科学工作办公室按照"统一设计、统一标识、统一版式、形成系列"的总体要求，组织出版国家社科基金后期资助项目成果。

全国哲学社会科学工作办公室

前　言

"一带一路"倡议提出已经将近10年，共建"丝绸之路经济带"和"21世纪海上丝绸之路"的倡议取得了显著进展。应该说，2013年以来，共建"一带一路"从理念落地为行动，从愿景转变为现实，构建人类命运共同体的思想通过"一带一路"倡议不断实践前行。"一带一路"倡议内涵丰富，切实加强国家之间的互联互通，具体表现在"政策沟通""设施联通""贸易畅通""资金融通""民心相通"五个方面。"一带一路"从谋篇布局的"大写意"，到精雕细琢的"工笔画"，沿线的建设，特别是基础设施建设进入新的阶段。

自"一带一路"倡议提出后，中国就一直践行"引进来"和"走出去"并重，创新对外投资方式，促进国际产能合作。到2021年10月底，中国已经与140个国家、32个组织签署"一带一路"共建协议206份，建立90多个双边合作机制（国务院新闻办，2021年10月29日，人民资讯）[①]。2015—2020年中国累计对"一带一路"沿线国家非金融类投资额达到921.8亿美元，非金融类投资额在2020年有所上升[②]；非金融类直接投资额占对外投资总额的比例也逐年攀升，这与中国积极通过与相关国家的双多边机制、区域合作平台等方式发展与沿线国家的经济合作关系密不可分。

"一带一路"沿线国家主要集中于亚洲、中东欧和北非等地区，经济发展多处于中等水平。整体来看，由于历史遗留问题、先天的资源禀赋限制、较差的制度环境等情况普遍存在，这在一定程度上导致沿线国家经济基础薄弱。此外，从"一带一路"沿线国家的经济发展模式来看，大部分国家依然遵循以牺牲环境和枯竭资源为代价的粗犷型增长方式。"一带一路"沿线国家多以发展中国家为主，研发创新意愿较弱，技术投入不足，

---

① 人民资讯：http://newsdata.peopletech.cn/wap-news/，2021年10月29日。
② 产业信息网：https://www.chyxx.com/industry/202103/935252.html，2020年中国"一带一路"沿线国家投资合作现状分析，2021年3月3日。

营商环境较差。因此，完善基础设施联通对于利益共同体建设十分重要。中国在推进"一带一路"基础设施投资方面进行了积极的实践探索，发起成立亚洲基础设施投资银行，设立丝路基金，鼓励中国企业投身到沿线国家的基础设施建设项目中来，承建大型工程项目；中国金融机构也积极参与"一带一路"建设，为沿线项目提供多元化融资支持。10年来，中国在沿线的基础设施建设中发挥了重要作用，促进了沿线国家的经济发展。那么，"一带一路"沿线的基础设施建设状况如何？产生了怎样的经济绩效？中国企业开展沿线基础设施投资面临哪些问题？金融约束与风险问题如何？下一步中国对沿线的投资应如何布局？这些问题值得研究。

本课题将对"一带一路"沿线国家的基础设施状况与投资问题，"一带一路"倡议与沿线基础设施水平提升，"一带一路"沿线的投资环境与中国在沿线基础设施投资问题，"一带一路"沿线基础设施投资与中国企业的经济效应，"一带一路"沿线基础设施投资的金融问题，"一带一路"基础设施投资的安全问题，以及推进"一带一路"沿线基础设施投资的政策建议等几个方面，进行系统、深入的研究与分析。

本研究报告根据审稿专家细致、专业的意见，在原有版本基础上进行较大篇幅的修改与完善。作者于2022年4月末对研究报告展开全新修订，历时两个月，完成全书的结构调整、内容扩充、数据更新和书稿整合工作。接受审稿专家的意见，我们重新设计了各章节顺序，呈现出较为紧密的理论联系与逻辑关联，并对研究内容作出补充扩展，使成果内容更为完整丰富。我们将研究分析所用数据进行大量更新，发布频率较高的数据更新到2022年3月，年度数据更新到2021年；实证模型数据由于指标多，各指标数据发布频率不同，基本更新到2019年。应该说，本研究成果的时效性显著提升。此外，我们按审稿专家的意见要求重点梳理分析了中国在"一带一路"沿线基础设施投资的状况、进展和存在问题等与报告主题密切相关的核心问题，并着重分析金融要素对"一带一路"基础设施投资的重要作用，还补充了国际外部竞争和冲击方面的研究。具体章节补充完善后的内容说明如下。

第一章"一带一路"倡议与基础设施投资，是统领全篇的章节。本章回顾了"一带一路"倡议的提出、内涵，世界各国、各地区和国际组织的参与情况，以及与其他区域性计划的对接以及面临的不友好计划的阻力，并引出基础设施投资在"一带一路"倡议合作框架中的重要地位。第二章"一带一路"沿线基础设施投资状况与中国在沿线的投资问题，本章首先运用投资环境评价方法，对"一带一路"沿线投资环境情况进行了评估分析，通过建立国别层面环境风险评估框架对"一带一路"沿线投资环境风险指数对比分析；之后，研究了沿线国家基础设施投资状况及存在的问题，分析了沿线基础设施投资的机遇与挑战；最后梳理了中国在"一带一路"沿线的基础设施投资现状，使用较为翔实的数据和案例深入分析中国在"一带一路"沿线基础设施投资的进展、基础设施投资的资金来源和基础设施投资的收益等专题问题。第三章"一带一路"倡议对沿线基础设施水平提升的经济绩效，首先构建了"一带一路"沿线基础设施评价体系，评估了沿线基础设施发展现状；之后，实证检验"一带一路"倡议的基础设施水平提升效应；最后，通过构建经济发展与基础设施水平的关系模型，实证检验"一带一路"基础设施互联互通的经济绩效，论证"一带一路"倡议下基础设施投资合作对沿线经济发展的增进效应。第四章"一带一路"沿线基础设施与中国企业的经济效应，以中欧班列促进互联互通作为切入点，通过理论分析构建模型，运用上市公司的数据和其他经济数据，依次具体检验了"中欧班列"促进沿线基础设施互联互通的贸易效应，"一带一路"基础设施水平提升对企业绩效改进效应，特别是"中欧班列"降低企业经营风险的效应，"一带一路"交通基础设施（中欧班列）带来的企业产能优化效应，重点是"中欧班列"抑制僵尸企业的作用。第五章"一带一路"基础设施投资的金融问题，首先分析"一带一路"沿线基础上投资的资金需求与瓶颈，讨论沿线的金融需求问题和金融制约问题；其次，归纳分析了"一带一路"基础设施投资的融资模式，包括主要模式、工具与风险，特别关注了财政与社会资本支持在"一带一路"基础设施投资中发挥的重要作用；再次，建立了"一带一路"基础设施投资的金融支持分析框架体系并实证检验了金融要素的贡献；最后，通过理论与实证研究，探究了"一带一路"倡议对沿线国家金融效率的提升作用及其机制。第六章"一带一路"基础设施投资的安全问题。"一带一路"基础设施投资的安全问题至关重要，安全是沿线投资等经济活动的前提。在复杂的地缘政治和"逆全球化"潮流的冲击下，中国企业在沿线的投资安全受到了一定的威胁，如何应对投资过程中的安全问题是重要的课题。本章首先讨论了"逆全球化"带来的安全问题与全球化收益配置，"一带一路"倡议全球化收益配置和如何借助"一带一路"倡议推动"全球化"转型升级；其次，梳理了沿线国家的经济、财政以及债务状况，分析了当前沿线国家面临的经济冲击、财政风险以及债务风险；再次，实证研究了"一带一路"沿线基础设施投资的金融风险问题，包括银行业风险、资本市场风险，并对整体金融风险进行了总体评估；最后，分析了沿线国家面临的政治风险、疫情风险以及俄乌冲突对沿线基础设施建设带来的影响，提出相应的对策建议。第七章结论与建议，以推进"一带一路"基础设施投资为主题，首先归纳整理"一带一路"基础设施投资的问题研究结论，提出解决对应问题的对策建议，最后从全局视角，提出推进"一带一路"沿线基础设施投资，夯实人类命运共同体的战略性意见和建议。

本课题在研究过程中形成的主要的研究成果发表在《世界经济》《国际金融研究》《金融评论》《经济学家》《金融论坛》等高水平学术期刊上，研究预期成果包括多篇核心期刊论文和本专著。本课题负责人李建军教授负责本研究整体研究思路的设计、研究内容和章节结构的安排，部分章节的撰写及书稿的整合、校订和完善等工作。李俊成和焦文昭负责第一章"一带一路"倡议与基础设施投资的撰写和修订；韩珣和王晓倩负责第二章"一带一路"沿线基础设施投资环境与中国的投资问题部分的撰写；李俊成负责本研究稿第三章"一带一路"倡议与沿线基础设施发展水平；李俊成、冯艺苑和杨璐负责第四章"一带一路"沿线基础设施与中国企业的经济效应；李明洲和李俊成负责第五章"一带一路"沿线基础设施投资的金融问题；王丽梅和方意负责第六章"一带一路"沿线基础设施投资的安全金融问题；韩珣负责本研究第七章结论与建议部分，彭俞超负责书稿的整体审校。

本项目在研究过程中受制于数据来源渠道多元化，数据口径难免存在不一致，特别是加入"一带一路"倡议的国家与地区在不断变化，导致研究分析，尤其是技术分析存在困难，这是今后需要重点改进的地方，也希望专家和读者批评指正。

作　者

2023 年 3 月

目　录

第一章　"一带一路"倡议与基础设施投资 …………………………（1）

　　第一节　"一带一路"倡议提出 ………………………………（1）

　　第二节　"一带一路"倡议落地的进展 ………………………（8）

　　第三节　"一带一路"倡议与其他区域合作计划的对接及
　　　　　　阻力 ……………………………………………………（20）

　　第四节　"一带一路"沿线基础设施投资的理论分析 ………（30）

　　第五节　本章小结 ………………………………………………（37）

**第二章　"一带一路"沿线基础设施投资状况与中国在沿线的
　　　　　投资** ……………………………………………………（39）

　　第一节　"一带一路"沿线国家的投资环境评价分析 ………（39）

　　第二节　"一带一路"沿线基础设施投资状况与存在的问题 ……（46）

　　第三节　中国在"一带一路"沿线的基础设施投资 …………（59）

　　第四节　本章小结 ………………………………………………（81）

第三章　"一带一路"倡议对沿线基础设施水平提升的经济绩效 ……（83）

　　第一节　"一带一路"沿线基础设施互联互通现状评估 ……（83）

　　第二节　"一带一路"倡议与沿线基础设施水平的提升 ……（88）

　　第三节　"一带一路"沿线基础设施水平提升的经济绩效 ……（101）

　　第四节　本章小结 ………………………………………………（113）

**第四章　"一带一路"沿线基础设施与中国企业的经济效应：
　　　　　以中欧班列促进互联互通为例** ……………………（116）

　　第一节　"一带一路"沿线基础设施互联互通的贸易效应 ……（117）

　　第二节　"一带一路"基础设施水平提升与企业绩效改进
　　　　　　效应 …………………………………………………（128）

第三节 "一带一路"基础设施水平提升与企业产能优化：
　　　　中欧班列的效应……………………………………（148）
第四节 本章小结……………………………………………（162）

第五章 "一带一路"基础设施投资的金融问题……………（164）
第一节 "一带一路"基础设施投资的资金需求与瓶颈制约……（164）
第二节 "一带一路"基础设施投资的融资模式……………（175）
第三节 "一带一路"基础设施投资的金融支持分析………（191）
第四节 "一带一路"沿线金融效率的实证分析……………（197）
第五节 本章小结……………………………………………（216）

第六章 "一带一路"基础设施投资的安全问题……………（218）
第一节 "逆全球化"带来的安全问题与全球化收益配置
　　　　分析……………………………………………（218）
第二节 "一带一路"基础设施投资与债务安全问题………（245）
第三节 "一带一路"沿线基础设施投资的金融风险实证
　　　　分析……………………………………………（263）
第四节 "一带一路"沿线国家政治风险带来的基础设施
　　　　投资安全问题…………………………………（279）
第五节 疫情叠加地缘政治风险对"一带一路"基础设施
　　　　投资安全的冲击………………………………（283）
第六节 本章小结……………………………………………（296）

第七章 结论与建议……………………………………………（298）
第一节 "一带一路"沿线的基础设施投资问题研究的主要
　　　　结论……………………………………………（298）
第二节 解决"一带一路"沿线基础设施投资问题的对策
　　　　建议……………………………………………（303）
第三节 推进"一带一路"沿线基础设施投资，夯实命运
　　　　共同体的基础…………………………………（308）
第四节 本章小结……………………………………………（312）

参考文献……………………………………………………（314）

第一章 "一带一路"倡议与基础设施投资

自 2013 年习近平总书记提出"丝绸之路经济带"和"21 世纪海上丝绸之路"合作倡议以来，截至 2022 年 3 月 23 日，中国与 149 个国家和 32 个国际组织签署共建"一带一路"合作文件，"一带一路"倡议已成为全球共识，政策沟通、设施联通、资金融通、贸易畅通与民心相通的新格局正在形成。基础设施作为"一带一路"建设的优先领域，取得了更为突出的成绩，引领其他领域共同发展。本章首先回顾"一带一路"倡议提出的背景与实施的进展，之后，分析"一带一路"倡议与全球其他计划的对接情况，以及面临的非友好国家通过类似计划抵制阻力问题，最后引出"一带一路"的基础设施投资理论基础。

第一节 "一带一路"倡议提出

"一带一路"倡议是在部分发达经济体贸易保护主义兴起、逆全球化态势明显的国际背景下，中国顺应世界经济全球化潮流的明智之举，是主动承担大国责任、展现大国形象的担当之举，是与沿线国家合作共赢的必要之举。它为全球提供了一种新型国际经济合作形式，在满足所有参与者利益的基础之上，通过基础设施和各领域互联互通，实现互利共赢。

一、"一带一路"倡议提出的背景

1. 世界格局演变的呼唤新合作机制。

冷战结束以来，以"自由主义"为旗号的全球化逐步走向衰败。一是经济方面，在西方发达国家内部，金融跨国资本获得最大化的利润，而实业资本日渐衰落，产业空心化问题日益加剧，两类资本的利益产生分歧，博弈日趋激烈。特别是 2008 年全球金融危机以来，西方发达国家在经济方面遭受沉重打击，经济增长速度缓慢，民粹主义与贸易保护主义兴起，

WTO主导的全球多边贸易体制逐渐式微，逆全球化潮流明显。二是政治方面，新一轮"民主化浪潮"在全球受到冷遇，欠发达国家纷纷抵制，以美国为首的发达国家先后陷入阿富汗、中东等旋涡。西方发达国家在政治和经济两方面都遭遇巨大挫折。与此同时，以中国为代表的新兴经济体快速崛起，成为引领世界发展的新力量，世界格局呈现"西落东升"趋势，全球化中心也逐渐从西方移向东方，迫切需要重塑全球化的理念，重构全球化的机制。正是在这样的国际背景下，中国提出了"一带一路"倡议，力图有效推动中国全方位对外开放、促进中国经济外交的构建和实现构建人类命运共同体的目标，顺应新全球化趋势。

2. 沿线国家发展需要新动能。

"一带一路"沿线国家普遍存在外向型经济水平不足，工业产能体系不完备，基础设施薄弱、建设能力有限等问题，仅凭本国力量与现有的国际经济合作形式难以解决，需要经济全球化推动本国经济发展。然而，沿线国家的需要与目前国际上逆全球化态势有所冲突，他们需要有负责任的大国扛起经济全球化的大旗，引领各国走向民主平等、优势互补的新型国家经济合作形式。沿线国家可以通过与中国开展贸易往来、资金融通、产能合作，改变本国只依赖于资源开采等单一经济模式，融入全球产业分工体系；可以依托自身钢铁、有色金属、建筑材料等领域良好的工业基础，利用中国全球最为完备的工业体系和巨大的工业产能，推动当地工业水平发展，解决当地就业问题；可以利用中国先进的基础设施建设技术和雄厚的资本，满足自身巨大的基础设施需求，带动本国经济、产业发展，提升人民生活幸福感。

3. 中国和平崛起的世界责任担当。

自改革开放以来，中国经济飞速发展，2010年中国经济总量位居世界第二，2014年中国成为了世界第一大贸易国、世界第三大对外投资国和世界第一吸引外资国。据统计，2006—2013年中国每年对世界经济发展的贡献率持续稳居世界第一，成为世界经济增长的第一引擎。与此同时，中国实现中华民族伟大复兴的目标，需要更充分地利用国内、国际两个市场两种资源，推动全方位对外开放是中国自身发展的必然要求（李向阳，2019），与合作国家优势互补、资源共享，增强国际产能合作，提升居民收入，实现共赢。随着中国经济发展一路高歌猛进，中国也应获得与之匹配的影响力与发言权，中国在全球经济治理体系的话语权不断提升，国际社会期待中国可以承担更多的责任，拉动世界经济发展，为低迷的全球贸易市场注入活力。"一带一路"倡议的提出正是中国勇于承担大国责任，主动制定规则，补充和完善现有的国际机制，以开放、包容、普惠、平衡、共赢为前提，推动世界经济全球化进程的重要平台。

二、"一带一路"倡议的内涵

"一带一路"倡议是2013年习近平总书记提出的"丝绸之路经济带"和"21世纪海上丝绸之路"合作倡议，在全球化发展和"逆全球化"趋势大背景下，旨在促进经济要素有序自由流动、资源高效配置和市场深度融合①。它延承古老丝绸之路的历史脉络，以和平合作、开放包容、互学互鉴、互利共赢的丝路精神为指引，秉承共商、共建、共享的基本原则，着力构建政策沟通、设施联通、资金融通、贸易畅通与民心相通的新格局，形成五大走向、六大经济走廊、多国多港作为总体布局，与合作伙伴共同打造利益共同体、责任共同体和命运共同体。

1. "共商、共建、共享"基本原则。

"共商、共建、共享"原则是指合作规则应由各国共同书写，合作过程应由各国共同建设，合作成果应由各国共同分享。共商是指各国应当尊重他国治理模式的选择，倡导国际治理过程中的民主化，通过协商谈判的形式，深入探寻和理解彼此的实际诉求，确定追求发展的最大公约数。共建是指各国应积极开展合作，鼓励本国企业"走出去"，完善各方面配套服务，与合作伙伴积极沟通共同参与建设。共享是指各国共同分享"一带一路"的建设成果，互利共赢，实现"一带一路"国家互联互通的美好愿景，造福沿线各国人民。

2. "利益共同体、责任共同体、命运共同体"目标。

利益共同体、责任共同体、命运共同体三者呈递进关系。其中，利益共同体是基础，强调各国之间优势互补，加强经济合作，互联互通，互惠共存，互利共赢。责任共同体是保障，强调各国应勇于承担相应的责任，通过"一带一路"连接起不同的文明，实现国家间和谐共处、相互学习，共同解决建设难题。命运共同体是升华，强调各国发展融合，追求本国利益时充分考虑他国的合理诉求，建立以合作共赢为核心的新型合作关系，同舟共济，实现国与国的命运共同体、区域内命运共同体、人类命运共同体（赵可金，2016）。

3. "政策沟通、设施联通、贸易畅通、资金融通、民心相通"主要内容。

（1）政策沟通是"一带一路"建设的重要保障。其目标可分为达成

---

① 国家发展改革委，商业部，外交部. 2016-5-16. 推动共建丝绸之路经济带和21世纪海上丝绸之路的愿景与行动［EB/OL］. http://www.scio.gov.cn/33648/Document/1477218/1477218.html.

发展共识、进行战略对接、建立推进机制。第一步，发展共识，中国通过增加与沿线国家的交流磋商，充分了解彼此诉求，寻求利益最大公约数，从而达成合作发展共识。第二步，战略对接，在发展共识的基础之上，与合作伙伴的大社会经济发展战略进行对接，制定区域发展合作规划，将合作发展共识转化为实际方案。第三步，建立推进机制，在区域发展合作规划签订以后，实施过程中存在种种问题需要政府间有效沟通协调解决，必须建立推进机制作为制度保障。

（2）设施联通是"一带一路"建设的物质基础，基础设施是"一带一路"建设的优先领域。设施联通主要分为交通、能源、信息三大板块。交通设施联通目标在于提升沿线国家道路通达水平，加强海上物流信息化合作，加快提升航空基础设施水平，实现国际运输便利化。能源设施联通目标在于实现与沿线国家能源的互联互通合作，保障运输管道安全，加强推进跨境电力建设。信息设施联通目标在于提高国际通信互联互通水平，加快推进双边跨境光缆等建设，畅通信息丝绸之路[①]。

（3）贸易畅通是"一带一路"建设的重点内容。其中，主要内容共分为四点。第一，拓宽贸易领域，优化贸易结构，促进贸易平衡。第二，加快投资便利化进程，消除投资壁垒。第三，拓展相互投资领域，重点关注传统能源与新能源开发领域。第四，推动新兴产业合作，探索投资合作新模式，建设境外经贸合作区。

（4）资金融通是"一带一路"建设的重要支撑。资金融通目标主要分为四点。第一，开展多种形式金融合作，设立亚洲基础设施投资银行与丝路基金投资"一带一路"建设项目。第二，搭建了跨境投融资合作平台，辅以配套金融服务。第三，有效推进人民币跨境使用，加速人民币国际化进程。第四，建立正式的监管合作机制，防范跨境金融风险，做好风险处置工作。

（5）民心相通是"一带一路"建设的社会根基。其聚焦于文化旅游、科技教育、扶贫卫生、政党智库和民间组织四个方面。文化旅游方面着力于开展文化年、电影节等文化活动，扩大旅游规模，推广具有丝绸之路特色的旅游产品。科技教育方面着力于开展人才交流合作，共同提升科技创新能力。扶贫卫生方面着力于有效减贫，为沿线国家提供必要的医疗援助。政党智库和民间组织方面着力于加强各地区之间政治组织、基层民众的交流合作，塑造友好的文化生态与舆论环境。

4. "五大走向、六大经济走廊、多国多港"的总体布局。"丝绸之路经

---

① 黄群慧．"一带一路"沿线国家工业化进程报告[M]．北京：社会科学文献出版社，2015．

济带"三大走向分别为：第一，从中国西北、东北途经中亚、俄罗斯到达欧洲波罗的海；第二，从中国西北途经中亚、西亚到达波斯湾、地中海；第三，从中国西南途经中南半岛到达印度洋。"21世纪海上丝绸之路"两大走向分别为：第一，从中国沿海港口过南海，途经马六甲海峡到达印度洋，最终延伸至欧洲；第二，从中国沿海港口过南海，向南太平洋延伸。六大经济走廊包含新亚欧大陆桥、中蒙俄、中国—中亚—西亚、中国—中南半岛、中巴和孟中印缅六大国际经济合作走廊①。"多国"为先期合作的战略支点国家，而"多港"为保障海上运输大通道安全畅通的合作港口②。

三、"一带一路"倡议创新国际经济合作模式

与传统的国际经济合作形式相比，"一带一路"倡议是一种新型国际经济合作形式。这种"新型"首先体现在其本质上是国际公共产品，有助于解决市场失灵问题并重塑全球价值链。

1. "一带一路"倡议提供全球化发展新模式，有助于解决市场失灵问题。

目前市场经济是当今世界的主流经济理念，而市场外部失灵的制度困境阻碍资本主义市场经济发挥效率（严金强和夏碧英，2021）。当前，发达国家对国际金融机构和先进生产技术的垄断正是造成世界市场失灵的重要原因。一方面，发达国家牢牢垄断着国际金融机构决策权，并以此严控国际金融资源的配置及国际资金的流向（Asiedu 和 Lien，2010）；另一方面，发达国家出于自身既有利益，始终垄断先进生产技术，阻碍世界经济技术的扩散和进步，降低了资源在全球配置过程中的有效性，最终导致全球整体福利水平的降低。显然，仅靠世界市场机制自发作用，各国并无法走出市场失灵的困境。"一带一路"倡议的提出，正有助于缓解当前世界市场失灵的现象。该倡议对包括基础设施在内的公共产品供给的积极效应在于：其一，"一带一路"倡议可以提供中国版全球化发展范式，助力"双循环"新发展格局，突破全球化的不足（李曦辉等，2019）。在此过程中，"一带一路"倡议有利于推动世界相关国家之间的多方面合作，从而完善世界市场的功能，有效解决当前世界市场存在的垄断问题，促进落

---

① 一带一路网. 2018 - 11 - 8. 什么是"一带一路"[EB/OL]. https：//www. yidaiyilu. gov. cn/info/iList. jsp? tm_id = 540.

② 国家发展改革委，商业部，外交部. 2016 - 5 - 16. 推动共建丝绸之路经济带和21世纪海上丝绸之路的愿景与行动 [EB/OL]. http：//www. scio. gov. cn/33648/Document/1477218/1477218. html.

后国家经济开放开发和全球产业链分工地位提升（戴翔和宋婕，2021），缩小各国发展差距，为长期处于经济"凹陷地带"和国际分工"灰色地带"的广大腹地国家提供新的发展际遇（柳思思，2014）；其二，"一带一路"倡议将有助于打破国际市场金融垄断。亚洲基础设施投资银行、丝路基金等的建立和发展，有助于弥补当前金融市场存在的缺陷，有效缓解当前面临的国际金融机构被少数发达国家控制、导致金融服务不能满足占多数的发展中国家基础设施投资和经济社会发展中庞大资金需求的矛盾（周延礼，2019）；其三，"一带一路"倡议能够为广大的发展中国家带来先进的生产技术，从而推动其实现技术进步，提升自身的"造血功能"和经济发展内生动力，有效缓解当前国际先进技术被欧美发达国家垄断的局面（郑伟和桑百川，2017）。

2. "一带一路"倡议重塑全球价值链。

随着全球价值链在世界范围内不断深化，增值环节逐渐趋于碎片化，对于参与分工国家的资源、技术禀赋要求逐渐降低。发达国家牢牢把控产品研发、关键零件生产等高利润环节，约束发展中国家的知识创造与企业能力提升。发展中国家只能一直从事一般零件生产加工等低利润环节，陷入"低端锁定"困境，无论是从市场、技术、配套设施都难以与发达国家媲美。而在金融危机之后，发达国家意识到本国存在制造业空心化问题，纷纷出台制造业回流政策，实现"高端回流"。许多发展中国家承受着"低端锁定"的种种痛苦，还要与发达国家的"高端回流"相竞争，迫切需要重塑全球价值链。"一带一路"建设可以构建新型全球价值链分工体系，以中国作为核心枢纽，通过衔接全球价值链与区域价值链，为发展中经济与发达经济体开展公平对话与经济合作提供平台与基础。其中，中国从被发达国家引领转变为中国引领其他发展中国融入全球价值链，发展中国家也不再仅仅以低廉要素成本优势被发达国家嵌入全球价值链，而是以新的角色融入全球分工体系中，尽享经济全球化的福利（黄先海和余骁，2017）。

3. "一带一路"倡议创新发展出新型国际合作平台模式。

"一带一路"倡议作为一种新型国际经济合作形式还体现在它是一种新型国际合作平台，以利益共同体、责任共同体、命运共同体为目标，坚持"共商、共建、共享"原则，推进全球经济全球化进程。主要体现在：第一，"一带一路"倡议将构建人类命运共同体作为终极目标。人类命运共同体是中国提供给世界一种理念公共产品（习近平，2018），是未来世界发展的必然趋势。一方面，当今世界形势严峻复杂，经济增长动力不足，贫富差距显著，地区冲突不断，新冠疫情冲击等黑天鹅事件层出不穷，人类命运受到极大的挑战，需要所有国家共同面对。另一方面，随着全球化进程不断深化推进，各国政治、经济、产业等多方面相互联系、相互依存，每个国家都属于人类命运共同体的一部分，都可以为世界贡献自己的一份力量，一两个霸权国家就可以操控全球发展的情况不复存在。人类命运共同体的整体利益已经超越主权国家利益，每个国家的经济社会发展都必然以人类共同利益的发展为前提（李向阳，2019）。第二，"一带一路"倡议开创了区域合作与洲际合作的新模式。它兼容并包，跨越不同地域、不同文化、不同发展阶段，涵盖发达国家、新兴国家、发展中国家，推动构建公正、合理、透明的国际经贸投资规则体系。它注重对接沿线国家发展战略，充分发挥各国比较优势，符合各国的发展需要，构建更加均衡普惠的全球产业链。它区别于西方大国的"胡萝卜加大棒"理念，坚持"共商、共建、共享"原则，重视发展中国家的声音，提供了一种非霸权主义的国际经济合作形式。第三，"一带一路"倡议拓展了国际经济合作的广度和深度。过往的国际合作战略多为强势国家单方面输出资源，局限于经济贸易领域。而"一带一路"倡议是中国与沿线国家优势互补的合作，包含政策沟通、设施联通、贸易畅通、资金融通、民心相通等领域，特别是它更关注公众对于深化双边和多边合作的支持，强调"关系亲不亲，关键在民心"，将民心相通作为"一带一路"建设顺利的关键基础，通过积极开展人才学术交流和文化活动，拉近两国人民心与心之间的距离。

总之，在西方发达国家政治经济受挫、新兴经济体快速崛起、全球化中心从西方转移至东方、全球化机制与理念迫切需要重构的时代大背景之下，"一带一路"倡议的提出有效满足了沿线国家对民主平等、优势互补的新型国际经济合作模式的需求，推动中国与"一带一路"沿线国家的全球化进程，增强中国在全球经济治理体系的话语权，向世界展现中国的责任担当。"一带一路"倡议始终坚持"共商、共建、共享"基本原则，开创区域合作与洲际合作的新模式，以兼容并包的态度，为发达国家与发展中国提供平等沟通的合作平台，涵盖政策沟通、设施联通、贸易畅通、资金融通、民心相通五大领域，全方位拓宽经济合作的深度与广度，最终实现人类命运共同体的终极目标。在"一带一路"倡议之下，诸多国家纷纷参与到"一带一路"建设之中，积极从政策、建设、贸易、金融、文化等领域开展合作互通，基础设施项目在沿线国家落地生花，进展迅速，硕果累累，对当地经济带动效应明显，为"一带一路"倡议的宏大愿景提供有力支撑。

第二节 "一带一路"倡议落地的进展

一、加入"一带一路"倡议的国家、地区和组织快速增加

2013年9月7日至2022年3月22日,中国共与149个国家和32个国际组织签署了"一带一路"合作文件,如图1-1所示。获得如此多的"一带一路"共建伙伴不是一蹴而就,而是中国积极向世界推广"一带一路"倡议与人类命运共同体目标的努力成果。本节将结合中国推动"一带一路"倡议的关键时间点与每年加入倡议的国家和地区数目,将加入过程共分为4个阶段,分别为2013—2014年、2015—2016年、2017—2019年、2020—2022年。

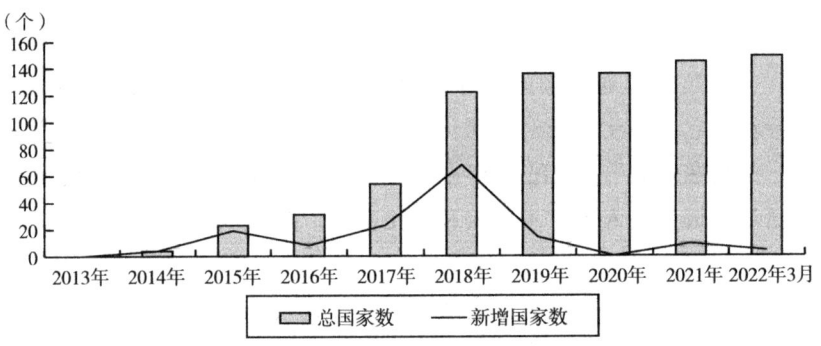

图1-1 2013年至2022年3月加入"一带一路"倡议的国家数量趋势
数据来源:作者国家发改委网站发布的数据信息整理。

1. 2013—2014年:从提出到务实合作

2013年"一带一路"倡议提出后,在国际范围内引起巨大反响,各国对"一带一路"的原则、意义、措施众说纷纭,并观望中国进一步的相关举措。2014年中国召开的中央财经领导小组第八次会议与中央经济工作会议使"一带一路"的全盘规划渐渐浮出水面。尤其是习近平总书记在中国APEC峰会中提出"以亚洲为重点实现全方位互联互通",正式将"一带一路"倡议推入务实合作阶段。2014年9月,哈萨克斯坦第一个与我国签订"一带一路"合作文件。之后,斯里兰卡、卡塔尔、白俄罗斯也陆续成为"一带一路"合作伙伴。在本阶段,我国的合作伙伴主要为亚洲地区的发展中国家,其经济发展基础较为薄弱,希望与中国合作实现本国基础设施联通。

2. 2015—2016年：从倡议到全球共识

2015年3月《推动共建丝绸之路经济带和21世纪海上丝绸之路的愿景与行动》的发布标志着"一带一路"顶层设计方案已正式确立。为保障沿线国家共建项目资金充裕，同年12月首个"一带一路"多边金融机构亚洲基础设施投资银行正式成立。2016年，"一带一路"倡议首次写入联合国大会决议之中，"一带一路"倡议正式走到世界舞台中央，成为全球共识。中国一系列的落实举措与国际社会的广泛认可有效鼓舞了许多国家积极参与到"一带一路"建设之中。2015—2016年，共有17个国家成为共建"一带一路"合作伙伴，主要分布于亚洲与欧洲地区，其中多为发展中国家，存在基础设施建设能力不足等问题，希望"一带一路"倡议能够提高其对外开放程度，使其成为新的全球分工体系中的一员。

3. 2017—2019年：从亚欧扩展到世界其他地区

首届"一带一路"国际合作高峰论坛于2017年5月召开，成为中国展示"一带一路"建设成就、推广人类命运共同体思想的重要舞台，掀起了各国共建"一带一路"的热潮。在此次论坛中，中国与巴基斯坦等11国签署"一带一路"谅解备忘录。在后续的中国—中东欧国家领导人会晤、中非合作论坛中，相继与中东欧3国、非洲28国签订"一带一路"谅解备忘录。2017—2019年，共有105个国家加入"一带一路"倡议，地区分布趋于多元化，其中北美洲国家11个、大洋洲国家10个、非洲国家42个、南美洲国家8个、欧洲国家14个、亚洲国家20个，涵盖发达国家与发展中国家。相较与以往的合作伙伴追求"一带一路"基础设施建设，现在的合作伙伴更倾向于将"一带一路"看作重要的合作平台，共享"一带一路"建设带来的发展机遇与丰硕成果。

4. 2020—2022年：冲击与复苏

2020年，新冠疫情在全世界蔓延使得国际贸易往来受阻，诸多"一带一路"项目建设受阻。"一带一路"沿线国家面临经济发展停滞、卫生资源短缺等问题。此时，全球发展的重心在于维护人民生命健康安全，而非经济发展。因而2020年我国未与其他国家签订共建"一带一路"协议。在新冠病毒疫苗推向市场后，各国开始复工复产，希望尽快摆脱"新冠"阴霾。在疫情常态化的趋势下，经济复苏速度较为缓慢，各国也逐步开展经济合作。2021年至2022年3月，共有13个国家成为"一带一路"合作伙伴（见表1-1），包含北美洲、大洋洲、非洲、南美洲与亚洲国家，其中非洲国家占69%。

表1-1　2013年至2022年3月加入"一带一路"倡议的国家名单

年份	国家	年份	国家	年份	国家	年份	国家	年份	国家
2014	斯里兰卡		摩洛哥		塞舌尔		印度尼西亚		莱索托
	卡塔尔		马达加斯加		几内亚		菲律宾		科摩罗
	哈萨克斯坦		蒙古国		加纳		奥地利		贝宁
	白俄罗斯		新加坡		赞比亚		希腊		马里
2015	塔吉克斯坦		东帝汶		莫桑比克		马耳他		也门
	韩国		马来西亚		加蓬		葡萄牙		塞浦路斯
	土耳其		缅甸		纳米比亚		巴布亚新几内亚	2019	意大利
	伊拉克		越南		毛里塔尼亚		萨摩亚		卢森堡
	阿塞拜疆		文莱		安哥拉		纽埃		所罗门群岛
	格鲁吉亚		巴基斯坦		吉布提		斐济		秘鲁
	亚美尼亚	2017	尼泊尔		埃塞俄比亚		密克罗尼西亚联邦		巴巴多斯
	乌兹别克斯坦		马尔代夫		肯尼亚		库克群岛		牙买加
	俄罗斯		黎巴嫩		尼日利亚		汤加		尼日尔
	波兰		泰国		乍得		瓦努阿图		刚果（金）
	塞尔维亚		阿尔巴尼亚		刚果布	2018	智利		博茨瓦纳
	捷克		克罗地亚		津巴布韦		圭亚那		中非
	保加利亚		波黑	2018	阿尔及利亚		玻利维亚	2021	几内亚比绍
	斯洛伐克		黑山		坦桑尼亚		乌拉圭		厄立特里亚
	匈牙利		爱沙尼亚		布隆迪		委内瑞拉		布基纳法索
	北马其顿		立陶宛		佛得角		苏里南		圣多美和普林西比
	罗马尼亚		斯洛文尼亚		乌干达		厄瓜多尔		基里巴斯
	乌克兰		新西兰		冈比亚		哥斯达黎加		马拉维
	摩尔多瓦		巴拿马		多哥		萨尔瓦多		叙利亚
2016	埃及		苏丹		卢旺达		多米尼加	2022	阿根廷
	柬埔寨		南非		突尼斯		特立尼达和多巴哥		尼加拉瓜
	老挝		塞内加尔		利比亚		安提瓜和巴布达		
	孟加拉国	2018	塞拉利昂		阿联酋		多米尼克		
	沙特阿拉伯		科特迪瓦		科威特		格林纳达		
	伊朗		索马里		阿曼		古巴		
	阿富汗		喀麦隆		巴林		赤道几内亚		
	拉脱维亚		南苏丹		吉尔吉斯斯坦	2019	利比里亚		

资料来源：作者根据相关资料整理。

二、"一带一路"倡议下"五通"的进展

"一带一路"倡议提出以来，以政策沟通、设施联通、贸易畅通、资金融通和民心相通为主要内容的相关建设快速推进，取得了较好的进展。其中，基础设施建设为其他领域建设提供了扎实的基础和支持，成为"五通"建设的突破口。

1. 政策沟通方面的进展

政策沟通进展迅速（见表1-2）。自2013年习近平总书记在访问哈萨克斯坦与印度尼西亚时提出"一带一路"倡议以来，中国积极开展高层互访，建立双边伙伴关系，取得进展迅速。高层互访是政府间政策沟通的最高级别形式，也是中国提升国际合作关系的主要手段。习近平总书记在出席国际活动时多次推广"一带一路"倡议与人类命运共同体思想，积极推动"一带一路"与沿线国家发展战略对接。2013年3月至2018年6月，习近平总书记累计与沿线国家和地区领导人会晤284次。

同时，中国与诸多国际组织机构积极开展交流对话及战略对接。截至2022年3月22日，中国已与32个国际组织签署"一带一路"建设合作文件。其中，中国与联合国开发计划署沟通进展尤为迅速。2016年9月双方签署"一带一路"建设合作谅解备忘录，同年11月"一带一路"倡议首次写入联合国大会决议之中。2017年3月，"构建人类命运共同体"思想首次载入联合国安理会决议，呼吁国际社会积极参与"一带一路"建设，务实合作。

政策沟通水平有效提升。随着政策沟通不断深化，政策沟通的质量也得到了进一步的提升。频繁的政策沟通使诸多国家地区组织有意向与我国进一步合作发展。2013—2018年，中国新建伙伴关系49个，占当前关系总数的46%，基本覆盖"一带一路"沿线重要国家。不仅数量上发展迅速，在质量上我国与"一带一路"沿线国家外交关系也明显提升。2013年以来，我国与50个国家建立战略性伙伴关系，其中，31个为新建伙伴关系，19个为合作性伙伴关系升级而来（王晨光，2020）。

"一带一路"多边国际合作活动的成果也得到有效落实。作为"一带一路"倡议下最高规格的官方国际对话机制，"一带一路"国际合作高峰论坛的每次召开均会在全球范围内引起较大反响。在论坛中，中国通过与各个国家、国际组织交流，推出一系列的政策措施。2017年第一届高峰论坛推出的279项成果与2019年第二届高峰论坛推出的283项成果均已全部落实。

表1-2　　　2013—2022年部分"一带一路"政策沟通成果

类别	成果
高层出席会议	二十国集团领导人第九次峰会
	世界经济论坛年会
	博鳌亚洲论坛2015年年会
	第十一届亚欧首脑会议
	亚太经合组织第二十五次领导人非正式会议
	世界经济论坛2017年年会
	"一带一路"亚太区域国际合作高级别会议
	"一带一路"国际合作高峰论坛
战略对接	蒙古国"草原之路"
	俄罗斯"欧亚经济联盟"
	巴基斯坦"中巴经济走廊"
	泰国"东部经济走廊"
	塔吉克斯坦"2030年国家发展战略"
	匈牙利"向东开放"政策
	塞尔维亚"再工业化"战略

资料来源：作者根据相关资料整理。

亚洲国家政策推进效果最为明显。与中国签订"一带一路"合作文件的亚洲国家共有37个，约占亚洲国家总数的77%。无论从高层互动次数、双边伙伴关系，还是从战略对接情况、双边工作机制来看，"一带一路"沿线亚洲国家的推进效果尤为明显。根据外交部相关资料显示，2013—2018年，中国与亚洲沿线国家的高层互访次数远超其余地域沿线国家的情况，其中东南亚国家位列第一，访问次数高达72次，其余亚洲地区的访问次数均不低于34次。在双边伙伴关系方面，"一带一路"倡议提出后，共有23个亚洲沿线国家选择进一步加深双边伙伴关系，其中蒙俄、中亚与东南亚联系更为紧密。在战略对接方面，中国积极与亚洲国家的发展战略进行对接，如俄罗斯的"欧亚经济联盟"，蒙古国的"草原之路"，越南的"两廊一圈"。在双边工作机制方面，中国与亚洲国家建立次区域多边合作机制，推动合作规划及重大项目落实发展，如中国东盟合作、中亚区域合作等。

2. 设施联通方面的进展

设施联通进展顺利，成效明显。基础设施建设是"一带一路"建设的优先领域，2013年至2022年3月，共开展"一带一路"基础设施项目

1407个，约占"一带一路"项目总数的63.4%。经过9年的不懈努力，基础设施项目进展顺利，成效明显，示范效应明显。在铁路公路方面，中国与沿线国家合作建设10余项铁路工程，涵盖亚洲、东欧、东非地区，表现较为亮眼，中老铁路、中泰铁路现已成为区域合作的标志性项目。"一带一路"建设共开通356条国际道路运输路线，其中跨境公路主要以北亚、中亚、东南亚国家与中国联通公路桥梁为主，如中吉乌国际道路、中越北仑河公路二桥，境外公路主要以中国企业承建沿线国家公路项目为主，如巴基斯坦喀喇昆仑公路。在港口航空方面，中国企业积极开展海外港口布局，共参与建设沿线国家港口35个，形成国有企业带头、民营企业辅助、当地企业配合的建设模式，为"海上丝绸之路"建设增光添彩。中国与沿线国家航空业务往来频繁，通过"一带一路"倡议推动，沿线国家与中国的国际航线新增308条，中国与沿线国家航班量占中国国际航班量的比重从40.9%升至53.1%。在光缆能源方面，中国积极建设"信息丝绸之路"，共完成4条国际海底光缆建设，与12个沿线国家建成跨境陆缆系统，有效提升沿线国家国际通信能力。"一带一路"建设有效推动跨境油气管网络建设，中国目前已与俄罗斯、缅甸及中亚等国家和地区实现能源互联互通，具体如表1-3所示。

表1-3　　　　2013—2022年部分"一带一路"建设项目

类别	项目名称	类别	项目名称
铁路	中国—老挝铁路	光缆	亚太直达海底光缆
	印度尼西亚雅加达—万隆高铁		丝路光缆
	伊朗德黑兰—马什哈德铁路		中缅跨境光缆
	俄罗斯莫斯科—喀山高铁		亚欧5号海底光缆
	匈牙利布达佩斯—塞尔维亚贝尔格莱德铁路		亚非欧1号洲际海底光缆
港口	巴基斯坦瓜达尔港	能源	中缅原油管道
	埃及苏伊士运河码头		中国—中亚天然气管道C线
	希腊比雷埃夫斯港		中俄东线天然气工程
	多哥洛美港		中国—中亚天然气管道D线
	巴西巴拉那瓜港		中俄原油管道二线

资料来源：作者根据相关资料整理。

设施联通为沿线国家和地区注入增长新动力。基础设施建设有效带动沿线国家经济发展。巴基斯坦PKM高速公路项目打通了巴基斯坦中部南北交通大动脉，两地通车时间从11个小时缩短至4个小时，大大降低了通行成本。即使在疫情期间PKM项目仍然有序运行，保证巴基斯坦人民生活物资和防疫物资供应。黑山共和国莫祖拉风电站每年为黑山减少3000吨二氧化碳的排放量，为黑山人民带来500个当地就业岗位。2011—2020年中欧班列累计行驶突破4万列，合计货值超过2000亿美元，打通73条运行线路，通达欧洲22个国家的160多个城市，运输货品达5万余种[①]。在疫情期间，中欧班列始终保持畅通，许多欧洲企业依靠中欧班列运送零配件等生产物资以开展企业正常的生产运营。希腊比雷埃夫斯港经过中国远洋运输集团的不断建设经营，一跃成为地中海第一大港，在世界集装箱吞吐量排名中从2010年的第93位大幅提升至2020年的第26位，对希腊当地直接社会贡献超过12亿欧元。

中国标准走向世界。中国企业在建设"一带一路"基础设施项目过程中，向沿线国家提供先进的设备与技术支持，中国标准受到沿线国家的广泛认可。作为基础设施项目中表现最为亮眼的铁路工程，在中老铁路、莫斯科喀山高铁、雅万高铁等项目中均取得实质性进展，建设质量受到国际一致好评，中国铁路总公司积极参与铁路国际标准化活动，主持参与UIC、ISO国际标准项目达12项。在能源方面，中国积极推进与沿线国家的能源合作，先后出台《"一带一路"建设能源合作规划》《周边国家电力互联互通规划》，与沿线国家签订多项能源项目相关协议，2018年制定推出《能源行业标准英文版翻译指南》，将中国能源项目建设标准推向沿线国家。

新基建成为关注焦点。近年来，新型基础设施建设成为沿线国家关注焦点。新型基础设施建设立足于科技创新的基础设施建设，是未来新技术、新产业、新业态的重要支撑[②]。中缅、中吉、中老、中巴、中俄等跨境光缆信息通道建设取得明显进展，中国与南亚、欧洲地区国家信息联通更进一步，中国与塔吉克斯坦、吉尔吉斯斯坦、阿富汗等国家签署丝路光缆合作协议，正式启动丝路光缆项目。由华为海洋承建的PEACE项目顺利推进，该项目总长8800千米，连接巴基斯坦、吉布提、肯尼亚、埃及等东非及红海沿途各国，并为与地中海各国的互联互通提前做好规划。

---

① 商务部国际贸易经济合作研究院.2020,中国"一带一路"贸易投资发展报告2020.第一版.北京：国际贸易经济合作研究院.

② 孙壮志，赵克斌，王晓泉.2022."一带一路"蓝皮书："一带一路"建设发展报告（2021）.第一版.北京：社会科学文献出版社.

3. 贸易畅通方面的进展

贸易联系日趋紧密。 由于"一带一路"倡议的推动，中国与沿线国家的贸易联系越来越频繁，各自对外贸易的地位不断提升。2013—2021 年，中国与沿线国家贸易额从 1.04 万亿美元提升至 1.8 万亿美元，占中国外贸总额的比重从 25.02% 提升至 29.7%。同时，中国也成为 124 个国家与地区的最大贸易伙伴。中国与多个沿线国家已形成贸易网络，以中国为核心节点，联通各个国家，其中东南亚国家和中国贸易联系更为紧密。在贸易结构方面，出口产品主要以纺织机械为主，进口商品结构较为多元，包含能源、塑料、木材等商品门类。在投资合作方面，2013—2020 年，中国企业在"一带一路"沿线国家设立境外企业超过 1.1 万家，累计直接投资 1398.5 亿美元。

产能合作不断推进。 国际产能合作作为贸易往来的重要领域，随着产能合作的不断推进，建设项目逐渐趋向高质量发展，带动沿线国家经济全面提升。在产能机制合作方面，中国与 39 个沿线国家签署双边国际产能合作文件，同时积极与区域组织对接，为企业合作提供良好的交流平台。在政策支持方面，中国积极落实产能合作相关的各项政策，为参与国际产能合作的企业提供全面且优质的服务。在合作领域方面，国际产能合作主要集中于基础设施建设领域，特别是铁路、核电站等交通类与能源类基础设施备受沿线国家欢迎，已成为中国对外合作领域的王牌。在境外投资管理体制方面，为鼓励企业"走出去"，中国致力于提升投资便利化与规范化水平，通过与沿线各国签订自由贸易协定、标准化合作协议等，为企业提供良好的政策环境。

境外合作园区成为重要载体。 境外合作园区现已成为中国对外投资合作的重要方式之一，具体如表 1-4 所示。境外合作区具有得天独厚的优势，一方面合作园区可以获得当地诸多优惠政策，方便中国企业抱团取暖。另一方面，合作园区可以有效对接当地市场，降低贸易壁垒。因而，2013 年至 2021 年，中国企业在"一带一路"沿线国家的境外经贸合作区共投资 430.8 亿美元。不仅如此，境外合作园区有效推动沿线国家产业升级，带动当地经济发展，2013—2021 年为当地创造了 34.6 万个岗位。同时，沿线国家充分了解到中国模式的先进性和可行性，积极借鉴中国经验，获得丰硕成果。

贸易投资便利化进程不断加快。 中国通过与沿线国家签订双边投资协定，构建自由贸易区域网络，从政策上推进贸易投资便利化。为便于贸易产品进出口，中国推动通关一体化改革，在保障监管力度的情况下，提高商品通关效率，同时与沿线国家海关开展国际合作，完善海关合作机制，签订互认安排，对签订国家认证的企业提供通关优惠便利，有效加速基础设施产业合作进程。截至2021年，中国共与19个国家签订自由贸易协定（见表1-5），积极推进自由贸易区建设。主要包含亚洲周边国家，便于中国与沿线国家建立良好的贸易合作关系，为入驻企业提供良好的贸易环境，便于与当地政府对接，有效推进贸易投资便利化进程。

表1-4　　　　2013—2022年部分"一带一路"境外合作园区

类别	国家	名称
境外自贸区	埃及	苏伊士经贸合作区
	泰国	泰中罗勇工业园
	俄罗斯	乌苏里斯克经贸合作区
	埃塞俄比亚	埃塞俄比亚东方工业园
	匈牙利	匈牙利中欧商贸物流园
	印度尼西亚	中国—印度尼西亚综合产业园区青山园区

资料来源：作者根据相关资料整理。

表1-5　2013—2022年中国与部分"一带一路"沿线国家签订投资贸易协定

国家	名称
冰岛	中华人民共和国政府和冰岛政府自由贸易协定
瑞士	中华人民共和国政府和瑞士联邦政府自由贸易协定
土耳其	中华人民共和国和土耳其共和国关于相互促进和保护投资协定
格鲁吉亚	中华人民共和国政府和格鲁吉亚政府自由贸易协定
坦桑尼亚	中华人民共和国政府和坦桑尼亚联合共和国政府关于促进和相互保护投资协定

资料来源：作者根据相关资料整理。

4. 资金融通方面的进展

金融合作稳步推进。"一带一路"建设以来，中国与沿线国家的金融合作往来不断。在多边金融机构方面，中国先后设立亚洲基础设施投资银行与金砖国家新开发银行，以实现亚洲互联互通为目标，积极为"一带一路"项目建设提供充沛的资金。在多边金融合作交流机制方面，中国与多边开发银行合作，结合各地域特色，运用"银联体"融资合作模式，构建长期、稳定、和谐的区域金融合作机制。在投资基金方面，中国设立丝路基金，与沿线国家合作设立专项基金，通过引入商业股权融资和社会资金参与，为加深项目提供更多的资金（见表1-6）。在投资规模方面，根据商务部、国家统计局和国家外汇管理局发布的《2020年度中国对外直接投资统计公报》，截至2020年年末，中国企业在"一带一路"沿线国家设立境外企业超过1.1万家，累计直接投资1398.5亿美元。尽管受新冠疫情影响，世界经济低迷，对外投资风险重重，但2020年中国企业"一带一路"沿线国家直接投资额达225.4亿美元，相较于2019年同比增长20.6%。

表1-6 2013—2022年部分"一带一路"金融活动

类别	名称	类别	名称
多边金融合作交流机制	东盟与中日韩财长和央行行长会议	专项投资基金	丝路基金
	黑海及巴尔干地区央行行长会议		中非发展基金
	清迈倡议多边化		中国—东盟投资合作基金
	上合组织银联体		"21世纪海上丝路"产业基金
	金砖国家银行合作机制		中国—中东欧基金
	中国—东盟银联体		中哈产能合作基金
	中国—中东欧银联体		中欧共同投资基金
	亚洲金融合作协会		广西东盟"一带一路"系列基金
	欧洲复兴开发银行		人民币海外基金
	加勒比开发银行		中墨投资基金

资料来源：作者根据相关资料整理。

金融服务配备逐步完善。为响应"一带一路"建设，银行对外积极布局，资本市场加快对外开放，有序推进人民币跨境使用，为建设项目提供完善的金融服务。在银行方面，中资银行纷纷在"一带一路"沿线国家设立分支机构，不断增强其资金支持力度，特别是政策银行和大型商业银行。为保障金融服务的有效对接，中资银行与全球超过1600家银行建立代理行关系，构建金融服务网络。在资本市场方面，企业可以通过发行"一带一路"主题公司债券为项目募集资金，特别是近年推出的债券创新品，如熊猫债、木兰债。同时，中国启动"沪港通"和"深港通"，实现双向资本开放，各大交易所积极与"一带一路"沿线国家交易所沟通协调，务实合作，为企业提供更为便捷的金融服务。在人民币跨境使用方面，中国积极与沿线国家建立双边本币互换与结算，降低QFII资格要求，为境外投资人提供便利的融资条件，同时组建人民币跨境支付系统，为人民币全球化使用提供重要保障。

金融监管机制加快建立。面对复杂多变的国际形势与风险重重的对外投资，"一带一路"需要建立完善的金融监管机制，应对跨境金融风险，并合理处置风险。基于这一点，中国积极与沿线国家建立区域内共同监管协调机制，通过监测区域内宏观经济金融风险，构建区域危机管理框架，有效维护金融稳定。不仅如此，中国还与沿线国家签订谅解备忘录，充分发挥保险业作用，构建境外保险服务网络，全面覆盖沿线国家，实行"多行一保"模式融资，即银行负责提供资金，信保负责提供保险，有力保障"一带一路"建设项目正常运行。

5. 民心相通方面的进展

人才交流与合作不断密切。自"一带一路"倡议提出以来，中国与沿线国家间不断推动人才培养交流，积极开展学术合作，成效显著，在科技教育领域尤为突出。科技领域以政府间科技合作协议为指导，设立科技合作创新平台为区域间人才搭建沟通桥梁，实施科技伙伴计划鼓励区域间人才开展合作，共同完成重大科研项目，合作发表论文论著。截至2021年，中国已和84个沿线国家建立科技合作关系，联合研发项目达1118项。2013—2020年国际杰青计划共接收沿线国家学者694人次。据 Web of Science 统计，2018年中国与沿线国家的科研人员合作发表学术论文114059篇，约为2013年论文的1.99倍。在教育领域，中国通过设立政府奖学金，与沿线国家签署学历互认协议，开展合作办学，吸引沿线国家学生来华留学。2018年沿线国家来华留学生高达26.06万人次。截至2020年，中国共与54个沿线国家签署了高等教育学历学位互认协议，中外合作办学机构和项目达2282个。

旅游合作加强，文化交流频繁。在旅游领域，中国加强与沿线国家的合作，初步形成多层次旅游合作机制，通过国家间开展旅游推广交流活动，政府间积极进行对话联盟，企业间共同设计跨境精品旅游线路，提高旅游便利化水平，扩大旅游规模。截至2017年，政府间"一带一路"旅游相关的会议共开展9次，有27个沿线国家对中国公民实行免签和落地签政策，跨境精品旅游线路多达18条。

在文化交流领域，中国与沿线国家互动频繁，内容丰富多彩。截至2017年，中国与沿线国家互办文化年10次，与15个沿线国家互设为文化中心，帮助各地居民了解彼此文化，实现"一带一路"文化交流全覆盖。在文化活动方面，2013—2017年中国与沿线国家以"一带一路"为主题共开办艺术节35次、电影节11次、图书展9次，合作制作广播影视剧56部，修复文化遗产5项，具体如表1-7所示。

表 1-7　　　　2013—2022 年部分"一带一路"文化活动

类别	名称	类别	名称
文化年	中俄文化年	艺术节	丝绸之路国际艺术节
	中国—东盟国家文化年		海上丝绸之路国际艺术节
	中蒙"友好交流年"活动		"一带一路"电影电视艺术节
	中哈旅游年		上合组织成员国艺术节
	中埃文化年		中国—俄罗斯艺术节
	中土文化年		上海国际艺术节
	中印旅游年		中国—波罗的海三国艺术节
	中俄语言年		中国—阿拉伯艺术节

资料来源：作者根据相关资料整理。

抗疫援助，有效减贫。中国致力于帮助沿线国家摆脱贫困，通过举办减贫论坛，明确减贫理念及政策，进而开展减贫合作和培训，分享减贫经验，提供技术支持，同时建立援助基金，为沿线国家贫困人口生活提供保障。2020 年以来的疫情冲击使大量工厂停工停产，中小企业生存危机加剧，生产生活陷入停滞，低收入群体、低劳动技能人群失去赖以生存的薪水，难以维系正常的生活开支，陷入贫困之中，联合国《2021 年可持续发展目标报告》显示，2020 年疫情使得全球贫困人口新增 1.24 亿人[1]。面对疫情冲击，中欧班列始终保持畅通，2020 年累计发运防疫物资 939 万件，共 7.6 万吨，成为欧洲各国保障防疫物资运输的坚强后盾，许多欧洲企业都依靠中欧班列运送零配件等生产物资以开展企业正常的生产运营。同时，"一带一路"建设为当地居民带来大量的就业机会、必要的技能培训、急需的扶贫基金等。中国企业在做好防控措施的情况下，积极复工复产，维持正常的生产运营，保证工人薪资发放，使沿线数十个国家数千万人摆脱日均生活费低于 3.2 美元的中度贫困状态。

总之，自 2013 年"一带一路"倡议提出以来，作为对现有全球治理制度的有效补充，顺应经济全球化趋势，以开放包容的态度开创区域合作与洲际合作的新模式，为发达国家、发展中国家提供合作共赢的交流平台，重塑全球价值链，推动全球治理体系变革，在全球范围内好评如潮。2016 年"一带一路"倡议首次写入联合国大会决议之中，"一带一路"倡议受到国际的广泛认可，成为全球共识。"五通"建设已经取得的合作成果向世界证明人类命运共同体思想的先进性与"一带一路"倡议的正确

---

[1] 联合国，2021 年可持续发展目标报告，2021.7。

性。政策沟通方面进展迅速，沟通水平有效提升，亚洲国家政策推进效果最为明显。在设施联通方面，进展顺利，成效明显，为沿线国家地区注入增长新动力，将中国标准推向世界，新基建成为关注焦点。贸易畅通方面，与沿线国家贸易联系日趋紧密，产能合作不断推进，境外合作园区成为重要载体，贸易投资便利化进程不断加快。在资金融通方面，稳步推进金融合作，金融服务配备完全，建立金融监管机制。在民心相通方面，人才交流与合作不断密切，旅游合作加强，文化交流频繁，提供抗疫援助，实现有效减贫。其中，基础设施建设作为"一带一路"建设的优先领域，成为"五通"建设的引领者。据统计，2013—2022年"一带一路"建设项目共2218个，其中基础设施项目数量达1407个，具体如图1-2所示。基础设施建设项目在带动沿线国家经济发展、解决就业问题、降低贫困人口方面发挥了突出作用。

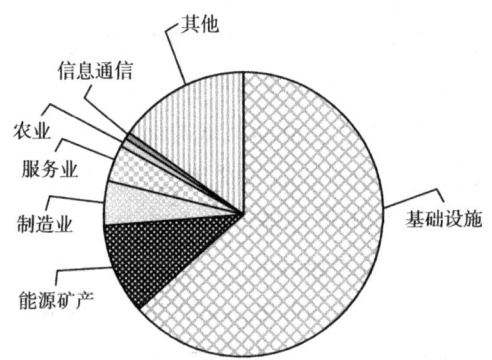

图1-2 2013年至2022年3月"一带一路"投资项目结构

资料来源：戈尔特西斯科技公司"一带一路"数据库。

第三节 "一带一路"倡议与其他区域合作计划的对接及阻力

在"一带一路"倡议的推进过程中，与其他地区的相关发展计划对接，可以有效推进共识与合作，更加有效实现人类命运共同体的建设。当然，我国的"一带一路"倡议也遇到了不友好国家的抵制，面对阻力，我们应如何化解，也是重要的课题。坚持人类命运共同体思想，本着包容与开放的理念，共商、共建和共享的原则，稳步推进"一带一路"倡议的落地，促进世界共同进步与发展。

一、"一带一路"倡议与其他区域性互联互通计划的对接

1. 东南亚地区：东盟"东盟互联互通计划"

2010年第17届东南亚国家联盟首脑会议通过东盟互联互通总体规划，旨在实现东盟地区基础设施、机制、民间互联互通，推进东盟一体化。"东盟互联互通计划"与"一带一路"倡议相一致。东盟地区基础设施发展滞后，制约经济发展，需要大量引入外资支持基础设施建设。于中国而言，东盟地区是"一带一路"的重点战略区，是"丝绸之路经济带"与"21世纪海上丝绸之路"的必经之地。从投资角度出发，相较于其他国家，东盟国家具有消费升级、人口红利、地理位置及文化相近等优势，因而，实现"一带一路"倡议与"东盟互联互通计划"有效对接是中国与东盟共同的期许。

2013年10月以来，中国与东盟国家高层领导始终保持高频率的互访，东盟10国均已与中国签订共建"一带一路"合作文件，以中国—东盟"10+1"、亚太经合组织等作为沟通交流平台，积极推进"一带一路"倡议与"东盟互联互通计划"有效对接。2015年11月，中国和东盟签署《中华人民共和国与东南亚国家联盟关于修订〈中国—东盟全面经济合作框架协议〉及项下部分协议的议定书》，中国—东盟自贸区进一步升级，推进贸易便利化进程。2016年9月，中国与东盟国家签署《中国—东盟产能合作联合声明》，基于双方对于基础设施发展和工业化加速等多方面需求，通过产能合作加强合作关系，推动经济发展。在投资方面，2013年至2020年，中国大陆地区对东盟的年度直接投资额从61.65亿美元左右上升至约143.60亿美元，年化复合增长率超过12.80%[①]。在基础设施方面，将近50%的中国境外基建承包项目来自于东盟市场。2018年，中国在东盟的新签基建承包合同金额约为1200亿美元。在基础设施建设方面，雅万高铁项目是中国第一个海外高铁项目，中国印尼合资公司以BOT模式建设经营雅万高铁，将3小时车程缩短至40分钟，便利沿线近2000万人口。中国石油天然气集团公司和缅甸油气公司合资共同建设中缅油气管道，使中国能源进口避开马六甲海峡，保障能源安全。自投产以来，中缅油气管道向中国输送天然气超过265亿立方米，原油超过3000万吨，为缅甸带来超过5亿美元的直接经济收益，为当地居民提供6000多个

---

① 商务部，2022-01-07，中国—东盟合作事实与数据：1991—2021 [EB/OL]. http://asean.mofcom.gov.cn/article/jmxw/202201/20220103236066.shtml.

岗位。

2. 南亚地区：巴基斯坦"2025愿景"

2014年，巴基斯坦确定中期国家总体发展目标"2025愿景"，充分利用其地理优势，加强基础设施建设，推进区域间互联互通，增加区域经济合作。巴基斯坦地处南亚、中亚和中国的交界处，具有陆海相连、东西相通、南北并联的复合枢纽特征，有着极强的地理优势。但南亚地区区域一体化程度较低，基础设施落后、贸易壁垒高筑、国家间关系不良等问题多年来阻碍着巴基斯坦经济进一步发展。为有效解决这一问题，巴基斯坦"2025愿景"应运而生。"一带一路"倡议与"2025愿景"有共通之处，如互联互通、基础设施建设、互利共赢等。中巴经济走廊是"一带一路"与"2025愿景"的战略对接成果。2013年5月，李克强总理访问巴基斯坦时正式提出中巴经济走廊。2014年11月，《中巴经济走廊能源项目合作的协议》的签订标志其正式落地。2015年4月，中国与巴基斯坦升级为全天候战略合作伙伴关系，明确以中巴经济走廊为中心，以瓜达尔港、能源、交通基础设施、产业合作为重点的"1+4"合作布局①，中巴经济走廊成为实现中巴命运共同体的重要内容。2017年12月，《中巴经济走廊远景规划》正式发布，中巴经济走廊建设延续至2030年，发展方向进一步明晰，中巴经贸合作不断加深。

"中巴经济走廊"成果丰硕，自2013年以来，中巴合作建设项目达135个，其中基础设施项目116个、能源矿产项目11个。中巴铁路连接中国新疆与巴基斯坦瓜达尔港，是中巴经济走廊建设的重点。于中国而言，中巴铁路使中国的海运路线绕开不稳定的马六甲海峡，巴基斯坦瓜达尔港成为中国从中东国家进口石油的中转站，有效保障能源安全，提高中国西部地区对外开放程度。于巴基斯坦而言，中巴铁路带动沿线经济发展，中国可以给予资金、技术、经验等多方面支持。尽管中巴铁路沿途均为山峦沟壑，气候条件恶劣，困难重重，但是在中国和巴基斯坦的通力合作之下，目前铁路已修建至喀什。同时，为有效改善巴基斯坦铁路基础设施质量低、运输条件差等问题，中巴经济走廊重点关注铁路、公路等项目建设，成效明显。2010—2017年，巴基斯坦的铁路基础设施质量得分从3.07提升至3.8。在公路方面，巴基斯坦喀喇昆仑公路扩建项目由中国路桥工程有限责任公司承建，于2013年竣工，将从雷科特桥到红其拉甫口

---

① 环球网. 2017-12-25.《中巴经济走廊远景规划》明确建设发展方向获巴方盛赞［EB/OL］. https://finance.huanqiu.com/article/9CaKrnK68tO.

岸的车程由 14 小时缩短至 6 小时，项目所使用原材料均在巴基斯坦购买，带动当地产业经济发展。而喀喇昆仑公路二期改造项目于 2020 年 7 月实现全线通车。

3. 欧亚地区：俄罗斯"欧亚经济联盟"

2014 年 5 月，俄罗斯、白俄罗斯、哈萨克斯坦三国签订《欧亚经济联盟条约》，致力于实现联盟内部各生产要素自由流动，实行协调一致的经济政策，后续吉尔吉斯斯坦和亚美尼亚加入。长期以来，俄罗斯极力促成原苏联地区一体化，受美国阻挠，在西方寻求平等待遇，反遭西方国家遏制与制裁。而俄罗斯与中国的政治关系极为紧密，互为全面战略伙伴关系，但双方贸易交流进展缓慢，与政治关系不匹配。同时"一带一路"倡议为国家间互利共赢的经济合作倡议，不追求权力控制，可以帮助俄罗斯扩大在原苏联地区的影响力，推动一体化进程。因而，2015 年 5 月中国与俄罗斯签署《关于丝绸之路经济带建设和欧亚经济联盟建设对接合作的联合声明》，对接贸易、投资、基础设施等领域。2018 年 5 月，中国与欧亚经济联盟签订《中国与欧亚经济联盟经贸合作协定》，致力于降低贸易成本，推进贸易便利化，双方合作由项目带动转变为制度引领，实现"一带一路"倡议与欧亚经济联盟战略有效对接。2020 年 1 月，俄罗斯总理米舒斯京在出席欧亚经济联盟理事会会议时表示，与"一带一路"倡议对接对欧亚经济联盟来说至关重要。

在基础设施方面，战略对接成果丰硕。中俄同江铁路界河桥、中欧班列、"滨海 1 号""滨海 2 号"国际交通走廊等交通基础设施建设推进俄罗斯跨境陆路运输发展，增进中国、俄罗斯与欧盟的贸易往来，加深中俄经贸合作。"滨海 1 号""滨海 2 号"国际交通走廊以极短的通道联通中国黑龙江省、吉林省与俄罗斯远东港口，包含公路、铁路等交通基础设施建设与海关、口岸制度措施，可以有效提高黑龙江、吉林两省的对外开放程度，带动俄罗斯远东港口发展，提供源源不断的货物运输贸易，对于促进俄罗斯经济发展、实现亚太地区一体化具有重大的战略意义。2016 年 9 月，俄罗斯总统普京在东方经济论坛中专门提及"滨海 1 号""滨海 2 号"国际交通走廊，对于该走廊建成所能带来的社会经济效益充满期许，预计 2030 年该国际交通走廊的转运货物能力达到每年 4500 万吨。在能源合作方面，中国与俄罗斯在石油天然气领域合作更为频繁。2015—2019 年，俄罗斯是中国原油进口的第一大来源国，通过中俄原油管道一线与二线，每年向中国输送 3000 万吨石油。中俄东线天然气管道于 2017 年 12 月全面投产，2021 年输气量约为 100 亿立方米，预计于 2025 年输气量达到380亿立方米。亚马尔液化天然气项目是中俄天然气合作工程的重点项目，集天然气开采、处理、生产、销售于一体，中国国有银行为该项目提供120亿美元贷款，俄罗斯与中国联合开发项目。2013年俄罗斯诺瓦泰克公司与中国石油天然气集团公司签订协议，启动亚马尔液化天然气项目。2017年12月，第一条生产线正式投产，2018—2019年第二、第三条生产线陆续投产，每年向中国供应400万吨液化天然气。

4. 欧洲地区：欧盟"欧洲战略投资计划"

2014年11月，欧盟委员会提出欧洲战略投资计划，即容克计划，旨在利用公共资金投资基础设施、教育、科技创新等领域，拉动欧洲经济发展，摆脱2007年欧债危机阴影。容克计划重点关注能源、网络等领域的基础设施建设，而中国的基础设施建设及技术享誉全球，并且能源、网络也是中国实现产业转型的重要领域。容克计划的根本目的是解决由金融危机引发的欧盟投资不足的问题，因而欧盟提出注入210亿欧元，以撬动私营部门投资3150亿欧元。但是在经济增长缓慢、失业率持续上涨、投资人信心不足的情况下，仅凭210亿欧元难以实现3150亿欧元目标。而中国具有雄厚资金基础，具备加入欧洲投资计划的潜质。实现"欧洲战略投资计划"与"一带一路"倡议有效对接成为中国与欧盟共同的目标。

2015年6月，中国与欧盟在第十七次中国欧盟领导人会晤中决定"一带一路"倡议与容克计划对接，特别是在基础设施领域。同年9月的中欧经贸高层对话中，中国确定注资容克计划，成立中欧共同投资基金。在这一背景下，欧盟成员国纷纷开展与中国的合作，积极对接"一带一路"倡议。在基础设施对接方面，中国与匈牙利、塞尔维亚合作建设匈塞铁路项目，将其延伸至比雷埃夫斯港，同时与罗马尼亚等国合作联通康斯坦察港与维也纳高速铁路，打造"中欧海陆快线"。中国与希腊合作建设比雷埃夫斯港，使其成为地中海第一大港，在世界集装箱吞吐量排名中从2010年的第93位大幅提升至2020年的第26位，成为全球发展最快的集装箱港口之一。不仅如此，中远海运依托比港开通从比港发往中东欧的"中欧陆海快线"，与传统路线相比，专列运输缩短7—10天，对希腊当地直接社会贡献超过12亿欧元[①]。在金融合作方面，中国面向中东欧国家推出100亿美元专项贷款，降低中东欧国家基础设施项目融资成本。同时英法德三国支持中国加入欧洲复兴开发银行，支持人民币加入国际货币基金

---

① 澎湃新闻，2021-9-13. 十年磨一剑——比雷埃夫斯港的"重生"故事［EB/OL］. https：//www.thepaper.cn/newsDetail_forward_1448375.

组织特别提款权篮子，推动人民币国际化进程。

5. 非洲地区：非盟"2063年议程"的基础设施发展计划

2015年6月，非盟峰会推出"2063年议程"，力图通过基础设施建设推进区域间互联互通，在2063年实现非洲区域一体化。发展走廊是非洲基础设施发展计划的核心内容，被非洲政府看作"开启非洲潜力的钥匙"和"实现包容性增长的基础"①。在非洲，发展走廊包含从基本运输路线到成熟经济走廊的任何发展阶段的所有走廊（武涛，2021）。由于基础设施建设薄弱，非洲国家的发展长期受阻。尤其在交通方面，诸多非洲内陆国家经济发展主要依靠进口他国工业品与出口本国资源，由于其缺乏出海口，使得其在地缘上长期依赖于沿海国家港口，一旦产生政治摩擦，沿海国家封锁出海口，内陆国家经济直接陷入停滞状态。同时于沿海国家而言，港口是内陆通道和海上航线的交汇点，内陆产业结构扭曲、基础设施薄弱、经济发展落后制约着沿海港口城市的发展。发展走廊是实现内陆沿海经济联动的重要途径，通过交通网络将各个国家紧密相连，协同发展，从而实现区域一体化。

"一带一路"建设与非洲基础设施发展计划积极对接。截至2022年3月，已有52个非洲国家与中国签订"一带一路"合作协议，中非合作论坛已成为"一带一路"建设与非洲战略沟通协调对接的重要平台。中国与非洲国家通过中非合作论坛于2015年确定了中非基础设施合作与贸易投资便利化等计划，于2018年协同编制《中非基础设施合作规划》，确定通过亚洲基础设施投资银行、丝路基金等多边金融机构为非洲基础设施建设提供资金支持，积极开展自贸区建设，推进产能合作，实现互利共赢。

发展走廊项目建设是"一带一路"建设与非洲基础设施发展计划对接的核心内容，在"一带一路"倡议的引领下，中国企业积极参与到非洲发展走廊建设的建设之中。非洲发展走廊存在港口货运效率低、基础设施设备陈旧、技术落后、资金不足等问题，其建设重点为升级改造基础设施建设。而中国企业积极参与其中的铁路、港口、公路等项目，为当地带来巨大的经济效益。中铁二十局集团有限公司承接安哥拉内战后第一个基础设施项目——罗安达铁路重建项目。受内战影响，罗安达铁路周围埋藏约2000万颗地雷，交通运输困难，医疗保障有限，项目建设困难重重。而

---

① Charis Enns, Mobilizing Research on Africa's Development Corridors, Geoforum, Vol. 88, 2018, p. 5.

中铁二十局集团有限公司与安哥拉政府通力合作，军队前方排雷，建设队伍跟在后面施工，历时13年全线建成通车，为10万多个安哥拉居民提供就业岗位，培训工作技术。中国港湾工程有限责任公司承建达累斯萨拉姆港扩建项目，在2017—2019年克服重重困难，以极高的质量完成港口建设，使港口吞吐能力提高500多万吨，带动港口运营收入超过3000万美元。

二、"一带一路"倡议面临欧美等国家提出的合作计划冲击与阻力分析

1. 美国："蓝点网络"计划

2019年11月，美国、澳大利亚、日本在东盟论坛上联合发起"蓝点网络"计划，宣称在"公开且包容"框架内提升全球基建发展的"高质量、可信任"标准①。2020年1月，"蓝点网络"指导委员会首次会议召开。由于特朗普政府始终坚持经济单边主义且2020年新冠疫情冲击全球经济，"蓝点网络"计划进程受阻。2021年6月，美国总统拜登重启"蓝点网络"计划，提出促进优质基础设施投资，重建更美好世界，同年10月召开的蓝点网络计划第二次网络会议聚焦投资发展中国家、新兴经济体优质基础设施的有效途径。

追溯美国提出"蓝点网络"计划的动因主要为三点。第一，"一带一路"倡议冲击西方主导的基础设施投资规则体系。"一带一路"建设范围目前已扩展至亚洲、欧洲、非洲、拉丁美洲和大洋洲，在世界范围内推广中国基础设施建设的质量标准与技术规范，西方主导的基础设施投资规则体系认可度降低。第二，"一带一路"基础设施建设影响美国的海外战略与国家利益。"一带一路"基础设施建设为沿线国家带来巨大的经济收益与社会效益，中国在世界范围内的影响力不断提高。同时，中国分别与巴基斯坦、缅甸合作建设中巴铁路、中缅油气管道，成功绕开美国控制的马六甲海峡，保证能源安全，使得美国惯用的制裁手段落空。第三，美国逐渐意识到基础设施建设可以有效扩大其在印太地区的影响力，基础设施成为未来美国推进计划的重中之重。

"蓝点网络"计划本质上是通过基础设施建设深化美国主导的"印太战略"的重要政策工具（毛维准和戴菁菁，2021），通过制定高质量基础设施建设标准并在全世界范围内推广，有效弥补"印太战略"基建政策不

---

① DFC, 2019-11-4, The Launch of Multi-stakeholder Blue Dot Network [EB/OL]. https://www.dfc.gov/media/opic-press-releases/launch-multi-stakeholder-blue-dot-network.

足问题，对冲"一带一路"倡议，在基建领域争得一席之地。"蓝点网络"计划为"一带一路"带来诸多阻碍。在舆论方面，美国鼓吹"蓝点网络"计划是一种更好的选择，污蔑"一带一路"标准低，容易陷入外债陷阱。在推进空间方面，许多对于"一带一路"持有怀疑态度的国家纷纷投向"蓝点网络"计划，"一带一路"建设推进空间受限。在发展处境方面，东盟是"一带一路"倡议的重要合作伙伴，"蓝点网络"计划的提出为东盟提供另一种基建投资方案，在原有合作建设的基础设施上升级改造，实现优势互补，为"一带一路"发展造成障碍。

尽管"蓝点网络"计划来势汹汹，但是其对于"一带一路"的冲击有限。第一，"蓝点网络"计划没有形成成熟的实施机制。"蓝点网络"计划强调基建高标准，但美日澳垄断高标准的解释权；鼓励私人资本参与投资，但却没有指导私人资本参与的细则，让诸多投资人望而却步。第二，"蓝点网络"计划资金供给不足。拜登政府推行投资本国基础设施建设提案屡屡受阻，说服议会支持"蓝点网络"计划投资海外基建几乎不可能。同时其盟友受疫情影响对外投资能力不足，私人资本尚处于观望状态，所获资金有限。第三，"蓝点网络"计划脱离实际需求，东道国态度迟疑。存在基建缺口的东道国收入处于中低阶段，无法负担"蓝点网络"计划高质量项目所带来的高成本，"一带一路"方案更容易接受。并且"蓝点网络"计划政治色彩浓厚，东道国不愿意选择立场，即使加入计划，也不可能结束与中国"一带一路"的合作关系，美国所期许的印太地区基建主导权恐落空。

2. 欧盟："世界联通欧洲"的基础设施战略计划

2021年7月，欧盟理事会通过"世界联通欧洲"的基础设施战略计划，并决定于2022年实行，旨在通过地缘战略和全球联通实现欧盟经济、外交等多方面发展。"世界联通欧洲"计划基于2018年以来欧盟与其他地区达成的合作规划，将互联互通视为对外政策的核心，在合作理念、发展方向等方面均与"一带一路"倡议一致。但是在欧盟发布的计划大纲中强调与志同道合的国家和地区开展基础设施合作，如美国、日本、印度等国家以及东盟国家，始终未提及中国。并且在"世界联通欧洲"计划提出的欧盟27国外长会议上，德国外长马斯提出"面对'一带一路'倡议带来的中国崛起，欧盟必须与美国协调提出替代选项"。欧盟提出"世界联通欧洲"计划试图对冲"一带一路"的目的昭然若揭。于欧盟而言，中国是合作伙伴，更是竞争对手。早在2019年欧盟出台的《欧中战略展望》中，欧盟便将中国定位为目标一致时的合作伙伴、在技术领导力方面的经济竞争者、推广其他治理模式选项的制度性对手①。

尽管欧盟对"世界联通欧洲"计划的愿景非常宏大,但是在现实情况下,该计划存在诸多问题。在战略层面上,G7存在较大分歧。德国、法国、意大利希望在非洲实施计划,以巩固其原有的影响力,而美国意在拉丁美洲与亚洲,日本倾向于印太地区。在资金层面,欧盟经费不足。自2008年全球金融危机之后,欧盟国家经济增长速度缓慢,本国项目存在投资不足等问题。加之,2020年新冠疫情全球蔓延,欧盟国家经济陷入停滞状态,至今尚未恢复,计划所需的经费来源成谜,且欧盟国家向来奉行宽松的货币政策,通货膨胀严重,经费的实际购买力有待商榷。

3. 印度的"季风计划"

2014年6月20日,印度提出"季风"计划,以过去印度商人利用季风现象在环印度洋地区开展海上贸易为典故,通过与印度洋国家开展文化活动,复兴环印度洋古代海上航路,形成文化共识,重新连接并建立国家间的文化与经济联系。这一计划是以印度为主导的环印度洋地区合作新平台,涵盖文化、天文、航海、港口建设等领域,也是印度从文化方面对冲"一带一路"倡议的重要举措。"季风"计划涉及39个国家,与"21世纪海上丝绸之路"沿线国家形成大量重叠。同时印度充分利用印度文明在印度洋地区的文化影响力,以贸易往来史为基础,开展经济合作。而"21世纪海上丝绸之路"是以中国古代与世界各地贸易往来的海上丝绸之路为基础,实现互联互通。"季风"计划旨在打造以印度为核心的价值观同盟,影响印度洋地区国家与中国的友好合作关系,挤压中国的外交空间,阻碍"21世纪海上丝绸之路"发展,同时提升自身在印度洋地区的话语权,增加与"一带一路"倡议对抗的筹码。尽管"季风"计划发展前景较为良好,但是计划存在诸多问题。印度国内问题重重,贫富差距大、宗教矛盾激化、基础设施薄弱、就业率低等问题制约"季风"计划发展。同时,面对印度强大的军事实力,亚太国家担忧自身在战略合作中的话语权,对于印度"季风"计划持保留态度,并且美国不会放任印度无限制地扩大影响力,削弱自身在亚太地区的势力,"季风"计划发展受限。

4. 印度和欧盟的"互联互通伙伴关系"计划

2021年5月,印度与欧盟签订"互联互通伙伴关系"计划,支持印度与非洲、中亚、印太地区实现互联互通,涵盖基础设施建设、数字经

---

① 澎湃新闻,2022-5-18. 今天中欧关系是对手、竞争者还是合作伙伴[EB/OL]. https://www.thepaper.cn/newsDetail_forward_18147321.

济、能源合作等诸多领域，以满足下一代对于可持续、高质量的基础设施的需求。这一计划是印度、欧盟对冲"一带一路"倡议的重要举措，无论是从建设重点还是从合作区域，实现形式与"一带一路"颇为相似，希望可以在非洲、中亚、印太地区起到替代"一带一路"的作用。经过中国与沿线国家的不懈努力，"一带一路"倡议进展迅速，成果斐然，中国的世界影响力不断扩大，在制定国际规则上的话语权越来越强。面对中国的崛起，欧盟将中国定位为经济竞争者与制度性对手，印度始终对于"一带一路"倡议存有偏见，认为中国试图削弱其在南亚地区的影响力，本国区域安全受到挑战。因而印度和欧盟认为放任"一带一路"倡议继续发展势必削弱其在非洲、中亚、印太等地区的势力，必须提出"互联互通伙伴关系"计划替代"一带一路"，挽回其话语权。目前，"互联互通伙伴关系"计划尚未提出完整的实施方案，相关文件仅显示与欧盟—印度2025年路线图相一致。尽管印度与欧盟绘制了美好的互联互通蓝图，但是计划本身存在诸多问题。不同于"一带一路"通过与沿线国家合作逐步实现与欧洲互联互通，"互联互通伙伴关系"计划直接划定在亚非欧三大洲，在其中找寻盟友加入，使其基础设施项目建设难度加大。同时，印度投资资金不足，难以支撑对外基础设施项目建设，且印度基建技术明显落后于中国，计划预期的替代效果恐怕有限。

三、"一带一路"倡议与沿线国家及地区战略对接的核心——基础设施建设

加强与其他友好国家地区计划的对接，其核心是基础设施建设。根据2017年亚洲开发银行发布的《满足亚洲基础设施建设需求报告》数据显示，2016—2030年亚洲每年基础设施项目资金需求约为1.211万亿美元，并且每年产生资金缺口约0.33万亿美元，占亚洲生产总值比率为1.7%[①]。面对如此巨大的缺口，基础设施建设已成为沿线国家互联互通计划建设的重点，也是"一带一路"倡议与这些互联互通计划对接的关键点。中国与沿线国家将基础设施互联互通作为发展共识，通过签订"一带一路"相关合作文件，明确互联互通计划对接合作框架体系，合作建设基础设施项目，成效明显，带动当地经济显著增长，推进全球化进程。随着"一带一路"倡议在全球范围内的影响力不断扩大，西方发达国家在全球治理体系中话语权受到明显削弱。为维护自身利益，美国、欧盟分别提出"蓝点网络"计划与"世界联通欧洲"战略计划，对冲"一带一路"，以

---

① 亚洲发展银行. 满足亚洲基础设施建设需求报告. 2017.02.

基础设施建设为基点,力图推广自己制定的高质量基础设施建设标准体系,维护自身主导的基础设施投资规则体系,从而扩大其在印太地区的影响力。尽管以美国为首的西方发达国家对这些计划给予厚望,但由于计划机制不完善、诸多举措尚未落地、计划所需资金短缺等诸多问题,其对于"一带一路"倡议造成的冲击有限。基础设施投资已成为世界各国发展战略与"一带一路"倡议对接或对冲的焦点,如何更有效地开展基础设施投资成为"一带一路"倡议未来发展的重要议题。

第四节 "一带一路"沿线基础设施投资的理论分析

一、基础设施的概念与特征

基础设施最早出现在1927年土木工程领域,表示建筑物的地基建设情况。随着社会经济不断发展,基础设施的范围逐渐扩大。早在1980年《Random House全文词典》将基础设施定义为"服务国家、城市、区域的基本设施系统"。而1982年版《经济百科全书》将基础设施定义为"直接或间接地提高产出水平或生产效率的经济项目",包含交通运输设施、教育设施等有形资产与政府政治体制等无形资产。目前学术界广泛使用的基础设施定义来源自《1994年世界银行发展报告》。该报告将基础设施细分为经济基础设施和社会基础设施,经济性基础设施从物质资本的角度促进社会生产,而社会性基础设施为人力、社会等资本的提高作出贡献。

基础设施的分类主要依照项目区分理论,通过比对基础设施项目的资产收益特性,从而将其划分为经营性基础设施、准经营性基础设施和非经营性基础设施。非经营性基础设施没有收费机制,仅能通过政府供给建设,如城市道路、绿化等。经营性基础设施有收费机制,可以通过市场化投资建设,获取一定量的利润,如高速公路、天然气等。准经营性基础设施具有潜在的利润,但在经营初期需要政府帮扶,发展成熟后即可实现市场化,如地铁、公交等。

在经济学属性上,基础设施具有非竞争性与非排他性。早在16世纪,亚当·斯密认为基础设施是公共品。1954年萨缪尔森提出公共物品理论,认为公共物品具有非竞争性与非排他性,其中非竞争性是指每个人消费公共品都不会降低公共品对他人的供给。非排他性是指每个人享有公共品服务时,不能排斥他人的享用。同时具有非竞争性与非排他性的物品为公共物品，同时缺乏非竞争性与非排他性的物品为私人物品。而基础设施具有公共品特征，介于公共物品与私人物品之间，既可以社会公众服务，又可以通过运营获取经济效益，是准公共物品。

在收益上，基础设施更注重长期社会整体效益，间接效益更为明显且难以估测。基础设施项目建设资金需求量大，工期长，带动作用需要长时间才能显现。同时，基础设施建设一般由政府主导，政府决策通常从社会效益出发，评估项目建设对于社会整体的影响。因而，基础设施注重项目长期社会整体效益。基础设施建立带来的间接效益高于直接效益，例如高铁的建设大大降低企业运输成本，带动当地经济发展迅速，人民生活幸福感大大提升，这些间接效益比直接效益更多，且多数难以量化估计。

在经营上，基础设施项目具有多人投资、难以控股、退出成本高、转移成本高的特性。由于基础设施地域特定、用途特定，单个项目投资成本高，建设期限长，沉没成本高，外部性强使得单个投资者难以承担项目的全部资金与风险，需要合作对冲，于投资人而言项目半途而废的代价极高。

二、基础设施建设在"五通"中的地位

基础设施是"一带一路"建设的关键所在，通过基础设施投资建设，实现沿线国家的设施联通，借助资金融通、贸易畅通来促进经济增长。在此基础上，加强政策沟通，通过民间往来，特别是文化交流，实现民心相通。共同建设人类命运共同体。基础设施与"五通"的关系如图1-3所示。

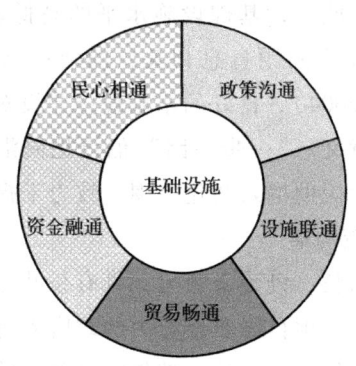

图1-3 基础设施与"五通"的关系

1. 基础设施互联互通是"一带一路"建设的优先领域

基础设施作为一项公共品，其自身带有外部性，会对社会生产、经济增长产生深远影响。早期没有基础设施这一概念时，资本理论将港口、交

通、公共工程视作经济发展聚集财富的资本。16世纪初，重商主义兴起，通过对外贸易聚集财富，强调以港口运输为代表的基础设施对于财富增长的积极作用。17世纪，亚当·斯密将基础设施看作生产资本，并且提出政府具有修建公用事业与公共工程的义务。19世纪后萨伊提出，政府出于公共目的消费应当运用于铁路等土木建筑工程。李斯特则认为，邮政、交通运输等工具是生产力的丰富源泉。而在20世纪40—80年代，结构理论认为基础设施是经济增长的有机构成部分，基础设施与生产性投资关系的协调影响经济增长的速度。其中，Hirschman（1958）认为发展基础设施才能保障经济增长，而Walt（1960）提出基础设施是社会变革、生产力发展、经济成长的前提条件。至20世纪80年代末，Aschauer（1989）发现基础设施对经济增长具有很强的解释力。诸多学者基于此从多种角度解析基础设施促进经济增长的机制，如降低企业生产成本（Berndt和Hansson, 1991）、减少企业库存（Chad Shirley和Clifford Winston, 2003），降低相邻地区的运输成本和交易费用等。

进入21世纪，全球战略家、新加坡国立大学亚洲与全球化中心高级研究员帕拉格·康纳在《超级版图：全球供应链、超级城市与新商业文明的崛起》中指出，"基础设施建设是世界各国需求、利益和选择的最大交汇点，就像是将地球上一切组织连在一起的神经系统[①]"。联合国亚洲及太平洋经济社会委员会（ESCAP）的研究报告显示，"一带一路"倡议实施以来，中欧陆路运输在通关、换轨、检验方面速度加快，成本降低一半；海路运输成本降低5%。交通运输成本的降低使国际贸易额增长，促进经贸合作程度提升。此外，基础设施水平的高低影响了居民生活质量，与健康、教育等重要民生问题息息相关，助力提高居民福利、改善贫困（Wagstaff和Claeson, 2004），良好的基础设施建设对消除贫困、改善生活质量有着非同寻常的意义。"一带一路"倡议把向沿线国家提供脱贫、教育、卫生、环保等民生援助纳入共建范围，致力于提升人民福祉。

2. 基础设施与政策沟通

基础设施建设时间长，投资金额大，具有公共品特性，且涉及多部门协调合作，因而基础设施项目需要强有力的政府支持。特别是对外基础设施项目，政府间紧密合作、沟通顺畅带来宽松和谐的政策环境，于基础设施项目而言至关重要。早在17世纪亚当·斯密提出建设公共设施与公共事业是国家的基本职能。诸多学者基于此，从发展经济学角度出发，发现

---

① 帕拉格·康纳.2016.超级版图[M].崔传刚、周大昕译.北京：中信出版社.

只有政府才能提供公共品，政府应在基础设施建设中发挥主导作用。那么，政府应当采用何种方式有效支持基础设施、提高基础设施供给效率成为后续学术界关注的热点。一部分学者认为政府应开展总体布局规划，制订中长期计划（吴庆，2000），从消费、生产、资金筹集三方面干预（徐曙娜，2000）。而龚强等（2019）认为政府应当通过商业化管理等方式激励基础设施建设。政府采用 PPP（Public – Private Partnership，公共私营合作）模式，将私人资本引入基础设施投资之中可以增加竞争程度，有效提升项目效率，同时降低地方财政压力，保障基础设施供给。随着经济全球化进程不断推进，跨国基础设施逐渐增多，政府在其中发挥的作用更加重要。面对纷繁复杂的当地局势，基础设施项目风险高、对于跨境贸易外部性强，如何有效分担项目风险与收益，如何有效处理协调建设过程中的诸多问题均需要政府与当地政府沟通，设立合理的合作机制、监管机制、法律体制才能解决（向鹏成等，2022）。

3. 基础设施与贸易畅通

基础设施可以有效推动贸易畅通，其中交通基础设施作用更为突出。基础设施对贸易的促进作用主要体现在基础设施促进"一带一路"贸易总量增加、贸易质量提升和贸易成本降低方面。在促进贸易总量增长方面，岳中刚和叶茂坤（2021）通过对"一带一路"交通基础设施改善和双边贸易的考察发现，"一带一路"交通基础设施改善可以有效促进双边贸易的发展，并且对经济水平较低的发展中国家效果更为明显。盛丹和王永进（2012）基于 2007 年中国 29 个省份面板数据发现，基础设施水平越高，地区出口产品越多。殷宝庆等（2016）、龚静和尹忠明（2016）基于本国基础设施面板数据发现，交通基础设施可以促进贸易便利化，提高出口贸易效率，稳定贸易效率波动。在提升贸易质量方面，基础设施可以有效提升地区出口产品质量（马淑琴等，2018），特别是，交通基础设施质量提高可以有效提高出口技术复杂度（王永进等，2010），提升服务出口品质，改善服务贸易结构（郑荷芬等，2013）。基础设施对贸易的促进作用根本上在于其可以有效降低贸易成本。Blyde（2013）通过贸易产品数据分析，发现公路质量提高降低了 12% 的运输成本。朱博恩等（2019）以 2011 年为基期，构建 CGE 模型，对"一带一路"沿线国家交通基础设施建设的优先级进行排序，并据此衡量其贸易效应，发现交通基础设施通过降低货运成本从而促进沿线国家贸易水平。近年来，新型基础设施建设成为拉动经济增长、推动数字经济持续发展、促进经济转型升级的强劲动力，新基建可以有效降低服务贸易成本，推动服务出口贸易高质量发展（王绍媛和杨础瑞，2022）。唐宜红等（2019）则从企业视角进行分析，发现交通基础设施可以有效降低企业运输时间与运输成本，从而促进企业进入国际市场，提升企业进出口量。不仅如此，公共基础设施有利于企业自由调整生产要素，应对风险较高的国际贸易市场，从而降低贸易成本，激发进出口贸易额增长（王雄元和卜落凡，2019）。

4. 基础设施与资金融通

投资基础设施项目所需金额巨大，合理的融资安排对于基础设施建设至关重要。早期经济学界普遍认为基础设施投资应由政府主导，但在实践过程中，存在信息不对称、预算约束、效率低等问题。因而，诸多学者开始主张基础设施投资应当加入私人资本。其中包含 BOT（Build－Operate－Transfer，建设—经营—转让）、BOO（Building－Owning－Operation，建设—拥有—经营）、PPP（Public Private Partnership，公共私营合作）等模式。这些模式基于委托代理理论建立政府与企业合作关系，政府为委托人，参与企业为代理人。委托代理理论（Ross，1973）探析利益冲突和信息不对称环境下的委托代理关系，适用于解决基础设施项目融资问题。一方面，政府认为企业经营可以充分调动市场力量，经营绩效优于政府经营。另一方面，企业认为经营基础设施项目可以获取政府补助、项目利润、市场声誉等收益，高于其他项目收益。由此，政府与企业委托代理关系正式成立。其中存在委托人与代理人激励不相容、信息不对称等问题，可以通过设立激励机制、监督约束机制、第三方审查有效解决。因而基于委托代理机制之下，政府可以通过激励企业充分运营民间资本，同时可以保证对于基础设施建设运营质量的监督与管理。

PPP（Public Private Partnership，公共私营合作）模式是目前基础设施项目常用的融资模式。其中明确指出政府与企业以项目为主体开展合作，政府与企业共同承担责任与融资风险。与传统的基于发起人资信水平确定融资额度的模式不同，PPP 融资根据项目收益、资产、政府扶持力度确定融资额度，且贷款人只能有限追索贷款，若项目出现问题，贷款人不能追索借款人基础设施项目以外的财产。PPP 模式融资属于非企业负债型融资，不计入资产负债表之中，可以有效避免由于基础设施周期长、资金回收慢而导致的资产负债比例失衡问题，不影响企业贷款融资。在 PPP 模式下，基础设施项目投资是由政府与企业共同分析识别基础设施项目风险，明确双方所能承受的最大风险，从而确定其融资结构。不少学者研究发现，使用 PPP 模式投资基础设施项目，可以提高经营效率、降低建筑成本（Yescombe，2007）、加速要素流动（McMillan 和 Rodrik，2011）。并且

PPP模式成功实施受诸多元素影响,如国家信用评级（Dailami 和 Klein, 1997）、法制规范与效率（Pistor 等,2000；Albalate, 2015）、宏观经济增长与通货膨胀（Hyun 等,2017）。在"一带一路"建设过程中,罗煜等（2017）发现私人部门在PPP项目中承担的风险越多,项目的失败概率越大。而张鹏飞和黄烨菁（2019）以"一带一路"沿线亚洲31个发展中国家作为研究对象,发现东道国债务规模、通货膨胀率、外汇储备、政局的不稳定性对于PPP项目数量存在明显的抑制作用。

5. 基础设施与民心相通

基础设施可以有效推进人文交流。"一带一路"基础设施建设有效带动了当地经济发展,为当地居民带来大量的就业机会,提供技能培训。据国务院国资委与中国社科院统计,截至2018年,中央企业为沿线国家人民提供就业岗位共36万个。通过合作建设项目,两国居民深入交流,沟通合作,了解彼此文化,从而实现民心相通。面对"一带一路"基础设施建设取得的巨大成功,2019年5月共有1352位会议代表参与亚洲文明对话大会,涵盖亚洲全部国家、域外其他国家与国际组织,代表们对于中国提出的人类命运共同体理念表示深切认可,对于建设亚洲命运共同体达成了共识。在旅游文化方面,交通基础设施与通信基础设施质量的提升,便于两国人民相互往来沟通,带领两国居民享受异国风情,在文化交流过程中拉近两国人民心与心的距离。中法文化之春艺术节作为中国境内最大的外国文化节,始终秉持跨国跨界、交汇碰撞的初衷,积极开展中法文化艺术对话,2019年共落地76个项目,线下观众超过230万,线上观众高达680万。在医疗方面,基础设施建设有利于中国为沿线国家提供更为便捷的医疗援助,保障当地居民生命安全,从而提升当地居民对于中国的认可度。面对来势汹汹的新冠疫情,主要交通渠道被迫中断,医疗资源短缺,沿线国家居民生命健康受到威胁,而中欧班列始终保持畅通,为沿线国家运送防疫物资1232万件,重量达7.6万吨[①]。

三、"一带一路"基础设施投资：授人以渔、合作共赢

目前,全球尤其是"一带一路"沿线基础设施建设需求旺盛,各国普遍面临资金缺乏难题,基础设施投资存在较大缺口。基础设施投资能通过乘数效应带动投资,加速经济金融活动的进行。经济性基础设施积极参与

---

① 中国新闻网,2021-11-26. 新冠疫情下的中欧班列：防疫物资成亮点,生命通道功能凸显[EB/OL]. http：//www.chinanews.com.cn/cj/2021/11-26/9616759.shtml.

了社会生产经营过程，促进劳动生产率提升。欠发达国家由于基础设施根基薄弱，难以融入全球产业价值链，工业化进程缓慢。这些国家希望通过完善国内基础设施水平、提升和周边联通度，推动工业化进程。对于新兴国家市场而言，近年来经济增速有下滑趋势，亟须以建设完善基础设施作为经济增长的新动能，维持经济增速，实现发展转型。新兴市场国家地区有强烈意愿加快建设基础设施，拓宽投融资渠道保持经济增长。而发达国家虽然普遍拥有较高的基础设施水平，但随着时间推移，设施老化、维护不力等问题使得现有设施体系难以满足当今社会快速发展需求。因此，发达国家纷纷推出基础设施投资计划，以改造完善基础设施建设，来挽回竞争力下降、竞争优势衰退的局面，提振经济增长。

新型全球化下，基础设施建设正在进行第三轮浪潮，基础设施投资缺口得到广泛研究与关注。二十国集团（G20）旗下全球基础设施中心（GIH）发布《全球基础设施展望报告》显示，2016—2040 年，全球基础设施投资需求将增加到 94 万亿美元，投资缺口约为 15 万亿美元。据估计，到 2040 年，亚洲的基础设施投资在全球占比约为 54%。世界经济论坛预测 2010—2030 年，全球每年的基础设施投资缺口为 1 万亿美元。经济合作与发展组织对发展中国家的预测显示，2015—2030 年每年将需要 2 万亿美元的基建投资。以基础设施建设为重要抓手的"一带一路"建设本质上是帮助沿线国家地区提升促进经济发展的能力，改善制约经济合作的薄弱环节，以"授人以渔"实现合作共赢。通过基础设施投资与建设、加强经贸合作，提升沿线国家自身"造血"能力，根本上改善经济发展水平。基础设施投资推动互联互通是"授人以渔"、合作共赢目标实现的动力源，有助于产生积极的经济效应，为全球经济合作提供更广阔的空间，实现"一带一路"高质量发展。中国通过多种融资渠道为"一带一路"沿线基础设施建设提供资金。

从中国政府积极对沿线提供金融支持来看，2020 年我国对"一带一路"沿线非金融类直接投资 177.9 亿美元，对沿线国家直接投资累计超过 1000 亿美元。专业性金融机构为"一带一路"建设提供了高质量金融服务，开发性金融作出了重要贡献。2014 年中国政府出资 400 亿美元设立丝路基金，2016 年中国发起亚洲基础设施投资银行，亚洲基础设施投资银行成立五年来成员数由 57 个增至 103 个[①]，投资覆盖东亚、东南亚、南

---

① 央广网. 2020-12-25. 五岁了！亚洲基础设施投资银行的朋友圈越来越大 [EB/OL]. http://news.cnr.cn/native/gd/20201225/t20201225_525374440.shtml.

亚、中西亚、非洲等多个地区，基础设施投资总额达220亿美元。中国政府还设立了股权投资基金，比如中国—中东欧基金、中哈基金、中巴基金等，让全球资本共同参与"一带一路"沿线基础设施投资。此外，商业银行加快"走出去"的步伐，通过信贷、债券、并购、担保等方式支持能源、运输、电力等基础设施建设。中国秉持构建"人类命运共同体"的理念和"共商共建共享"的原则，致力于实现双赢、多赢、共赢，使"一带一路"建设成果惠及天下。

第五节 本章小结

本章首先通过分析"一带一路"倡议的提出背景、政策内涵、合作形式，明确"一带一路"是一种新型国际经济合作形式，是中国顺应世界经济全球化潮流的明智之举，是主动承担大国责任、展现大国形象的担当之举，是与沿线国家合作共赢的必要之举。其次，通过分析2013—2022年"一带一路"建设进展，发现以基础设施建设为引领，"五通"建设快速推进，重点领域工作有效推进，合作空间取得突破，初步实现全球布局，"一带一路"倡议已转变为全球共识，成为推动全球治理体系变革、推进中国高质量发展的重要力量。再次，本章通过分析"一带一路"倡议与沿线国家战略的对接与阻力，发现基础设施建设是沿线国家战略对接的核心，也是美国为首的西方国家试图对冲"一带一路"倡议的重点，基础设施建设在"一带一路"倡议的推进过程中发挥着至关重要的作用。最后，本章从基础设施的概念特性出发，深入分析了基础设施建设在"五通"建设中的地位及作用，论证了"一带一路基础设施投资推动互联互通是"授人以渔"、合作共赢目标实现的动力源，具有较高的研究价值。

本章得出以下启示：一是全球化不是各国间的"零和博弈"，"共赢机制"的存在意味着全球化趋势不可逆转[1]。"一带一路"倡议是中国拥抱全球化、推动全球化发展的重要体现。二是中国在拥抱全球化与跻身全球市场过程中受益显著，这与我国对外开放的基本国策、良好的市场和要素条件、与邻友好的外交主张、安定团结的政治局面密不可分。40多年

---

[1] 人民日报.2017-01-19.推动世界经济迈向包容普惠的新时代——学习习近平主席达沃斯论坛年会开幕式主旨演讲［EB/OL］.http：//news.cri.cn/20170119/eeac8d4b-6297-f4b7-bf91-5bc9cd9f69fc.html.

来，中国政府始终坚持改革开放，将发展作为国家首要任务，不断开放市场，主动融入经济全球化进程，促进了贸易大繁荣、投资大便利、人员大流动、技术大发展，从而取得了全球化"红利"的长足进步。三是在西方国家"逆全球化"呼声频频的当前，中国已经接过新一轮全球化的"接力棒"，进一步顺应世界发展潮流，进一步加大对外开放力度，进一步提升国家综合实力和人民生活水平，更为积极、主动地参与全球经济治理，以自身的能量带动其他国家发展，让所有国家公平分享全球化的成果和收益，做全球化进程坚定的参与者、有效的协调者，成为新一轮全球化进程的引领者和主要推动者。"一带一路"倡议下的"五通"必然能增进沿线国家和地区人民的福祉，促进世界经济的繁荣与稳定。

第二章 "一带一路"沿线基础设施投资状况与中国在沿线的投资

"一带一路"倡议自2013年提出以来,得到了沿线国家的积极响应。根据商务部、国家统计局和国家外汇管理局发布的《2020年度中国对外直接投资统计公报》,截至2020年年末,中国在"一带一路"沿线国家设立境外企业超过1.1万家,累计直接投资1398.5亿美元,2020年中国企业"一带一路"沿线国家直接投资额达225.4亿美元,相较于2019年,同比增长20.6%。其中,"一带一路"沿线基础设施投资已成为中国企业对外投资的热点,为中国构建全方位开放新格局、进一步融入世界经济体系提供良好契机。本章将首先通过构建排除主观因素、完全基于客观数据的国家风险评估体系,即可观测指标评分法,对"一带一路"沿线国家样本进行环境风险评估。其次,介绍"一带一路"沿线基础设施现状、机遇与挑战,最后分析中国在"一带一路"沿线的基础设施投资的总体情况、地区分布及行业布局,分析"一带一路"沿线基础设施项目的资金来源和收益状况以及面临的问题,提出针对性政策建议。

第一节 "一带一路"沿线国家的投资环境评价分析

一、国家投资环境评估框架——国家风险

对外投资面临的风险首先就是国家风险。国家风险(Country Risk)是指在国际经济活动中,由于国家主权行为不确定性造成损失的可能性。为了保障我国对外开放稳健进行,对"一带一路"沿线国家的国家风险评级有其必要性。目前,中国社科院世界经济、政治研究所、大公国际资信评估公司针对国家风险进行了评级,欧洲货币、国际国家风险指南、经济学家情报社以及环球透视等机构也均涉及此类研究。

已有研究运用超效率 DEA 模型与 Malmquist 指数，分别从静态与动态的时间角度对 2014—2018 年"丝绸之路经济带"沿线国家风险展开实证分析研究发现，中南亚区域国家风险较高，西亚地区投资风险两极分化，但沿线国家风险在逐步改善（陈菁泉和王永玲，2020）。还有学者运用社会弹性指标、东道国偿债能力、政治风险及对华关系等指标来衡量国家风险与经济风险（金仁淑和孙玥，2019；刘海猛等，2019），发现"一带一路"沿线国家不同的资源禀赋差异较大，由此引发的风险也呈现显著的区域差异性。张碧琼和田晓明（2012）选取了经济、资源、技术、市场、政策等因素对 1990—2011 年我国对外投资数据进行了分析①，并基于此通过专家主观打分的综合评分法对 2011 年中国对外投资的 165 个东道国的投资环境评分进行了估算，并将其分为优、良、中、差四个档次，其中包括"一带一路"的 64 个国家。

表 2-1　　　　　　可观测法：国家风险指数的指标体系

一级指标	二级指标	三级指标
经济因素（40）	经济发展水平（10）	GDP 增长率（5）
		居民消费信心指数（5）
	经济开放度（10）	以美元计价的外国直接投资净流入（5）
		世界银行发展经济学替代换算因子（5）
	债务压力（10）	中央政府债务/GDP（5）
		外债/GDP（5）
	偿债能力（10）	经常账户余额占货物/服务出口总额（5）
		外债还本付息占商品和服务出口的百分比（5）
社会因素（30）	劳动力供给（15）	失业率（5）
		15—64 岁人口占总人口比例（5）
		劳动力总数（5）
	基础设施（15）	电话通达率（5）
		安全互联网服务器（每百万人）（5）
		货运码头吞吐量（5）

---

① 张碧琼，田晓明. 中国对外直接投资环境评估：综合评分法及应用［J］. 财贸经济，2012（02）：73-80.

续表

一级指标	二级指标	三级指标
环境因素（30）	社会稳定（10）	一年内汇率波动率（5）
		年通货膨胀率（消费者价格指数的未加权平均值）（5）
	社会安全（10）	军费支出/GDP（5）
		武装部队人员/劳动力人数（5）
	外部风险（10）	政治风险指数（源于 ICRG 数据库）（5）
		国际流动性风险（官方储备总额/每月平均商品进口成本）（5）

数据来源：World Development Indicators 数据、World Governance Indicators 数据、国际国别风险指南（ICRG）、联合国教科文组织。

本章在参考经济学家情报社（EIU）、国际国别风险指南（ICRG）经济学家情报社的评分体系后，借鉴张碧琼等（2018）做法，通过分析和确定国家风险的决定因素，建立起一套排除主观因素、完全基于客观数据的国家风险评估体系，即可观测指标评分法，并对"一带一路"沿线国家样本进行了评估。该指标体系主要包括三个层级：一级指标包括经济确定性、社会稳定性和政治稳定性因素三大类，其中经济因素占比为40%，社会因素占比30%，环境因素占比30%。二级指标共计9种，三级指标共计20种。三级指标分值设置为5分。共计取值范围10—100分，即最高分100分，最低分10分。可观测指标体系构造具体如表2-1所示，分数越高风险越小。每个指标所占总分值在其后的括号中标明（最低分为1分），总分为全部次级指标的评分总和。

在具体评分过程中，我们依据样本国数据在总体数据中的位次进行评分：反向评分的三级指标包括中央政府债务/GDP、外债/GDP、一年内汇率波动率和年通货膨胀率，即排名前10%的数据评分为100%×所占总分值，排名10%—20%的数据评分为0.9×所占总分值，依次类推，排名最后10%的数据评分为0.1×所占总分值。除上述反向评分的指标外，其余指标皆为正向评分指标，即排名前10%的数据评分为0.1×所占总分值，排名10%—20%的数据评分为0.2×所占总分值，依次类推，排名最后10%的数据评分为100%×所占总分值。按照上述评分原则，我们采取可观测指标法对"一带一路"沿线国家样本进行评估，得到的评分结果如表2-2所示。

表2-2 可观测指标法对"一带一路"样本国家的国家风险评估结果

序号	年份 国家	2010	2011	2012	2013	2014	2015	2016	2017	2018	2019	2020
1	阿尔巴尼亚	51.0	51.0	50.5	51.0	50.0	50.5	53.0	51.5	53.0	52.5	56.5
2	阿塞拜疆	71.5	71.5	64.0	67.5	72.5	61.5	50.0	48.5	56.5	64.5	72.0
3	巴基斯坦	50.0	50.0	46.0	45.0	49.5	50.0	52.5	53.0	46.0	44.0	49.5
4	巴林	63.5	63.5	63.0	62.0	60.5	53.0	51.5	51.0	53.5	61.0	
5	波兰	63.5	63.5	62.5	66.0	67.5	66.0	66.5	67.5	69.0	72.0	73.0
6	菲律宾	60.5	60.5	62.0	61.0	63.5	65.0	65.5	57.5	56.5	65.5	70.5
7	哈萨克斯坦	55.5	55.5	66.0	66.0	62.0	57.0	50.5	55.5	52.0	59.0	64.0
8	罗马尼亚	48.0	48.0	51.5	54.0	58.5	57.0	59.5	59.5	54.5	53.5	60.5
9	蒙古国	51.5	51.5	56.5	54.5	50.5	44.5	44.0	41.5	43.5	50.5	54.0
10	孟加拉国	55.0	55.0	47.5	49.5	50.5	56.0	56.0	56.0	57.0	57.0	68.0
11	缅甸	40.5	40.5	51.0	52.5	57.5	61.5	60.0	56.0	55.5	55.0	64.0
12	塞尔维亚	44.0	44.0	39.5	40.0	43.5	43.5	50.0	53.0	56.0	60.5	67.5
13	斯里兰卡	53.0	53.0	50.5	52.0	55.5	55.5	49.5	47.0	49.5	49.0	55.0
14	斯洛伐克	36.5	36.5	35.5	42.0	36.5	42.5	42.0	44.5	43.0	44.5	50.0
15	斯洛文尼亚	51.5	51.5	46.0	47.5	48.0	47.0	54.5	56.5	56.0	57.5	61.5
16	泰国	69.0	69.0	70.0	72.0	64.5	65.0	66.5	72.0	72.0	73.5	78.0
17	乌克兰	51.0	51.0	55.5	55.0	43.0	40.5	45.0	49.0	54.0	57.0	59.0
18	新加坡	80.5	80.5	81.0	81.5	84.0	83.0	80.5	80.0	78.5	80.5	79.5
19	亚美尼亚	50.5	50.5	52.5	51.5	54.5	49.0	50.0	51.0	51.5	59.0	66.5
20	伊朗	37.5	37.5	36.5	31.5	33.5	39.0	42.5	42.0	37.5	40.5	46.5
21	以色列	68.0	68.0	70.5	71.0	69.5	71.5	77.0	76.0	78.0	72.5	73.0
22	印度	64.5	64.5	61.0	61.5	65.0	67.5	70.5	72.0	68.5	74.5	70.5
23	印度尼西亚	61.0	61.0	65.0	66.5	62.5	60.5	61.0	68.0	65.5	73.0	69.0
24	约旦	58.0	58.0	57.5	54.0	53.5	55.5	51.0	44.5	41.0	43.0	57.5
25	中国	82.0	82.0	79.5	80.0	77.5	75.5	73.0	74.0	74.5	74.5	79.0

注：评分越高，风险越小。由于数据缺乏，表中各国家在2010—2020年度区间内存在评分结果（数据可查）的国家样本共有25个。数据为作者依据World Development Indicators数据、World Governance Indicators数据、国际国别风险指南（ICRG）、联合国教科文组织数据测算结果。

二、"一带一路"沿线国家风险评价分析

2010—2020年，25个样本国家评分区间在31.5—84.0。以2020年为例，最高分为新加坡（78.5），最低分为伊朗（46.5）。从2010—2020年

变化趋势来看，国家风险上升的国家主要有巴基斯坦、巴林；国家风险显著下降的国家有罗马尼亚、孟加拉国、缅甸、塞尔维亚、斯洛伐克、亚美尼亚，其他样本国家变化不大。

根据可观测指标法对"一带一路"样本国家评分结果，样本国家的得分排序如下，风险越大的国家排名越低。我们以2020年评分由高到低制表，其结果如表2-3所示。

表2-3 "一带一路"沿线国家风险排序（以2020评分为依据由高到低排列）

国家＼年份	2010	2011	2012	2013	2014	2015	2016	2017	2018	2019	2020
新加坡	2	2	1	1	1	1	1	1	1	1	1
中国	1	1	2	2	2	2	3	3	3	2	2
泰国	4	4	4	3	4	6	5	4	4	4	3
波兰	7	7	9	7	5	5	5	7	5	7	4
以色列	5	5	3	4	4	3	2	2	2	6	4
阿塞拜疆	3	3	7	5	3	8	18	20	9	9	6
菲律宾	10	10	10	11	8	7	7	9	9	8	7
印度	6	6	11	10	6	4	4	4	6	2	7
印度尼西亚	9	9	6	6	9	10	8	6	7	5	9
孟加拉国	13	13	20	20	17	9	11	13	8	15	10
塞尔维亚	22	22	23	24	22	22	18	14	11	10	11
亚美尼亚	19	19	15	18	15	19	18	18	18	11	12
哈萨克斯坦	12	12	5	7	10	12	17	12	17	11	13
缅甸	23	23	17	16	13	8	9	11	13	16	13
斯洛文尼亚	15	15	21	21	21	20	12	10	11	13	15
巴林	7	7	8	9	11	16	13	16	19	17	16
罗马尼亚	21	21	16	14	12	11	10	8	14	17	17
乌克兰	17	17	14	12	23	23	22	19	15	14	18
约旦	11	11	12	14	16	14	16	22	24	24	19
阿尔巴尼亚	17	17	18	19	19	17	13	16	16	19	20
斯里兰卡	14	14	18	17	14	14	21	21	20	21	21
蒙古国	15	15	13	13	17	21	23	25	22	20	22
斯洛伐克	25	25	25	23	24	25	25	23	23	22	23
巴基斯坦	20	20	21	22	20	18	15	14	21	23	24
伊朗	24	24	24	25	25	24	24	24	25	25	25

注：本表数据由作者依据World Development Indicators数据、World Governance Indicators数据、国际国别风险指南（ICRG）、联合国教科文组织数据测算。

从表 2-3 可以看出，2020 年国家风险较低且得分位居前三的国家为新加坡、中国、泰国。从经济发展、社会稳定和政权稳定和安全性看，三者经济发展水平更高，社会制度和安全区更高，因而国家风险小，2010—2020 年评分排位较为稳定。2020 年国家风险较高且得分位居最后一位的是伊朗，目前在中东恐怖势力崛起的大背景下，伊朗所在地区恐怖主义等非传统安全风险上升，风险得分排位一直位居高位。

三、"一带一路"沿线投资环境对比分析：国家风险指数变化

由于国家风险因素的不确定性评价指标的量化比较困难，目前大多数国家风险评估方法均为主观和客观评分的综合，对其进行动态观察的可操作性较差。而我们的目的是建立一个可观测的纯量化指标体系。为验证可观测指标测算结果的合理性，本章将可观测指标法与 ICRG 的评分结果进行对比。美国的"国际国别风险指南"（ICRG）是目前较为权威的风险评级机构，它对 140 个国家和地区的风险进行预测和分析，并分为政治风险、金融风险和经济风险三类共 22 个子指标，分别打分，最终得到国家风险评分，评分越高风险越小。ICRG 评分中所包含的"一带一路"国家 25 个样本评分结果如表 2-4 所示。

表 2-4　　　　　ICRG 国家风险评估结果

序号	年份 国家	2010	2011	2012	2013	2014	2015	2016	2017	2018	2019	2020
1	阿尔巴尼亚	67.75	66.56	67.35	67.13	67.56	67.33	68.88	68.75	71.60	70.17	65.69
2	阿塞拜疆	76.54	73.69	71.38	73.06	75.69	69.13	62.04	64.85	69.04	71.71	66.72
3	巴基斯坦	57.96	56.94	56.83	58.40	59.58	60.13	62.40	62.65	59.71	56.63	55.47
4	巴林	78.40	76.56	72.85	69.69	69.98	69.46	66.48	65.52	66.81	66.17	63.31
5	波兰	75.40	73.90	73.67	74.33	75.83	75.94	78.77	77.52	77.15	78.08	75.03
6	菲律宾	70.29	71.40	71.69	73.31	72.42	72.71	74.29	72.15	70.85	71.67	72.41
7	哈萨克斯坦	70.77	71.65	71.75	72.90	70.85	67.79	63.08	67.40	69.65	71.44	68.25
8	罗马尼亚	66.13	66.25	66.13	68.63	70.21	70.00	71.73	71.50	71.02	70.17	68.44
9	蒙古国	68.60	68.31	67.54	68.52	64.83	63.56	68.04	65.83	66.58	69.60	64.16
10	孟加拉国	65.38	63.29	61.52	61.85	63.46	64.81	66.33	65.96	65.27	66.15	66.00
11	缅甸	52.40	58.13	61.33	63.48	63.08	63.25	62.73	61.46	63.52	63.25	63.19
12	塞尔维亚	58.46	62.17	59.10	61.04	63.31	62.25	65.85	67.48	68.54	69.25	66.50

续表

序号	年份 国家	2010	2011	2012	2013	2014	2015	2016	2017	2018	2019	2020
13	斯里兰卡	64.04	64.10	60.94	61.40	62.46	66.00	65.42	63.94	64.58	64.17	61.75
14	斯洛伐克	71.08	73.71	72.31	73.42	74.77	72.40	74.31	75.06	74.33	74.90	70.75
15	斯洛文尼亚	71.40	72.96	68.38	66.38	67.46	68.73	72.81	74.21	75.13	76.56	72.06
16	泰国	68.17	70.13	69.88	68.60	67.13	67.67	68.98	70.77	71.52	71.83	68.63
17	乌克兰	64.17	64.79	65.67	65.92	57.35	53.38	59.19	62.15	63.19	65.81	63.72
18	新加坡	84.42	87.58	86.85	86.46	87.08	86.27	86.15	85.67	86.23	86.04	82.53
19	亚美尼亚	62.63	63.60	63.75	63.65	62.56	61.42	62.40	63.10	65.00	68.50	65.41
20	伊朗	66.79	66.13	62.15	60.23	60.52	66.19	71.42	73.04	69.75	64.58	59.50
21	以色列	73.17	73.75	73.13	73.69	74.31	75.69	77.63	78.10	77.94	77.31	72.28
22	印度	69.75	67.65	65.73	66.21	67.85	69.52	70.69	70.67	70.25	71.00	68.78
23	印度尼西亚	68.10	68.13	66.69	66.29	65.73	64.69	65.75	68.54	68.27	69.21	65.84
24	约旦	69.81	67.42	68.02	66.98	65.48	67.06	66.42	64.02	63.83	64.50	63.09
25	中国	76.40	74.27	74.21	74.31	72.15	72.42	71.23	72.75	73.10	72.54	71.50

注：本表数据由作者依据 World Development Indicators 数据、World Governance Indicators 数据、国际国别风险指南（ICRG）、联合国教科文组织数据测算。

从表 2-4 可以看出，在 ICRG 评分体系下，2010—2020 年的 25 个样本国家评分位于 52.40 至 87.58 之间。历年国家风险高的国家为巴基斯坦、伊朗、斯里兰卡、约旦等，新加坡、波兰、菲律宾、以色列、中国等国家风险较低，并且新加坡国家风险最低，与可观测指标法结果相一致。将可观测指标法评分和 ICRG 评分进行统计分析，在统计上具有显著相关性。这表明，可观测指标法基于可获得数据评分，一定程度排除了基于主观评分的偏差，并且其可操作性与可复制性较好。

根据可观测指标法的评分的排序结果，针对不同的投资区域制定不同的投资策略。总体上，可以将国家风险划分为三大类：国家风险高、中等和较低。对这三类国家投资应采取不同策略。

（1）控制对高风险地区投资：对于 2020 年国家风险高的 10 个国家，即巴林、罗马尼亚、乌克兰、约旦、阿尔巴尼亚、斯里兰卡、蒙古国、斯洛伐克、巴基斯坦、伊朗，建议中国企业在内的投资者要谨慎投资，不增加新投资同时管理好存量投资风险。

（2）增加对低风险地区投资规模。2020 年风险排位显示，最适合投资前 5 的国家依次为新加坡、中国、泰国、波兰和以色列，并且这些国家从 2010 年到 2020 年国家风险排名稳定。

（3）适当控制对中等风险国家规模。国家风险居中的国家中，国家风险近来明显下降的国家是塞尔维亚、缅甸等国家，建议投资者应当应及时了解风险变化调节投资策略。

值得一提的是，尽管可观测指标法在自身的构造上具有一定的独特之处，但这一方法仍待完善，所需要进一步深化研究的议题包括：①完善指标体系使可观测指标法能覆盖更多样本国家，特别是在"一带一路"倡议中越来越重要的国家样本；②研究评价指标可持续发布的技术型可行性问题；③提升国家风险评估的学术价值。

第二节 "一带一路"沿线基础设施投资状况与存在的问题

一、"一带一路"沿线基础设施投资状况分析

近年来，中国与"一带一路"沿线国家不断推进基础设施互联互通建设，一大批"一带一路"标志性项目稳步推进，以交通设施联通为例，中国—吉尔吉斯斯坦—乌兹别克斯坦国际公路、中老铁路、雅万高铁、匈塞铁路、中泰铁路等均在建设中，瓜达尔港、汉班托塔港、比雷埃夫斯港、哈利法港等项目进展顺利，成为亚洲内部、亚非欧区域的交通设施网络搭建的重要组成部分。其中"中欧班列"发展尤为迅猛，2021 年中欧班列全年开行 1.5 万列，运送 146 万标箱，同比分别增长 22% 和 29%[①]；截至 2022 年 4 月，中欧班列已经连续 24 个月单月开行 1000 列以上[②]。尤其在新冠疫情下，中欧班列更是有力保障了国家间的进出口贸易。

根据课题组对 2015—2021 年 5 月时间段内全网 1865 个"一带一路"投资项目的统计，总共有 1406 个投资项目归属于基础设施类，占比超 95%，可见基础设施建设投资是"一带一路"项目中的重要部分，这些项目覆盖高速公路及现代化铁路建设、居民区房屋建设、医疗设施建设、供水供电设施建设等，部分重要项目举例如表 2 - 5 所示。

---

① 21 世纪经济报道：https：//baijiahao.baidu.com/s？id = 1726620769037063519&wfr = spider&for = pc（2022 年 3 月 7 日公布）。

② 中国经济网：http：//www.ce.cn/cysc/jtys/tielu/202206/02/t20220602_37703317.shtml（2022 年 6 月 2 日公布）。

表 2-5　　　　　　　　部分"一带一路"基础设施项目

国家	基础设施项目
俄罗斯	莫斯科地铁西南线项目
缅甸	缅甸蒂洛瓦船厂项目
柬埔寨	暹粒机场项目飞行区工程、地方供水与卫生工程、柬埔寨昊利金水佳苑二期项目
老挝	长江路桥公司中标老挝国道北 13 号公路项目、老挝玛霍索综合医院项目
菲律宾	菲律宾卡利瓦大坝项目、升级苏比克快速路
马尔代夫	马尔代夫维拉纳国际机场航站楼土建工程、马来西亚中穆国际大厦项目
孟加拉国	孟加拉国第二大城市地区开发项目、孟加拉国达卡地区道路改造项目
阿尔及利亚	浙江城建成功签约阿尔及利亚布依南 971 套住房项目;中国建筑签约阿尔及利亚艾因那扎配送中心项目
阿富汗	交通网络发展投资计划、Qaisar Bala Murghab 公路项目、能源供应改善投资计划、道路资产管理项目
巴基斯坦	巴新高地高速公路项目、莫港至瑞木 132 千伏输变电项目、桥梁设计、修复和施工项目
巴布亚新几内亚	巴新高地高速公路项目、莫港至瑞木 132 千伏输变电项目、桥梁设计、修复和施工项目
阿联酋	阿布扎比塔维勒海水淡化项目、葛洲坝集团阿联酋乌姆盖万 150migd 海水淡化项目、阿布扎比哈里发港场站（二期）项目
阿曼	马士基轮胎吊项目、阿曼炼厂 EPC1 机电安装工程
阿塞拜疆	第二道路网发展投资计划、配电优化投资计划、供水和卫生投资计划
埃及	新首都中央商务区项目、新行政首都 CBD 双子塔、标志塔弱电智能化项目

资料来源：作者依据有关材料整理。

"一带一路"沿线基础设施水平状况可以用各类指数来反映。根据 2021 年中国对外承包工程商会与中国出口信用保险公司发布的《"一带一路"国家基础设施发展指数报告》，通过分析 71 个 "一带一路" 沿线国家的发展环境、发展需求、发展热度和发展成本，得分如表 2-6 所示。

表 2-6　2019—2021 年"一带一路"沿线国家发展指数得分[①]

	2019 年	2020 年	2021 年
总指数	119	110	113
发展环境指数	115	102	107

① 资料来源：《"一带一路"国家基础设施发展指数报告》（2021 年）。

续表

	2019 年	2020 年	2021 年
发展需求指数	130	121	125
发展热度指数	119	110	112
发展成本指数	107	106	105

注：指数含义如下：（1）发展环境指数能够客观反映企业从事"一带一路"国家基础设施项目建设将面临的环境状况与风险，涉及营商环境、政治环境、经济环境等多个维度。（2）发展需求指数则反映一国基础设施行业相对需求与绝对需求，相对需求指的是当期人均收入水平条件下满足生产生活所需的投资需求，绝对需求指的是使一国为达到最优福利水平的投资需求。指数越高表示一国基础设施投资需求和市场潜力越大。（3）发展热度指数反映了一国基础设施行业的投资热度，指数测算基于项目新签合同额、私人投资额以及中国对外承包工程新签合同额等指标。基础设施建设投资活跃度越高，则发展热度指数越高。（4）发展成本指数反映了经营成本和融资成本两个方面情况。经营成本是指企业参与基础设施建设项目过程中从事生产经营发生的相关材料成本与劳动力成本等，融资成本指的是企业为基础设施建设项目进行融资的成本。该项指数是反向指标，成本越低，指数越高。2019—2021 年这一指数变化并不明显，说明"一带一路"沿线国家开展基础设施建设成本较为稳定。

数据来源：中国对外承包工程商会、中国信保国家风险数据库。

根据表 2-6 显示，从发展环境、需求、成本和热度四方面进行考量而得到的"一带一路"国家基础设施发展总指数，可以反映"一带一路"国家基础设施行业的整体情况。基础设施行业前景越好的国家发展指数越高，也更容易吸引企业进行基础设施行业投资。总体来看，2019—2021 年"一带一路"国家基础设施发展指数与各细分指数均有所下降，但 2021 年较 2020 年各指数又有回升，这说明"一带一路"国家基础设施投资受 COVID-19 冲击，发展速度下降，但随着疫情慢慢稳定、经济日渐复苏，所受冲击将逐步好转。

图 2-1 展示了 2010—2021 年"一带一路"国家基础设施发展指数（总指数）的走势变化，由图中可看出：2018 年以来"一带一路"国家基础设施发展虽略有放缓，并在 2020 年受新冠疫情冲击而有所下降，但目前仍保持较高水平。这主要依赖于印度尼西亚、孟加拉国等"一带一路"沿线国家陆续推出的加大基建财政预算、财政拨款额等经济刺激计划。亚洲基础设施投资银行（以下简称：亚投行）也将在 2020 年 4 月至 2022 年 4 月 16 日的两年期间，专设危机恢复基金（Crisis Recovery Facility），为亚投行成员国提供高达 130 亿美元的融资[1]，以期减轻 COVID-19 疫情给亚投行成员国带来的经济、金融、公共卫生服务压力，比如为购买疫苗等

---

[1] 资料来源：亚洲基础设施投资银行官网，https://www.aiib.org/en/policies-strategies/COVID-19-Crisis-Recovery-Facility/index.html.

紧急公共卫生项目提供资金支持、补充政府生产性支出等。

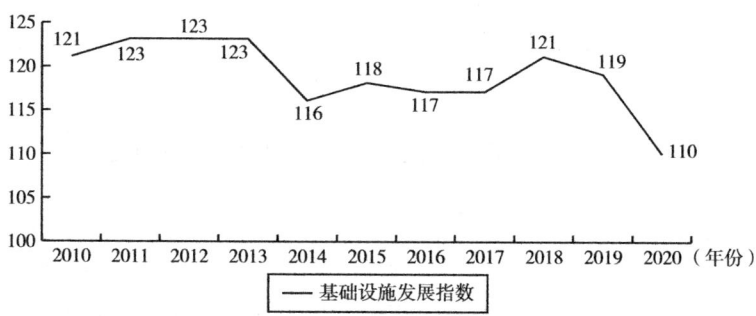

图 2-1　2010—2021 年"一带一路"国家基础设施发展指数

数据来源:《"一带一路"国家基础设施发展指数报告》(2021 年)。

"一带一路"沿线国家的基础设施发展总指数如表 2-7 所示。对比各地域基础设施建设情况可知,2021 年除南亚地区基础设施发展指数得分因新冠疫情在印度大规模暴发而大幅度下降之外,其他区域发展指数得分均有所上升。其中,东南亚地区指数得分居于首位,中东欧地区指数得分继续垫底。这主要是因为近年来,东南亚区域内基建需求旺盛、各国鼓励发展基础设施,并且具有明显的投资成本优势,故投资吸引力大,而中东欧地区国家数量多,各国基础设施发展环境和基建成本差异较大。可见,当前"一带一路"沿线基础设施建设总体向好但发展不均,各国、各区域之间的差异较大。

表 2-7　2020—2021 年"一带一路"沿线地域基础设施发展指数排名

区域	2020 年		2021 年	
	指数	排名	指数	排名
东南亚	125	1	119	1
独联体和蒙古国	115	2	114	2
葡语国家	112	3	108	3
西亚北非	110	4	107	4
中亚	110	5	110	5
南亚	110	6	111	6
中东欧	107	7	103	7

数据来源:中国对外承包工程商会、中国信保国家风险数据库。

根据世界银行在 2019 年 4 月发布的《公共交通基础设施—量化模型与"一带一路"倡议评估》报告显示,"一带一路"交通基础设施项目为沿线经济体带来了 3.35% 的 GDP 增长，除去基建必要的投入之外，还有 2.8 亿元的增长。并且这些项目还有非常明显的溢出效应，对非"一带一路"合作国家也将带来 2.6 亿元的 GDP 增长，为全球带来 2.87% 的增长。可见，"一带一路"设施投资所带来的正向效果明显。

二、"一带一路"沿线基础设施投资存在的问题

"一带一路"倡议提出以来，"一带一路"沿线国家的基础设施投资建设已取得一定成效，但同时也存在很多的问题。本节主要从投资项目融资吸引力低、投资资金缺口较大、投资环境不稳定、投资机制不健全四个角度进行分析。

1. 投资项目融资吸引力低

设施联通是"一带一路"建设的重点优先领域。首先，基础设施投资具有投资规模大、投资周期长、投资回报率低的特征，因此，项目建设阶段的风险大且项目产生的外部收益很难短期内直接转化成为国内经济社会效益。

其次，在"一带一路"沿线国家和地区中，各地区在交通基础设施的规划、运营、管理等多个方面的规则标准不一，跨国基础设施项目合作过程若未能做到统一规划、弥合分歧，就将会因通关手续繁多等原因拉高沟通成本，导致运营成本增加（雷洋等，2019）。

最后，"一带一路"沿线地理形势复杂，而基础设施建设有较高的建设技术要求，在沿线极端天气或者特殊地理环境下，施工技术和安全问题也成为"一带一路"基础设施建设的重大问题（雷洋等，2019），这也意味着项目受自然条件干扰大、项目收益回收期长，从而导致项目融资吸引力低。

2. 投资资金缺口较大

根据项目组通过网站、新闻等公开信息收集的 2015 年至 2021 年 5 月的 1865 个"一带一路"沿线投资建设项目信息列表统计，七成左右项目所需金额都在 1000 万美元以上，单个项目的投资需求额较大（见表 2-8）。

表 2-8　　　　　　　　　　基础设施项目统计表

所需金额	项目个数	基础设施项目个数
0—1000 万美元	594	438
1000 万—5000 万美元	610	531
5000 万—1 亿美元	495	220
1 亿美元以上	165	298
合计	1865	1487

数据来源：作者整理。

目前，全球尤其是"一带一路"沿线基础设施建设资金缺口仍较大，经济合作与发展组织预测，发展中国家在2015—2030年每年基础设施投资缺口达2万亿美元，联合国贸易和发展会议甚至预测有2.5万亿美元缺口。全球基础设施中心（GIH）发布《全球基础设施展望报告》预测显示，全球范围内基础设施投资需求在2016—2040年将增加到94万亿美元、投资缺口约为15万亿美元。据估计，到2040年，亚洲的基础设施投资在全球占比约为54%。另根据亚洲开发银行测算，从2016年至2020年的五年中，除中国外，亚太地区国家仅在基础设施投资方面的需求缺口就大约为每年5030亿美元，但资金供给量总额仅为每年1960亿美元。并且联合国贸易和发展会议发布《2020年世界投资报告》，预计2020年全球外国直接投资将比2019年急剧降低40%，其中对发展中经济体的直接投资降幅最大①。因此，投资资金缺口制约着亚洲经济的发展和区域经济一体化的进程。

面对巨大的资金缺口，国际金融机构所提供的贷款支持力度相对有限，目前世界银行和亚洲开发银行年贷款增加额不超过100亿美元，虽然中国政府相继建立了"亚洲基础设施投资银行""丝路基金"，期望通过发展开发性金融助力"一带一路"基础设施建设进程。然而考虑到投资项目本身收益和沿线国家的投资环境，中国政府出资比重过多无疑将会对我国外汇储备的收益率和存量构成压力，海外基础设施建设仍面临巨大资金缺口。

3. 投资环境不稳定

基础设施项目建设周期长，易受沿线国家的政治安全风险影响。由于"一带一路"沿线部分区域地缘政治情况复杂，部分沿线国家中政治角力、教派纷争和大国博弈相互交织，出现战乱、政变、社会动荡和暴力事件频发等风险事件，政治稳定性不容乐观。除此之外，"一带一路"建设还因部分国家内部政治动荡所引起的政策变动等（张家栋和柯孜凝，2021），随时面临停工风险，增加基础设施投资风险。

其次，受2020年新冠疫情的影响，各国财政压力增大。据IMF报告，为抗击新冠疫情，2020年全球财政支出规模达到14万亿美元左右。大规模财政支出将导致通货膨胀压力上升、债务规模进一步扩大、主权信用风险升高，从而拉高政府的融资能力和基建项目的融资成本，基础设施项目

---

① 资料来源：联合国贸易和发展会议，https：//unctad.org/webflyer/world – investment – report – 2020.

也将受到冲击。

此外,"一带一路"项目建设投资还面临外部冲击风险。2019年11月4日举行的东盟"印太商业论坛"上,美国与日本、澳大利亚联合发起基础设施投资计划,该项目其实是美国为弥补其印太战略中经济合作要素较弱的劣势而推出的,按照"蓝点网络"计划的初步构想,中国与"一带一路"沿线国家在推进合作项目的选择和确定过程中,都需要符合美日澳三国的评估认证体系,否则中国和其他国家就不能开展合作,或者难以顺利推进合作,已经达成的合作成果也会因不达标而得不到认可。这无疑会对部分基础设施项目造成非常严重的风险(周士新,2021)。2021年12月,欧盟也推出了"全球门户"基建计划,计划在2027年前投资3000亿欧元协助发展中国家兴建基础设施建设,未来或将给"一带一路"部分基建项目带来一定的风险。

4. 投资机制不健全

目前"一带一路"基建融资合作以我国和东道国以及相关国家之间的双边沟通为主(史耀斌,2017),并且国际性金融机构包括开发性金融机构参与较少,投融资合作模式尚不健全。目前仅除中巴经济走廊建立了比较完善的双边沟通机制,孟中印缅、新亚欧大陆桥、中蒙俄、中国—中亚—西亚、中国—中南半岛等经济走廊尚未形成常态化的融资协调机制。

另外,"一带一路"基建项目的融资机制不健全,缺少融资信用媒介和载体,法律制度等存在较大缺陷,融资风险高,融资难度大。这主要是因为沿线国家整体经济基础较为薄弱、财政资金紧张,国内无法对基建项目提供融资担保。"一带一路"沿线部分国家法治化程度非常落后,缺少融资规定、准入资质等方面的配套法律制约政策,也缺乏鼓励优惠促进政策,这将打击社会资金的参与积极性。

三、"一带一路"沿线基础设施投资的机遇与风险挑战

1. "一带一路"沿线基础设施投资的机遇

随着绿色技术发展、数字化技术升级,叠加国际经济发展变革、经贸格局改变,"一带一路"沿线国家基础设施建设投资迎来全新发展机遇。

第一,"一带一路"绿色化、数字化基础设施建设深入发展。

在"碳中和"和"碳达峰"成为各国共识的背景下,全球能源电力结构正在经历深度调整。2020年,新冠疫情导致各国电力总体需求萎缩,但风能、太阳能、生物质等可再生能源需求逆势上涨,发电量较2019年增加7%。可再生能源署数据显示,为实现全球控温目标,新能源装机占

比要从2017年的25%提高到2050年的86%，2050年新能源装机容量将超过160亿千瓦，其中光伏装机容量要达到85亿千瓦①。截至2021年10月，全球132个国家和地区提出"碳中和"发展目标，各国均为可持续发展等制定了相应的发展政策，新能源项目等也日益成为"一带一路"沿线国家基础设施建设的重点。在此背景下，新能源需求增加而发电组件成本下降，"一带一路"新能源基础设施发展潜力巨大，相关金融机构和企业可抓住可再生能源领域的市场机会，加强可再生能源国际合作，促进绿色"一带一路"建设，推动电力基础设施实现高质量转型。具有优势低碳节能技术的企业可以通过提供低碳能源和技术"走出去"，实现扩大发展。

同时，近年来以大数据、云计算、人工智能为特征的新一轮技术革命加速推进，"一带一路"国际基础设施发展将迎来全方位的变革，"共建数字丝绸之路"也已成为各国共识。从短期来看，以充电桩、绿色建筑为代表的蓝海市场与智能电网、物联网、5G通信等高新技术有望快速融合，开启新技术与基础设施协同发展的新时代。从长期来看，随着"一带一路"国家建设需求的不断释放，更多的新技术有望在各国基建项目中得到广泛应用，智慧城市、智能交通、绿色建筑等诸多新型基础设施项目将迎来更大发展机遇。

第二，区域性经贸合作安排为"一带一路"沿线基础设施发展注入活力。

自中国首先提出"一带一路"倡议以来，"一带一路"倡议得到越来越多国家地区和国际组织的积极响应和支持，影响力日益提升，朋友圈逐渐扩大。2020年，中日韩等15国签署《区域全面经济伙伴关系协定》（RCEP），RCEP是为了满足降低交易成本的需要，在市场需求的推动下探索出的具有市场与制度基础的自由贸易协定，由东盟十国发起，是全球最大自贸区，15个成员国总人口达22.7亿，GDP达26万亿美元，将为国际贸易合作提供制度基础，也为基础设施投资营造了有利的政策环境②。另外，区域性合作协定还包括2020年12月30日中国、德国、法国和欧盟共同宣布完成谈判的《中欧全面投资协定》（CAI）、2021年2月正式生效的《亚洲及太平洋跨境无纸贸易便利化框架协定》等，都有利于基础设施建设的蓬勃发展。

---

① 资料来源：中环智云、国际能源署《2020年可再生能源报告》，http://www.szguanjia.cn/article/1418（2021年5月5日公布）。

② 人民网：https://baijiahao.baidu.com/s?id=1683432546248748852&wfr=spider&for=pc（2020年11月15日公布）。

另外，在中国倡议和推动下，各国也在为建设良好融资体系和环境共同努力，为基础设施投资提供强有力的后盾支持。比如中国与阿根廷等国财政部还共同签署《"一带一路"融资指导原则》①，推动建设长期、稳定、可持续、风险可控的融资体系，截至2020年，已经有29个国家核准该指导原则。并且，2020年以来，为刺激经济复苏，在东盟、非洲、亚太、中东的一些国家，总体上调整放宽了外资政策，加大对外商投资的开放力度，这将带动相应国家的基础设施建设较快发展②。

第三，设施互通需求促进"一带一路"沿线基础设施投资发展。

目前，"一带一路"国家普遍面临的问题是经济发展模式较为单一，在世界产业链中处于末端地位，亟须引入经济发展动能，优化产业升级。而目前国际贸易保护主义抬头，"逆全球化"思潮涌动，国际贸易环境不容乐观，疫情也对贸易造成剧烈冲击。沿线国家如何突破重围，在严峻的国际形势下实现经济发展，"一带一路"设施联通为其提供了光明路径，建设需求急迫且强烈。以中欧班列为例，作为往返于沿线各国的国际铁路列车，自从开行以来已经超过2万辆次，为中国与"一带一路"国家贸易增长提供了重要保障，成为运输抗疫物资的重要交通渠道（本书第4章专门进行实证检验），同时比海运、空运更能节约交通成本，避免沿线国家抗疫物资短板对人民生命安全造成不利影响。

可见，基础设施建设能降低贸易成本、提高贸易流量，有助于出口贸易，在经济发展水平较低的国家这种促进作用尤为明显（张艳艳和于津平，2018；崔岩和于津平，2017）。2020年以来，"一带一路"沿线国家疫情十分严重，确诊病例数量日益攀升，人民生命健康安全受到巨大的威胁。由于本国生产能力有限、国际运输乏力，沿线国家急需抗疫医疗物资。面对全人类共同的挑战，中国积极提供运输、清关等便利措施，尽最大努力帮助抗疫，与沿线国家共克时艰、守望相助。中欧班列运输网络达到欧洲21个国家、92个城市，运送医疗物资近800万件，共计6万多吨③，极大促进了各国防疫合作。

因此，当前"一带一路"设施联通建设需求强烈，这依赖于基础设施

---

① 中华人民共和国中央人民政府：http://www.gov.cn/xinwen/2017-05/15/content_5194223.htm（2017年5月15日公布）。

② 国家税务总局新疆维吾尔自治区税务局，https://xinjiang.chinatax.gov.cn/xwdt/ztzl/ydyl/202012/t20201229_80465.htm（2020年12月29日公布）。

③ 中国一带一路网，"中欧班列发挥了不可替代的重要作用"，https://www.yidaiyilu.gov.cn/xwzx/gnxw/156561.htm（2020年11月30日公布）。

投资加持，从而驱动基础设施投资发展。

2."一带一路"沿线基础设施投资面临的风险挑战

因"一带一路"沿线特殊的地理位置以及基础设施项目特点，"一带一路"沿线基础设施投资主要面临地缘政治风险、环境安全风险、市场风险、投资风险和法律合规风险等。

第一，地缘政治风险。从地理位置来看，"一带一路"沿线经过多个地缘政治破碎带，相关国家地区民族主义、极端主义、恐怖主义等问题泛滥，武装冲突、体制矛盾等复杂因素客观存在。而且在"一带一路"建设过程中，沿线国家地缘政治地位的变化势必引起各国主动参与到地缘政治博弈当中，引发无法预知的局面动荡，这将给"一带一路"建设，尤其是需要长期建设的大型基础设施建设项目带来因地方武力冲突导致的停工风险。具体从各国国情来看，许多国家政治局势不稳、社会问题复杂、整体环境存在较高的不确定性。如巴基斯坦作为南亚的战略支点，在"一带一路"倡议实施中发挥重要作用，但时常受到恐怖主义等威胁，与邻国关系也存在很大的不确定性。尤其基础设施项目建设周期长、规模大、风险高，处于社会转型期和政治过渡期的沿线国家在政党更迭前后政策连续性不强，甚至会有新上台政党为了利益，推翻之前协议的情况发生。

基础设施项目往往由政府部门推动，或者由国际社会援助建设，一旦东道国发生政治风险，将会对正在建设的项目造成毁灭性的打击。如斯里兰卡新政府上台之后，要求重新审查中国企业投资建设的多个工程，其中与前政府合作的科伦坡港口项目因为手续等问题被迫停工[①]；希腊左翼政府上台之后，叫停比雷埃夫斯港口项目建设，这个见证了中希友谊项目的叫停为"一带一路"建设蒙上了一层阴影。近年来多个沿线国家已经或即将举行总统或者议会选举，面临政党更迭的可能性，如波兰、克罗地亚、菲律宾、立陶宛等国，政局稳定性的因素需要被纳入基础设施建设决策的考量范围。

第二，自然环境风险。"一带一路"沿线部分国家位于活跃的地震带以及印度洋板块、亚欧板块、太平洋板块等交界处，交界处不稳定、容易相互碰撞挤压导致地震或火山、海啸等极端自然灾害发生。自然环境的不稳定直接影响基础设施建设进程，交通阻碍、原材料短缺会拖延工程进度，并且可能导致最重要的人身安全问题。如2018年印度尼西亚遭遇了地震海啸，死亡人数达到3400人，大量建筑被破坏，造成严重生命安全

---

① 资料来源：环球时报，https://world.huanqiu.com/article/9CaKrnJSZhj.

和财产损失。表 2-9 列示了近年来"一带一路"沿线国家的自然灾害情况,可见东南亚发生极端天气和自然灾害较多且较为频繁,值得额外警惕和防范。

表 2-9 "一带一路"沿线部分国家极端天气与自然灾害

国家	自然灾害	发生时间
印度尼西亚	洪水	2021 年 2 月
泰国	暴风	2021 年 3 月
伊朗	地震	2020 年 5 月
越南	热浪	2019 年 6 月
菲律宾	地震	2019 年 10 月
印度尼西亚	海啸	2018 年 9 月
印度	洪水	2018 年 8 月

资料来源:The International Disaster Database.

另外,"一带一路"沿线部分国家治安情况不佳,如菲律宾有多个武装恐怖组织,印度尼西亚近年来发生多起恐怖爆炸和袭击事件,刑事案件时有发生。推进经贸关系时需注意跨国有组织犯罪的问题,毒品走私与宗教势力相结合,冲击沿线安全;跨国经济犯罪,如洗钱等事件时有发生,扰乱国际经济合作秩序。在此类国家开展基础设施项目建设时需格外警惕人身安全,保护自身安全利益,避免生命健康受到威胁。

第三,市场风险。在"一带一路"沿线国家开展基础设施项目建设过程中,市场风险不容忽视。由于倡议涉及地区众多,国情不一,市场环境千差万别。整体来看,需要注意的市场风险主要包括合约风险和劳务合作风险。

合约风险方面,企业在东道国承包工程项目主要是根据合同或契约,尤其是基础设施建设多数是由当地政府进行主导,合约安排值得格外重视。事实上,部分沿线国家获得项目较为困难,如斯洛文尼亚境内的建设项目绝大多数为本国企业承建,少数与德国、意大利等国公司合作建设;文莱政府公共工程通常会优先照顾本地工程企业,尤其是规模不大、难度不高的普通工程,外资公司基本无参与可能;孟加拉国虽然不发达,但项目招投标对企业资质要求较高,合同条款较为苛刻。在沿线进行承包工程之前,要对东道国整体市场环境有清晰明确的认知,遵守当地法律法规,尽可能与本地公司建立良好的合作关系。合约安排方面,技术标准风险是沿线基础设施项目建设过程的重要考量因素,中国技术标准"走出去"是

"一带一路"建设的重要支撑。此外,在实际操作过程中,应注意规避工程拖期的风险。以中国某企业在伊朗承包工程为例,该企业与伊方签订的合同生效后,施工现场并未完成拆迁,不具备施工条件。该中方企业无力进行涉及伊朗法律、赔偿等复杂事项的拆迁工作,长期不能实际施工,而合同已经生效,最后导致工程无法在合同规定期限内完成,将面临违约罚款。为避免违约风险,可以考虑采取的措施是为项目工程投保,以有效避免不可预见风险,为项目顺利实施提供保障。

劳务合作风险方面,劳务风险是企业海外投资面临的严峻风险,一旦违反规定或者出现恶性事件,轻则企业被罚款,重则国家形象受损害,影响"一带一路"建设项目的推进。部分沿线国家,如蒙古国劳动力短缺,为保障本国公民就业,限制外国劳务进入,引进外籍劳务需要多个层级审批;哈萨克斯坦等国也在逐渐收紧外籍劳务许可发放程序。因而突出的风险之一在于非法聘用外籍劳工,如2013年某中资企业捷克公司因中国员工持商务签证在捷克工作被查,相关人员被捷克外事警察局拘留。2019年,在哈萨克斯坦承建公路改造项目的某中资企业因违反哈方相关法律法规,多名中方员工持商务签证及旅游签证在哈萨克斯坦务工,导致企业遭受罚款,员工被驱逐出境。认真遵守东道国劳动保护、劳动保障等法律法规,签订劳务合同需要对人员工资待遇、生活安排、法律保障等作出明确规定,避免劳务纠纷;加强劳务人员培训工作,尤其格外注意项目施工的安全隐患,加强安全生产,避免安全事故。安全管理措施不到位造成人员伤亡,会在本地产生恶劣影响,不利于倡议顺利推进。

第四,投资风险。基础设施建设是"一带一路"建设非常重要的领域,风险尤其高。特别是基建项目作为公共产品,其主导者多具有政府背景,既是项目的参与者,也是规则的制定者,在地缘政治博弈的复杂较量下,违约情况时有发生,带来不可预见的巨大投资风险。国家需要有可靠的监管制度、完善的法律、稳定的价格水平,营造有利的投资环境,才能保证国际投资得到偿付和回报。

从投资安全性角度来看,根据穆迪公司信用评级结果显示,高等投资级别(Aa1级、Aa2级、Aa3级)国家有阿联酋、捷克、卡塔尔3个国家。中上等投资级别(A1级、A2级、A3级)的国家占比18.75%,中等投资级别(Baa1级、Baa2级、Baa3级)的国家占比为15.63%。有半数以上的沿线国家可能存在较高的信用风险。沿线国家的主权偿付能力强弱与否,决定了投资能否收到本金和收益。国家债务现状、债务结构也是需要重点评估的内容,对债务风险管理的能力决定是否能够偿还已有债务,甚至开展新的筹资活动。此外,投资收益率也是重要问题之一。基础设施投资的潜在风险警示投资收益率的不稳定性。由于海外重大项目建设周期长、资金投入大、风险因素复杂,资金保障机制有待完善。全球经济增长放缓,经济外部环境的变化也为基础设施行业造成风险和挑战,而且部分项目投资以港口、码头、道路为主,不确定性较高。另外,阿富汗、叙利亚、也门、黎巴嫩等国金融市场不完善,投融资机制不透明,汇率波动大。在这些国家用当地货币投资可能会有投资贬值风险。

第五,法律合规风险。海外投资必须遵循东道国的相关法律政策,如不符合法律要求或违反规定会导致基础设施项目无法顺利进行,造成巨大损失。"一带一路"基础设施投资首先需注意准入风险,即不符合东道国的要求,不能通过审查机制而被市场拒之门外的风险。根据商务部《对外投资合作国别(地区)指南(2020年版)》,部分沿线国家基础设施许可制度较为严格,如埃及规定外国公司承包项目必须有埃及公司作代理,雇佣埃及工人必须达到90%。部分国家对特定领域进行限制,如捷克法律规定,外国公司承揽军工工程、对环境有可能造成污染的工程项目、某些资源开采项目等,需获得特许。多数国家尽管对外国公司承包工程没有严格限制,但是要求参与建设投标的外国企业要在东道国设立公司,持有国外工程项目承包执照,与招标委员会签订合同等。

"一带一路"建设还面临着沿线国家法律、法规的一致性风险。部分国家执法机制不健全,立法机制不完善,在这种背景下外国投资可能被强制国有化,投入建设的基础设施无法转移,如遭破坏责任无人承担。即使沿线国家拥有较为健全的法律,执法过程仍具有较高的不确定性,如菲律宾各项法律法规健全,但是执法不严、有法不依的情况十分常见,法院办案程序冗杂,司法公正性不高。还有可能出现的风险是,沿线国家为了维护本国的利益,频繁调整本国法律,这将造成市场的不稳定,对长周期的基础设施项目建设十分不利。此外,部分沿线国家采用的标准与国际广泛使用的工程技术标准差异较大。现在世界上有美国标准、英国标准、欧洲标准等,不同标准之间差异性较大,"一带一路"沿线国家使用的标准各有不同,在国际项目施工时如果不能做到技术标准一致,容易导致项目工程进程受阻,甚至不能按期完成项目建设。

另外,税收法律风险也是值得关注的重点。国家税收优惠政策对企业经营影响很大,双重征税意味着在东道国交税之后还需要在母国交税,这为企业带来巨大的税负压力。我国已经陆续和世界上百余个国家签订了避免双重征税的协议,并且在2019年,"一带一路"沿线国家地区税务部门签署了税收征管合作谅解备忘录,共同努力不断完善合作网络、优化税收环境,降低相关法律风险,助力"一带一路"建设行稳致远。

第三节 中国在"一带一路"沿线的基础设施投资

一、中国在"一带一路"沿线的基础设施投资状况分析

1. 总体特征

首先,从投资总量来看,2013—2020 年,中国对"一带一路"沿线国家累计直接投资流量为 1398.5 亿美元,年均增长 8.6%,比同期中国对外直接投资年均增长率高出 3.4 个百分点。在全部投资中,基础设施投资占比在七成左右。到 2020 年年末,中国企业在"一带一路"沿线国家共投资 319 个基础设施项目。2020 年中国企业在"一带一路"沿线 58 个国家基础设施投资达到 142 亿美元,占比从 2019 年的 70% 提升至 80%①。如图 2-2 所示,2020 年中国基础设施项目投资主要分布于欧亚非三大洲。中国企业在东盟国家的基础设施投资项目数量最多;具有较强的能源优势的中西亚国家次之;与中国联通障碍较多的欧洲国家位于第三;而经济发展较为落后的南亚、非洲国家位居第四。

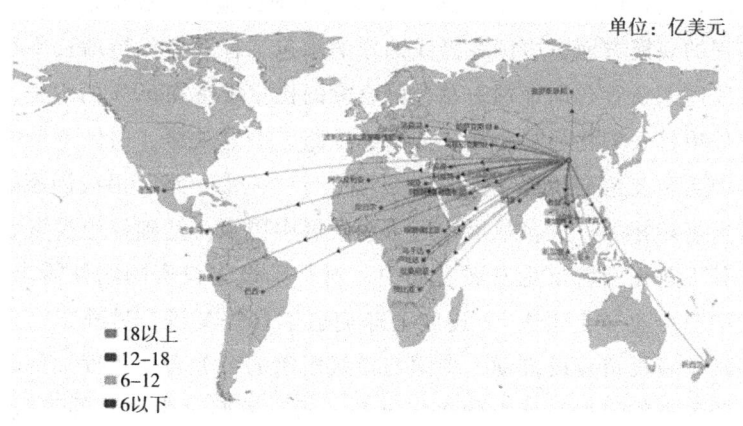

图 2-2 2020 年中国基础设施项目投资"一带一路"国家分布
数据来源:中国全球投资跟踪数据库。

---

① Christoph Nedopil Wang. 2020 年中国"一带一路"投资报告:新冠疫情下的一年. 北京:中央财经大学绿色金融国际研究院绿色"一带一路"中心,2021.1.

其次，分析中国企业对基础设施项目投资的运作过程，可以发现中国企业一直在不断尝试创新投资模式。近年来，商务部提出了基础设施项目投资、融资、建设、运营一体化的发展方向，对"一带一路"沿线国家的政府援助逐步转为国家区域间的投融资合作，鼓励企业以建设—经营—转让（BOT）、建设—拥有—经营（BOO）、公共私营合作（PPP）等模式承揽特许经营类工程项目。中国企业与沿线国家的合作模式由单纯的企业的设计、采购、施工一体化模式（EPC）转向投资运营，例如中非泰达工业园区、尼日利亚TICT港口项目等都采用了政府和社会资本合作模式（PPP）。产业合作模式的创新推动了中国与"一带一路"沿线国家双边甚至多边的产能合作，从而进一步推广了中国企业对外承包工程业务。

尤其值得一提的是，"一带一路"建设以来，中国同多个沿线国家签署了本币互换安排、人民币清算安排、监管合作谅解备忘录；金融机构海外布局不断优化，业务持续拓展，为服务"一带一路"建设提供了重要的金融支持和保障。截至2020年年末，共有11家中资银行在29个"一带一路"沿线国家设立了80家一级分支机构①。截至2021年上半年，国开行发放共建"一带一路"专项贷款289亿元等值人民币，设立第二期150亿美元稳外贸专项贷款②。截至2021年7月，丝路基金已签约项目超过50个，并通过基金投资、平台投资等方式落地项目上百个，项目遍及40余个国家和地区，承诺投资总金额逾180亿美元（谢多，2021）。

再次，从我国在"一带一路"沿线的基础设施投资成果来看，在对外承包工程的规模方面，中国在沿线国家的承包工程总体保持增长平稳。中国与沿线国家新签合同金额占总合同金额的比重维持在50%的水平，且承担的工程项目大型化趋势明显，如中缅铁路、中老铁路、白俄罗斯中白工业园、中孟中友谊七桥等项目。这一现象与"一带一路"沿线国家的自身发展需求密切相关，大多数沿线国家为发展中国家，基础设施投资较为薄弱，在其工业化和城市化发展过程中，对基础设施投资的刚性需求强烈，同时为中国企业"走出去"、逐鹿全球创造了良好契机。另外，受连年增长的基础设施投资建设推动，中国与沿线国家的劳务合作程度加深，中国的对外劳务合作年末在外人数逐年上升，据商务部《中国对外承包工程、劳务合作业务统计年报》显示，2020年年末，中国对外劳务合作中约有143.1万名中国员工，中国对外劳务合作外派人员总数整体上逐年递增，

---

①② 中国一带一路网：https://baijiahao.baidu.com/s?id=1695255426854677934&wfr=spider&for=pc（2021年3月26日公布）。

但受经济形势和东道国政策的影响呈现结构性小幅波动,中国在"一带一路"沿线国家情况与此类似。可喜的是,自2013年倡议提出后,中国在沿线国家的劳务派出人数有所回升,占对外劳务人员总数35%以上。

2. 投资地区分布

从中国在"一带一路"沿线基础设施投资的地区分布来看,目前投资项目集中于东南亚地区,中西亚、南亚、中东地区项目数量有一定增长,欧洲地区及非洲地区项目建设速度近年内趋缓但投资前景可期。

首先,自2013年"一带一路"倡议提出以来,东南亚地区与中国贸易往来频繁,合作关系不断深化,中国企业纷纷前往东南亚地区投资,投资额增长迅速,2013—2020年,仅中国大陆地区对东南亚国家联盟(东盟)的每年直接投资就由61.65亿美元提升至143.60亿美元。根据商务部公开披露数据显示,2020年中国对东盟的主要投资地为新加坡、越南、老挝、印度尼西亚、泰国,合计投资规模约占中国对东盟投资规模的70%,2020年中国对东盟投资行业分布以制造业为主,金融保险、房地产、建筑服务紧随其后,具体如图2-3所示。其中,基础设施项目更是投资建设热点,目前近50%的中国企业境外承包的基础设施项目来自东南亚地区,仅2019年,中国企业在东南亚地区的中标重点基础设施建设项目占其海外总额近1/3。相较于其他地区,东南亚地区与中国地理位置接近,经济基础良好,人口众多,文化多有相似之处,具有深厚的历史渊源。近年来东南亚地区相继推出大规模投资优惠政策,不断加强与中国沟通合作,达成各类合作协议。在2020年新冠疫情席卷全球,对各国贸易往来提出

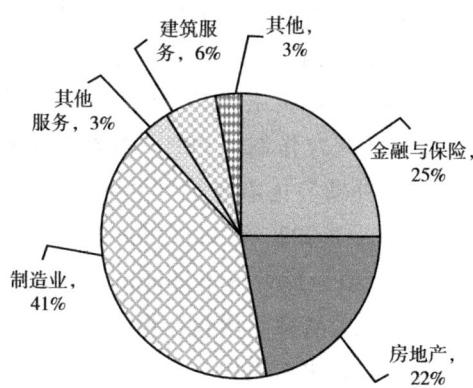

图2-3 2020年中国对东盟投资行业分布

数据来源:ASEAN Stats Data Portal、普华永道《新形势下全球化转型与"一带一路"倡议的驱动力》(chrome-extension://ibllepbpahcoppkjjllbabhnigcbffpi/https://www.pwccn.com/zh/issues/globalisation-services/transformation-driving-force-br-initiative-feb2021.pdf)。

严峻挑战的背景下，中国与东盟等国家于11月15日签订的《区域全面经济伙伴关系协定》（RCEP），力图建成涵盖人口最多、成员构成最多元、规模最大、最具发展活力和潜力的自由贸易区，将于2021年1月正式生效，相信在各国通力合作之下，定能有效放缓全球经济趋势，为亚洲商贸活动注入新活力。

其次，中西亚、南亚地区整体基础设施基础较差、配套设施不完备，具有旺盛的基础设施建设需求，但其拥有较高的原始资源禀赋，因此也是"一带一路"沿线基础设施项目建设投资的重要组成部分。但中东地区国家值得关注，虽其地理位置险要，把控全球石油输送命脉，存在一定的政治风险，但投资中东地区基础设施项目建设对中国企业仍有不小的吸引力。根据普华永道公开披露统计报告，在2019年、2020年，中国对中东与北非地区的私募股权投资以及并购交易规模每年可达数十起，多数投资交易由股权基金或风险投资基金主导，投资标的主要为当地医疗和技术类创业企业。其余地区资源禀赋较弱，对于中国企业的吸引力相对较低，主要通过国家间签订外贸协议、中国企业参与投资的形式开展基础设施建设。

再次，欧洲地区因20世纪90年代东欧剧变、2008年金融危机等事件给地区经济、政治造成较大冲击，该地区基础设施发展速度逐步放缓。在2010年波兰、罗马尼亚、保加利亚等国家加入欧盟的大力推动下，欧盟开展援助东欧10国的地区发展基金计划，大幅增加基础设施建设投资，完善并升级改造道路、桥梁等交通类基础设施项目。但由于全球金融危机、地缘政治摩擦、英国脱欧等事件的不良影响，欧洲地区的基础设施建设仍难以解决资金短缺问题。因而，欧洲地区加大基础设施建设领域的对外开放程度，渐渐形成多元投融资主体参与项目，大量使用建筑—经营—转让模式（BOT）、公共私营合作制（PPP）等新型特许合作经营模式，积极出台税收优惠、资金补助等优惠政策。"一带一路"倡议提出以后，欧洲地区也积极响应号召，于2020年12月30日与中国一同宣布《中欧全面投资协定》，共同面对新冠疫情的不良冲击，一同迈向高质量发展新阶段，中国企业对欧洲地区投资持续增长，投资方式趋向多元化，有效支持欧洲地区传统基础设施建设更新换代。

最后，多年来中国积极助力非洲积极发展，推动其基础设施发展完善，中国现已成为非洲基础设施的最大出资国。在传统基础设施投资建设方面，中国铁路、中国交通建设集团等大型国有企业投资经验丰富，积极参与"一带一路"相关基础设施项目，致力于实现沿线国家交通互联、电路互联等方面,目前成功启动南苏丹、埃塞俄比亚、肯尼亚三国非洲东部交通互联项目,卢旺达、乌干达和肯尼亚三国非洲北部交通连接项目、非洲南北部输电走廊项目等。在新型基础设施投资建设方面,华为、中兴通讯等高科技企业在5G发展潮流趋势下投资承包新基建项目,助力非洲进入数字时代,承包埃塞俄比亚等国的电信全网承建工程,目前成功打入非洲市场,华为现已成为北非地区最大的通信设备供应商,中兴与华为占尼日利亚通行市场将近90%的份额,相信随着"一带一路"沿线国家合作关系不断深化,非洲对于新基建的旺盛需求能够得以满足,全面迈入数字时代。

综上所述,中国对"一带一路"沿线不同区域的对外投资稳步上涨,但投资方式因地制宜、趋向多元化各有不同且比例有所侧重,其中,对东南亚的投资活动最为活跃,欧洲、非洲新建项目发展态势良好。

3. 投资国别分布

目前,中国在"一带一路"沿线投资的国别分布有一定差异,对外投资区域分布不均衡。

从总体投资额来看,2020年基础设施投资额占对外直接投资总额80%,而且基础设施投资与对外直接投资之间较强的相关性,因此本章根据中国对各个国别直接投资存量在沿线国家合计数中的比重划分为三类国家:第一类国家为占比大于4%的国家,包括新加坡、俄罗斯联邦、印度尼西亚和南非4个国家;第二类国家为占比在1%—4%范围的国家,包括老挝、越南、哈萨克斯坦、巴基斯坦、阿联酋、泰国、缅甸、韩国、柬埔寨、以色列、蒙古国、马来西亚、伊朗、印度、沙特阿拉伯、新西兰和埃塞俄比亚17个国家;第三类国家为占比小于1%的国家,包含剩余未列举的49个国家。中国对这三类国家的直接投资规模差别很大,第三类国家的存量规模合计只有140.1亿美元,仅相当于中国在俄罗斯的存量规模。

2019年,中国企业在"一带一路"沿线非金融类直接投资超过150亿美元,直接投资存量接近1800亿美元,其中新加坡独占鳌头。新加坡在基础设施、制度环境、对华关系等方面都表现优异,吸引了大量的中国企业投资;俄罗斯与中国关系密切,还具有煤炭、石油、天然气等得天独厚的战略资源,也是中国企业重点关注国家。

在投资项目数方面,如表2-10所示,本章根据中国对各个国别基础设施投资项目在沿线国家合计数中的比重划分为三类国家:第一类国家为占比大于4%的国家,包括印度尼西亚、俄罗斯、巴基斯坦、孟加拉国和柬埔寨5个国家;第二类国家为占比在1%—4%范围的国家,包含泰国、新加坡、斯里兰卡、越南、沙特阿拉伯、马来西亚、塞尔维亚、阿联酋、埃塞俄比亚、印度、老挝、乌克兰、乌兹别克斯坦、缅甸、秘鲁、哈萨克斯坦、肯尼亚、伊拉克、菲律宾、尼泊尔、格鲁吉亚、埃及、几内亚、莫桑比克、尼日利亚 25 个国家；第三类国家为占比小于 1% 的国家，包含剩余未列举的 35 个国家。中国对这三类国家的基础设施项目数差别很大，第三类国家投资项目数仅占比 20%。

表 2-10　2011—2020 年中国在沿线国家基础设施投资项目数占比

国家/地区	项目数	百分比
印度尼西亚	37	6.30%
俄罗斯	29	4.94%
巴基斯坦	26	4.43%
孟加拉国	24	4.09%
柬埔寨	22	3.75%
新加坡	19	3.24%
泰国	19	3.24%
斯里兰卡	18	3.07%
沙特	15	2.56%
越南	15	2.56%
马来西亚	14	2.39%
塞尔维亚	13	2.21%
阿联酋	13	2.21%
埃塞俄比亚	13	2.21%
印度	13	2.21%
老挝	13	2.21%
乌克兰	12	2.04%
乌兹别克斯坦	12	2.04%
哈萨克斯坦	11	1.87%
秘鲁	11	1.87%
缅甸	11	1.87%
菲律宾	10	1.70%
伊拉克	10	1.70%
肯尼亚	10	1.70%
尼泊尔	9	1.53%
格鲁吉亚	9	1.53%

续表

国家/地区	项目数	百分比
埃及	8	1.36%
几内亚	8	1.36%
莫桑比克	8	1.36%
尼日利亚	8	1.36%
阿尔及利亚	6	1.02%

注：数据来源于中国全球投资跟踪数据库，由于涵盖国家较多，本表仅选取项目数占比在1%以上的国家。考虑到很多项目跨越2013年"一带一路"倡议提出时点，所以，展示窗口期为2011—2020年。

基于上述分析可发现，从投资数额和投资项目数两方面均存在重点国别占比较高的特征。值得一提的是，东南亚国家在投资数额和投资项目数方面均处于领先地位，位置处于"21世纪海上丝绸之路"与"丝绸之路经济带"中，中国对"一带一路"沿线国家基础设施投资布局中对该区域投资力度较大。

4. 投资行业分析

中国对"一带一路"沿线基础设施项目投资行业分布主要集中在能源与交通运输两方面，如图2-4所示，2020年能源与交通运输项目投资金额分别占同期总额40%和37.8%。与往年相比，房地产、化学品、公用事业、金属等行业投资额占比存在小幅度下降。其余行业投资额占比波动幅度不大。随着新基建的提出，新型基础设施建设在国内备受关注，在"一带一路"沿线国家基础设施中也出现数字网络建设等项目。具体分析投资行业分布主要有以下三大特点。

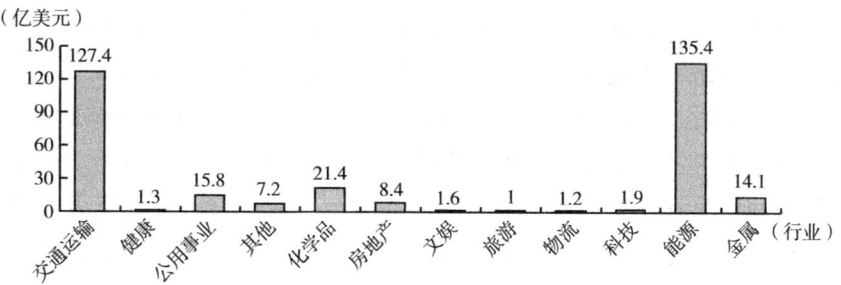

图2-4 2020年中国对"一带一路"沿线国家承包工程项目的行业分布

数据来源：中国全球投资跟踪数据库。

第一，能源行业规模最大。

据海关总署公布的数据显示，自2013年"一带一路"倡议提出以来，中国对"一带一路"沿线国家的天然气、石油等能源进口量逐年提升。2014—2019年，中国企业与"一带一路"沿线国家贸易值累计超过44万亿元人民币，年均增长率达6.1%，其中原油、天然气、煤等能源为主要进口品种。"一带一路"能源合作伙伴关系于2019年4月确定，有效推动"一带一路"沿线国家能源互利合作，共同解决能源发展带来的种种问题，实现互利共赢，共同发展。

聚焦于2020年，如图2-5所示，能源行业投资无论是投资金额还是项目数量，都位居首位，其总投资金额约200亿美元。从其下属的二级行业指标来看，大部分投资集中于水力发电、煤矿和太阳能，并且在2020年其投资额占比都有所提高。在能源行业投资额方面，巴基斯坦位居首位，主要集中在水电和煤炭方面，这与巴基斯坦矿产资源丰富、经济水平难以独自承担大型基础设施建设有关。俄罗斯和印度尼西亚紧随其后，主要集中在化石燃料方面。在投资方式方面，中国企业对外能源投资的方式以跨国并购为主，相较于绿地投资，其的促进效应更为明显；在投资类别方面，中国企业对"一带一路"沿线国家基础设施项目包含能源类别包含煤炭、水、电，石油，天然气等。如图2-5所示，煤炭的投资金额逐年下滑，丧失领先地位，2020年略有所回升。电力投资金额相对保持稳定，占比逐年增加。新能源投资额占比逐年增加。肖建忠等（2021）研究发现，中国企业对"一带一路"沿线国家煤炭和天然气等传统能源投资所产生的促进效应比新能源投资的促进效应明显得多。

第二，交通运输行业投资居第二。

交通运输行业是中国与"一带一路"国家之间贸易往来的重要枢纽，主要包含铁路、公路、港口与航空四方面。2020年中国企业在"一带一路"沿线国家投资交通运输类项目投资金额达127.4亿元，位居第二。这与"一带一路"沿线发展中国家交通类基础设施水平差距大有关。

在航空航天方面，东亚、中亚的运载量有限，中国企业投资非洲与中东各国的机场建设及机场升级项目较多。在铁路运输投资方面，"一带一路"沿线国家存在基础设施供给严重短缺、年久失修、运载能力差等问题，东亚、东南亚、中亚、西亚、北非等国处于较大劣势。中国企业在这些国家投资较多。连通中国与新马泰三国的昆明—新加坡高速铁路建设项目于2020年12月签署了铁路建造协议。肯尼亚和埃塞俄比亚的部分铁路与欧洲的布达佩斯—贝尔格莱德铁路等也离不开中国投资。在道路交通方面，"一带一路"沿线国家公路设施发展水平普遍较低，东南亚、西亚、北非等地区的公路质量相对较好，部分国家公路存在发展落后、质量较低

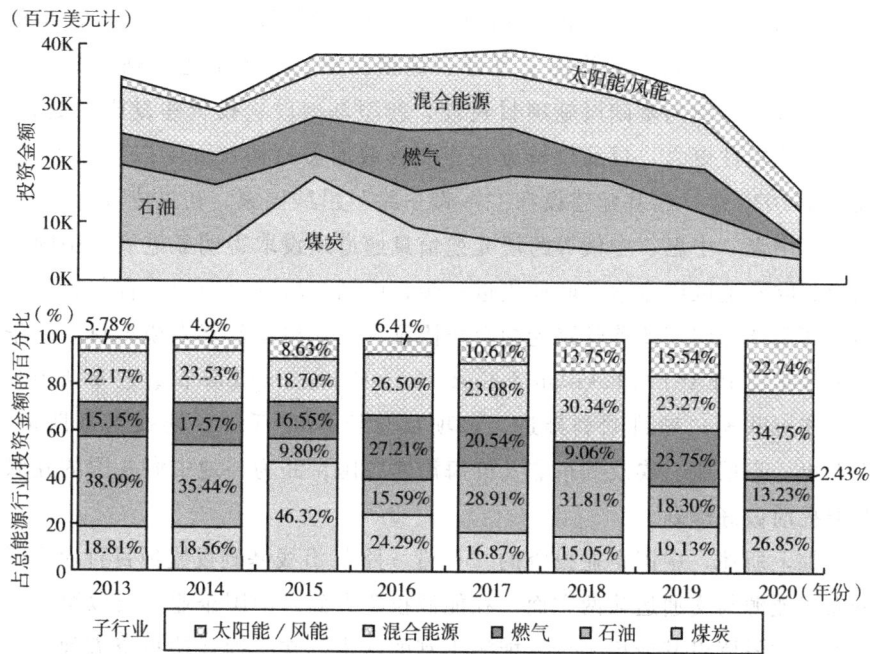

图 2-5　2013—2020 年中国对"一带一路"国家能源产业投资情况（按子行业划分）
数据来源：中央财经大学绿色金融国际研究院，数据来源于 AEI 及其他。

的问题。因而，在这一方面，中国投资包含大部分"一带一路"国家，包括联通中巴两国的喀喇昆仑公路在内的多条公路。在港口投资方面，东南亚和南亚作为"海上丝绸之路"重要节点，各国港口设施发展水平参差不齐，中国企业投资瓜达尔港、希腊的比雷埃夫斯港、肯尼亚拉穆港、蒙巴萨港以及吉布提等国的港口项目。

第三，新型基础设施投资前景广阔。

2018 年 12 月，中央经济工作会议首次提出新型基础设施建设概念，即"加快 5G 商用步伐，加强人工智能、工业互联网、物联网等新型基础设施建设"。2020 年 4 月 20 日，国家发展和改革委员会指出"新型基础设施是以新发展理念为引领，以技术创新为驱动，以信息网络为基础，面向高质量发展需要，提供数字转型、智能升级、融合创新等服务的基础设施体系，包括信息基础设施、融合基础设施、创新基础设施三个方面"①。当前在新冠疫情冲击和中美贸易摩擦等种种不利因素影响之下，中国经济发展明显有下行态势，希望通过大力发展"新基建"拉动中国经济增长、

---

① 中华人民共和国国家发展和改革委员会. 2020 年 4 月新闻发布会，2020.4.

推动中国数字经济持续发展、赋能中国经济转型升级（刘艳红等，2020）。

在"一带一路"沿线国家基础设施项目中，"新基建"项目频频出现。相较于传统的基础设施项目建设，新型基础设施投资建设成本更高，项目不确定性更大，目前投资方式主要为政府签订协议并予以资金支持。聚焦于2020年，新基建建设在"一带一路"沿线国家，初见成效。中缅、中吉、中老、中巴、中俄等跨境光缆信息通道建设取得明显进展，中国与南亚、欧洲地区国家信息联通更进一步，中国与塔吉克斯坦、吉尔吉斯斯坦、阿富汗等国家签署丝路光缆合作协议，正式启动丝路光缆项目。由华为海洋承建PEACE（Pakistan & East Africa Connecting Europe，巴基斯坦与东非连接欧洲）项目顺利推进，该项目总长8800千米，连接巴基斯坦、吉布提、肯尼亚、埃及等东非及红海沿途各国，并为与地中海各国的互联互通提前做好规划。

综上所述，中国企业投资的"一带一路"沿线基础设施项目行业主要分布于能源与交通运输两方面。在能源投资方面，中国企业主要以跨国并购的方式投资巴基斯坦等传统能源丰富的国家。在交通运输投资方面，中国企业集中在东亚、中亚、非洲等交通类基础设施较差的地区进行投资建设。新基建作为冉冉升起的新兴行业，目前主要由中国政府予以资金支持，相信假以时日，新基建能够拉动中国经济增长，再造中国辉煌！

5. 中国在沿线基础设施投资的代表性项目分析

目前，中国在"一带一路"沿线的基础设施投资方面取得重大成就，硕果累累。实现中国与他国"双赢"。此处，本章列举四个例子来说明中国投资"一带一路"沿线基础设施建设所带来的多维效益，并试图分析各项目成功的核心原因。

（1）中巴瓜达尔港项目。

自2013年"中巴经济走廊"概念提出后，瓜达尔港等区域合作建设项目得到推动。首先，从地理位置来看，瓜达尔港是连接欧亚和中东的最短路径，与霍尔木兹海峡相距不远，为能源运输提供了便利，并且作为中国转口贸易的出海口——瓜达尔港可与中国沿海港口与其他海外港口共同形成海岸沿线"中国海外港口跨境交通运输网"，加速中巴经济走廊民生相关基础设施的建设，完善周边交通基础设施，亦可促进巴基斯坦专属经济区加工贸易、中巴自贸区及服务业的繁荣。其次，瓜达尔港是天然的深水港，能够实现全程管道运输横列于中东地区和中国，为中国和阿拉伯世界架起一座伟大的桥梁。

2013年2月，巴基斯坦政府将瓜达尔港的经营权全部移交并卖给了中国海外港口控股有限公司，赋予其40年的海外港口经营权。2015年11月，巴基斯坦向新加坡和中国购买并租赁了2281平方千米的瓜达尔港自由贸易区土地使用权，为期43年，中国对其投资16.2亿美元，中国海外港口公司进行施工建设，最终于2016年11月瓜达尔港开始运营。自2020年新冠疫情暴发以来，中方在疫情防控的压力下，依旧努力拓展瓜达尔港业务范围，做到了"首次系统开展阿富汗货物中转业务、首次开展液化石油气业务、首次实现商业化运营"等多个"首次"（施普皓，2021）。

作为"中巴经济走廊"的端点、"陆上丝绸之路经济带"的出海口、"21世纪海上丝绸之路"的重要港口，瓜达尔港的建成不仅能带来直接投资收益，更对我国"周出去"战略、能源运输、海洋护卫等方面具有突出意义。具体而言，开发瓜达尔港有望打通中亚地区到阿富汗再到巴基斯坦的通道，促进各国经贸往来，加强联系。以前我国海上石油运输路线长达1万多千米，从中东地区运出，必然经过马六甲海峡和印度洋最后抵达中国，如今我国与东亚地区能够利用瓜达尔港口铺设管道或航运，再沿着中巴经济走廊抵达中国新疆喀什，最后通过陆路交通运输例如公路、铁路向东部输送。较之前的运输路线缩短了9000多千米，有效节约了石油运输成本费用。并且，我国拥有瓜达尔港经营权，有利于增强我国在印度洋区域的影响力，可以对我国海洋利益提供一定的保障。

分析这一项目成功原因，离不开中巴一直以来的高度政治互信，已形成"全天候战略合作伙伴关系"（梁振民，2018），并且双方经济技术合作基础及社会基础良好，文化关联度高，文化交流合作关系密切。

（2）中老共建石油炼化项目。

2020年1月30日，由云南建投联合中方企业同老挝国家石油公司合作投资建设的老挝石油化工股份有限公司300万吨/年炼化项目一期工程正式投产。该项目是老挝首个石油炼化项目，位于老挝万象赛色塔综合开发区内，占地面积425亩，计划投资约20亿美元，分三期建成，是中老两国企业积极响应"一带一路"倡议，增强两国经贸往来而共同出资组建的老挝第一个现代化石油炼化企业，主要从事石油炼化、精细化工、清洁能源及其他化工产品的生产、储存、销售、物流等相关业务。

老挝石化项目的建成投产将有效填补老挝在石油化工产业方面的空白，充分依托老挝丰富的木薯、棕榈等农业资源，大力发展生物燃料和清洁能源产业，带动农业种植，促进可再生能源发展，届时将生产出更多的汽油、柴油、生物燃料以及航空煤油、道路沥青、聚丙烯和聚苯乙烯等优质石化产品，满足老挝国内日益增长的市场需求，改变老挝成品油全部依靠进口的现状，为老挝工业化发展和化工体系构建发挥重要作用。

可见，"一带一路"共建项目的基础设施项目投资方式可以让合作方"共赢"。在上述案例中，中老双方结合各自资源优势和发展诉求，有针对性地开展产业合作，中国在现有工业化基础上，帮助老挝提升技术水平，老挝凭借自身本土优势推动项目建设，最终双方共同推动项目落地、产业转型升级。

这一成功归因于中国与共建国家的产业合作，中国企业在充分了解他国产业情况基础上，提供对应技术及投资，推动共建国家产业链相关项目落地，填补产业空白，最终项目获利，双方"共赢"。

（3）哈萨克斯坦风电项目。

札纳塔斯100兆瓦风电项目是哈萨克斯坦最大也是整个中亚地区最大的风电厂项目。该项目位于哈萨克斯坦南部札纳塔斯镇，由中国电力国际控股公司和哈萨克斯坦当地企业Visor投资公司联合建设运营，2020年9月实现首批风机并网发电。预计该项目每年可减少26.2万吨二氧化碳排放，有助于哈萨克斯坦达成绿色减排目标，也有助于为当地群众提供绿色就业岗位。

值得说明的是，该项目的融资方式具有里程碑式意义。2020年10月，该项目获得欧洲复兴开发银行、亚洲基础设施投资银行、中国工商银行以及绿色气候基金总计9530万美元融资支持。其中，欧洲复兴开发银行在哈萨克斯坦可再生能源框架下提供了108.5亿哈萨克斯坦坚戈（等值2480万美元）贷款支持，亚洲基础设施投资银行提供3430万美元；中国工商银行提供58.41亿坚戈（等值1330万美元），绿色气候基金提供了2290万美元优惠贷款。

可见，通过多元化融资结构，项目通过欧洲复兴开发银行获得哈萨克斯坦货币坚戈长期贷款，又通过绿色气候基金获得优惠融资，还是哈萨克斯坦首个由商业银行（中国工商银行）提供融资支持的可再生能源项目，实现了项目融资结构的创新。这种融资结构也有效降低了投资方的风险，可实现多方互惠互利，意义重大。

（4）斯里兰卡莫拉格哈坎达灌溉项目。

斯里兰卡拉格哈坎达灌溉项目是斯里兰卡最大的水利工程枢纽工程，位于该国中部省东北部，所在地是原内战的冲突地区，在季风影响下干湿分明、缺乏灌溉用水及饮用水。该项目于2012年开工建设，中国水电建设集团国际工程有限公司承建，中国国家开发银行提供贷款支持，项目总投资为2.52亿美元，融资需求为2.14亿美元。国家开发银行充分发挥其大额中长期贷款的优势，以市场化手段构建融资机制，积极推进项目开发评审，2012年仅用半年的时间就实现贷款承诺、合同签订和贷款发放。该项目为斯里兰卡人民带来诸多福祉，所提供的灌溉用水为斯里兰卡产量24%左右的水稻种植区提供了灌溉用水，并带动了当地农业、渔业和电力产业的发展，为当地居民拓宽了就业渠道，改善了民生，还有效地改善了生态环境。

这一项目的成功离不开银政合作、银企合作模式的创新。一是将银行的融资优势与政府的组织协调优势有效结合。在该项目中，我国国家开发银行凭借着在基础设施扶贫领域丰富的实施经验，仅用时半年即实现贷款承诺、合同签订和贷款发放，及时提供大额长期资金，而斯政府全力协调项目环评、征地拆迁、移民安置、融资审批、商法谈判等事项，双方默契配合；二是发挥银行的资金优势、企业的技术优势，项目承建商中国水电建设集团国际工程有限公司凭借国内外水利工程领域丰富的项目实施经验，克服了莫拉格哈坎达灌溉项目在坝体设计、施工标准等方面的一系列技术难题，而国家开发银行及时、大额的融资方案解除了斯政府和承建商对资金的后顾之忧，通过银企合作为项目顺利落地和早日建成保驾护航。

二、中国在"一带一路"沿线的基础设施投资资金来源分析

"一带一路"沿线国家基础设施投资需求量巨大，但由于其多为发展中国家，经济发展水平相对低下，增长速度缓慢，存在较高的政治风险，使其难以独自支持投资成本高、期限长的基础设施项目。中国企业在"一带一路"倡议下走出国门，寻觅商机，为"一带一路"沿线国家提供更多的资金支持。

1. 资金来源与结构

目前"一带一路"沿线国家基础设施项目资金来源结构为政府支出占比约60%，官方发展援助占比约5%，多边开发银行贷款占比约5%，私人资本参与占比5%—10%，其他渠道20%左右。可见项目资金主要来源于政府资金以及金融机构贷款，私人资本参与并不多（王立国等，2019），同时存在资金供求失衡、资金来源结构单一、金融市场融资困难等问题。

在资金供给方面，由于多数"一带一路"沿线国家投资能力弱，政府资金扶持力度不足，同时基础设施建设项目所需资金规模大、投资周期长、投资风险较高，难以引入私人资本进行投资，从而导致基础设施项目的资金缺口较大，需要引入他国企业投资。在资金需求方面，根据2017

年亚洲开发银行发布的《满足亚洲基础设施建设需求报告》数据,2016—2030年亚洲每年基础设施项目资金需求约为1.211万亿美元,并且每年产生资金缺口约0.33万亿美元,占亚洲生产总值比率为1.7%[①]。总而言之,"一带一路"沿线国家基础设施项目存在较大的投融资错配问题,还需"一带一路"倡议不断深化推进,加强沿线各国的资金联通,有效改善这一问题。

在资金来源结构方面,"一带一路"沿线国家基础设施投资没有充分挖掘国际资本市场和民间信贷市场的合作潜力,缺乏具有针对性的政策保障、跨境金融服务与风险管理产品的创新设计。众所周知,基础设施项目具有外部性强、投资规模大、回收周期长、易受政治风险影响等特点,对于私人资本而言,项目投资风险高、收益低,所需资金较大,难以独自承担,因而在基础设施投资建设的过程中,公共投资金额占比较高。根据亚洲开发银行数据,公共投资占比为GDP总量的5.1%,私人投资占比为GDP总量的0.4%,两者比例相差较大,容易提高政府债务规模,加剧政府财政压力,资金扶持力度下降,更难以吸引私人投资者,政府投资占比更高,陷入恶性循环。

另外,由于地缘政治等多方面因素影响,"一带一路"沿线国家经济、金融环境具有较大的不确定性,基础设施项目资金规模大、风险高、回收期长,投资者严重信心不足,对于政治形势反应极为敏感。同时金融市场发展不完善而带来资金融通效率低、中小企业的融资效率较差,风险资本的投资力度严重不足,难以依靠市场力量给予基础设施项目足够的资金支持。

2. 项目投融资方式

在投资方式方面,基于国务院发展研究中心信息网下属"一带一路"研究与决策平台检索结果统计分析发现,自2013年"一带一路"倡议提出以来,到2020年年末,中国企业在"一带一路"沿线国家共投资319个基础设施项目,其中股权投资15个,绿地投资2个,其他投资294个。

首先,股权投资项目约占5%。股权投资主要为跨国并购,是指跨国企业在取得东道国企业全部或部分所有权的情况下,实施的对外直接投资行为。中国企业通过跨国并购"一带一路"沿线国家技术密集型企业,获得该企业的专利、知识产权、高技术人才等诸多资源并转移至母公司,提高母公司的技术创新水平。如图2-6所示,股权投资项目投资数目较大,

---

① 亚洲发展银行,满足亚洲基础设施建设需求报告,2017.2

80%的项目投资额达1亿美元以上,集中于东南亚一带开发,主要为水利与风力发电建设。其中参与最多的国家为印度尼西亚,其气电一体化项目、燃煤电站项目与铁路项目投资额均在1亿美元以上。以股权投资形式进行投资的中国企业主要有中国铁建股份有限公司、哈尔滨电气工程股份有限责任公司、北京建工集团有限责任公司等大型上市国企,其资金来源为国家财政资金、银行贷款与自筹资金,主要以投资与建设相结合模式参与基础设施项目。值得注意的是,多数股权投资项目开展时间在2018年以前,PPP模式还尚未广泛运用在"一带一路"基础设施项目中,投资金额以银行贷款与自筹资金为主,政府补贴为辅。

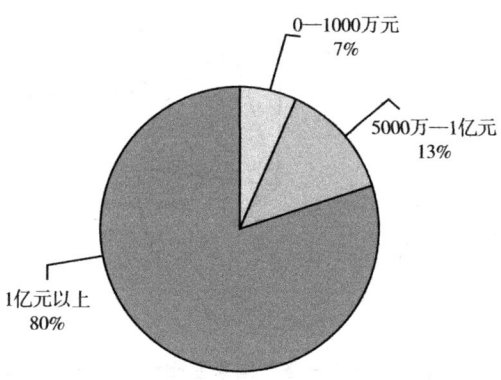

图2-6 2020年中国对"一带一路"国家基础设施股权投资项目投资额分类
数据来源:中国全球投资跟踪数据库。

其次,绿地投资数量少。绿地投资是指跨国企业在东道国境内依据东道国的法律提供资产,建立跨国公司。绿地投资过程中,跨国企业具有较强的自主权,同时可以有效保护自身知识产权。中国企业以绿地投资方式,与"一带一路"沿线国家技术密集型企业合作,借鉴其先进管理技术与高端生产技术,从而提升母公司技术水平,焕发创新活力。如前文所述,绿地投资项目较少,分别为缅甸农村发电站项目与缅甸PPP模式运营黑河机场、高当机场和毛淡棉机场项目,投资均在5000万元以下。其中有协鑫集成科技股份有限公司、寰泰能源股份有限公司、隆基绿能科技股份有限公司等私营上市公司与当地企业合资建立跨国公司参与投标,其资金来源主要为银行贷款与自筹资金,受公司体量所限,其投资项目金额相对较小,需要与当地企业联合投资,以获取当地政府更多补贴。

最后,其他投资占比高。其中最主要使用的公私合作PPP模式,是指政府市场合作的创新解决方案,通过整合"一带一路"沿线国家政府资本和国际社会资本力量,充分发挥彼此优势,企业借此机会参与其中,提升项目的可操作性,以弥补东道国政府能力的不足。如图2-7所示,其他投资项目较多,以项目投资金额分类,0—1000万美元项目占5.4%,1000万—5000万美元项目占17%,5000万—1亿美元项目占12.2%,1亿美元以上项目占64.6%。值得注意的是投资额1亿美元以上的项目分布于56个"一带一路"沿线国家,其中印度尼西亚项目数位列第一,巴基斯坦与俄罗斯并列第二。项目内容多为电力建设,占比29.5%;交通建设占比13%,与行业分析中能源行业与交通运输行业占比高的情况一致。

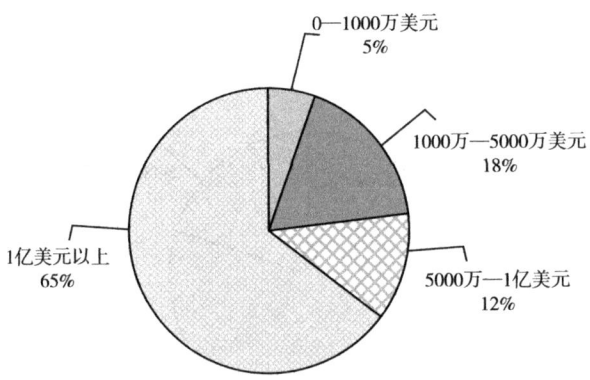

图2-7 2020年中国对"一带一路"国家基础设施其他投资项目投资额分类
数据来源:中国全球投资跟踪数据库。

其实,相较于股权投资、绿地投资,中国企业更适合使用PPP模式参与"一带一路"沿线基础设施项目投资建设。基础设施建设项目具有投资规模大、外部性强、资金回收期长等特点,同时"一带一路"沿线国家政治、经济环境复杂,常有地缘政治摩擦,各国社会基础、经济实力、文化背景差异较大,项目投资建设过程中时常面临诸多政治、经济、文化风险,部分国家饱受政治动荡、宗教纠纷之苦,缺乏稳定的政治经济环境,难以实施基础设施建设。而股权投资与绿地投资均需企业独自承担上述诸多风险与高投资费用,政府提供的扶持基金与税收减免等政策所能给予的帮助有限。而PPP模式引入沿线国家的政府和国际社会资本力量,减轻投资费用压力与风险承担,通过建立起"长期合作、利益共享、风险共担"的合作机制,有效解决政府资金供给不足问题,同时提升资金供给的质量与效率。

3. 投资企业类型

在企业类型方面,私企数量占优,根据商务部发布的《2020年中国对外直接投资统计公报》披露，国企仅占对外直接投资总数5.3%，其余均为私企。国企在投资金额方面占据绝对优势，2020年基础设施项目投资额前十企业均为国企，如图2-8所示，这十家企业2020年投资总额达122.7亿美元，占同年中国企业对外直接投资额的54.44%。中国电力建设集团2020年以19.3亿美元的项目投资金额高居榜首，根据其官方网站披露，其拥有世界最长大坝的苏丹麦洛维大坝项目、世界上最大规模的太阳能聚热电站——摩洛哥努奥二期和三期太阳光聚热电站项目，非洲最高的混凝土双曲拱坝——埃塞俄比亚泰克泽水电站等众多知名"一带一路"基础设施项目。位列第二的中国能源建设集团有限公司克服疫情持续蔓延和经营环境复杂多变的不利影响，2020年项目投资金额达14亿美元，投资中国企业在巴基斯坦投资最大的项目——巴基斯坦SK水电站BOOT项目、越南海阳2×600MW燃煤电厂BOT项目均取得喜人的成果①。中国中铁股份有限公司以13.7亿美元投资金额位居第三，2020年其成功签订了老挝新建铁路磨丁至万象南工程施工项目、新加坡地铁裕廊区域线轨道工程J150项目、印度尼西亚KPC煤炭运输专线项目等，在ENR全球最大250家国际承包商中排名第13位②。

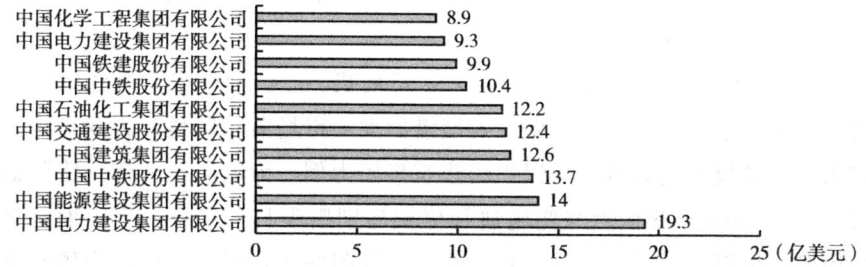

图2-8 2020年中国企业对"一带一路"国家基础设施项目投资额排序

数据来源：中国全球投资跟踪数据库。

中小型民营企业难以投资数额较大基础设施项目，其参与"一带一路"基础设施项目投资的主要方式有三种。第一种方式为大型国有企业投资承包基础设施项目，中小型民营企业通过专业分工、服务外包、订单生产等多种方式，与承接项目的大型企业建立协同创新、合作共赢的协作关系。大型国有企业承担对外投资风险，中小型民营企业参与工程建设，获取更多海外订单。第二种方式为中小型民营企业与大型国有企业合作进行

---

① 中国能源建设集团，2020年社会责任报告，2021.5。
② 中国中铁股份有限公司，2020年社会责任报告，2021.5。

股权投资、设立海外工程公司、与海外企业建立合资企业等方式参与基础设施项目投资。相比于大型国有企业，中小型民营企业具有机制灵活、海外商业资源多的优势，更容易进入海外市场投资，而大型国有企业规模大，海外投资经验丰富，抗风险能力强。两者共同承担对外投资风险，优势互补，共享"一带一路"倡议带来的红利（见图2-8）。第三种方式为中小型民营企业加入对外经济贸易合作区，与中国企业抱团出海，既可通过承接当地重大工程项目参与"一带一路"建设，又能利用当地土地、能源、劳动力成本相对低廉的比较优势，开拓海外市场。

三、中国在"一带一路"沿线的基础设施投资的收益分析

基础设施项目投资期限长，投资数额大，投资回报率低，但具有较强的正外部性，能够提升沿线国家和地区的经济与社会发展水平。中国企业投资建设"一带一路"沿线基础设施，享受政府优惠政策，在"一带一路"沿线国家发现新商机。"一带一路"沿线国家积极响应"一带一路"倡议，享受设施互通、贸易互通、经济增长、有效减贫等诸多好处。中国政府支持中国企业"走出去"，有效解决产能过剩问题，帮助"一带一路"沿线国家经济焕发新活力，提升国际声誉，展现新时代大国形象。

1. 投资企业获利状况

"一带一路"基础设施项目带来了新商机。"一带一路"沿线国家多为低收入国家，基础设施薄弱，发展潜力大，市场需求旺盛，为我国企业带来众多的投资建设机会。以中国建筑集团为例，为响应"一带一路"倡议，其于2015年积极参与实施迪拜棕榈岛别墅项目，实施过程中面临诸多困难，但仍按期保质完成项目，从此打开阿联酋市场。之后，中国建筑集团接连承包哈利法医院、阿布扎比国际机场、棕榈岛五酒店、迪拜运河等一批知名项目，成为中东地区高端国际建筑品牌，赢得当地市场与消费者的一致认同。

"一带一路"基础设施项目带来了信贷资金。银行部门积极响应"一带一路"倡议，通过降低借款利率、减少审批程序、增加对企业和项目的融资支持力度，以有效满足企业资金需求。同时我国成立的专项基金丝路基金也为中国企业投资提供大量的资金支持，截至2020年年底，丝路基金已累计签约以股权投资为主的各类项目47个，承诺投资金额178亿美元[①]。

---

① 人民画报：http://www.rmhb.com.cn/zt/ydyl/202112/t20211230_800271572.html（2021年12月31日发布）.

"一带一路"基础设施项目带来了政府支持。由于基础设施项目周期长、数额大、投资回报率低的特性,难以获取基础设施投资项目收益率数据。李原(2020)通过选取亚洲基础设施投资银行项目库中18个"一带一路"基础设施投资项目预估收益值,计算得出总投资收益率平均值仅为0.47%,低于一年期银行存款利率1.75%。较低的收益率易挫伤企业投资积极性,因而政府出台一系列支持政策,主要以贴息、补助、奖励、税收等手段调动企业积极性。在贴息方面,中国政府对于投资或承包"一带一路"沿线国家基础设施项目的企业,以其用于该项目的一年及以上贷款总额6%的比例予以贴息支持。

政府补助方面,为获取"一带一路"沿线国家基础设施项目而委托相关专业机构提供服务产生的前期费用,按不超过50%比例进行补助;对外派至"一带一路"国家的劳务人员,每人予以不高于300元的补助;对基础设施项目所需物资由国内运载至东道国的运保费,按不超过20%比例补助;对参与"一带一路"沿线国家基础设施项目的企业与外派劳务人员保险费用,按不超过60%补助。在奖励方面,对"一带一路"基础设施项目营业额500万美元以上,增幅高于10%的企业,每100万美元营业额予以2万美元奖励。在税收方面,国家税务总局为有效服务"走出去"企业,成立特别税务处,通过税收优惠、减少企业经营性支出等政策,缓解企业资金约束。政府对于"一带一路"倡议积极的政策响应,有利于提升国内外投资者对中国企业的信心,有助于优质资源集聚。

2. 社会效益明显

2013年提出"一带一路"倡议后,经过各方的不懈努力,中国企业在"一带一路"沿线国家投资的基础设施项目在当地落地生根,硕果累累,帮助相关国家补齐基础设施短板,实现互联互通、贸易通畅、经济增长等目标,并有效降低当地企业运营成本,具体案例如表2-11所示。

"一带一路"基础设施项目带来了互联互通。在公路建设方面,中巴经济走廊最大交通基础设施项目——巴基斯坦PKM高速公路项目投资额达28.89亿美元,全长1152千米,打通巴基斯坦中部南北交通大动脉,两地通车时间从11个小时缩短至4小时,大大降低通行成本。2020年疫情期间正值PKM项目试运营阶段,在巴基斯坦疫情形势不断加剧的情况下,PKM项目始终畅通有序运行,无一名员工感染,无一天中断交通,保证巴基斯坦人民生活物资和防疫物资供应。

表 2-11　"一带一路"沿线基础设施项目社会收益案例[1]

主题	作用	"一带一路"基础设施案例
互联互通	通行成本降低	印度尼西亚雅万高铁重点工程瓦利尼隧道
		中巴喀喇昆仑公路
		肯尼亚内罗毕—马拉巴标轨铁路
		巴基斯坦 PKM 高速公路项目
	物流枢纽	缅甸皎漂特别经济区深水港
		阿联酋阿布扎比码头
		希腊比雷埃夫斯港
		洛美纳辛贝·埃亚德马国际机场跑道滑行道及指廊扩建项目
		尼泊尔加德满都特里布万国际机场跑道及平滑道改建项目
	信息通讯	中缅、中巴、中吉、中俄跨境光缆信息通道建设
		中老跨境光缆项目
	电力需求	越南永新电厂
		老挝巴俄—帕乌东输变电项目
		巴基斯坦卡西姆港 2×660 兆瓦燃煤电站项目
		黑山莫祖拉风电站
		澳大利亚塔斯马尼亚州牧牛山风电项目
贸易通畅	货物贸易快速增长	中欧班列
经济增长	产业升级发展	马来西亚 ETS2 米轨动车组项目
		吉布提阿萨尔盐湖溴化钠项目
		恒逸石化文莱大摩拉岛综合炼化项目
	冶炼开发技术提升	卢阿拉巴铜冶炼
		沙尔贡煤矿现代化改造项目
	境外经贸合作区	泰中罗勇工业园
		马中关丹产业园
		中国—比利时科技园
		海信南非工业园

在能源建设方面，中国国家电力投资集团与马耳他政府合作投资建设的黑山共和国莫祖拉风电站总装机容量 46 兆瓦，年发电量占黑山全国发电总量的 5%，有效解决黑山夏季电力不足，依赖进口电力的窘境。在着

---

[1] 商务部国际贸易经济合作研究院，中国"一带一路"贸易投资发展报告 2020，2020 年 9 月；中国"一带一路"贸易投资发展报告 2021，2021 年 8 月。

力于实现碳中和的今天,莫祖拉风电站每年为黑山减少 3000 吨二氧化碳的排放量,为黑山人民带来 500 个当地就业岗位,中国制造、中国标准和中国投资成功带到了欧洲。

"一带一路"基础设施项目带来了贸易通畅。2021 年为中欧班列开行十周年。10 年来中欧班列开行累计突破 4 万列,合计货值超过 2000 亿美元,打通 73 条运行线路,通达欧洲 22 个国家的 160 多个城市,运输货品达 5 万余种[①]。中欧班列具有安全快捷、绿色环保、受外界干扰小、综合性价比高的优势,与以前传统的运输方式相比,其运输时间比海运短,运输费用比空运少,现成为中国和欧洲贸易的主流运输方式之一。疫情期间,中欧班列 2020 年累计发运防疫物资 939 万件,共 7.6 万吨,先运送至波兰、西班牙、立陶宛等国家,再以此为节点分拨运送至其他欧洲国家,成为欧洲各国保障防疫物资运输的坚强后盾。不仅如此,在疫情持续蔓延,其他主要交通渠道被迫中断的情况下,中欧班列始终保持畅通,有效保证生产物资运输,许多欧洲企业都依靠中欧班列运送零配件等生产物资以开展企业正常的生产运营。

"一带一路"基础设施项目带来了经济增长。在理论研究方面,曹翔和李慎婷(2021)基于 2000—2018 年 133 个国家的面板数据,采用倾向得分匹配双重差分法发现"一带一路"倡议通过基础设施建设推动沿线国家的经济增长。这与潘雅茹和罗良文(2020)从创新、协调、绿色、开放和共享五维度出发对基础设施投资能够显著推动经济高质量发展的验证结果相一致。在投资案例方面,中国商务部批准的首批境外经济贸易合作区——泰中"罗勇工业园"涵盖汽车摩托车配件及零配件、机械制造、光伏、电子等行业,容纳 140 多家制造业企业落户并投产,累计实现工业总值超 160 亿美元,解决泰国当地就业近 4 万人,现已成为中国制造产业在泰国最大的产业集群中心和制造业出口基地。入驻该工业园的中国企业可降低赋税,规避基础设施不配套的风险,满足中企海外"抱团取暖"的需求,实现产业集聚,降低生产成本。同时泰国政府通过引入中国企业投资建设,帮助当地基础设施建设发展完善,带动泰国房地产投资和旅游等产业的繁荣,提升当地税收收入,促进就业增长,推动经济进一步发展。

受 2008 年欧洲债务危机影响而经营惨淡的希腊比雷埃夫斯港,于 2016 年被中国远洋运输集团大胆收购比雷埃夫斯港务局对其的多数股权。

---

① 商务部国际贸易经济合作研究院,中国"一带一路"贸易投资发展报告 2020,2020 年 9 月。

中国远洋运输集团积极应对原有不利局面，通过多年努力，将港口收入扭亏为盈。在此期间，希腊比雷埃夫斯港吞吐能力不断增长，一跃成为地中海第一大港，在世界集装箱吞吐量排名中从2010年的第93位大幅提升至2020年的第26位，成为全球发展最快的集装箱港口之一。不仅如此，中远海运依托比港开通从比港发往中东欧的"中欧陆海快线"，与传统路线相比，专列运输缩短7—10天，对希腊当地直接社会贡献超过12亿欧元。

"一带一路"基础设施项目带来了有效减贫。"一带一路"沿线国家大多数经济发展水平低、基础设施水平落后、社会矛盾突出，人民饱受贫困之苦，从而导致贫困人口基数大、贫困持续时间较长，贫困治理难度大。尤其是在2020年疫情冲击下，大量工厂停工停产，中小企业生存危机加剧，生产生活陷入停滞，低收入群体、低劳动技能人群失去赖以生存的薪水，难以维系正常的生活开支，陷入贫困之中，联合国《2021年可持续发展目标报告》显示2020年疫情使得全球贫困人口新增1.24亿人①。而"一带一路"基础设施项目的投资建设为当地居民带来增加大量的就业机会、必要的技能培训、急需的扶贫基金等。特别是疫情间中国企业在做好防控措施的情况下，积极复工复产，维持正常的生产运营，保证工人薪资发放，使沿线数十个国家数千万人摆脱日均生活费低于3.2美元的中度贫困状态。

3. 国际影响力提升

"一带一路"基础设施项目投资促进国内国际双循环发展。"一带一路"沿线部分国家目前仍处于工业经济发展初期，劳动力、土地等生产要素价格低，对基础设施建设需求较大，与我国产能过剩行业形成有效互补，从而促进国内国际双循环发展。李启佳（2021）发现"一带一路"倡议的落实可以显著缓解我国企业产能过剩问题，特别是在融资约束程度较高的企业、产能过剩程度较高的行业以及新兴优势产业②。

"一带一路"基础设施项目投资帮助各区域协调综合发展。"一带一路"沿线涉及18个国内沿线省市，其中包含经济发达的东部地区与发展相对滞后的东北部、西部地区，政府通过鼓励中国企业"走出去"，投资建设"一带一路"沿线国家基础设施项目，有效推进西部大开发，加快东北三省老工业基地振兴速度，刺激中部地区经济崛起，鼓励东部地区高质

---

① 联合国，2021年可持续发展目标报告，2021.7.
② 李启佳，罗福凯，庞廷云．"一带一路"倡议能够缓解中国企业产能过剩吗？［J］．产业经济研究，2021（04）：129-142．

量发展，由制造导向转变为创造导向，通过带动经济发展相对落后的西部地区，促进东部再改革，走出国门，寻觅商机，获取高精尖技术，开拓新的经济增长点。通过鼓励中国企业"走出去"以解决中国目前区域发展不平衡、不协调问题不失为明智之举（郝凤霞，2019）。

"一带一路"基础设施项目投资树立中国大国形象。中国政府通过提出"一带一路"倡议，鼓励中国企业"走出去"，帮助沿线国家建设必要的基础设施，实现互联互通、贸易通畅、经济增长、有效减贫等目标。当地居民从担忧中国企业入驻挤压本国企业生存空间，再到感谢中国企业提供大量的就业机会与就业培训，最后到切实感受到中国企业投资建设的基础设施带来的便利与经济增长。中国创造、中国制造、中国投资一次又一次得到认可，中国友好的大国形象深深烙印在各国人民心中。

第四节　本章小结

本章聚焦"一带一路"沿线基础设施投资环境和中国投资现状，依次对投资环境风险评价、"一带一路"沿线基础设施投资状况、中国在"一带一路"沿线基础设施投资情况展开分析。研究主要发现如下。

首先，"一带一路"沿线的投资环境直接决定投资的安全与效益，影响投资者的积极性。"一带一路"沿线跨越多个大洲，国家数量多，在地理位置、经济发展程度、政治环境、文化历史、宗教信仰等方面差异较大，国家风险不容忽视。为了保障我国对外开放进程中的投资收益，对"一带一路"沿线国家的国家风险评级有其必要之处，且已经得到了国内外诸多研究机构的重视。本章在参考各机构的研究报告及各类学术文献的基础上，通过分析和确定国家风险的决定因素，建立起一套排除主观因素、完全基于客观数据的国家风险评估体系，即可观测指标评分法，并对"一带一路"沿线国家样本进行了评估，并将样本分为高、中、低风险国家，从而对投资者进行基础设施项目投资提出相对应的建议。

而作为"一带一路"建设过程中的优先领域，自2013年至今，"一带一路"沿线国家间的基础设施互联互通建设已取得一定成效，2018年后的总体建设规模增长速度略有放缓，总量规模仍保持较高水平，虽在2020年开始受到新冠疫情冲击，但未来"一带一路"沿线基础设施建设总体向好。目前亚洲各国经济发展状况不一，大多数国家基建投资资金需求大，即使中国积极通过商业银行优惠贷款、推行开发性金融等扶持各类项目运行，亚洲地区基建投资需求庞大且逐年递增，未来资金压力较大。另外，因"一带一路"沿线特殊的地理位置以及基础设施项目特点，"一带一路"沿线基础设施投资也将面临地缘政治风险、环境安全风险、市场风险、投资风险和法律合规风险等。但随着绿色技术发展、数字化技术升级，叠加国际经济发展变革、经贸格局改变，"一带一路"沿线国家基础设施建设投资迎来全新发展机遇。

中国企业在"一带一路"沿线国家基础设施投资稳步上升，通过产能合作模式创新推动对外基础设施承包工程，派出对外合作人员数量逐年递增；投资区域具有重点国别占比较高，对外投资区域分布不均衡的特点；投资行业重点集中在能源与交通运输两大行业，"新基建"项目逐步发展。而在资金方面，因基础设施项目存在资金供求不均衡、资本结构单一、投资环境较差等问题，投资方式常用其他投资，即通过公私合作PPP模式进行投资，多数项目投资金额在1亿美元以上，相较于股权投资与绿地投资，风险承担较小，资金要求较低；而在企业类型方面，国企在投资金额上绝对占优，民营企业在数量上占据优势，目前也已形成大型企业承包、中小企业协同合作的良好局面。最后，从收益情况来看，中小企业选择抱团前往海外贸易区，形成完整产业链，便于降低风险，增加与当地政府的话语权。企业通过投资"一带一路"基础设施项目获取新商机、信贷资金与政府支持，从而降低融资约束，有利于企业长远发展。"一带一路"沿线国家通过积极响应中国的号召，享受建设基础设施项目的诸多好处，实现设施互通、贸易互通、经济增长、有效减贫等诸多目标。中国通过帮助"一带一路"沿线国家投资建设基础设施项目，有效促进国内国际双循环发展，帮助国内各区域协调发展，提升国际声誉，展现新时代大国形象。因此，基于中国提出的命运共同体的思想，"一带一路"倡议有效解决本国发展诸多问题，助力"一带一路"沿线国家发展。

第三章 "一带一路"倡议对沿线基础设施水平提升的经济绩效

"一带一路"倡议的实施正从深化各国间的互联互通起步,其主要着力点之一就是包括交通、通信、能源等在内的基础设施投资。一方面,"一带一路"倡议致力于破解当今全球发展动力不足和不均衡等多重难题,整合经济要素和发展资源,实现优势互补、互利共赢,拓展沿线国家基础设施发展新空间;另一方面,"一带一路"倡议通过推动互联互通基础设施建设,弥补共建国家发展短板,释放全球经济发展动能,推动形成均衡包容发展、共同繁荣的新局面。本章将通过构建理论模型并实证检验"一带一路"倡议对沿线基础设施水平提升的经济绩效。

第一节 "一带一路"沿线基础设施互联互通现状评估

党的十九大报告把"一带一路"建设和实施共建"一带一路"倡议作为经济建设和全方位外交布局的重要组成部分。习近平总书记在党的十九大报告中强调,"中国坚持对外开放的基本国策,坚持打开国门搞建设,积极促进'一带一路'国际合作,努力实现政策沟通、设施联通、贸易畅通、资金融通、民心相通,打造国际合作新平台,增添共同发展新动力。加大对发展中国家特别是最不发达国家援助力度,促进缩小南北发展差距。支持多边贸易体制,促进自由贸易区建设,推动建设开放型世界经济"①。这标志着"一带一路"建设被赋予作为构建"人类命运共同体"重要抓手的历史重任,将在新的时代起点上继续发挥开放引领作用。

从当前现实情况来看,我国的"一带一路"战略正通过深化各国之间

---

① 习近平. 决胜全面建成小康社会 夺取新时代中国特色社会主义伟大胜利,中国共产党第十九次全国代表大会报告(单行本)[M]. 北京:人民出版社,2017.

的互联互通起步。基础设施互联互通是"一带一路"建设过程中需要优先考虑的领域，同时也是提升贸易便利化程度、打造高标准自由贸易网络的重要凭据。推进我国与"一带一路"沿线国家的基础设施投资合作、加快双方的发展战略对接，能够推动我国实现更深层次、更高水平的对外开放，有利于促进世界各国共同繁荣发展。

一、"一带一路"基础设施水平评价体系

1. 理论分析

18世纪70年代，亚当·斯密就曾在《国富论》中指出，良好的公路、港口、桥梁是发展商业的重要条件，需要得到政府的高度重视。进入20世纪40年代，包括罗丹等在内的众多发展经济学家对基础设施与经济增长间的关系提出了许多有见地的观点，并被成功运用到各国的实践发展中。其中，最为著名的是罗丹提出的"大推进"理论，认为发展交通在内的基础设施是实现经济增长的先行条件。此后，国内外学者针对基础设施与经济增长的关系开展了大量的研究。Aschauer（1989）率先在其研究中探讨了基础设施与经济增长之间的关系，他发现基础设施对经济增长具有很强的解释力。同时，他在文中首次提出了公共支出与美国1971—1985年经济衰退之间的联系，认为美国忽视基础设施是导致经济长期增长率下降的重要原因。世界银行在《1994年世界发展报告》中将基础设施细分为经济基础设施和社会基础设施，探讨了基础设施对经济增长的影响。报告得出了一个重要结论，即基础设施可能不是引领经济活动的火车头，但却是推动经济发展的车轮。Buurman和Rietvel（2010）通过研究基础设施的长、短期效应后发现，从短期来看，基础设施能够创造就业、增加收入；从长期来看，基础设施不但在后期的运营与维护中可以创造就业、增加收入，而且可以降低交易成本、提高企业生产效率。

"一带一路"倡议提出10年来，基础设施互联互通已取得一定成效，相关国家在合作中逐步积累了经验。金戈（2012）在测算中国基础设施资本存量时将基础设施的统计范围划定在为"电力、燃气及水的生产和供应业""交通运输、仓储和邮政业""信息传输、计算机服务与软件业""水利、环境和公共设施管理业"四个科目。参考上述范围，并根据数据可得性，本章将基础设施归纳到交通、通信、卫生和能源四个方面。参照这一概念框架，并遵循李建军和李俊成（2018）的设置，本章将把研究的基础设施具体归纳为四个领域：交通、通信、卫生和能源。同时，正如Snieska和Simkunaite（2015）所说，研究基础设施与经济增长问题很容易遇到

数据可得性的问题，如没有完整优质的数据库支持、部分变量数据大量缺失等问题。

2. 基础设施评价指标

本章在研究过程中也遇到了该问题，笔者根据现有的数据进行筛选和处理，经筛选后的样本（变量）中的数据经过（前后均值法、模型拟合法和平均增长率法）插值补全少量缺失值和替换异常值（均值±3倍标准差）处理后，进行 Winsorize 缩尾处理，由此得到平行结构的面板数据。同时，为保证各国数据之间的可比性，本章的指标多采用相对值表示。本章所有数据均来自世界银行的世界发展指标数据库（WDI），数据频率为年度数据，鉴于数据可得性受限，数据期间为2000—2019年。表3-1展示了各变量的具体定义。

表3-1　　　　　　　　基础设施指标汇总

基础设施类型	基础设施指标名称（单位）	备注
交通设施	铁路密度（km/km^2）	铁路总公里数/土地面积
	码头吞吐量（英尺）	集装箱流量
	航空承运能力（次）	所在国注册承运人的国内、外起飞次数
通信设施	安全互联网服务器（台）	每百万人安全互联网服务器
	固定宽带（户）	每百人固定宽带用户数
	移动电话（户）	每百人移动电话用户数
卫生设施	改善的城市卫生设施（%）	获得经改善卫生设施的城市人口所占百分比
	改善的农村卫生设施（%）	获得经改善卫生设施的农村人口所占百分比
	改善的水源（%）	获得改善水源的人口所占百分比
能源设施	城市通电普及率（%）	获得电力的城市人口所占百分比
	农村通电普及率（%）	获得电力的农村人口所占百分比
	能源使用量（千克）	人均千克石油当量

二、"一带一路"基础设施水平测度方法

为将各项基础设施水平编制成为一个综合指标，从而对各国各时期的基础设施绩效进行综合评价，需要采用综合评价法进行分析。综合评价的方法有许多种，基于投入产出的有随机前沿分析和数据包络分析；不基于投入产出的则有因子分析、主成分分析、模糊数学等参数综合评价法，而非参的方法则有层次分析法、有序法、灰色模型法、逼近理想解排序法（TOPSIS）和秩和比法（RSR）等。其中，秩和比法（RSR）是常用于医

疗卫生统计中的综合评价方法,其特点在于简单、快速和使用,无需复杂的计算和数学知识,本章将采用该种方法来对各国各时期的基础设施综合水平进行评价。

秩和比(Rank Sum Ratio,RSR)指的是行(或列)秩次的平均值,是一个非参数统计量,具有(0,1)连续变量的特征。在综合评价中,RSR 综合了多项评价指标的信息,表明多个评价指标的综合水平,RSR 值越大越优。秩和比法在一个 n 行 m 列矩阵中通过秩转换获得无量纲统计量 RSR,在此基础上运用参数统计分析的概念和方法研究 RSR 的分布,以 RSR 值大小对评价对象的优劣直接排序或者分档排序。该方法的特点是对数据对象无特殊要求,使用灵活简便。RSR 法的步骤如下。

(1) 在一个 n 行(n 个评价对象) m 列(m 个评价指标)矩阵中,RSR 的计算公式为:

$$\text{RSR}_i = \frac{1}{nm} \sum_{j=1}^{m} R_{ij} \tag{3-1}$$

其中,$i = 1, 2, \cdots, n$,$j = 1, 2, \cdots, m$,R_{ij} 为第 i 行第 j 列元素的秩。

(2) 计算得到每行的 RSR 值后,计算该 RSR 在全样本中的平均秩 $\overline{R}$,并计算向下累积频率 $P = \overline{R}/n$,将百分率换算成概率单位 probit,probit 为百分率 p 对应的标准正态离差 $u(p_i$ 分位数)加 5。

(3) 以 probit 为自变量,RSR 为因变量,对回归方程 RSR = $a + b \times$ probit + ε 进行参数估计,后将之前的 probit 代入 $\widehat{\text{RSR}} = \hat{a} + \hat{b} \times$ probit 得到纠偏后的 $\widehat{\text{RSR}}$ 作为最终的 RSR 值,该值越大,评价对象越好。

三、"一带一路"沿线基础设施水平对比分析

本章对 2000—2019 年所有可得平行面板数据的"一带一路"沿线国家的基础设施水平评价指标采用 RSR 法进行综合评价。获得的 RSR 值反映了每个国家的基础设施指标集时间和经济体类型上的差异。如果一个国家的 RSR 值在任何一年都大于另一个国家,那么这个国家的基础设施水平相较于另一国更高。

本章按照四分位点分别将 RSR 值分为 4 档,将 2000—2019 年按照每 5 年 1 期分为 4 期,把国家按照经济发展状况分为 3 类。从 RSR 各档在时间和经济体类型分布的一致情况和符合直觉的程度来判断两个评价指标的效果。其中,经济体类型的分类参考 IMF 的《世界经济展望 2012》,使用的国家和分类如表 3-2 所示。

表3-2 样本对象

经济体类型	国家						
发达国家	韩国	拉脱维亚	斯洛文尼亚	以色列			
新兴发展中国家	埃及	巴基斯坦	菲律宾	孟加拉国	土耳其	越南	
	中国	俄罗斯	印度	印度尼西亚	伊朗	南非	泰国
发展中国家	阿尔巴尼亚	爱沙尼亚	波兰	柬埔寨	罗马尼亚	立陶宛	乌克兰
	叙利亚	保加利亚	格鲁吉亚	克罗地亚	马来西亚	斯里兰卡	沙特阿拉伯
	约旦						

图3-1展示了采用RSR法对表3-1所示的样本数据按照指标排名进行四分位点分档的情况,第1档表示最差档,第4档表示最优档。从图3-1不同经济体类型下各分档的分布情况可以看出,发达国家几乎全部是第3档和第4档,且第4档占75%以上,而其他国家以第1档和第2档为主,这反映出发达经济体的基础设施水平高于其他发展中国家,与现实情况相符。同时,本章按照5年1期将2000—2019年分为4期,依次为时期1、2、3、4,来考察基础设施指标在时间上的分布,具体如图3-2所示。

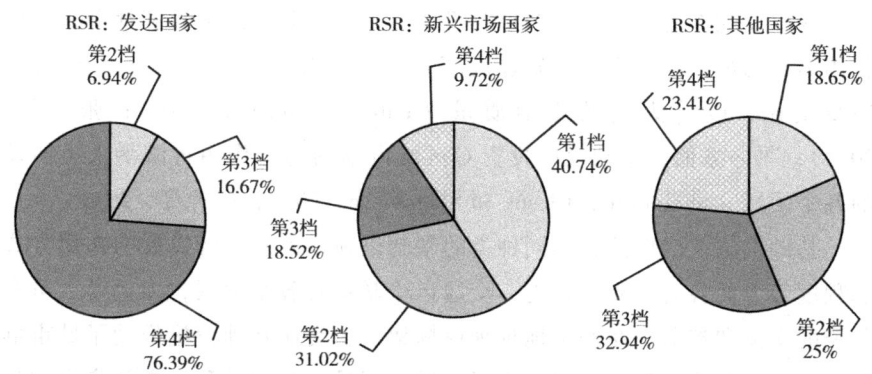

图3-1 不同经济体类型下各分档的分布情况

数据来源:作者测算。

从图3-2可以看出,第1期以第1档和第2档为主,二者之和超过70%,第3期则以第3档和第4档为主,二者之和接近70%,这反映出样本内各国的基础设施水平随着时间而不断提高,与实际情况相符。因此,本章认为,RSR法在评价各国各时期的基础设施水平问题上,效果较为理想,采用这种方法得到的基础设施综合评价指数RSR可以作为基础设施水平的代理变量进入下一步的研究。

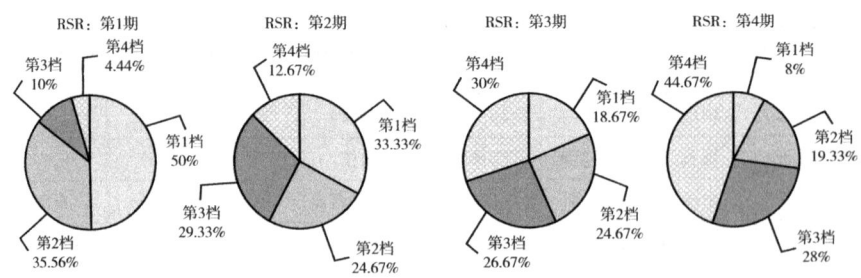

图3-2 不同时间段下各分档的分布情况

数据来源：作者测算。

第二节 "一带一路"倡议与沿线基础设施水平的提升

在取得沿线国家基础设施水平的评价数据后，我们通过实证检验"一带一路"倡议对沿线基础设施水平的提升作用。

一、"一带一路"倡议与沿线基础设施发展水平关系的理论分析

基础设施作为人类生存的重要组成部分，其对经济增长和社会进步的作用不容忽视。一方面，基础设施绩效的提升有助于缩小地区经济差距，减少贫困，改善人们的生活质量（Patra和Acharya，2011；张亦然，2021）；另一方面，基础设施投资对区域市场的连接作用将激活人类活动的各个领域（Shaidullin、Ulesov和Shigabieva，2013；唐升等，2021）。

基础设施范围广泛，不同种类的基础设施在促进经济发展的作用方式和程度等方面各有差异。首先，交通运输联系着各个地区，促进了人员和物资的交流和扩散。在经济地理理论框架下，交通基础设施推动了城市群新知识的商业化进程，并通过市场拓展、贸易、技术转移、空间集聚和流程创新等途径影响经济增长（Lakshmanan，2011）。步晓宁等（2019）量化研究中国高速公路建设对经济增长的促进作用，发现高速公路建设通过优化要素配置提升生产率，无独有偶，施震凯等（2018）发现交通基础设施改善促进了全要素生产率增长。其次，电信及网络服务的普及提高了工人的工作效率（Agénor和Neanidis，2006），经济性基础设施积极参与了社会生产经营过程，促进劳动生产率提升，提升就业水平（刘冲等，2019）。Heeks（2010）在其研究中发现，近年来电信技术和设施建设在低收入国家发展非常迅速，大量证据表明电信对经济增长、改善民生都有着积极的

作用。与之类似，卫生设施同样会影响一个国家的经济发展和表现。Lopez、Rivera 和 Currais（2007）的实证研究表明，良好的卫生条件和健康状况将产生更高的收入和个人福祉，长期中将推动经济增长并减少贫困。居民生活和生产活动离不开能源，能源基础设施投资能改善居民生活和生产效率。农村电气化对推进能源的生产性使用和减少贫困至关重要，这是因为能源可以为经济活动提供动力来源，因而完善的能源基础设施对生产活动和产出而言十分重要。如果相关机构能给予适当资金和配套服务的支持，将会有助于使农村电气化更加可行和廉价，从而使农村成为电气化的受益者（Cook，2011）。

自"一带一路"倡议提出以来，学者们对"一带一路"互联互通基础设施投资的相关问题开展了广泛的研究。李建军和李俊成（2018）基于2000—2014年可得平行面板数据评价了"一带一路"沿线国家基础设施投资综合水平，并发现基础设施投资综合水平能够提升经济总量和人均产出水平，降低失业率。此外，他们还讨论了金融要素对基础设施综合水平的影响，结果表明，融资风险、融资效率以及融资成本等金融要素是制约"一带一路"沿线各国基础设施投资的重要因素。隋广军等（2017）基于"一带一路"建设背景，分析中国向沿线国家直接投资、沿线国家基础设施投资与沿线国家人均实际 GDP 的关系。结果发现，沿线国家的基础设施水平正不断完善，区域差异在缩小。许娇等（2016）发现"一带一路"经济走廊交通基础设施投资对中国和各大经济走廊的进出口贸易、GDP 增长以及中国贸易地区结构改善都将产生积极影响。

总的来说，近些年关于基础设施的研究在理论和实证两方面都是十分丰富的。在实证方面，已有的研究往往关注基础设施的某一方面，或者仅仅关注基础设施投资的作用，将基础设施的各项指标综合起来进行分析的文献还相对较少，仅 Calderon 等（2015）基于世界各国总电话线长度、道路里程和发电容量数据，采用主成分分析法构造了一个基础设施综合指数用于评估基础设施投资的发展水平。然而，Calderon 等人研究的不足之处在于他们采用的基础设施指标较少，涵盖面较小，反映基础设施投资水平信息量不够鉴于此，本章尝试采用更多且更恰当的基础设施指标，采用无量纲和标准化的统计评价方法，构造内涵更丰富、效果更一致的基础设施综合指标，以此来衡量和反映各个国家在不同时期的基础设施投资和经济发展的综合水平。同时，由于"一带一路"倡议在 2013 年才正式提出，限于数据可得性，考察"一带一路"倡议对中国和沿线国家的基础设施绩效具有何种作用的研究很少。本章采用双重差分法实证考察"一带一路"

倡议对沿线国家基础设施绩效的影响。

二、"一带一路"倡议与基础设施发展水平提升关系的研究设计

为了考察"一带一路"倡议是否会促进沿线国家基础设施水平提升，本章设计如下计量模型：

$$Inf_{i,t} = \beta Treatment_i * Initiative_t + \gamma Z_{i,t} + \delta_i + \mu_t + \varepsilon_{i,t} \quad (3-2)$$

其中，被解释变量 $Inf_{i,t}$ 为国家 i 在 t 年的基础设施水平。$Treatment_i$ 为判断国家 i 是否为"一带一路"沿线国家的虚拟变量，$Initiative_t$ 表示政策发生的虚拟变量，二者交互项为本章的核心解释变量。当 $Treatment_i = 1$ 时，表示国家 i 为"一带一路"倡议所覆盖的国家，即处理组，否则为控制组。当 $Initiative_t = 1$ 时，表示第 t 年为政策冲击事件发生的年份，文中具体指我国"一带一路"倡议提出的年份。由于"一带一路"倡议是习近平总书记于 2013 年底提出的，本章选择 2014 年作为政策冲击事件发生的年份。参考陈萍和李平（2012）、常晨和陆铭（2017）的研究，本章控制了人口、发展阶段和资金层面的影响因素。具体而言，基础设施的建设通常要求与人口的规模与增长潜力相适应，因此本章控制了人口密度和增长速度。进一步地，城镇化水平较高的地区，对基础设施的数量和质量要求也更高；就业率更高的地区，产业更加发达，对基础设施的要求和依赖也更大。同时，政府的财政实力，特别是财政资金的来源很大程度上被政府作为是否开展基础设施建设的决策依据。对此，本章以税收水平作为政府财政实力的代理变量。具体样本国家和变量定义如表 3-3、表 3-4 所示。

表 3-3　　　　　　　　　　样本国家与地区

经济体类型	国家与地区							
发达国家	爱尔兰	奥地利	澳大利亚	比利时	韩国	丹麦	德国	法国
	加拿大	拉脱维亚	美国	挪威	葡萄牙	日本	瑞典	瑞士
	芬兰	荷兰	以色列	斯洛文尼亚	西班牙	英国		
新兴市场国家	埃及	巴基斯坦	巴西	俄罗斯	菲律宾	孟加拉国	墨西哥	南非
	印度	印度尼西亚	越南	中国	尼日利亚	土耳其	伊朗	
其他发展中国家	阿尔巴尼亚	阿尔及利亚	叙利亚	爱沙尼亚	保加利亚	贝宁	波兰	刚果（布）
	刚果（金）	哥伦比亚	格鲁吉亚	柬埔寨	科特迪瓦	克罗地亚	肯尼亚	立陶宛
	罗马尼亚	马来西亚	秘鲁	摩洛哥	莫桑比克	斯里兰卡	泰国	突尼斯
	乌克兰	乌拉圭	希腊	意大利	约旦	智利		

表 3-4　　变量汇总

变量类型	变量	定义
被解释变量	基础设施水平	基础设施综合评价指数（RSR法）
关键解释变量	"一带一路"倡议	"一带一路"沿线国家倡议提出
控制变量	人口密度	每公里土地面积人数
	人口增长	人口增长率（年百分比）
	城镇人口	城镇人口占总人口比例
	人口就业	劳动力人数占总人口的比例
	税收	税收占GDP的比例

三、"一带一路"倡议与基础设施水平提升的实证分析

长期以来，"一带一路"沿线国家都有着发展基础设施的强烈愿望，但巨大的资金缺口和落后的技术水平在很大程度上制约着沿线国家提高基础设施建设水平的空间。在基础设施方面，中国有着资金和技术等方面的优势，这使"一带一路"倡议能够高度对接沿线国家的基础设施建设愿景，显著提高"一带一路"沿线国家基础设施建设水平。

1. 基准结果分析

表 3-5 给出了"一带一路"倡议对基础设施绩效的双重差分估计结果。本章关注的是结果中的"一带一路"倡议的系数（即"一带一路"倡议提出的时间节点和是否为"一带一路"国家虚拟变量交叉项）是否显著为正。若估计系数 β 显著为正，则表明"一带一路"倡议的提出对沿线国家基础设施水平的提升具有正向效应。模型（1）的回归结果显示，"一带一路"倡议对基础设施水平的估计系数为 0.0245，且在 1% 水平上显著，说明"一带一路"倡议的提出对沿线国家基础设施水平产生显著的正向效应。在模型（2）中，本章加入了人口密度、人口增长、城镇人口、就业人口、税收等国家层面控制变量，"一带一路"倡议对基础设施水平的估计系数降为 0.0227，且在 1% 水平上显著，说明"一带一路"倡议的效果在统计上非常显著，且比较稳定。同时，为了进一步考察"一带一路"倡议提出对基础设施水平的影响在时间上的变化趋势，本章将"一带一路"倡议变量拆分为倡议提出的第 k 年（其中 $k=1,2,3$），共计三个变量。模型（3）的回归结果显示，反映倡议提出年限的变量在倡议提出的第二年开始显著，且回归系数逐年增大，说明"一带一路"倡议的影响力正与日俱增，且其对沿线国家基础设施水平的提升具有稳定的、长期的增进效果。

表3-5　"一带一路"倡议对沿线国家基础设施水平的影响

	(1)	(2)	(3)
"一带一路"倡议	0.0245*** (0.008)	0.0227*** (0.008)	
倡议第一年			0.0095 (0.006)
倡议第二年			0.0278* (0.014)
倡议第三年			0.0308* (0.018)
城镇人口		0.0026*** (0.001)	0.0026*** (0.001)
人口密度		0.0003 (0.000)	0.0003 (0.000)
人口增长		0.0063*** (0.002)	0.0064*** (0.002)
人口就业		0.0038*** (0.001)	0.0038*** (0.001)
国家税收		0.0013** (0.001)	0.0013** (0.001)
常数项	0.4524*** (0.011)	0.0265 (0.092)	0.0289 (0.092)
国家固定效应	Yes	Yes	Yes
年份固定效应	Yes	Yes	Yes
Observations	1005	1005	1005
R^2	0.975	0.976	0.976

注：括号中为稳健标准错误，其中 *、** 和 *** 分别表示在 10%、5% 和 1% 水平上显著，下表同。另，由于准自然实验是将政策作为外生冲击来评估政策的经济效应，因此在实际回归中，本章使用的数据为 2002—2016 年。

2. 稳健性检验

本章采用双重差分法来研究"一带一路"倡议对沿线国家基础设施水平的影响。双重差分法一般用来研究政策改变和外界冲击对所研究对象的影响作用，使用前需要满足政策冲击发生时间随机，处理组与控制组选择随机性与平行趋势假定。首先，对于"一带一路"沿线国家无法决定该倡议的提出时间，所以本章认为"一带一路"倡议提出的时间具有随机性。其次，本章通过国家固定效应对处理组和控制组间不随时间变化的差异加以控制。最后也是最重要的是满足平行趋势假定，即在政策发生时间点之前处理组和控制组随时间变化的趋势大体相同。本章利用 RSR 法测算出 2002—2016 年样本各国的基础设施水平。如图 3-3 所示，2014 年之前"一带一路"沿线国家（处理组）和"非一带一路"沿线国家（控制组）的基础设施水平的发展趋势大致相同，基本满足平行趋势检验。

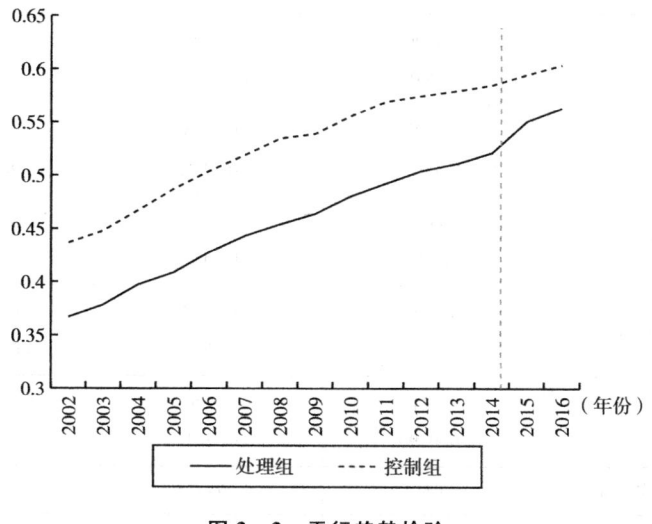

图 3-3 平行趋势检验

为了进一步检验结果的稳健性，本章借鉴已有研究（陈刚，2012；范子英和田彬彬，2013；刘瑞明和赵仁杰，2015），通过改变政策执行时间进行反事实检验。除了"一带一路"这一倡议变化外，一些其他政策或随机性因素也可能导致国家产生差异，而这种差异与"一带一路"倡议没有关联，最终导致前文的结论不成立。为了排除掉这类因素的影响，本章假想"一带一路"倡议提出的年份提前 1—3 年，如果此时"一带一路"倡议变量变得显著为正，则说明基础设施水平提升很可能来自于其他政策变革或者随机性因素，而不是"一带一路"倡议的提出。如果此时"一带一路"倡议变量并不显著为正，则说明基础设施水平的增量贡献来自于"一带一路"倡议提出。表 3-6 结果显示了假想"一带一路"倡议时间提前 1—3 年的情况。

表3-6　"一带一路"倡议对沿线国家基础设施水平的影响

	(1)	(2)	(3)
L."一带一路"倡议	0.0058 (0.007)		
L2."一带一路"倡议		0.0054 (0.004)	
L3."一带一路"倡议			0.0022 (0.004)
城镇人口	0.0017* (0.001)	0.0017* (0.001)	0.0017* (0.001)
人口密度	0.0000 (0.000)	0.0000 (0.000)	0.0000 (0.000)
人口增长	0.0028 (0.002)	0.0028 (0.002)	0.0028 (0.002)
就业率	0.0031*** (0.001)	0.0031*** (0.001)	0.0031*** (0.001)
国家税收	0.0002 (0.000)	0.0002 (0.000)	0.0002 (0.000)
常数项	0.1504* (0.079)	0.1506* (0.079)	0.1506* (0.079)
国家固定效应	Yes	Yes	Yes
年份固定效应	Yes	Yes	Yes
Observations	804	804	804
R^2	0.990	0.990	0.990

各项检验表明，人为设定的"一带一路"倡议时间并不显著，这从另一方面表明沿线国家基础设施水平的提升不是由其他因素导致的，而是来自于"一带一路"倡议的提出。

除了构建反事实检验验证共同趋势外，本章还通过传统的处理方式，采用"单差法"检验了"一带一路"倡议对基础设施水平的作用，回归结果具体如表3-7所示。在控制了其他变量和地区效应以后，"一带一路"倡议的估计系数均显著为正。然而，观察"一带一路"倡议的系数，我们可以发现，采用单差法所得到的系数要远高于表3-4中双重差分方法得到的系数，这说明采用"单差法"虽然能够说明部分问题，但是这种方法高估了"一带一路"倡议对沿线国家基础设施水平的增进作用,不够准确,因此,采用双重差分方法得出的结论更为可信。

表3-7 "一带一路"倡议对沿线国家基础设施水平的影响

	(1)	(2)	(3)
"一带一路"倡议	0.1011*** (0.006)	0.0395*** (0.006)	
倡议第一年			0.0251*** (0.007)
倡议第二年			0.0457*** (0.010)
倡议第三年			0.0485*** (0.012)
城镇人口		0.0144*** (0.001)	0.0143*** (0.001)
人口密度		0.0017*** (0.000)	0.0017*** (0.000)
人口增长		0.0057* (0.003)	0.0057* (0.003)
就业率		0.0101*** (0.001)	0.0100*** (0.001)
国家税收		0.0026*** (0.001)	0.0026*** (0.001)
常数项	0.3593*** (0.012)	-1.0227*** (0.054)	-1.0168*** (0.054)
国家固定效应	Yes	Yes	Yes
年份固定效应	No	No	No
Observations	1005	1005	1005
R^2	0.921	0.959	0.959

3. 进一步讨论

(1) 区分"一带一路"六大经济走廊。根据"一带一路"倡议中具体战略走向的不同,本章进一步细分"一带一路"六大经济走廊来分析"一带一路"倡议提出对不同区域沿线国家基础设施水平的影响。"一带一路"六大经济走廊包括中国与"一带一路"沿线国家积极规划中蒙俄、新亚欧大陆桥、中国—中亚—西亚、中国—中南半岛、孟中印缅、中巴等在内的六大经济走廊。从表3-8的回归结果可以发现，中蒙俄、中国—中亚—西亚、中国—中南半岛、孟中印缅、中巴经济走廊的基础设施水平具有显著的增进效应；对新亚欧大陆桥的基础设施水平的影响方向符合本章的预期，但并不具备统计上的显著性。进一步地，比较表3-7中模型（1）—（6）的回归结果可以发现，"一带一路"倡议对中南半岛经济走廊基础设施水平的增效作用最为显著。根据各经济走廊的走向安排，中南半岛经济走廊主要包括越南、柬埔寨、泰国、马来西亚、菲律宾、印度尼西亚等东盟国家。东盟各国与中国山水相连，陆海相接，具有极其紧密的地缘关系。特别是近年来，随着中国经济的高速发展，中国和东盟各国在经贸合作、相互投资和人员往来等诸多方面有着更加密切的联系。因此，"一带一路"倡议对中南半岛经济走廊的影响效力也最为突出。类似地，孙楚仁等（2017）在考察"一带一路"倡议对沿线国家贸易增长的影响时同样发现，与对"一带"国家的促进作用相比，该倡议对"一路"国家出口的促进作用要更加显著。

表3-8 区分经济走廊的回归结果

	中蒙俄	新亚欧	中西亚	中南半岛	孟中印缅	中巴
	(1)	(2)	(3)	(4)	(5)	(6)
"一带一路"倡议	0.0214*	0.0036	0.0337***	0.0578***	0.0244**	0.0539***
	(0.013)	(0.013)	(0.011)	(0.013)	(0.010)	(0.018)
国家固定效应	Yes	Yes	Yes	Yes	Yes	Yes
年份固定效应	Yes	Yes	Yes	Yes	Yes	Yes
Observations	555	705	660	630	600	555
R^2	0.980	0.976	0.978	0.978	0.980	0.980

同样道理，"一带一路"建设旨在提升亚、非、欧大陆的互联互通，促进沿线各国实现更为紧密的伙伴关系，从而构建全方位、多层次、复合型的互联互通网络。相比于欧美国家，广大亚、非国家与中国地缘关系更为紧密，共同的发展任务、高度契合的战略利益也使"一带一路"倡议在亚非沿线国家展现出极强的生命力与活力。因此，"一带一路"倡议对中巴、中国—中亚—西亚、孟中印缅、中蒙俄经济走廊也表现出了比新亚欧经济走廊更为显著的影响力。

（2）区分经济体类型。进一步来讲，本章就各国所属的经济体类型为区分，以考察"一带一路"倡议对不同发展阶段国家的基础设施水平的影响差异。表3-9的回归结果显示,"一带一路"倡议对发达国家、新兴市场国家及其他发展中国家基础设施水平的影响均显著为正。比较模型(1)、模型(2)和模型(3)的回归结果还可以发现,"一带一路"倡议对发达国家、新兴市场国家基础设施的增进效应显著强于其他发展中国家。

表3-9　　　　　　　　区分经济体类型回归结果

	发达国家	新兴市场国家	其他发展中国家
	(1)	(2)	(3)
"一带一路"倡议	0.0567** (0.026)	0.0255*** (0.008)	0.0236** (0.010)
控制变量	Yes	Yes	Yes
国家固定效应	Yes	Yes	Yes
年份固定效应	Yes	Yes	Yes
Observations	330	225	450
R^2	0.887	0.975	0.980

当前,世界各国对基础设施投资的需求旺盛,尤其是发展中国家,在加速工业化和城市化发展的过程中,需要加大基础设施投资建设的力度;而发达国家则需要通过更新和升级老化基础设施,实现刺激经济复苏的目的。但同时也注意到,基础设施的融资瓶颈始终存在,尤其是广大发展中国家的国家体制、法律体系和市场多种多样,社会处于不同发展阶段,各国的经济体制问题、通胀、汇率和国家风险推高了投资者的投资成本,加上机构自身投资准则的限制,要填补基础设施投资所需要的巨大融资缺口并不容易。这就可以解释,"一带一路"倡议的提出对新兴市场国家和其他发展中国家基础设施水平的增进效应要低于发达国家。同时,"一带一路"倡议对各经济体类型国家基础设施水平的增进作用也表明,互利共赢是"一带一路"倡议最鲜明的特色,发达国家所忧心的"一带一路"威胁论并不成立。

(3)区分基础设施类型。由前文可知,各国基础设施水平是由4大类基础设施指标综合测算得到的。为进一步厘清"一带一路"倡议对不同类别基础设施水平的影响差异,本章就4大类基础设施水平分别进行检验。

从表3-10可以看出,"一带一路"倡议对交通设施、通信设施、卫生设施、能源设施绩效均具有显著正向的影响;其中,"一带一路"倡议对能源设施绩效的增进最大,卫生设施绩效次之。国家发展和改革委员会、外交部、商务部联合发布的《推动共建丝绸之路经济带和21世纪海上丝绸之路的愿景与行动》中明确指出,加强能源基础设施的互联互通合作,共同维护输油、输气管道等运输通道安全,推进跨境电力与输电通道建设,积极开展区域电网升级改造合作。可以说,"一带一路"倡议为沿线各国能源基础设施投资提供了绝好的条件。过去几年来,"一带一路"框架下的能源合作也已取得大量成绩,沿线已开工的能源项目超过40项,签订的能源重大合作超过20项,亚洲基础设施投资银行首两贷款均直接与能源项目有关。本章的研究结果同样表明,"一带一路"倡议对能源设施绩效的增进作用最为突出。同时,本章也注意到,"一带一路"倡议对通信和交通类基础设施的增进作用相对较小。对此可能的解释是,各国在通信基础设施投资领域的发展规划、准入门槛和技术标准存在较大差异。以中国为例,在商务部发布的《外商投资产业指导目录》规定中,明令禁止外商投资进入邮电等产业,因此"一带一路"倡议对通信设施绩效的影响相对较小。而国际铁路、国际港口、国际公路等一批交通设施重点工程虽也在不断上马,但由于交通工程固有的投资规模大、建设周期长等特点,其绩效的提升在短期内不如能源、卫生等设施明显。

表3-10　　　　　　　　区分基础设施类型

	交通设施 (1)	通信设施 (2)	卫生设施 (3)	能源设施 (4)
"一带一路"倡议	0.0168** (0.008)	0.0134* (0.007)	0.0263*** (0.009)	0.0933*** (0.024)
控制变量	Yes	Yes	Yes	Yes
国家固定效应	Yes	Yes	Yes	Yes
年份固定效应	Yes	Yes	Yes	Yes
Observations	1005	1005	1005	1005
R^2	0.967	0.972	0.984	0.896

四、"一带一路"倡议促进沿线基础设施水平提升的机制检验

"一带一路"倡议能够显著增进沿线国家的基础设施水平,且"一带一路"倡议的影响力正与日俱增,对沿线国家基础设施水平的提升具有稳定的、长期的增进效果。那么,"一带一路"倡议影响基础设施水平的传导机制如何?本章将从资金和技术两个角度对"一带一路"倡议影响基础设施水平的传导机制进行探索。

1. 资金渠道检验

一般来说，基础设施投资项目的投资规模往往很大，并且建设周期较长。因而，在项目建设过程中必须保证建设资金稳定和充足。遗憾的是，当前全球基础设施资金缺口将高达数十万亿美元，多数国家的建设资金需求无法得到满足，并且这一问题在广大发展中国家中尤为突出。金融资源配置能力的落后、金融话语权的缺失，严重制约了各国基础设施水平的增进。幸运的是，"一带一路"倡议的提出，将在很大程度上缓解各国（尤其是发展中国家）在基础设施投资中面临的资金约束。一方面，"一带一路"倡议作为由中国提出的极具创新性的全方位对外开放战略，贯穿亚欧非大陆，其通过将活跃的东亚经济圈与发达的欧洲经济圈有机整合，促进国际生产、区域贸易的形成与重塑，使长期处于经济"凹陷地带"的广大腹地国家获得发展新机遇。当大量外商直接投资进入广大"一带一路"沿线国家，将在很大程度上缓解相关国家在基础设施投资项目中面临的资金约束，从而对"一带一路"沿线国家基础设施水平的增进发挥有益作用。另一方面，配合"一带一路"倡议所建设的亚洲基础设施投资银行、丝路基金以及于2014年成立的金砖国家新开发银行等多边金融机构，能够在很大程度上弥补现行国际金融机构缺陷，有效缓解当前国际金融机构不能满足广大发展中国家基础设施投资和经济社会发展中庞大的资金需求的矛盾。因此，本章认为，缓解沿线国家的资金约束是"一带一路"倡议增进沿线国家基础设施水平的一条重要机制。

为验证以上机制，本章分别基于外商直接投资占比和国际信贷占比的中位数进行分组，以期考察"一带一路"倡议对基础设施水平的增进作用是否因资金支持的不同而不同。更高的外商直接投资占比一方面反映出一国的资本账户开放程度相对较高，有利于跨境资本流动；另一方面，也反映出该国的投资机会质量较高，受国际资本的青睐。同理，国际信贷也是一国获取建设资金的重要渠道。而国际信贷是指多边金融机构提供的公共和公共担保债务，是各国基础设施投资资金的重要来源。如果上文假设的机制成立，那么，在外商直接投资流入更多、国际信贷占比更高的国家，"一带一路"倡议对基础设施水平的增进作用也应更大。

表3-11给出了在外商直接投资占比、国际信贷占比不同的情况下，"一带一路"倡议对基础设施水平的异质性影响。比较第（1）、第（2）列可以出现，外商直接投资占比越高，"一带一路"倡议对基础设施水平的增进作用越强。这与我们的理论预期一致，当一国的投资项目更容易受到国际资本青睐时，该国在基础设施投资中获取的资金也更为充足。因

此,"一带一路"倡议对基础设施水平的增进作用更强。同样,比较第(3)、第(4)列可以出现,国际信贷占比越高,"一带一路"倡议对基础设施水平的增进作用越强。这是因为,获得更多国际信贷的国家,其基础设施项目受到的融资也越小。由此,"一带一路"倡议对基础设施水平的增进作用也更强。以上结果佐证了本章的推测,即缓解资金约束是"一带一路"倡议促进基础设施水平的一条可能机制。

表3-11 "一带一路"倡议与基础设施水平:资金渠道检验

	高FDI组	低FDI组	高国际信贷组	低国际信贷组
	(1)	(2)	(3)	(4)
"一带一路"倡议	0.0315**	0.0095	0.0205*	0.0097*
	(0.013)	(0.010)	(0.011)	(0.005)
国家固定效应	Yes	Yes	Yes	Yes
年份固定效应	Yes	Yes	Yes	Yes
Observations	507	498	735	270
R^2	0.977	0.981	0.977	0.986

2. 技术渠道检验

基础设施的建设作为经济发展的重要引擎,有助于推动各国经济步入形态更高级、分工更复杂、结构更合理的发展阶段。基础设施投资的开展,一方面需要各类资金的支持,另一方面也离不开相关科学技术的支撑。"一带一路"倡议覆盖的非洲、中亚等诸国,能源资源相对富集,但缺乏人力保障与科技支撑,基础设施投资囿于技术短缺而举步维艰。"一带一路"倡议的提出,使作为世界经济增长火车头的中国,通过"一带一路"建设将自身的产能与技术优势、经验与模式优势转化为市场与合作优势,帮助各国共享中国改革发展红利。具体而言,伴随着"一带一路"倡议的提出,大量中国先进的制造业技术、高技术人才以及现代化的管理经验被投入"一带一路"沿线国家,而这些正是"一带一路"沿线国家实现经济发展所需要的高级生产要素。因此,本章猜想,提供技术支持是"一带一路"倡议增进沿线国家基础设施水平的另一条重要机制。

为验证以上假说,本章分别基于专利申请和接受知识产权费用占比的中位数进行分组,以期考察"一带一路"倡议对基础设施水平的增进作用是否因技术支持的不同而不同。专利申请是衡量一个国家科研和创新水平的重要标志;同样地,一国接受知识产权费用占比也能反映出其在科学技术领域的相对水平。如果上文理论机制成立,那么,在科技欠发达的国家,"一带一路"倡议对基础设施水平的增进作用也应更大。

表3-12给出了在专利申请、接受知识产权费用占比不同的情况下,"一带一路"倡议对基础设施水平的异质性影响。比较第(1)、第(2)列可以出现,"一带一路"倡议对专利申请较多国家的基础设施水平并不存在显著的增进作用;但对专利申请较低国家的基础设施水平的增进作用却十分显著。同样,比较第(3)、第(4)列可以出现,接受知识产权费用占比越低,"一带一路"倡议对基础设施水平的增进作用越强。这是因为,科学技术水平较低的国家,其受"一带一路"倡议所带来的技术支持受益更大。由此,"一带一路"倡议对基础设施水平的增进作用也更强。以上结果佐证了本章的推测,即提供技术支持是"一带一路"倡议促进基础设施水平的一条可能机制。

表3-12　"一带一路"倡议与基础设施水平:技术渠道检验

	高专利申请组	低专利申请组	高知识产权组	低知识产权组
	(1)	(2)	(3)	(4)
"一带一路"倡议	0.0135 (0.011)	0.0376*** (0.010)	0.0101 (0.014)	0.0242** (0.011)
国家固定效应	Yes	Yes	Yes	Yes
年份固定效应	Yes	Yes	Yes	Yes
Observations	560	445	507	498
R^2	0.978	0.980	0.979	0.979

第三节　"一带一路"沿线基础设施水平提升的经济绩效

一、基础设施投资的经济绩效的理论分析

基础设施可能并不总是经济增长的直接引擎,但其对经济增长和社会进步的作用是不容忽视的。交通运输、电信、能源、水、卫生、住房和教育设施已成为人类生存的重要组成部分,对经济活动和社会生活都至关重要。一方面,基础设施在交通运输(公路、铁路、港口和民航)、电力、灌溉、流域、水电工程、科研、培训、市场、仓储、通信信息、教育、卫生和家庭福利等方面都十分关键,特别是安全饮用水、卫生设施和可用土地的增加,能够显著提高劳动生产率和资本要素生产率,对经济增长作出

巨大贡献。另一方面，基础设施有助于缩小地区经济差距，减少贫困现象，改善人们的生活质量。通过基础设施，贫困人群能够以更便捷的方式享受教育和医疗、水和卫生设施、道路网络和电力等服务，从而促进贫困人群的自身发展，提升社会公平。由此可见，基础设施能够使经济、社会得到全面的发展、改善和提升，因此基础设施是必不可少的。

由于基础设施在人类生活中不可或缺，且与经济增长紧密相关，国内外学者对二者之间关系作出一系列研究。基础设施大体上可分为两类，即经济性基础设施与社会性基础设施。经济性基础设施从物质资本的角度促进社会生产，而社会性基础设施为人力、社会等资本的提高作出贡献。Aschauer（1989）较早研究这一领域，认为基础设施建设对经济增长有重要的影响，并且公共的回报率要高于私人。他将美国经济衰退、生产率下降部分归咎于基础设施的不足。多数学者赞同基础设施能够促进经济增长（Shioji，2001；Pereira 和 Andraz，2010）。学者们分别从以下角度对基础设施促进经济增长进行解释：

一是节约成本、降低库存。基础设施可以被看作由政府提供的公共品，交通运输、电力能源等基础设施水平的提升保障企业日常的经营活动顺利进行，发挥高水平的生产能力。此外完善的基础设施还节约了企业需要额外购买能源电力等成本。Berndt 和 Hansson（1991）研究发现基础设施水平提高有助于降低企业生产成本。Shirley 和 Winston（2003）研究美国的高速公路发现其能减少企业库存，促进经济发展。国内学者也对此展开相关研究，张勋等（2018）研究显示交通基础设施能够通过市场竞争和运输成本等渠道对企业库存产生影响，进而促进经济增长。李涵和唐丽淼（2015）研究发现交通基础设施对企业库存具有空间溢出效应，良好的公路设施能降低企业库存水平。Cohen 和 Paul（2004）也发现基础设施的空间溢出性，研究发现基础设施的水平提高可以降低相邻地区的运输成本和交易费用。

二是提高生产率、增加就业。基础设施作为一项公共品，其自身带有外部性，会对社会生产、经济增长产生深远影响。基础设施能通过乘数效应带动，加速经济金融活动的进行。Agénor 和 Moreno‐Dodson（2006）指出交通与网络等基础设施能便利工人出行，从而使工人的劳动生产率水平提高。Easterly 和 Servén（2003）研究发现基础设施服务水平的不同是单位劳动产出差异的部分原因。步晓宁等（2019）量化研究中国高速公路建设对经济增长的促进作用，发现高速公路建设通过优化要素配置提升生产率。刘秉镰等（2010）运用空间面板计量的方法，研究得出交通基础设施能带动中国全要素生产率的提升。张光南等（2010）分析了基础设施的长短期就业效应，发现对中国各地区就业均有显著的正向作用。邓明（2014）研究城市交通基础设施与就业密度之间的关系，结果发现对第二和第三产业的就业密度有显著促进。

三是提高福利、改善贫困。投入基础设施建设的最终目标是改善居民福利，摆脱贫困生活。基础设施水平的高低影响了居民生活质量，与健康、教育等重要民生问题息息相关；良好的基础设施建设为区域经济腾飞提供动力，尤其是对农村地区消除贫困、改善生活质量有着非同寻常的意义。Brenneman和Kerf（2002）研究发现基础设施水平的提升会对居民的健康状况有改善作用。Leipziger等（2003）通过实证发现普及卫生基础设施能降低儿童死亡率，提升儿童健康水平。电力等基础设施的完备有效保障了医疗过程的正常运转，有助于降低死亡率（Wagstaff和Claeson，2004）。由于交通运输基础设施的普及为受教育提供了便利，从而有助于提高学校入学率（Levy，2004；Agénor，2008）。Norton（1992）认为通信条件提升会促进国家经济发展。杨茜和石大千（2019）研究发现，铁路提速能够促进劳动力等要素流动从而缩小城乡收入差距，唐升等（2021）发现铁路对农业和制造业产出的影响显著并且稳健。在改善贫困方面，张亦然（2021）通过运用中国家庭追踪调查数据，得出交通基础设施改善有显著减贫效应的结论。郭劲光和高静美（2009）利用1987—2006年数据分析得出基础设施数量与质量的提升都会降低贫困，Fan等（2002）发现公路和电信等基础设施发展对农村减贫具有重要意义。Kumar和Acharya（2011）认为，基础设施有利于提高国内产出，减少贫困。基础设施和经济增长之间存在着密切的关联，基础设施水平较高的国家其贫困比例更低，因为基础设施提高了人力资源能力素质和提高资本效率，从而刺激了经济的增长（Srinivasu和Rao，2013）。Gibson和Rozelle（2003）、Dercon（2005）、Calderon和Chong（2004）、Banerjee（2012）等人在他们的研究中发现，基础设施在减少贫困和改善收入分配方面有着重要作用。

进入21世纪后，人们愈发意识到基础设施的重要性，针对基础设施与经济增长关系的研究也愈发丰富起来。Arndt（2001）认为，基础设施能够实现各国间的互联互通，可以帮助各国按照比较优势原则进行生产网络整合，从而为区域经济增长添加新动力。Duranton和Turner（2011）通过对州际公路和公路车辆行驶公里关系的研究，发现公路可以促进运输密集型生产活动。Donaldson（2018）利用简化方法估算了基础设施与经济福利之间的关系，发现铁路可以通过降低贸易成本和增加贸易量来促进经济福利。而在后工业化社会，区域创新基础设施和区域创新集群对创新产品的创造者和商品服务生产商的连接作用将可能激活人类活动的所有领域（Shaidullin 等，2013）。当然，亦有许多学者发现基础设施对经济增长的作用并不总是显著为正的。Bougheas 等（2000）认为，基础设施与经济增长呈倒"U"形曲线关系，但目前大多数发展中国家基础设施不足，仍处于倒"U"形曲线的上升部分。无独有偶，Riedel 等（2007）在其研究中发现，基础设施在促进经济增长的同时，也挤占其他类型的，过量的基础设施会抑制经济的长期发展。此外，部分文献还研究了基础设施的具体项目与经济增长的关系。如 Lakshmanan（2011）、Cook（2011）、Heeks（2010）等分别探讨了交通基础设施、能源基础设施、电气基础设施及电信基础设施对经济增长产生的积极影响。Holtz-Eakin（1992）对美国48个州的情况进行建模，认为基础设施对经济增长没有相关性；Garcia-Mila 等（1996）检验了美国州际数据后发现，所研究的三类公共设施都没有对经济增长起到正面效应。还有学者甚至发现基础设施会阻碍经济发展（Khalifa，1998）。郑世林、周黎安和何维达（2014）运用省级面板数据实证检验了电信基础设施与经济增长的关系，发现2000年以后移动电话基础设施对经济增长的贡献度减弱，固定电话基础设施甚至对经济增长产生负面作用。卞元超等（2018）以中国高铁开通作为背景进行研究，发现高铁开通拉大区域经济差距，产生极化效应。

总的来说，近些年关于基础设施的研究在理论和实证两方面都是十分丰富的，其中，讨论最多的就是基础设施在促进经济增长等方面的积极作用。在实证方面，已有的研究往往关注基础设施的某一方面，研究如交通、能源或卫生等方面对经济和社会的影响，或者仅仅关注基础设施的作用，少有将基础设施各项指标综合进行分析的文献，仅 Calderon 等（2015）基于世界各国总电话线长度、道路里程和发电容量数据，采用主成分分析法构造了一个基础设施综合指数用于评估基础设施的发展水平。然而，Calderon 等人研究的不足之处在于他们采用的基础设施指标较少，涵盖面较小，反映基础设施水平信息量不够；同时，他们采用的基础设施指标为总量数据，总量数据往往受到人口和国土面积的影响，不能直接用于横向比较。鉴于此，本章尝试采用更多且更恰当的基础设施指标，采用无量纲和标准化的统计评价方法，构造内涵更丰富、效果更一致的基础设施综合指标，以此来衡量和反映各国各时期的基础设施和发展的综合水平，实证研究基础设施的综合发展速度与经济发展的关系。

二、"一带一路"沿线基础设施与经济发展关系的模型设计

本章对2000—2016年所有可得平行面板数据的"一带一路"沿线国家的基础设施指标采用RSR法进行综合评价。表3-13和表3-14展示并给出了具体样本国家和变量定义。

表3-13 样本对象

经济体类型	国家						
发达国家	韩国	拉脱维亚	斯洛文尼亚	以色列			
新兴发展中国家	埃及	巴基斯坦	菲律宾	孟加拉国	土耳其	越南	
	中国	俄罗斯	印度	印度尼西亚	伊朗	南非	泰国
发展中国家	阿尔巴尼亚	爱沙尼亚	波兰	柬埔寨	罗马尼亚	立陶宛	乌克兰
	叙利亚	保加利亚	格鲁吉亚	克罗地亚	马来西亚	斯里兰卡	沙特阿拉伯
	约旦						

表3-14 变量定义

变量类型	定义	变量
被解释变量	GDP增长率（%）	$Gdpg$
	人均GDP增长	$Gdppcg$
	基尼指数（世界银行估计）	$Gini$
关键解释变量	基础设施综合评价指标（RSR）	RSR
控制变量	一般政府最终消费支出（占GDP的百分比）	$ggfce$
	银行部门提供的国内信贷（占GDP的百分比）	$dcpfs$
	教育公共开支总额，总数（占GDP的比例）	edu
	劳动力，女性（占劳动力总数的百分比）	$female$
	最大城市中的人口（占城市人口的百分比）	$bcity$

三、"一带一路"沿线基础设施与经济发展的实证结果分析

长期以来，基础设施投资不足，严重阻碍着"一带一路"沿线国家，尤其是发展中国家的现代化进程和经济增长。"一带一路"倡议的提出为"一带一路"沿线国家基础设施建设的发展带来了新的契机。现阶段，中国与"一带一路"沿线国家的基础设施合作已成为贯穿整个"一带一路"倡议实现的核心内容。作为影响国家核心利益和民生福祉的重大项目，基础设施的发展也给沿线国家的经济发展带来了新的空间。

1. "一带一路"沿线基础设施与经济发展

在经济发展问题中,首要关注的问题是经济总量的增长,因此本章关注的第一个问题就是基础设施综合水平的发展速度对经济总量增长是否有影响。考虑到经济总量的增长固然重要,但仅仅因为人口增加而导致的经济总量的增长未必是件好事。即使经济总量有较大幅度增长,如果人口增速高于经济总量的增速,居民的境况反而可能会恶化,因此,人均产出的增长也是个十分重要的问题。因而,本章关心的第二个问题是基础设施的发展速度是否显著影响人均产出的增长。此外,一个国家的收入分配问题也是经济发展中的关键。这是因为社会稳定和社会福利在很大程度上与国家的收入分配有关,本章还关注基础设施的发展是否会影响国家的收入分配。

为研究基础设施对经济总量、人均产出和收入分配这三个经济发展变量因素的影响,以各自的代理变量 GDP 增长率、人均 GDP 增长率和基尼系数(Gini)为被解释变量。根据研究模型,将基础设施发展的代理变量(RSR)分别纳入回归当中,并与多个控制变量(如通货膨胀等)进行整合得到基础模型。考虑到财政、金融以及教育的普及度、性别的平等性和城乡发展的平衡性普遍被认为是影响增长和分配的重要因素,本章还将政府支出(ggfce)、金融深化(dcpfs)、教育支出(edu)、女性就业率(female)、大城市人口占比(bcity)作为控制变量。

表 3-15 给出了基础设施和经济发展之间回归的基准估计值。由第 1 列可知,基础设施(RSR)的系数为 12.4724,在 5% 的显著性水平下显著,说明经济总量增长与基础设施呈显著正相关。同样,由第 2 列可知,基础设施(RSR)的系数为 13.6100,在 5% 的显著性水平下显著,说明人均产出与基础设施呈显著正相关。在第 3 列中,基础设施(RSR)的系数为 -8.1149,在 1% 的显著性水平下显著,说明居民收入差距与基础设施呈显著负相关。相关研究结论表明,基础设施的发展可以显著促进经济总量的增长和人均产出的增长,同时缩小居民收入差距。

表 3-15　　　　　　　　　基础设施与经济发展

	(1)	(2)	(3)
	gdpg	gdppcg	gini
rsr	12.4724**	13.6100**	-8.1149***
	(5.725)	(5.725)	(2.970)
ggfce	-0.1341	-0.0954	0.0528
	(0.120)	(0.120)	(0.057)

续表

	(1)	(2)	(3)
	gdpg	gdppcg	gini
dcpfs	-0.0218 (0.013)	-0.0237* (0.013)	-0.0163** (0.006)
edu	-0.8227** (0.376)	-0.8763** (0.376)	0.0666 (0.188)
female	0.1585 (0.178)	0.2176 (0.178)	0.2090** (0.105)
bcity	-0.5453** (0.273)	-0.5958** (0.273)	0.0042 (0.134)
Constant	14.5774 (10.356)	12.2850 (10.356)	33.5632*** (5.711)
Country Effect	Yes	Yes	Yes
Year Effect	Yes	Yes	Yes
Obs	347	347	275
R^2	0.434	0.444	0.361

注：*、**、*** 分别表示在10%、5%、1%的水平下显著，括号内为标准误差，下同。

2. 基础设施影响经济发展的非线性效应

在前文基础上，本部分将对基础设施和经济发展之间存在非线性关系的可能性进行研究。如表3-16第1列所示，RSR的回归系数为31.8453，在1%的显著性水平下显著，RSR平方的回归系数为-15.9273，在5%的显著性水平下显著，说明经济总量增长与基础设施呈倒"U"形关系。倒"U"形关系表明，随着基础设施水平的提高，基础设施对经济总量增长的边际效应将持续下降。因而，适度的基础设施对经济总量增长起到促进作用，但过度的基础设施可能会阻碍经济总量增长。在第2列中，RSR的回归系数为33.5868，在1%的显著性水平下显著，RSR平方的回归系数为-16.4237，在5%的显著性水平下显著，说明人均产出增长与基础设施呈倒"U"形关系。与第1列的结果相似，倒"U"形关系表明，随着基础设施水平的提高，基础设施对人均产出增长的边际效应将持续下降。因而，适度的基础设施将对人均产出增长产生催化作用，但过多的基础设施可能会阻碍人均产出增长。在第3列中，RSR的回归系数为17.7194，在1%的显著性水平下显著，RSR平方的回归系数为-19.0177，在1%的显著性水平下显著，说明收入差距与基础设施呈倒"U"形关系，这意味着基础设施对居民收入差距的缓解作用仅处于基础设施水平较高的阶段或初始阶段。

表3-16　　　　　基础设施对经济发展的非线性效应

	(1)	(2)	(3)
	gdpg	gdppcg	gini
rsr	31.8453***	33.5868***	17.7194***
	(10.255)	(10.250)	(6.684)
rsr2	-15.9273**	-16.4237**	-19.0177***
	(7.017)	(7.013)	(4.446)
ggfce	-0.1438	-0.1054	0.0408
	(0.119)	(0.119)	(0.055)
dcpfs	-0.0213	-0.0232*	-0.0178***
	(0.013)	(0.013)	(0.006)
edu	-0.9467**	-1.0041***	0.0224
	(0.377)	(0.377)	(0.181)
female	0.1894	0.2494	0.1147
	(0.177)	(0.177)	(0.104)
bcity	-0.3724	-0.4175	0.2189
	(0.282)	(0.282)	(0.139)
Constant	5.0123	2.4218	25.0854***
	(11.114)	(11.108)	(5.851)
Country Effect	Yes	Yes	Yes
Year Effect	Yes	Yes	Yes
Obs	347	347	275
R^2	0.443	0.454	0.409

3. 基础设施影响经济发展的异质性

表3-17的第1—3列展示了按发达国家、新兴发展中国家和发展中国家的分组回归结果。通过结果可以发现，在第1—2列中，基础设施（RSR）系数不显著，说明基础设施对发达国家和新兴发展中国家经济总量增长的解释作用不明显；而在第3列中，基础设施（RSR）系数为22.6454，在1%的显著性水平下显著，说明基础设施（RSR）显著促进了发展中国家的经济总量增长。同样，第4—6列的结果也表明，基础设施对发达和新兴发展中国家人均产出增长的解释作用不明显，但显著促进了

表3-17 基础设施对经济发展的异质性效应

	(1)	(2)	(3)	(4)	(5)	(6)	(7)	(8)	(9)
	gdpg	gdpg	gdpg	gdppcg	gdppcg	gdppcg	gini	gini	gini
rsr	22.0459 (74.808)	14.0805 (8.898)	22.6454*** (7.462)	26.1876 (72.015)	13.3338 (9.100)	23.9560*** (7.375)	-8.6550 (12.262)	11.2599** (5.250)	-13.9891*** (4.097)
ggfce	-3.0502 (2.201)	0.3471 (0.373)	-0.0896 (0.130)	-3.0507 (2.119)	0.3223 (0.381)	-0.0339 (0.129)	0.1480 (0.361)	0.1612 (0.228)	0.0259 (0.063)
dcpfs	0.1167 (0.118)	-0.0401 (0.026)	-0.0315 (0.023)	0.1093 (0.113)	-0.0437 (0.026)	-0.0330 (0.023)	0.0053 (0.019)	-0.0253 (0.016)	-0.0370*** (0.011)
edu	-2.0972 (3.116)	0.5983 (0.635)	-0.8457 (0.539)	-2.3506 (3.000)	0.6769 (0.650)	-0.9428* (0.533)	0.3999 (0.511)	0.5865 (0.424)	0.2856 (0.278)
female	-4.1237 (5.283)	0.0706 (0.184)	-0.3555 (0.317)	-3.1694 (5.085)	0.0530 (0.189)	-0.1909 (0.313)	-2.0944** (0.866)	0.2950** (0.147)	-0.0933 (0.179)
bcity	5.2124 (4.628)	-0.9491** (0.465)	-0.3136 (0.357)	4.9614 (4.455)	-1.1700** (0.476)	-0.3449 (0.353)	0.0278 (0.759)	-0.0157 (0.318)	-0.0147 (0.170)
Constant	11.9628 (225.316)	12.8187 (11.687)	25.8669* (14.839)	-21.3235 (216.902)	16.5198 (11.952)	18.7292 (14.666)	134.8839*** (36.934)	25.1945*** (8.611)	47.8273*** (8.092)
Country Effect	Yes	Yes	Yes	Yes	Yes	Yes	Yes	Yes	Yes
Year Effect	Yes	Yes	Yes	Yes	Yes	Yes	Yes	Yes	Yes
Obs	30	134	183	30	134	183	30	98	147
R^2	0.855	0.330	0.597	0.862	0.333	0.613	0.926	0.422	0.541

发展中国家的人均产出增长。第7—9列的结果显示,在发达国家样本中,基础设施(RSR)系数为-8.6550,但不具备统计的显著性;在新兴市场国家样本中,基础设施(RSR)系数为11.2599,在5%的显著性水平下显著;在发展中国家样本中,基础设施(RSR)系数为-13.9891,在1%的显著性水平下显著,说明发展中国家居民收入差距与基础设施呈显著负相关。

发达国家、新兴市场国家和发展中国家之间的差异源于发展阶段的不同。如前所述,经济总量增长和人均产出增长与基础设施之间呈现倒"U"形关系,即随着基础设施水平的提高,基础设施对经济总量增长和人均产出增长的边际效应将持续下降。发展中国家基础设施水平较弱,因此基础设施对经济总量增长和人均产出增长的边际贡献较大。同样,居民收入差距与基础设施之间也呈现倒"U"形关系。前文研究表明,基础设施对居民收入差距的缓解作用仅处于基础设施水平较高的阶段或初始阶段。实证结果显示,基础设施只在基础设施水平较弱的发展中国家起到了改善收入分配不均的作用。总的来说,基础设施的发展可以显著促进发展中国家的经济总量增长和人均产出增长,并有效缓解发展中国家居民收入差距。

4. 作用机制检验

上述研究已经证明了基础设施对经济发展的影响。本部分将探讨基础设施对一个国家的经济增长和居民收入分配的影响机制。相关文献显示,基础设施有助于吸引FDI(Asiedu, 2002; Rehman, 2011; Fitriandi, 2014)。同样,文献也证实FDI在促进经济增长和改善居民收入分配方面的重要作用(Khazri, 2011; Rodrik, 1997; Shahbaz and Muhammad, 2010)。因此,可以认为FDI是基础设施影响一国经济发展的重要渠道。

本章根据FDI的中位数将整个样本划分为两个子样本,然后对每个子样本进行多元回归。在表3-18的第1列中,基础设施(RSR)系数为13.4752,在5%的显著性水平下显著,说明高FDI子样本中经济总量增长水平与基础设施呈正相关关系。第2列中,基础设施(RSR)系数大于0但不显著,说明在低FDI子样本中,基础设施对经济总量增长的解释作用不明显。同样,第3列和第4列的结果也表明,基础设施对低FDI子样本中人均产出增长的解释作用不明显,但对高FDI子样本中人均产出增长的促进作用显著。相关结果表明,基础设施可以通过FDI影响经济总量增长和人均经济增长。由第5列和第6列可知,基础设施对低FDI子样本中居民收入差距的解释作用不明显,但对高FDI子样本中居民收入差距的缓解作用显著。

表 3-18　　　　　　　　作用机制检验：FDI 角度

	High-FDI	Low-FDI	High-FDI	Low-FDI	High-FDI	Low-FDI
	(1)	(2)	(3)	(4)	(5)	(6)
	gdpg	gdpg	gdppcg	gdppcg	gini	gini
rsr	13.4752**	3.8318	15.5943**	2.0185	-8.4921**	7.2591
	(6.618)	(12.292)	(6.781)	(12.158)	(3.704)	(5.428)
ggfce	-0.1453	-0.0608	-0.1216	-0.0174	0.1040*	-0.2560**
	(0.127)	(0.270)	(0.130)	(0.267)	(0.062)	(0.110)
dcpfs	-0.0103	0.0148	-0.0157	0.0170	-0.0095	-0.0111
	(0.016)	(0.027)	(0.016)	(0.027)	(0.008)	(0.011)
edu	-0.8644*	-1.7823**	-0.9215**	-1.8280**	-0.1496	0.4468
	(0.446)	(0.747)	(0.457)	(0.739)	(0.220)	(0.333)
female	0.2788	0.4106	0.3750	0.4047	-0.4154**	0.4863***
	(0.323)	(0.260)	(0.331)	(0.257)	(0.178)	(0.141)
bcity	-0.3850	-0.0543	-0.4251	-0.1398	-0.0462	0.2852
	(0.357)	(0.527)	(0.365)	(0.522)	(0.178)	(0.224)
Constant	6.1651	-2.7256	2.1343	-1.5720	60.4610***	17.2928**
	(16.604)	(16.611)	(17.012)	(16.431)	(8.391)	(8.034)
Country Effect	Yes	Yes	Yes	Yes	Yes	Yes
Year Effect	Yes	Yes	Yes	Yes	Yes	Yes
Obs	178	167	178	167	152	123
R^2	0.607	0.315	0.606	0.315	0.517	0.508

此外，本章还将城市化作为基础设施影响经济发展的另一渠道进行讨论。Timofeev（2009）的研究已证明，基础设施有助于改善城市化。以往的文献也证实了城镇化在促进经济增长和改善居民收入分配方面的重要作用（Tamang，2013；Todaro，1969）。因此，可以认为城镇化是基础设施影响一个国家经济发展的另一重要渠道。本研究以城市化人口比例来度量城市化程度，根据城市化的中位数将整个样本划分为两个子样本，然后对每个子样本进行多元回归。在表 3-19 的第 1 列中，基础设施（RSR）系数为 18.6774，在 5% 的显著性水平下显著，说明高度城市化子样本中经济总量增长水平与基础设施正相关。在第 2 列中，基础设施系数（RSR）大于 0 但不显著，说明基础设施对低度城市化样本经济总量增长的解释作

用不明显。同样,第3列和第4列的结果也表明,基础设施对低度城市化子样本人均产出增长的解释作用不明显,但对高度城市化子样本人均产出增长的解释作用显著。此外,如第5列和第6列所示,基础设施系数(RSR)表明,基础设施对低度城市化子样本居民收入分配的解释作用不明显,但显著改善了高度城市化子样本中居民的收入分配问题。上述结果表明,基础设施可以通过城镇化影响经济总量增长、人均经济增长,改善居民收入分配问题。

表3-19 作用机制检验:城镇化角度

	High-Urb	Low-Urb	High-Urb	Low-Urb	High-Urb	Low-Urb
	(1)	(2)	(3)	(4)	(5)	(6)
	gdpg	gdpg	gdppcg	gdppcg	gini	gini
rsr	18.6774**	-4.0259	19.8289**	-3.8156	-12.1548***	-3.9162
	(8.272)	(9.216)	(8.160)	(9.511)	(3.872)	(5.949)
ggfce	-0.5635**	-0.1636	-0.5311**	-0.1414	0.0177	0.1433**
	(0.266)	(0.114)	(0.263)	(0.117)	(0.122)	(0.066)
dcpfs	-0.0050	-0.0214	-0.0079	-0.0145	-0.0148*	-0.0435***
	(0.018)	(0.023)	(0.018)	(0.024)	(0.008)	(0.014)
edu	-0.6006	-0.9846*	-0.7534	-0.7943	-0.1144	0.3410
	(0.538)	(0.525)	(0.530)	(0.542)	(0.237)	(0.341)
female	0.2933	0.0566	0.3420	0.1434	0.1693	0.2658*
	(0.386)	(0.170)	(0.381)	(0.176)	(0.170)	(0.145)
bcity	-0.0981	-0.5941	-0.1603	-0.4885	0.2754	-0.1499
	(0.426)	(0.485)	(0.420)	(0.501)	(0.184)	(0.335)
Constant	0.3757	25.5374	-0.5126	17.5179	32.7444***	31.8838**
	(17.543)	(16.006)	(17.303)	(16.519)	(7.851)	(12.600)
Country Effect	Yes	Yes	Yes	Yes	Yes	Yes
Year Effect	Yes	Yes	Yes	Yes	Yes	Yes
Obs	181	166	181	166	160	115
R^2	0.548	0.403	0.566	0.382	0.398	0.505

5. 稳健性检验

本章在基础设施与经济发展的基础回归中,使用经济总量增长(Gdpg)和人均产出增长(Gdppcg)来衡量经济增长。在稳健性检验中,我们使用经济总量的对数(Lngdp)和人均产出的对数(Lngdppc)作为经济增长的代理变量。在表 3-20 第 1 列和第 2 列中，基础设施（RSR）系数分别为 1.7390 和 1.3159，在 1% 水平的显著性水平下均显著，说明基础设施将促进经济发展，包括经济总量增长和人均产出增长。

在基础设施与经济发展的基础回归中，本章采用基尼系数（Gini）测度居民收入差距。在稳健性检验中，采用贫困差距（Gap）作为居民收入差距的代理变量。在表 3-20 的第 3 列中，我们发现基础设施（RSR）系数显著小于 0，说明随着基础设施水平的提高，居民收入分配问题会得到显著改善。上述检验表明，相关的研究结论是稳健的。

表 3-20　　　　　　　　　稳健性检验

	(1)	(2)	(3)
	lngdp	lngdpp	gap
rsr	1.7390***	1.3159***	-3.2256*
	(0.276)	(0.274)	(1.745)
ggfce	-0.0035	-0.0028	0.1095***
	(0.006)	(0.006)	(0.035)
dcpfs	0.0007	0.0007	-0.0042
	(0.001)	(0.001)	(0.004)
edu	0.0496***	0.0594***	-0.4197***
	(0.018)	(0.018)	(0.110)
female	0.0042	-0.0079	0.1711***
	(0.009)	(0.009)	(0.053)
bcity	-0.0268**	-0.0009	0.0930
	(0.013)	(0.013)	(0.078)
Constant	24.3642***	7.1262***	-5.2145*
	(0.499)	(0.496)	(3.051)
Country Effect	Yes	Yes	Yes
Year Effect	Yes	Yes	Yes
Obs	347	347	298
R^2	0.902	0.894	0.382

第四节　本章小结

当前，"一带一路"倡议已进入实施阶段，而互联互通的基础设施投资是这一倡议需优先取得突破的领域。本章首先基于2000—2019年的全球样本数据，对"一带一路"倡议能否提升沿线国家基础设施水平进行了考察，再实证检验基础设施水平提升对经济发展的绩效。本章回顾了"一带一路"倡议的经济逻辑与理论背景，并在此基础上挖掘"一带一路"倡议促进沿线国家基础设施水平提升的可能机制。同时，本章梳理了近几年基础设施经济绩效方面的研究，发现已有的研究往往关注基础设施的某一方面，如研究交通、能源或卫生等方面对经济和社会的影响，或仅仅关注基础设施投资的作用，少有将基础设施各项指标综合进行分析的文献。因此，本章采用无量纲和标准化的统计评价方法，构造了内涵更丰富、效果更一致的基础设施综合指标，以此来衡量和反映沿线各国在各自不同时期的基础设施水平和经济发展的综合水平。接着，本章利用RSR综合评价法得到的样本内各国各时期基础设施综合评价指数，采用双重差分模型等方法，实证研究了"一带一路"倡议与沿线国家基础设施水平的关系。最后，以各国基础设施发展的综合评价指标为基础，运用RSR综合评价方法研究各国基础设施水平与经济发展的关系，证明"一带一路"倡议实施促进沿线经济发展的基本结论。

本章的研究结果显示，近年来"一带一路"沿线国家的基础设施水平不断提高，而发达国家的基础设施水平要显著优于新兴市场国家和发展中国家，与实际情况相符。"一带一路"倡议显著增进了沿线国家的基础设施水平，且"一带一路"倡议的影响力正与日俱增，其对沿线国家基础设施水平的提升具有稳定的、长期的增进效果。本章的研究还发现，"一带一路"倡议对沿线国家基础设施水平提升的影响具有异质性。最后，本章针对"一带一路"倡议影响基础设施水平的机制探索表明，在外商直接投资、国际信贷占比较高的国家，"一带一路"倡议对基础设施水平提升的促进作用更为显著；在专利申请和接收知识产权费用占比较低的国家，"一带一路"倡议对基础设施水平提升的促进作用更为显著。这佐证了缓解资金约束和提供技术支持可能是"一带一路"倡议提升沿线国家基础设施水平的重要机制。经济效应的研究表明，基础设施可以促进经济增长和人均产出增长，同时改善"一带一路"沿线居民的收入分配。进一步研究发现，基础设施对经济发展的影响是非线性的，呈现倒"U"形关系。这说明，适度的基础设施会对经济增长（包括经济增长和人均产出增长）产生促进作用。与经济增长不同，基础设施对居民收入差距的缓解作用仅处于基础设施水平较高的阶段或初始阶段。本研究还发现，基础设施对经济发展的影响是异质性的。基础设施可以显著提高发展中国家的经济增长，但对发达国家和新兴发展中国家的经济增长没有显著影响。同时，基础设施对发展中国家的居民收入分配具有显著改善作用。影响机制的研究表明，FDI和城市化是基础设施促进经济增长、改善收入分配的重要渠道。

本章的研究对我国倡导的"一带一路"战略的推进的政策启示性建议有：第一，"一带一路"倡议的实施的确可以促进沿线国家福利的增进，对沿线国家的基础设施水平有着显著、稳定、持续的积极作用。因此，当前"一带一路"倡议的实施应当继续坚持从深化各国间的互联互通起步。互联互通基础设施投资在对接"一带一路"沿线各国发展战略的同时，也将为区域协同发展和共同繁荣增添新活力。第二，"一带一路"倡议的基础设施增进效应具有异质性。下一阶段，中国应进一步与"一带一路"沿线国家在基础设施的建设与互联互通方面建立和完善协调沟通机制，而深化与具有紧密地缘关系和经贸往来关系的国家的合作可以成为"一带一路"倡议实施的突破口。同时，各国应进一步规范外资的准入机制，制定协调、统一的发展规划和技术标准，以扩大"一带一路"倡议对各类型基础设施水平的增进效应。第三，缓解资金约束和提供技术支持可能是"一带一路"倡议提升沿线国家基础设施水平的重要机制。因此，加快建设亚洲基础设施投资银行、丝路基金等代表广大发展中国家利益的国际多边金融机构，为广大发展中国家提供金融支持，同时将中国改革开放以来创造的优质产能和先进生产技术转移给"一带一路"沿线的其他国家，都将有益于提高"一带一路"倡议对沿线国家基础设施绩效的增进效应。第四，基础设施对"一带一路"沿线经济发展具有显著的正向影响。因此，"一带一路"倡议的实施应继续坚持以深化国家间互联互通为突破口，互联互通建设在对接"一带一路"沿线各国发展战略的同时，也将为区域协同发展和共同繁荣增添新活力。

第四章 "一带一路"沿线基础设施与中国企业的经济效应：以中欧班列促进互联互通为例

"一带一路"倡议自提出以来，沿线的各项重大基础设施建设和专项大型投资项目发展迅猛，逐渐形成了一个全方位、多维度、高技术的复合型设施网络。它以包括中巴、中蒙俄、新亚欧大陆桥在内的经济走廊为引导，依托铁路、港口、管网等重大工程，以陆海空通道和信息高速路为骨架，多方面相联动，全方位促发展。企业的经济效益是企业的生产总值与相应的生产成本之间比例关系的体现，它是企业一切生产经营活动的根本出发点与最终落脚点。让相关企业能够依托"一带一路"项目针对性地开展业务，因势利导、扬长避短，最终到达"普惠"、共赢的目标。

本章以中欧班列促进互联互通为例，探究"一带一路"沿线基础设施与中国企业的经济效应。分别从"一带一路"沿线基础设施互联互通的贸易效应、"一带一路"基础设施水平提升与企业绩效改进效应、"一带一路"交通基础设施与企业产能优化：中欧班列的效应三个部分进行了阐述。其中第一部分包括"一带一路"倡议的提出及其微观经济效应的研究、"一带一路"基础设施的贸易效应的研究、"中欧班列"促进企业对欧贸易的经验证据以及"中欧班列"促进企业对欧贸易增长的多维度分析；第二部分包括外部冲击下的中国企业经营风险、"一带一路"基础设施对企业经营风险的微观效应的研究、"中欧班列"降低企业经营风险的经验证据、"中欧班列"降低企业经营风险的多维度分析以及"中欧班列"降低企业经营风险的渠道分析；第三部分包括僵尸企业概念以及我国僵尸企业分析、"中欧班列"抑制僵尸企业形成的效应分析、"中欧班列"抑制企业僵尸化的经验证据、"中欧班列"抑制企业僵尸化的多维度分析以及"中欧班列"抑制企业僵尸化的潜在作用渠道探索。

第一节 "一带一路"沿线基础设施互联互通的贸易效应

本节将从"一带一路"沿线基础设施互联互通的贸易效应的角度,以2009—2019年在上海和深圳证券交易所上市的A股企业为初始研究样本,运用双重差分方法检验"一带一路"基础设施互联互通的贸易效应。本节将从基准回归、稳健性检验和异质性分析三个角度进行实证分析。基准回归结果表明:(1)中欧班列的开通对于企业的整体海外收入并没有显著影响;(2)中欧班列可以有效提高企业对欧国家的海外收入,即贸易效应显著存在。稳健性检验表明:(1)中欧班列可以有效提高企业对欧贸易增长,而不是其他随机因素;(2)中欧班列可以有效提高企业对欧国家的海外收入,研究结论具有可靠性。异质性分析表明,"一带一路"倡议对企业的贸易效应存在截面差异。因此,我国应根据"一带一路"基础设施互联互通在不同层面所展现的贸易效应合理布局、扬长避短,力争使其发挥出最大的促进效应。

一、"一带一路"基础设施的贸易效应的理论分析

有学者从中欧班列提单的视角对增强对欧外贸的竞争力进行了研究,以中欧贸易的基本情况作为出发点,从法律制度、运单使用规则以及运单提单的对比分析等角度,对中欧班列的联运单据进行了详细的分析。针对上述分析过程中存在的问题,为增强贸易竞争力提供了以下具体对策:(1)加强非政府性质的交流,培养共同的国际习惯;(2)在国内统一有关方面的规则;(3)加强中欧政府间的合作,共同建立国际新规(戴林莉,2017)。还有一些学者认为中欧班列正在为"一带一路"贸易通道释放更加突出的潜能。中欧班列在平稳运行、追求高速高质量发展的同时,也存在着速度不均衡、"拥堵"较严重等问题。具体原因在于基础设施落后、竞争无序以及国际铁路运输规则不一致等。文章提出在发展"一带一路"倡议的新时期,应当合理化铁路运输规则,降低相应的贸易风险,完善通道网络,提升贸易通道效率,以通道带贸易,以贸易聚产业,运贸一体促进贸易通道畅通,使中欧班列向着更快更好的方向不断发展。为"一带一路"项目的发展建设持续赋能(许英明等,2019)。

贸易引力模型和双重差分模型,在研究中欧班列对两者之间贸易往来的影响中被广泛应用。相关研究通过利用贸易引力模型,对2015年和

2019年中国与其他国家之间的引力系数进行了计算,然后利用双重差分模型分析了引力系数。结论如下:在中欧班列开通之前,二者之间的贸易引力较低,而中欧班列的开通对贸易引力有十分显著的提升作用,已逐渐发展成为中欧贸易往来与经贸合作的新纽带、新桥梁(陈玲玲等,2020)。此外也有相关的研究指出了中欧班列对未来贸易发展的影响。在中美贸易摩擦的视角下,对2018年上半年中国与欧洲各国的贸易数据进行了分析,并对同期中国与欧洲和北美洲的贸易数据作了对比,基于贸易引力模型作了进一步验证。最终得到如下结论:中欧班列开通数量的不断增加,对中欧贸易额的持续增长起到了加速促进的作用,在"一带一路"倡议之下,中国与欧洲各国之间的经济合作与贸易往来变得越来越密切(于民等,2019)。

二、"中欧班列"促进企业对欧贸易的实证检验

1. 变量与模型

本部分以2009—2019年在上海和深圳证券交易所上市的A股企业为初始研究样本,剔除金融业、ST和*ST企业、注册信息不明以及财务数据缺失的公司。本部分所用企业的财务数据取自国泰安数据库(CSMAR)和Wind数据库。中欧班列信息来源于中铁集装箱运输有限公司网站、官方媒体和地级市铁路局。区域数据来自当地统计年鉴。为了避免异常值的影响,本部分对连续变量进行上下1%的缩尾处理。

基于上述分析,DID模型建立如下:

$$osaler/esaler_{it} = \alpha cre_{it} + \beta X_{it} + \mu_i + \lambda_t + \varepsilon_{it}, \tag{4-1}$$

其中,$osaler$为企业海外收入占比,$esaler$为企业在中欧班列相关国家的海外收入占比。核心解释变量cre为城市i在t年是否开通"中欧班列"。控制变量选取企业特征和企业所在地级市特征两个层面,企业特征包括资产负债率、固定资产比率、应收账款与收入比、年龄、员工和高管人数等,企业所在地级市特征包括GDP增长率、第三产业占GDP比重、工业企业数和小学个数等。模型控制企业固定效应(μ_i)和年份固定效应(λ_t),ε_{it}是随机误差项。表4-1和表4-2分别给出了模型中的主要变量和描述性分析。

表4-1　"一带一路"基础设施贸易效应模型的变量定义

变量	定义
被解释变量	
osaler	企业海外收入占比(%)
esaler	企业在中欧班列相关国家的海外收入占比(%)

续表

变量	定义
解释变量	
中欧班列	城市 i 在 t 年是否开通"中欧班列"
控制变量	
debtr	企业的资产负债率
fixr	企业的固定资产比率
receivablesr	企业的应收账款与收入比
lnage	企业的年龄加 1 取对数
lnemployee	企业的员工人数加 1 取对数
lnexecutive	企业的高管人数加 1 取对数
gdpr	企业所在地级市的 GDP 的增长率
thirdr	企业所在地级市的第三产业占 GDP 的比重
lnind	企业所在地级市的工业企业数加 1 取对数
lnschool	企业所在地级市的小学个数加 1 取对数

表 4-2　　贸易效应模型相关数据的描述性统计

变量	N	min	mean	max	sd
被解释变量					
osaler	28847	0.0000	7.0094	83.3916	16.6548
esaler	28847	0.0000	0.0604	5.2787	0.5155
解释变量					
中欧班列	28847	0.0000	0.2586	1.0000	0.4379
控制变量					
debtr	28431	0.0496	0.4245	0.8986	0.2111
fixr	28431	0.0021	0.2143	0.7071	0.1636
receivablesr	28425	0.0001	0.2395	1.1583	0.2344
lnage	28847	1.3863	2.7870	3.4657	0.3835
lnemployee	28409	4.3567	7.5968	11.0854	1.2748
lnexecutive	28393	3.0000	7.3595	15.0000	2.2783
gdpr	28110	0.0310	0.0893	0.1710	0.0269
thirdr	28113	0.2617	0.5258	0.8352	0.1328
lnind	28479	4.9972	7.9333	9.7223	1.0181
lnschool	28483	4.4886	6.2553	7.9997	0.6858

资料来源：作者整理。

2. 基准回归结果

本部分将中欧班列的推出视为准自然实验,并使用双重差分方法检验"一带一路"基础设施互联互通的贸易效应,基准回归结果如表4-3所示。第(1)列报告了仅控制核心解释变量、企业固定效应和年份固定效应的回归结果,不涉及其余控制变量;第(2)列报告了进一步控制公司财务层面控制变量的回归结果;第(3)列进一步控制了公司治理结构层面的控制变量;第(4)列则进一步控制了地级市特征层面控制变量的回归结果。上述结果的中欧班列系数均不显著,这表明中欧班列的开通对于企业的整体海外收入并没有显著影响。其他控制变量的系数也如表4-3所示。

表4-3 基准回归检验结果:海外国家

	(1)	(2)	(3)	(4)
	osaler	osaler	osaler	osaler
中欧班列	0.4483	0.3848	0.4444	0.6299
	(0.396)	(0.400)	(0.396)	(0.394)
debtr		-3.6407***	-2.2097*	-2.4362**
		(1.161)	(1.195)	(1.199)
fixr		2.2507	2.8649*	3.4046**
		(1.717)	(1.691)	(1.721)
receivablesr		-0.4824	-0.3925	-0.3960
		(1.021)	(1.013)	(1.024)
lnage			-13.2999***	-12.7255***
			(2.140)	(2.146)
lnemployee			0.1979	0.2540
			(0.307)	(0.311)
lnexecutive			-0.0521	-0.0486
			(0.085)	(0.085)
gdpr				-9.5629
				(6.709)
thirdr				17.4150***
				(4.665)
lnind				-0.1730
				(0.556)

续表

	(1)	(2)	(3)	(4)
	osaler	osaler	osaler	osaler
lnschool				-1.5662**
				(0.623)
Constant	7.8204***	8.8439***	39.3454***	41.8633***
	(0.292)	(0.711)	(5.458)	(8.854)
个体固定效应	控制	控制	控制	控制
时间固定效应	控制	控制	控制	控制
Observations	28847	28425	28366	27584
R^2	0.062	0.064	0.072	0.075
Number of id	3758	3717	3717	3686

注：括号内为聚类到企业层面的稳健标准误，*、**和***分别为在10%，5%和1%的水平上显著。下同。

中欧班列相关国家的基准回归结果如表4-4所示。同表4-3回归方法相同，将被解释变量换成了企业在中欧班列相关国家的海外收入占比。第（1）列、第（2）列和第（3）列的回归结果在5%水平下显著为正，第（4）列的回归系数在1%的水平下显著为正，这表明中欧班列可以有效提高企业对欧国家的海外收入，即贸易效应显著存在。

表4-4　　　　基准回归检验结果：中欧班列相关国家

	(1)	(2)	(3)	(4)
	esaler	esaler	esaler	esaler
中欧班列	0.0292**	0.0285**	0.0288**	0.0343***
	(0.013)	(0.013)	(0.013)	(0.013)
debtr		-0.0517	-0.0503	-0.0485
		(0.033)	(0.037)	(0.038)
fixr		0.0516	0.0540	0.0598
		(0.043)	(0.042)	(0.044)
receivablesr		0.0295	0.0323	0.0348
		(0.029)	(0.029)	(0.030)
lnage			-0.0745	-0.0739
			(0.075)	(0.076)

续表

	(1)	(2)	(3)	(4)
	esaler	esaler	esaler	esaler
lnemployee			0.0075 (0.009)	0.0089 (0.009)
lnexecutive			0.0009 (0.003)	0.0010 (0.003)
gdpr				0.1294 (0.208)
thirdr				0.2678*** (0.098)
lnind				-0.0010 (0.013)
lnschool				-0.0379** (0.015)
Constant	0.0638*** (0.009)	0.0667*** (0.020)	0.1854 (0.176)	0.2804 (0.210)
个体固定效应	控制	控制	控制	控制
时间固定效应	控制	控制	控制	控制
Observations	28847	28425	28366	27584
R^2	0.004	0.005	0.005	0.006
Number of id	3758	3717	3717	3686

3. 稳健性检验

本部分进行了以下稳健性检验：平行性趋势检验、安慰剂检验、更改样本集以及消除干扰政策影响检验的检验。表4-5给出了这些检验的回归结果。

(1) 平行趋势检验。双重差分模型的应用需要满足平行趋势假设，即在政策推出之前，随着时间的推移，实验组和对照组的趋势没有显著差异。为了检验实验组和对照组是否符合平行趋势要求，本部分定义了以下虚拟变量：*before*1 代表中欧班列推出前一年，*before*2 代表中欧班列推出前两年，*before*3 代表中欧班列推出前三年，*current* 代表中欧班列推出的年份，*after* 代表中欧班列推出后的年份。回归结果如表4-5第（1）列所示，*Treat* × *before*1、*Treat* × *before*2、*Treat* × *before*3 和 *Treat* × *current* 的系数均不显著,这说明在中欧班列启动前,实验组和对照组之间没有显著差异。$Treat \times after$ 的系数在 5% 的水平下显著为正,该 DID 模型满足平行趋势假设。

(2) 安慰剂检验。安慰剂检验是证明 DID 模型稳健性的常用方法。其目的是检验实验组和对照组在外源性冲击后的趋势变化是否受到其他随机因素的影响。具体而言,假设 2013 年中欧班列的出现是一个虚拟的外生冲击。表 4-5 第 (2) 列的回归结果表明,核心解释变量 npost 的系数不显著,这表明中欧班列可以有效提高企业对欧贸易增长,而不是其他随机因素。

(3) 更改样本集。重庆市在中欧班列运行中占据着特殊地位,是中欧班列的起源地。因此,本部分进一步剔除重庆市的样本进行稳健性检验。表 4-5 第 (3) 列的回归结果表明,在 5% 的水平上,核心解释变量中欧班列的系数显著为正,这表明即使在剔除重庆市的样本中,中欧班列可以有效提高企业对欧国家的海外收入,研究结论具有可靠性。

(4) 消除干扰政策影响的检验。2012 年 1 月 1 日实施的服务业营业税改为增值税政策。这一变化通过减少税收影响了企业的利润水平,这可能会影响企业的海外收入。这一政策在不同地区分阶段逐步实施,为了考虑减税对试点地区企业经营的影响,本部分去除了试点地区的企业样本。表 4-5 第 (4) 列的回归结果表明,在 1% 的水平上,核心解释变量中欧班列的系数显著为正,这表明即使在消除营改增政策的影响后,中欧班列依旧可以有效提高企业对欧国家的海外收入,研究结论具有可靠性。

表 4-5 稳健性检验结果

	(1) 平行趋势	(2) 设定 2013 年为冲击年	(3) 剔除重庆市	(4) 剔除营改增试点城市
	esaler	esaler	esaler	esaler
Treat × before3	0.0157 (0.028)			
Treat × before2	-0.0024 (0.031)			
Treat × before1	0.0400 (0.027)			

续表

	（1）	（2）	（3）	（4）
	平行趋势	设定2013年为冲击年	剔除重庆市	剔除营改增试点城市
	esaler	esaler	esaler	esaler
Treat × current	0.0289 （0.027）			
Treat × after	0.0310** （0.013）			
npost		-0.0448 （0.111）		
中欧班列			0.0339** （0.014）	0.0343*** （0.013）
debtr	-0.0483 （0.038）	0.0337 （0.047）	-0.0538 （0.038）	-0.0485 （0.038）
fixr	0.0611 （0.044）	0.0856 （0.080）	0.0655 （0.045）	0.0598 （0.044）
receivablesr	0.0355 （0.030）	0.0360 （0.038）	0.0356 （0.030）	0.0348 （0.030）
lnage	-0.0738 （0.076）	0.0346 （0.106）	-0.0706 （0.077）	-0.0739 （0.076）
lnemployee	0.0087 （0.009）	-0.0169 （0.013）	0.0088 （0.009）	0.0089 （0.009）
lnexecutive	0.0010 （0.003）	-0.0019 （0.005）	0.0013 （0.003）	0.0010 （0.003）
gdpr	0.1050 （0.208）	-0.0270 （0.581）	0.1372 （0.212）	0.1294 （0.208）
thirdr	0.2692*** （0.098）	0.0864 （0.249）	0.2619*** （0.099）	0.2678*** （0.098）
lnind	-0.0003 （0.013）	0.0588 （0.062）	-0.0014 （0.014）	-0.0010 （0.013）
lnschool	-0.0355** （0.015）	-0.0064 （0.026）	-0.0388** （0.015）	-0.0379** （0.015）

续表

	(1)	(2)	(3)	(4)
	平行趋势	设定2013年为冲击年	剔除重庆市	剔除营改增试点城市
	esaler	esaler	esaler	esaler
Constant	0.2616	-0.4084	0.2808	0.2804
	(0.210)	(0.662)	(0.212)	(0.210)
个体固定效应	控制	控制	控制	控制
时间固定效应	控制	控制	控制	控制
Observations	27584	4141	27185	27584
R^2	0.006	0.008	0.006	0.006
Number of id	3686	569	3635	3686

三、"中欧班列"促进企业对欧贸易增长的多维度分析

1. 城市层面

表4-6中第(1)列中给出的回归结果表明,中欧班列的系数不显著,而第(2)列和第(3)列中中欧班列的系数在10%的水平下显著为正,这意味着中欧班列的对欧贸易效应主要反映在中西部通道中。对此的一种解释是,东部地区经济比较发达,企业本身的海外投资和收入就比较多,中欧班列的开通对其影响不大,而中西部地区经济发展滞后,中欧班列的开通可以较大程度地对企业进行帮扶,贸易效应比较明显。第(4)列和第(5)列的节点城市是有关部门外生设定的,回归结果表明内向型节点城市在1%的水平下显著为正,外向型节点城市实证结果不显著,因为外向型多为沿海城市,与海外市场的联系一直较为密切,相比之下中欧班列的开通可以显著增加内向型城市企业的对欧贸易增长。

表4-6　　　　　异质性检验结果:城市层面

	(1)	(2)	(3)	(4)	(5)
	东部通道	中部通道	西部通道	内向型节点城市	外向型节点城市
	esaler	esaler	esaler	esaler	esaler
中欧班列	0.0218	0.0430*	0.0506*	0.0735***	0.0978
	(0.020)	(0.025)	(0.030)	(0.027)	(0.066)
debtr	-0.0842	-0.0098	-0.0009	-0.1134	-0.1194
	(0.060)	(0.048)	(0.041)	(0.082)	(0.111)

续表

	(1)	(2)	(3)	(4)	(5)
	东部通道	中部通道	西部通道	内向型节点城市	外向型节点城市
	esaler	esaler	esaler	esaler	esaler
fixr	0.1187 (0.074)	0.0487 (0.051)	-0.0846** (0.038)	0.1836 (0.122)	0.0810 (0.111)
receivablesr	0.0577 (0.051)	0.0249 (0.021)	-0.0250 (0.038)	0.0313 (0.080)	-0.0216 (0.052)
lnage	-0.1182 (0.112)	0.0171 (0.041)	0.0362 (0.128)	-0.0713 (0.146)	0.3337 (0.215)
lnemployee	0.0202 (0.014)	-0.0141 (0.010)	0.0004 (0.008)	0.0349* (0.020)	-0.0531* (0.030)
lnexecutive	0.0038 (0.004)	-0.0016 (0.003)	-0.0062 (0.005)	0.0041 (0.007)	-0.0000 (0.012)
gdpr	-0.0006 (0.348)	0.1371 (0.152)	0.6027* (0.315)	0.4694 (0.501)	-0.1619 (1.703)
thirdr	0.3609 (0.220)	0.1621 (0.198)	0.3838*** (0.134)	0.9938*** (0.372)	0.7876 (0.685)
lnind	0.0005 (0.024)	-0.0041 (0.020)	0.0473* (0.026)	-0.0225 (0.045)	0.1439 (0.112)
lnschool	-0.0464* (0.028)	0.0200 (0.021)	-0.0732* (0.040)	-0.0446 (0.031)	0.0790 (0.122)
Constant	0.3081 (0.340)	-0.1321 (0.258)	-0.0385 (0.404)	-0.0623 (0.534)	-2.2370* (1.345)
个体固定效应	控制	控制	控制	控制	控制
时间固定效应	控制	控制	控制	控制	控制
Observations	16924	7009	3651	9747	1406
R^2	0.009	0.007	0.014	0.016	0.024
Number of id	2371	892	463	1325	180

2. 行业层面

行业层面的异质性分析先将样本分为富裕产能行业和非富裕产能行业,表4-7的第(1)列回归结果不显著,第(2)列结果在5%水平下显著,说明中欧班列对于非富裕产能行业的贸易效应较大。本部分使用赫芬达尔—赫希曼指数（HHI）来衡量竞争程度，将整个样本分为两个组：竞争性较弱行业的公司和竞争性较强行业的公司。表4-7第（3）列给出的中欧班列系数不显著，而第（4）列显示的中欧班列系数在1%水平下显著为正，这意味着中欧班列对企业互联互通的贸易效应主要反映在高度竞争的行业中。这可以理解为，竞争越激烈的企业越难增加其在国内市场的销售份额，寻求国外市场的动机也就越大，中欧班列的开通对其增加对欧海外收入的效果也比较明显。

表4-7 异质性检验结果：行业层面

	（1） 富裕产能行业 esaler	（2） 非富裕产能行业 esaler	（3） 竞争程度小 esaler	（4） 竞争程度大 esaler
中欧班列	0.0105 (0.034)	0.0374 ** (0.015)	0.0100 (0.016)	0.0922 *** (0.028)
debtr	-0.0342 (0.042)	-0.0402 (0.042)	-0.0351 (0.043)	-0.1224 (0.093)
fixr	0.0605 (0.063)	0.0470 (0.044)	0.0741 * (0.042)	0.0421 (0.108)
receivablesr	0.0085 (0.056)	0.0632 ** (0.026)	0.0485 ** (0.022)	-0.0616 (0.124)
lnage	0.2165 (0.159)	-0.1035 (0.086)	-0.0170 (0.083)	-0.1334 (0.148)
lnemployee	0.0027 (0.005)	0.0073 (0.010)	0.0010 (0.008)	0.0293 (0.027)
lnexecutive	0.0026 (0.005)	0.0021 (0.003)	0.0030 (0.003)	-0.0048 (0.007)
gdpr	-0.1650 (0.203)	0.1282 (0.237)	0.2687 (0.201)	-0.1569 (0.501)
thirdr	0.0842 (0.165)	0.2635 ** (0.117)	0.1863 ** (0.090)	0.3488 (0.224)
lnind	-0.0033 (0.015)	0.0043 (0.017)	-0.0210 (0.016)	0.0195 (0.029)
lnschool	-0.0231 (0.016)	-0.0325 * (0.017)	-0.0402 ** (0.018)	-0.0228 (0.025)

续表

	（1）	（2）	（3）	（4）
	富裕产能行业	非富裕产能行业	竞争程度小	竞争程度大
	esaler	esaler	esaler	esaler
Constant	−0.4234	0.2767	0.3563	0.1293
	(0.366)	(0.245)	(0.224)	(0.486)
个体固定效应	控制	控制	控制	控制
时间固定效应	控制	控制	控制	控制
Observations	4089	23495	7543	20041
R^2	0.007	0.007	0.005	0.015
Number of id	561	3317	1387	3011

本节探究了"一带一路"基础设施互联互通的贸易效应，研究发现：①"一带一路"倡议的提出可以显著地提高中欧班列沿线企业的海外收入。②异质性分析的结果表明，"一带一路"倡议对企业的贸易效应存在截面差异。基于城市特征层面，"一带一路"互联互通的贸易效应在中西部通道和内向型节点城市更为显著；基于行业特征层面，"一带一路"互联互通的贸易效应在非富裕产能行业和竞争强度大的行业中更为显著。

第二节 "一带一路"基础设施水平提升与企业绩效改进效应

本节将从"一带一路"基础设施水平提升与企业绩效改进效应的角度，以2009年至2019年在上海和深圳证券交易所上市的A股企业为初始研究样本，运用双重差分模型和中介效应模型，并从基准回归、稳健性检验、异质性分析和机制检验四个角度进行实证分析。基准回归结果表明，中欧班列可以降低企业的盈利波动性。稳健性检验表明：（1）引起企业经营风险变化的效果确实是由中欧班列引起的，而不是其他随机因素；（2）中欧班列的确可以改善企业经营风险。异质性分析表明，"一带一路"倡议对企业经营风险的影响存在截面差异。机制检验的结果表明，"一带一路"倡议对企业经营风险的抑制作用是通过增加企业的存货周转率和总资产周转率，提高企业的偿付能力，来降低企业的盈利波动率。因此，我国及沿线国家企业在参与"一带一路"项目建设的过程中，应当合理利用相关政策和设施，改善企业经营风险，提高企业经营绩效。

一、外部冲击下的中国企业经营风险

最近几年，我国企业面临着实体经营收益不断受到压缩，同时经营风险也在不断加大的问题。在错综复杂的外部环境和经济持续下行的双重压力之下，企业风险管理的需求也不断增大，越来越多的企业通过金融资产配置的方式来抵御风险，从而实现利益最大化。继宏观经济环境、货币环境、经济政策不确定性、地区差异等研究热点课题之后，企业金融资产配置与经营风险间的关系，已经逐渐成为企业金融化问题相关研究学者们新的关注焦点。

现阶段，世界经济正朝着全球化和一体化的方向不断发展，世界各地企业的商业版图都在向着主要的经济体渗透和扩张。在生产经营过程中，企业所面临的各种风险也在随着其商业版图的扩张而不断增大。企业在经营过程中所面临的风险因素是多方面的，这些因素有内部外部之分。企业从成立之初，就会承受着生产、供应和销售等的不确定性的风险，承担着资金周转运行缓慢所带来的压力。从内部来看，企业管理者的管理决策水平欠缺、风险防范意识不足、内控制度不够完善、金融资产配置不够合理等都会给生产经营带来一定的风险。而从外部来看则可归结为经济全球化发展造成的国际性竞争、宏观经济政策的不确定性、自然灾害等。尤其是经济全球化使得全球经济都成为了一个命运共同体。从2008年全球金融危机的历史经验来看，这场由美国次贷危机所引发的金融海啸席卷全球，造成著名的雷曼兄弟公司在内的全球数百家金融机构的破产，全球股市蒸发50%，直接经济损失高达3.8万亿欧元。在这样巨大的金融风暴面前，全球众多企业尤其是跨国性质的公司都会或多或少地受到影响，无法做到独善其身。因此我们应该意识到，在全球化的趋势之下，企业经营者们不单单要考虑企业内部的经营风险管理，更应当放眼全球，在经济全球化的视野之下建立相应的理论和制度来应对此类系统性风险的发生。

二、"一带一路"基础设施对企业经营风险的微观效应研究

"一带一路"倡议提出10年来，学者们开展了广泛而丰富的讨论。在设施联通方面，学者们研究发现，"一带一路"倡议的提出显著增进了沿线国家的基础设施绩效，且其对沿线国家基础设施绩效的正向影响正逐年扩大（李建军和李俊成，2018）。在贸易畅通方面，学者们研究发现，"一带一路"的提出显著地促进了中国对"一带一路"国家的出口增长。其中，"一带一路"倡议对我国与"一路"国家出口的促进作用大于对

"一带"国家的出口促进作用（孙楚仁等，2017）。在资金融通方面，学者们指出，中国金融机构境外布点有助于跨国企业克服信息不对称问题，通过降低企业海外经营风险、减少交易成本和缓解融资约束，以及促进企业研发创新与提高生产率等途径，促进中国企业对东道国的直接投资（张相伟和龙小宁，2018）。在民心相通方面，学者们研究发现，文化传播对中国在"一带一路"沿线的出口贸易具有较大促进作用，并且，除对所在国（地区）产生正向影响外，对邻近国家也有显著的正向溢出效应（康继军等，2019）。

在政策层面，由于"一带一路"沿线国家众多，其宏观经济政策、相应的法律法规、国家的社会经济发展水平、国家的政治情况、国家领导层的管理决策水平等都存在着一定的差异，面对这些差异，应当结合沿线国家的具体国情，全面充分地考虑和分析，力争最大程度地降低相应的风险。目前，我国在对"一带一路"相关项目进行投资的过程中，政府和企业可能会面临一定的宏观经济风险，包括通货膨胀的风险、利率汇率波动的风险、政府的债务风险、高失业率风险等（刘俊锋等，2021）。因此，针对上述风险，应该充分考虑，通过提前调研与分析、优化相应的合同条款、合理利用金融衍生工具以及提高管理水平等方法，来实现风险的最小化。"一带一路"沿线49个相关国家投资面临着不同的社会风险，将所选取的这些国家所面临的社会风险进行了划分，共分为五大类及两个孤立点，五个类别的沿线国家所面临的社会风险等级存在差异，这将有利于"一带一路"沿线国家合理地制定基础设施投资建设策略，全面充分地考虑和控制社会风险（向鹏成等，2022）。通过对"一带一路"沿线国家直接投资所面临的政治风险进行了研究，提炼出三类政治风险：系统性政治风险、内生性政治风险、外生性政治风险（马晓丽，2021）。因此，需要加强对各类的政治风险因素对基建行业投资影响的分析。在宏观和微观的不同视野下，为中国基建企业海外直接投资规避政治风险提供了具体的对策和建议。相关学者对中国企业在参与"一带一路"基础设施建设项目过程中可能面临的法律风险进行了研究，从中国企业海外投资过程中的具体案例出发，结合"一带一路"沿线国家的国情和法律体系，归纳总结出了中国企业在"一带一路"建设项目中面临的法律风险，在此基础上结合其他国家的成功案例，给出了符合中国国情的具体建议与对策（吴志君，2019）。通过对"一带一路"倡议下基础设施建设项目面临的管理风险进行了研究，有学者指出中国及沿线各国应当对"一带一路"倡议的潜在风险进行战略角度的衡量，积极主动地制定出相应的风险管理策略，从而保证各国投资项目的平稳运行,实现多方的共赢(郑雪等,2021)。

在贸易层面,由于"一带一路"沿线国家众多,涉及不同的发展程度、不同的思想观念、不同的地域文化和宗教信仰。因此,在与"一带一路"沿线国家的企业进行贸易时,应当全面充分地进行考虑和决策。以东亚三国(柬埔寨、老挝、缅甸)为例,对"一带一路"基础设施建设PPP项目的风险投资问题展开了研究,给出了相应的应对策略为:①充分防范市场收益不足风险;②避免政府信用不足风险;③密切关注大危害事件;④加强与沿线国家的政治合作;⑤遵守 PPP 国际规则;⑥建立合理的风险规避机制;⑦建立合理的风险规避机制(王宗韩等,2021)。融资风险评估模型的建立可以对国际政治、文化、金融及合同等各类风险提出相应的控制对策,为国内投资者应对"一带一路"基础设施项目融资风险提供了一定的借鉴和参考(薛琼琼等,2021)。"一带一路"沿线 9 个东南亚国家基础设施建设项目所面临的经济风险的研究,有利于对"一带一路"沿线国家基础设施经济风险管理评价体系的构建和完善,为中国相关企业的决策提供了参考和帮助(廖琴,2018)。中资商业银行在"一带一路"沿线亚洲国家所面临的经营风险的研究,可以为商业银行提供了应对经营风险的一些有效策略(李姝澜,2019)。中国倡导将科学发展、可持续发展的理念运用到"一带一路"项目建设中去,因地制宜根据沿线国家的具体国情制定风险管理制度,加强与沿线国家本土银行和国际银行的相关合作,着重储备培养优秀的风险管理人才和团队等。"一带一路"沿线国家重大基础设施建设所面临的文化风险的系统性的研究,建立了相关模型对沿线国家的风险等级进行了评估,得出了东南亚国家的文化风险等级最低,中亚、南亚地区次之,欧洲区域风险等级最高的结论(向鹏成等,2022)。

综上所述,当前学者们针对"一带一路"建设重点领域的宏观问题进行了深入而细致的探讨,却在一定程度上忽略了"一带一路"倡议势必对微观企业的运行产生重要影响,主要体现在:①大部分文献对"一带一路"基础设施与企业风险的分析较少考虑这些风险因素之间的关联性。②经营风险模型构建较为单一。常见的有层次分析模型、模糊综合评价模型和向量自回归模型。由于"一带一路"沿线企业的风险比较复杂,用单一的方法构建模型去评估风险不够严谨。③"一带一路"基础设施建设涉及的沿线国家超过 60 个,现有研究未能考虑到国内外基础设施项目的实施环境和制约条件存在较大的差异。因此本节需要在之前学者研究的基础上,探讨"一带一路"基础设施水平的提升与沿线企业绩效的关系,并将其灵活地应用到实践中。

三、"中欧班列"降低企业经营风险的经验证据

1. 模型构建与变量数据

(1) 基准回归。基于上述分析,DID 模型建立如下。

$$Roavol_{it} = \alpha cre_{it} + \beta X_{it} + \mu_i + \lambda_t + \varepsilon_{it} \tag{4-2}$$

其中,$Roavol$ 指企业的盈利波动性,用于衡量企业的经营风险,第 t 年,第 $t+1$ 年和第 $t+2$ 年经行业和年度均值调整后的资产收益率的三年滚动标准差。核心解释变量 cre 为城市 i 在 t 年是否开通。集合 X_{it} 表示对企业经营风险产生影响的控制变量。具体而言,控制变量选取企业特征和企业所在地级市特征两个层面,企业特征包括资产负债率、固定资产比率、应收账款与收入比、年龄、员工和高管人数等,企业所在地级市特征包括 GDP 增长率、第三产业占 GDP 比重、工业企业数和小学个数等。该模型控制企业固定效应(μ_i)和年份固定效应(λ_t),ε_{it} 是随机误差项。

(2) 中介模型。基于基准模型,本部分使用以下模型来检验中欧班列对企业经营风险形成的机制:

$$Roavol_{it} = \alpha_1 cre_{it} \times Channel_{it} + \alpha_2 Channel_{it} + \alpha_3 cre_{it} + \beta X_{it} + \mu_i + \lambda_t + \varepsilon_{it} \tag{4-3}$$

其中,$cre_{it} \times Channel_{it}$ 是 DID 项和中介变量之间的交互项。$Channel_{it}$ 代表中介变量,中介变量通过存货周转率、公司的速动比率和总资产增长率来衡量。

表 4-8 和表 4-9 分别说明了回归的主要变量和描述性分析。被解释变量为企业的经营风险,这里选取企业的盈利波动性衡量经营风险,盈利波动性越大对应的企业经营风险越高。解释变量使用 cre 来检验中欧班列的作用。

表 4-8　　　　　中欧班列对企业风险影响模型的变量定义

变量	定义
被解释变量	
roavol	企业的盈利波动性,具体计算方法为第 t 年,第 t+1 年和第 t+2 年经行业和年度均值调整后的资产收益率的三年滚动标准差
解释变量	
中欧班列	城市 i 在 t 年是否开通"中欧班列"

续表

变量	定义
控制变量	
debtr	企业的资产负债率
fixr	企业的固定资产比率
receivablesr	企业的应收账款与收入比
nprofit	企业的营业净利率
roa	企业的资产收益率
lnage	企业的年龄加 1 取对数
lnemployee	企业的员工人数加 1 取对数
lnexecutive	企业的高管人数加 1 取对数
gdpr	企业所在地级市的 GDP 的增长率
thirdr	企业所在地级市的第三产业占 GDP 的比重
lnind	企业所在地级市的工业企业数加 1 取对数
lnschool	企业所在地级市的小学个数加 1 取对数
机制变量	
invturnover	企业的存货周转率，即营业成本（销货成本）与平均存货余额的比率
quickratio	企业的速动比率，即速动资产与流动负债的比率
tagratio	企业的总资产增长率，即本年总资产增长额同年初资产总额的比率

表 4-9 中欧班列对企业风险影响相关数据的描述性统计

变量	N	min	mean	max	Sd
被解释变量					
roavol	28819	0.0013	0.0347	0.2514	0.0443
解释变量					
中欧班列	28847	0.0000	0.2586	1.0000	0.4379
控制变量					
debtr	28431	0.0496	0.4245	0.8986	0.2111
fixr	28431	0.0021	0.2143	0.7071	0.1636
receivablesr	28425	0.0001	0.2395	1.1583	0.2344
nprofit	28425	-0.9372	0.0738	0.5101	0.1725
roa	28431	-0.2320	0.0544	0.2261	0.0621
lnage	28847	1.3863	2.7870	3.4657	0.3835

续表

变量	N	min	mean	max	Sd
lnemployee	28409	4.3567	7.5968	11.0854	1.2748
lnexecutive	28393	3.0000	7.3595	15.0000	2.2783
gdpr	28110	0.0310	0.0893	0.1710	0.0269
thirdr	28113	0.2617	0.5258	0.8352	0.1328
lnind	28479	4.9972	7.9333	9.7223	1.0181
lnschool	28483	4.4886	6.2553	7.9997	0.6858
机制变量					
invturnover	28845	0.1738	2.0436	15.0991	2.5063
quickratio	28465	0.1308	13.4083	400.4681	48.5816
tagratio	28846	-0.3020	0.2225	2.3021	0.4179

2. 基准回归结果

本部分将中欧班列的推出视为准自然实验，并使用 DID 方法检验其对企业经营风险的影响。具体结果如表 4-10 所示。第（1）列报告了仅控制企业固定效应和年份固定效应的回归结果，该列只加入核心变量不涉及控制变量展开回归。它表明中欧班列的系数在 5% 的水平上显著为负，这表明中欧班列对降低经营风险具有显著负向影响。第（2）列报告了在企业财务层面进一步控制变量的回归结果，在 5% 的水平上，中欧班列的系数显著为负。第（3）列报告了在回归的结果，该回归进一步控制了企业治理层面的变量，而中欧班列的系数在 5% 的层面上显著为负。第（4）列报告了进一步控制地级市特征变量的回归结果，中欧班列的系数在 1% 的水平上显著为负。上述结果均表明，中欧班列可以降低企业的盈利波动性。其他控制变量的系数也如表 4-10 所示。

表 4-10　　　　　　　基准回归检验结果

	(1)	(2)	(3)	(4)
	roavol	roavol	roavol	roavol
中欧班列	-0.0024**	-0.0028**	-0.0026**	-0.0031***
	(0.001)	(0.001)	(0.001)	(0.001)
debtr		-0.0278***	-0.0158***	-0.0158***
		(0.004)	(0.005)	(0.005)
fixr		-0.0438***	-0.0389***	-0.0410***
		(0.005)	(0.005)	(0.005)

续表

	(1)	(2)	(3)	(4)
	roavol	roavol	roavol	roavol
receivablesr		-0.0076**	-0.0087**	-0.0088**
		(0.004)	(0.004)	(0.004)
nprofit		-0.0607***	-0.0600***	-0.0596***
		(0.005)	(0.005)	(0.005)
roa		-0.1007***	-0.0936***	-0.0977***
		(0.015)	(0.015)	(0.015)
lnage			-0.0207***	-0.0195***
			(0.005)	(0.005)
lnemployee			-0.0080***	-0.0078***
			(0.001)	(0.001)
lnexecutive			-0.0010***	-0.0009***
			(0.000)	(0.000)
gdpr				-0.0366*
				(0.022)
thirdr				-0.0147
				(0.012)
lnind				0.0016
				(0.002)
lnschool				0.0044**
				(0.002)
Constant	0.0461***	0.0820***	0.1901***	0.1560***
	(0.001)	(0.003)	(0.014)	(0.023)
个体固定效应	控制	控制	控制	控制
时间固定效应	控制	控制	控制	控制
Observations	28819	28402	28343	27562
R^2	0.018	0.118	0.130	0.133
Number of id	3755	3716	3716	3685

注：括号内为聚类到企业层面的稳健标准误，*、** 和 *** 分别为在10%，5%和1%的水平上显著。

3. 稳健性检验

为了确保基准结果的稳健性，本部分进行了以下稳健性检验：平行性趋势检验、安慰剂检验、消除干扰政策影响的检验以及更改样本集。表 4-11 给出了这些检验的回归结果。

（1）平行趋势检验。DID 方法的应用需要满足平行趋势假设，即在政策推出之前，随着时间的推移，实验组和对照组的趋势没有显著差异。为了检验实验组和对照组是否符合平行趋势要求，本部分定义了以下虚拟变量：$before1$ 代表中欧班列推出前一年，$before2$ 代表中欧班列推出前两年，$before3$ 代表中欧班列推出前三年，$current$ 代表中欧班列推出的年份，$after$ 代表中欧班列推出后的年份。回归结果如表 4-11 第（1）列所示，$Treat \times before1$、$Treat \times before2$ 和 $Treat \times before3$ 的系数均不显著，这表明在中欧班列启动前，实验组和对照组之间没有显著差异。

表 4-11　　　　　　　　稳健性检验结果

	（1）	（2）	（3）	（4）
	平行趋势	设定 2013 年为冲击年	剔除大气十条行业	剔除重庆市
	roavol	roavol	roavol	roavol
Treat × before3	0.0001 (0.002)			
Treat × before2	-0.0029 (0.002)			
Treat × before1	-0.0014 (0.002)			
Treat × current	-0.0011 (0.002)			
Treat × after	-0.0032*** (0.001)			
npost		0.0055 (0.010)		
中欧班列			-0.0033*** (0.001)	-0.0032** (0.001)
debtr	-0.0158*** (0.005)	-0.0169* (0.009)	-0.0163*** (0.005)	-0.0133** (0.005)
fixr	-0.0410*** (0.005)	-0.0339*** (0.011)	-0.0410*** (0.005)	-0.0421*** (0.006)

续表

	(1)	(2)	(3)	(4)
	平行趋势	设定2013年为冲击年	剔除大气十条行业	剔除重庆市
	roavol	roavol	roavol	roavol
receivablesr	-0.0088**	-0.0103	-0.0091**	-0.0066*
	(0.004)	(0.009)	(0.004)	(0.004)
nprofit	-0.0596***	-0.0698***	-0.0599***	-0.0572***
	(0.005)	(0.016)	(0.005)	(0.006)
roa	-0.0977***	-0.0697	-0.0989***	-0.1178***
	(0.015)	(0.044)	(0.015)	(0.018)
lnage	-0.0195***	-0.0144	-0.0189***	-0.0209***
	(0.005)	(0.010)	(0.005)	(0.006)
lnemployee	-0.0078***	-0.0097***	-0.0079***	-0.0072***
	(0.001)	(0.002)	(0.001)	(0.001)
lnexecutive	-0.0009***	-0.0019***	-0.0009***	-0.0012***
	(0.000)	(0.001)	(0.000)	(0.000)
gdpr	-0.0351	-0.0107	-0.0368*	-0.0271
	(0.022)	(0.068)	(0.022)	(0.027)
thirdr	-0.0149	-0.0073	-0.0157	-0.0076
	(0.012)	(0.035)	(0.012)	(0.014)
lnind	0.0016	-0.0119	0.0018	0.0016
	(0.002)	(0.007)	(0.002)	(0.002)
lnschool	0.0043**	-0.0014	0.0048**	0.0043*
	(0.002)	(0.006)	(0.002)	(0.002)
Constant	0.1571***	0.3004***	0.1519***	0.1504***
	(0.023)	(0.076)	(0.023)	(0.028)
个体固定效应	控制	控制	控制	控制
时间固定效应	控制	控制	控制	控制
N	27562	4139	27163	21198
R^2	0.133	0.166	0.134	0.139
Number of id	3685	568	3634	2944

注：括号内为聚类到企业层面的稳健标准误，*、**和***分别为在10%，5%和1%的水平上显著。

(2) 安慰剂检验。安慰剂检验是证明 DID 模型稳健性的常用方法。其目的是检验实验组和对照组在外源性冲击后的趋势变化是否受到其他随机因素的影响。具体而言，假设 2013 年中欧班列的出现是一个虚拟的外生冲击。表 4-11 第（2）列的回归结果表明，npost 的系数不显著，这表明引起企业经营风险变化的效果确实是由中欧班列引起的，而不是其他随机因素。

(3) 消除干扰政策影响的检验。为了防止企业经营风险降低的结果可能是由其他政策引起的，本部分进一步对与企业运营相关的政策进行稳健性检验。本部分排除了大气十条行业中的企业样本。表 4-11 第（3）列中给出的回归结果表明，中欧班列的系数在 1% 的水平上显著为负，中欧班列的确可以改善企业经营风险。

(4) 更改样本集。除此之外，重庆市在中欧班列运行中占据着特殊地位，是中欧班列的诞生地。"一带一路"倡议提出后，依托中欧班列的开行经验，重庆对外开放的步伐不断加快，逐步构建起四通八达的国际物流大通道网络。中欧班列的开通为重庆市的贸易运输节省了时间成本和物流成本，尤其是在电子器件领域，现今世界上每三台笔记本电脑中就有一台生产于重庆，由此可见，中欧班列的开通对重庆市的产业结构调整和经济发展具有重大的意义。表 4-11 第（4）列的回归结果表明，中欧班列的系数在 5% 的水平上显著为负，这表明即使在剔除重庆市的样本中，中欧班列依然可以显著减少企业的经营风险，研究结论具有可靠性。

四、"中欧班列"降低企业经营风险的多维度分析

1. 基于企业层面视角

表 4-12 的第（1）列和第（2）列表明，中欧班列的开通对于国有企业盈利波动率的影响不显著，而对于非国有企业盈利波动率的影响在 5% 显著为负，合理的解释是，非国有企业中的小微企业居多，它们没有政府的支持，而国有企业资产雄厚，政府对国有企业的投资也比较大，因此国有企业有着更加稳定的销售渠道，中欧班列的开通对于非国有企业的产品销售来说更有益处。表 4-12 的第（3）列、第（4）列和第（5）列回归结果表明，中欧班列对于衰退期和成长期的公司来说影响不显著，它可以有效降低成熟期公司的经营风险。因为成长期的公司销路没有打开，而且没有生产的经验，生产线也不是非常完备，所以更偏向于国内市场。衰退期的公司已经要被市场淘汰了，外界条件的改变对这类公司的冲击几乎可以忽略不计。成熟期的公司具备较好的国内市场，更趋向于拓展国际

市场，从而提高销售收入。

表4-12　　　　　　　　异质性检验结果：企业层面

	(1)	(2)	(3)	(4)	(5)
	国有	非国有	衰退期	成熟期	成长期
	roavol	roavol	roavol	roavol	roavol
中欧班列	-0.0024	-0.0036**	-0.0020	-0.0028*	0.0001
	(0.002)	(0.002)	(0.002)	(0.001)	(0.002)
debtr	-0.0172**	-0.0077	-0.0079	-0.0154**	-0.0242***
	(0.007)	(0.006)	(0.009)	(0.007)	(0.007)
fixr	-0.0091	-0.0712***	-0.0215**	-0.0225***	-0.0255***
	(0.006)	(0.007)	(0.009)	(0.008)	(0.010)
receivablesr	-0.0019	-0.0112**	0.0028	-0.0067	-0.0083
	(0.005)	(0.005)	(0.006)	(0.005)	(0.008)
nprofit	-0.0465***	-0.0656***	0.0159	0.0768***	0.0512**
	(0.007)	(0.007)	(0.013)	(0.016)	(0.021)
roa	-0.0494**	-0.1231***	0.1771***	-0.0023	0.0184
	(0.021)	(0.020)	(0.029)	(0.028)	(0.034)
lnage	-0.0158*	-0.0104	0.0196	-0.0079	-0.0176**
	(0.009)	(0.007)	(0.018)	(0.008)	(0.008)
lnemployee	-0.0057***	-0.0093***	-0.0073***	-0.0028**	-0.0033*
	(0.001)	(0.001)	(0.002)	(0.001)	(0.002)
lnexecutive	-0.0007**	-0.0012***	-0.0003	-0.0008**	0.0004
	(0.000)	(0.000)	(0.000)	(0.000)	(0.000)
gdpr	-0.0389	-0.0179	-0.0210	-0.0616**	-0.0091
	(0.029)	(0.032)	(0.038)	(0.029)	(0.045)
thirdr	-0.0286*	0.0064	-0.0325	0.0121	0.0530**
	(0.017)	(0.017)	(0.020)	(0.017)	(0.025)
lnind	0.0002	0.0014	0.0019	0.0030	-0.0049
	(0.002)	(0.003)	(0.003)	(0.003)	(0.003)
lnschool	0.0067***	0.0020	0.0036	0.0014	-0.0012
	(0.002)	(0.003)	(0.003)	(0.003)	(0.007)
Constant	0.1195***	0.1603***	0.0181	0.0558	0.1364**
	(0.036)	(0.036)	(0.062)	(0.039)	(0.057)

续表

	(1)	(2)	(3)	(4)	(5)
	国有	非国有	衰退期	成熟期	成长期
	roavol	roavol	roavol	roavol	roavol
个体固定效应	控制	控制	控制	控制	控制
时间固定效应	控制	控制	控制	控制	控制
Observations	11288	16274	8502	9209	5876
R^2	0.063	0.194	0.052	0.074	0.104
Number of id	1216	2519	2258	2898	2129

注：括号内为聚类到企业层面的稳健标准误，*、**和***分别为在10%，5%和1%的水平上显著。

2. 基于行业层面视角

在行业层面的异质性分析，本部分考虑行业竞争性强弱和劳动密集度两个方面。本部分使用赫芬达尔—赫希曼指数（HHI）来衡量竞争程度，将整个样本分为两个组：竞争性较弱行业的公司和竞争性较强行业的公司。表4-13给出了异质性检验的结果，其中第（1）列和第（2）列分别是竞争强度大的行业和竞争强度小的行业，可以看出中欧班列可以在1%的显著性水平下降低竞争强度大的企业经营风险，它对竞争强度小的企业有效并不显著。国内市场不能满足竞争激烈行业的公司进行产品销售，因此这类企业迫切需要开拓国外市场，而中欧班列的开通很好地满足了这类企业的需求。相反，竞争不激烈或者已经垄断的企业，本身它们的经营风险就不高，也没有打开国外市场的计划。表4-13的第（3）列和第（4）列分别是劳动密集度高的行业和劳动密集度低的行业。中欧班列主要以运输电子产品为主，例如计算机数控车床、IT产品和电子产品等。这类产品的资本密集度高，劳动密集度低，因此，中欧班列可以显著减少劳动密集度低的企业的经营风险，而对劳动密集度高的行业几乎没有影响。

表4-13　　　　　异质性检验结果：行业层面

	(1)	(2)	(3)	(4)
	竞争程度高	竞争程度低	劳动密集高	劳动密集低
	roavol	roavol	roavol	roavol
中欧班列	-0.0043***	0.0010	-0.0044	-0.0025**
	(0.001)	(0.002)	(0.003)	(0.001)
debtr	-0.0141**	-0.0137	-0.0227*	-0.0133***
	(0.006)	(0.009)	(0.013)	(0.005)

续表

	（1）	（2）	（3）	（4）
	竞争程度高	竞争程度低	劳动密集高	劳动密集低
	roavol	roavol	roavol	roavol
fixr	-0.0434***	-0.0409***	-0.0318**	-0.0439***
	(0.006)	(0.011)	(0.013)	(0.005)
receivablesr	-0.0092**	-0.0078	-0.0035	-0.0097**
	(0.004)	(0.008)	(0.009)	(0.004)
nprofit	-0.0591***	-0.0552***	-0.0271***	-0.0644***
	(0.006)	(0.010)	(0.010)	(0.006)
roa	-0.0934***	-0.1140***	-0.0598	-0.1012***
	(0.017)	(0.029)	(0.039)	(0.017)
lnage	-0.0275***	0.0028	-0.0039	-0.0210***
	(0.006)	(0.012)	(0.012)	(0.006)
lnemployee	-0.0082***	-0.0084***	-0.0051**	-0.0094***
	(0.001)	(0.002)	(0.003)	(0.001)
lnexecutive	-0.0010***	-0.0007	-0.0007*	-0.0009***
	(0.000)	(0.000)	(0.000)	(0.000)
gdpr	-0.0321	-0.0661	-0.0623	-0.0366
	(0.024)	(0.048)	(0.059)	(0.023)
thirdr	0.0051	-0.0491*	0.0064	-0.0201
	(0.014)	(0.025)	(0.026)	(0.014)
lnind	0.0057***	-0.0035	-0.0018	0.0028
	(0.002)	(0.004)	(0.005)	(0.002)
lnschool	0.0023	0.0059	0.0083**	0.0024
	(0.002)	(0.004)	(0.004)	(0.002)
Constant	0.1480***	0.1629***	0.0923	0.1769***
	(0.029)	(0.048)	(0.062)	(0.027)
个体固定效应	控制	控制	控制	控制
时间固定效应	控制	控制	控制	控制
Observations	20026	7536	4082	23480
R^2	0.135	0.131	0.049	0.157
Number of id	3011	1386	726	3420

注：括号内为聚类到企业层面的稳健标准误，*、**和***分别为在10%，5%和1%的水平上显著。

3. 基于城市层面视角

表4-14给出了城市层面的异质性检验结果，第（1）列和第（2）列的实证结果说明中欧班列的开通对沿海城市企业的经营风险没有显著影响，对非沿海城市企业的经营风险有显著的抑制作用。这与客观事实相符，沿海城市海运比较方便，如果采用中欧班列这样的铁路运输就会导致运输成本过高。第（3）列和第（4）列的实证结果表明中欧班列对于处于有通商口岸城市的企业来说影响不大，而能显著降低处于没有通商口岸城市的企业的盈利波动性。具体而言，中欧班列给位于没有通商口岸的企业带来了贸易便利。

表4-14 异质性检验结果：城市层面

	(1)	(2)	(3)	(4)
	沿海城市	非沿海城市	开埠通商	非开埠通商
	roavol	roavol	roavol	roavol
中欧班列	-0.0003 (0.002)	-0.0044*** (0.001)	-0.0027 (0.002)	-0.0030** (0.001)
debtr	-0.0198** (0.009)	-0.0148*** (0.005)	-0.0231*** (0.008)	-0.0134** (0.006)
fixr	-0.0607*** (0.012)	-0.0348*** (0.005)	-0.0439*** (0.009)	-0.0405*** (0.006)
receivablesr	-0.0114* (0.007)	-0.0068 (0.004)	-0.0005 (0.007)	-0.0114*** (0.004)
nprofit	-0.0557*** (0.009)	-0.0609*** (0.007)	-0.0486*** (0.009)	-0.0632*** (0.007)
roa	-0.1101*** (0.029)	-0.0919*** (0.018)	-0.1309*** (0.027)	-0.0837*** (0.018)
lnage	-0.0158 (0.010)	-0.0215*** (0.006)	-0.0209** (0.010)	-0.0182*** (0.006)
lnemployee	-0.0060*** (0.002)	-0.0086*** (0.001)	-0.0063*** (0.002)	-0.0089*** (0.001)
lnexecutive	-0.0013*** (0.000)	-0.0008*** (0.000)	-0.0012*** (0.000)	-0.0008*** (0.000)
gdpr	-0.0233 (0.044)	-0.0239 (0.025)	0.0179 (0.045)	-0.0580** (0.025)

续表

	（1）	（2）	（3）	（4）
	沿海城市	非沿海城市	开埠通商	非开埠通商
	roavol	roavol	roavol	roavol
thirdr	-0.0727 (0.051)	-0.0053 (0.013)	-0.0001 (0.035)	-0.0122 (0.013)
lnind	-0.0055 (0.007)	0.0024 (0.002)	0.0073 (0.005)	0.0022 (0.002)
lnschool	0.0066* (0.003)	0.0044* (0.002)	-0.0024 (0.007)	0.0050** (0.002)
Constant	0.2204*** (0.083)	0.1517*** (0.029)	0.1316* (0.068)	0.1519*** (0.026)
个体固定效应	控制	控制	控制	控制
时间固定效应	控制	控制	控制	控制
Observations	8446	19116	9014	18548
R^2	0.130	0.136	0.118	0.142
Number of id	1172	2546	1272	2446

注：括号内为聚类到企业层面的稳健标准误，*、** 和 *** 分别为在10%，5%和1%的水平上显著。

五、"中欧班列"降低企业经营风险的渠道分析

在机制变量方面，选取存货周转率、速动比率和总资产周转率三个变量。中欧班列的开通，为企业提供了更加便捷的贸易渠道，相比于海运和空运，中欧班列不受天气的影响可以稳定发车，提高企业的存货周转率，从而改善企业的经营状况，降低经营风险。除此之外，中欧班列定时定点高频发货的特点，能够改善企业的健康状况，提高企业的资金流动性和短期偿债能力，进而降低经营风险。特别是在疫情大背景下，中欧班列的开通保证了许多企业的血液流通，企业通过中欧班列购置固定资产，总资产增长率也会相应提升，这对于企业经营风险的降低也有利。

首先，采用公司的存货周转率来描述企业的存货管理水平。表4-15第（4）列中给出的回归结果表明，中欧班列的回归系数在5%的水平上显著为正，这表明中欧班列可以通过增加公司的存货周转率来减少企业的经营风险。

表4-15　　　　　　　　机制检验结果：存货周转率

	(1)	(2)	(3)	(4)
	invturnover	invturnover	invturnover	invturnover
中欧班列	2.3040**	2.5587**	2.6144**	2.5281**
	(1.009)	(1.020)	(1.019)	(1.006)
debtr		-9.6417***	-5.9295	-6.3687
		(3.621)	(3.857)	(4.052)
fixr		-11.8601*	-10.4626	-11.6990*
		(6.648)	(6.562)	(6.523)
receivablesr		-7.8432**	-8.3289***	-7.8727**
		(3.195)	(3.208)	(3.215)
nprofit		-2.5294	-2.2168	-3.1898
		(3.892)	(3.928)	(3.980)
roa		23.9747*	25.9911**	27.8398**
		(12.886)	(12.771)	(13.073)
lnage			-5.1260	-5.5521
			(3.630)	(3.672)
lnemployee			-2.7814**	-2.7362**
			(1.093)	(1.118)
lnexecutive			-0.1692	-0.1750
			(0.209)	(0.212)
gdpr				23.3848
				(15.816)
thirdr				21.3987*
				(11.580)
lnind				-0.9918
				(1.549)
lnschool				1.8933
				(2.384)
Constant	9.5129***	16.6067***	48.4212***	32.6040
	(0.823)	(2.427)	(11.038)	(23.360)
个体固定效应	控制	控制	控制	控制
时间固定效应	控制	控制	控制	控制

续表

	(1)	(2)	(3)	(4)
	invturnover	invturnover	invturnover	invturnover
Observations	28465	28069	28012	27240
R^2	0.005	0.011	0.013	0.014
Number of id	3737	3700	3700	3669

注：括号内为聚类到企业层面的稳健标准误，*、** 和 *** 分别为在10%，5%和1%的水平上显著。

其次，使用企业的速动比率来描述企业恢复偿付的能力。表4-16中第（4）列中给出的回归结果表明，中欧班列的回归系数在1%的水平上显著为正，这表明中欧班列可以通过提高其偿付能力来降低企业的经营风险。

表4-16　　　　　　机制检验结果：速动比率

	(1)	(2)	(3)	(4)
	quickratio	quickratio	quickratio	quickratio
中欧班列	0.2084***	0.2456***	0.2573***	0.2572***
	(0.062)	(0.053)	(0.053)	(0.053)
debtr		-6.7437***	-6.2528***	-6.2475***
		(0.192)	(0.192)	(0.195)
fixr		-3.8044***	-3.5724***	-3.6064***
		(0.230)	(0.228)	(0.234)
receivablesr		-0.1934	-0.1739	-0.1662
		(0.152)	(0.151)	(0.152)
nprofit		1.2793***	1.3019***	1.3554***
		(0.184)	(0.182)	(0.185)
roa		-5.0589***	-4.9364***	-5.0165***
		(0.504)	(0.495)	(0.504)
lnage			-2.4130***	-2.3544***
			(0.284)	(0.285)
lnemployee			-0.1645***	-0.1596***
			(0.037)	(0.038)
lnexecutive			-0.0176*	-0.0155
			(0.010)	(0.010)

续表

	(1)	(2)	(3)	(4)
	quickratio	quickratio	quickratio	quickratio
gdpr				-0.6064
				(0.962)
thirdr				0.0023
				(0.453)
lnind				-0.0075
				(0.082)
lnschool				0.0577
				(0.085)
Constant	2.1385***	6.0820***	12.9630***	12.5395***
	(0.041)	(0.133)	(0.748)	(1.192)
个体固定效应	控制	控制	控制	控制
时间固定效应	控制	控制	控制	控制
Observations	28845	28425	28366	27584
R^2	0.034	0.247	0.259	0.258
Number of id	3757	3717	3717	3686

注：括号内为聚类到企业层面的稳健标准误，*、**和***分别为在10%，5%和1%的水平上显著。

最后，企业总资产周转率被用来描述企业全部资产的利用效率。表4-17第（4）列的结果表明，中欧班列的回归系数在1%的水平上显著为正，这表明中欧班列可以通过提高企业对于固定资产的购置能力，进而增加总资产周转率，最终降低经营风险。

表4-17　　　　　　　机制检验结果：总资产周转率

	(1)	(2)	(3)	(4)
	tagratio	tagratio	tagratio	tagratio
中欧班列	0.0201**	0.0300***	0.0320***	0.0322***
	(0.010)	(0.009)	(0.009)	(0.009)
debtr		-0.0073	0.0414	0.0398
		(0.032)	(0.032)	(0.033)
fixr		-1.1703***	-1.1403***	-1.1472***
		(0.043)	(0.042)	(0.043)

续表

	(1) tagratio	(2) tagratio	(3) tagratio	(4) tagratio
receivablesr		0.0343 (0.033)	0.0537 (0.033)	0.0607* (0.033)
nprofit		0.4939*** (0.039)	0.4900*** (0.038)	0.5130*** (0.039)
roa		0.0611 (0.102)	0.0454 (0.099)	-0.0069 (0.101)
lnage			-0.6144*** (0.043)	-0.5975*** (0.043)
lnemployee			0.0295*** (0.007)	0.0324*** (0.007)
lnexecutive			0.0021 (0.002)	0.0020 (0.002)
gdpr				-0.2537 (0.162)
thirdr				-0.0039 (0.090)
lnind				-0.0016 (0.014)
lnschool				-0.0195 (0.017)
Constant	0.3572*** (0.012)	0.5732*** (0.024)	1.8026*** (0.111)	1.9107*** (0.196)
个体固定效应	控制	控制	控制	控制
时间固定效应	控制	控制	控制	控制
Observations	28846	28424	28365	27583
R^2	0.082	0.177	0.190	0.188
Number of id	3758	3717	3717	3686

注：括号内为聚类到企业层面的稳健标准误，*、**和***分别为在10%，5%和1%的水平上显著。

本节探究了"一带一路"基础设施水平提升与企业绩效改进效应，综上所述：①"一带一路"倡议的提出可以显著地降低企业的经营风险。

②异质性分析的结果表明,"一带一路"倡议对企业经营风险的影响存在截面差异,企业的个体特征、行业特征、城市特征均会影响"一带一路"倡议对企业降低经营风险效应的发挥。具体而言,基于企业个体特征层面,"一带一路"倡议对企业经营风险的抑制作用在非国有企业和成长期企业中更为显著;基于行业特征层面,"一带一路"倡议对企业经营风险的抑制作用在"一带一路"劳动密集度低以及竞争程度大的行业中更为显著;基于城市特征层面,"一带一路"倡议对企业经营风险的抑制作用在非沿海城市以及没有通商口岸的城市中更为显著。③机制检验的结果表明,"一带一路"倡议对企业经营风险的抑制作用是通过增加企业的存货周转率和总资产周转率,提高企业的偿付能力,来降低企业的盈利波动率。

第三节 "一带一路"基础设施水平提升与企业产能优化:中欧班列的效应

本节将利用2009—2017年中国A股市场的上市金融企业数据,运用双重差分模型检验贸易便利化对防止僵尸企业形成的影响。本节将从基准回归、机制检验和异质性分析三个角度进行实证分析。基准回归结果表明:中欧班列(中欧班列)显著阻止了此类公司的形成。机制检验表明:(1)中欧班列加速了销售速度,增加了企业海外销售收入;(2)中欧班列产生的规模经济和资本积累效应有助于提高企业的偿付能力和发展能力。异质性分析表明,中欧班列对防止僵尸企业形成的作用主要体现在中国东部地区企业、非国有企业和高度竞争行业的企业。因此,中国应该扩大中欧班列对僵尸企业形成的显著抑制作用,继续促进贸易便利化,跨国公司应该抓住中欧班列带来的发展机遇。

一、僵尸企业概念以及我国僵尸企业分析

僵尸金融企业指的是无力偿债、无生命力、没有政府支持就无法生存的异常金融企业或信贷机构(Edward J. Kane, 1987; Ahearne 和 Shinada, 2005)。对于这类企业而言,其自身已经资不抵债,在完全竞争的市场经济体系中僵尸企业应该被市场淘汰掉,给发展情况较好的企业腾出要素和资源,从而实现市场资源的优化配置。然而,地方政府出于"稳增长、保就业"的目的,依旧会对僵尸企业进行资助,导致这些企业出现"僵而不

死"的现象，这严重抑制了正常企业的就业吸纳能力，扭曲了企业间的劳动力资源配置。

这种企业可能导致资本市场配置不当或者地区之间的无序市场竞争，并给银行业和经济带了来问题（Caballero等，2008；Hoshi和Kashyap，2010），严重损害经济的可持续发展。随着经济转型步伐的加快，中国探索适当的方式来防止僵尸企业的形成是非常重要的（Chen和Huang，2017）。

40多年来，中国政府实施了一系列优惠政策，中国的经济发展也创造了奇迹。然而，过度依赖政府和信贷机构的支持将增加僵尸企业形成的可能性，这引起了学者的广泛关注，有学者对中国僵尸企业的识别、成因和处理进行了大量研究，并研究了僵尸企业对资源配置和经济发展的影响（Chen和Huang，2017）。然而，很少有人探讨如何在企业的治理方面防止僵尸企业的形成（Jiang等，2012）。对于僵尸企业来说，现金流不足和过度依赖信贷补贴是关键问题，也就是说，如果企业有更多的发展机会和利润来源，它们就不太可能成为僵尸企业。

僵尸企业是供给侧结构性改革的重要组成部分。寻找抑制僵尸企业形成的方法是中国在全面开放和深化改革背景下迫切需要解决的问题，也是推动中国产业转型的关键。自2015年以来，每次中央经济工作会议都会对僵尸企业的治理提出明确要求。然而，由于政府和企业之间存在利益和制度障碍，僵尸企业的形成仍然是一个关键问题。

在中国，僵尸企业的出现有两个主要原因：长期依赖信贷补贴和治理不善。两者都会降低经济效率并导致信用风险（Chen和Huang，2017）。然而，大多数关于僵尸企业的研究都集中于政府和银行的信贷补贴支持（Caballero等，2008；Hoshi和Kashyap，2010；Jiang等，2012），而忽视了不良治理对僵尸企业的影响。治理不善可能会降低企业运营的效率，削弱企业适应外部环境变化的能力，最终使企业变成僵尸企业（Chen和Huang，2017）。当前企业的治理能力无法适应市场环境，因此加强市场主导地位和提高企业的治理能力是防止僵尸企业形成的关键（Bao和Cai，2016）。从理论上来讲，宏观政策的变化、城市中心的搬迁和交通基础设施的建设会给企业带来巨大的发展机遇，也会改善其生活环境。本部分将通过实证分析中欧班列是否能够提高企业的治理能力。

僵尸企业的妥善处理直接关系到我国的经济改革成效，因此明确僵尸企业的形成原理十分关键。学术界目前有关僵尸企业的研究成果较为丰富，国内学者主要关注国有企业的僵尸化（方明月和孙鲲鹏，2019；马新啸等，2021），此外，城市商业银行对企业的发展有着双重影响：一方面，城市商业银行通过加剧银行业竞争、提高资本生产率来减少僵尸企业（王海等，2021）；另一方面，地方政府的过度干预也会导致中小民营企业的僵尸化（蔡宏波等，2020）。很少有文献指出在"一带一路"的背景下基础设施建设对企业僵尸化的深入影响。

二、"中欧班列"抑制僵尸企业形成的效应分析

大多数交通基础设施研究都是从宏观角度进行的。具体而言，学者们发现交通基础设施具有以下宏观经济效应：（1）交通基础设施的构建有助于促进产业集聚（Donaldson，2018）；（2）交通基础设施的空间压缩效应有助于促进城市经济增长（Yao等，2020）并且创造更多就业机会（Vickerman，2015），形成居民区（Cheng等，2014），还能提高区域创新水平（Tierney，2012）；（3）交通基础设施的虹吸效应可能导致经济因素的转移，扩大区域经济差距，甚至对落后地区的经济产生负面溢出效应（Holl，2016）。学者们还从微观角度探讨了交通基础设施的影响；他们发现运输基础设施可以通过减少商品库存和增加出口来提高企业生产率（Michaels，2008；Brown等，2010）。

许多学者从国有资本和民营资本僵尸化的角度，认为政府可以利用国有资本来帮助民营企业经营和发展，国有资本和民营资本二者相辅相成（洪银兴和桂林，2021）。当国有企业自身的经营效率低下时，可能会拖慢民营企业的发展进程，相对而言，民营企业中的国家股会响应国家号召，扶持中小民营企业的发展（孙亮和刘春，2021）。不同劳动密集度的民营企业在引入国有资本时僵尸化的可能性不尽相同。具体而言，劳动密集度高的企业具有更强的就业吸纳能力（肖兴志等，2019）。实证分析可以采用多期双重差分模型来验证引入国有资本对民营企业僵尸化的影响（董艳和刘佩忠，2021）。

企业利润增长来自于国内外市场。由于体制障碍和地方保护主义，企业在国外市场寻求利润面临巨大困难。在全球化背景下，改善运输基础设施和促进国家间互联互通应是首要问题。中欧班列提供了一种新的国际运输模式，极大地促进了中国与其他国家之间的贸易便利化。目前，纺织业、汽车制造业、电子设备制造业、批发零售业、运输服务业和商业服务业等许多行业的企业都通过采用中欧班列提高了经营业绩。例如，浙江中小商品城集团有限公司（股票代码：600415）就是一个成功的案例。中欧班列为国际贸易提供了一种新的模式，为企业拓展海外市场提供了更多的

机会。具体而言，中欧班列的运输服务可以帮助企业优化其库存管理系统，并将企业与全球价值链紧密连接。基于此，本部分从交通基础设施带来的贸易便利化出发，探讨了中欧班列的经济效应。

实证结果表明，这种贸易便利化促进了产业集聚和宏观经济发展（Tierney，2012；Vickerman，2015；Donaldson，2018；Banerjee等，2020），也提高了企业的生产率、产出和利润（Michaels，2008；Brown等，2010）。本部分将重点关注中欧班列运营带来的贸易便利化，并考察其对僵尸企业形成的影响。根据现有文献（Branstetter，2006；Pradhan和Singh，2008；Brown等，2010），发现中欧班列主要通过两种方式防止僵尸企业的形成。首先，中欧班列为企业提供了一种便利的国际运输方式，这将提高其海外销售速度并增加销售收入（Seker，2012；Ang，2014），企业性能的改善可以降低僵尸企业形成的可能性。其次，中欧班列可以帮助企业拓展海外市场，并帮助它们形成规模经济（Pradhan和Singh，2008；Fulghieri和Sevilir，2011；Aghion，2015），通过降低销售成本提高企业的利润。贸易便利化可以帮助企业积累物质和人力资本，增加其资本储备，从而提高其治理能力（Brown等，2010），最终防止它们成为僵尸企业。

中欧班列有助于释放中国及其沿线国家的巨大经济潜力，对促进中欧经贸合作非常重要。一方面，中欧班列为企业提供了一种便利的国际运输模式。与传统运输方式相比，中欧班列定期运行的速度是海运的三倍，但成本仅为空运的一倍。更重要的是，中欧班列包括一个专门的团队和服务中心，可以为公司提供专业服务，从而加速海外销售。另一方面，规模经济促进了贸易便利化，也便于政府支持，帮助企业提高销售利润（Seker，2012；Ang等，2014），降低其成为僵尸企业的可能性。贸易便利化的资本积累效应有助于企业加速物质资本和人力资本的积累（Melitz，2003；Fukuda和Nakamura，2011），这有助于企业的全面发展（Bigsten等，2004；Michaels，2008；Brown等，2010）。因此，中欧班列将为企业带来新的发展机遇，而运营绩效的改善可以帮助企业缓解其生存困境。根据上述讨论，本部分假设中欧班列可以阻止僵尸企业的形成。

三、"中欧班列"抑制企业僵尸化的经验证据

1. 僵尸企业的识别模型

资产负债率高的公司往往获得更多的银行贷款，这是一种异常现象（Sekine等，2003）。基于这一发现，有学者提出区分从银行获得异常信贷

补贴的公司有助于识别潜在的僵尸企业，他们认为利率优惠是银行补贴企业的最常见手段，因此他们从利率开始确定银行和企业之间的信用关系（Caballero 等，2008）。利率有一个下限，如果企业的实际利息支出低于最低利息支出，则表明该企业收到了银行的信贷补贴。企业和银行之间的这种异常信用关系可以作为确定企业是否是僵尸企业的基础。因此，本部分参考了相关文献提出的方法来识别僵尸企业使用（Caballero 等，2008）。我们计算了企业 i 在 t 年正常业务条件下需要支付的最低利息费用，其表示如下：

$$R_{it} = bs_{i,t-1} \times rs_{i,t-1} + bl_{i,t-1} \times \left(\frac{1}{5}\sum_{j=1}^{5} rl_{i,t-j}\right) + bond_{i,t-1} \times rb_{i,t-1} \quad (4-4)$$

其中，bs 是指企业的短期债务（少于 1 年），bl 是指企业的长期债务（超过 1 年），$bond$ 是指债券的金额，rs 和 rl 分别是短期和长期的平均最低贷款利率，rb 是指 t 年之前 5 年发行的可转换债券的最低票面利率。

长期亏损和负债沉重的公司必须依靠银行信贷来运营。如果银行停止向其贷款，所有这些银行都将面临不良资产，因此银行必须向这些企业提供利率低于基准利率的贷款；我们使用方程式（4-5）计算公司的最低利息费用和实际利息费用之间的差额，以确定企业是否可以判断为僵尸企业：

$$\Delta R_{it}^{gap} = R_{it} - R_{it}^{p} \quad (4-5)$$

其中，R_{it}^{p} 是指企业当年的实际利息支出。如果 $\Delta R_{it}^{gap} > 0$，则 t 年列出的企业是一个僵尸企业，记录为 $zombie = 1$。在确定僵尸企业后，我们将建立严格的模型来评估 CER 对抑制僵尸企业形成的经济影响。

2. 回归模型

（1）基准回归模型。基于上述分析，DID 模型建立如下（He 和 Tian，2013；Tian 和 Wang，2014）：

$$Zombie_{it} = \alpha cre_{it} + \beta X_{it} + \mu_i + \nu_j + \lambda_t + \varepsilon_{it}, \quad (4-6)$$

其中，$Zombie$ 是一个虚拟变量，指示企业是否为 $Zombie$ 企业，核心解释变量 cre 为城市 i 在 t 年是否开通"中欧班列"。信息集（X_{it}）表示可以影响企业是否成为僵尸企业的控制变量。具体而言，第一类是公司层面的控制，包括公司固定资产比例（$Fixed$）、公司现金比例（$Cashr$）、公司机构持股比例（$Iper$）和公司年龄对数（Age）。第二类控制与企业所处地级市有关，包括 GDP 的对数（$lngdp$）、金融业增加值在 GDP 中的比例（$Financial$），以及地级市是否有高速铁路（Hsr）。该模型控制企业固定效应（μ_i）、行业固定效应（ν_j）和年份固定效应（λ_t），ε_{it} 是随机误差项。

（2）中介回归模型。基于基准模型和之前的理论框架，本部分使用以下模型来检验中欧班列抑制僵尸企业形成的机制：

$$Zombie_{it} = \alpha_1 cre_{it} \times Channel_{it} + \alpha_2 Channel_{it} + \alpha_3 cre_{it} + \beta X_{it} + \mu_i + \nu_j + \lambda_t + \varepsilon_{it} \quad (4-7)$$

其中，$cre_{it} \times Channel_{it}$ 是 DID 项和中介变量之间的交互项。$Channel_{it}$ 代表中介变量，中介变量通过海外企业的销售收入比例、公司的速动比率和总资产增长率来衡量。表 4-18 给出了所有变量的详细定义，表 4-19 给出了变量的描述性统计。可得僵尸企业的平均值为 0.1016（见表 4-19），表明僵尸企业的比例约为 10%。表 4-19 还显示了中介变量和控制变量的平均值、标准偏差、最小值和最大值。

表 4-18　　　　　　　中欧班列与企业产能模型的变量

变量	定义
被解释变量	
Zombie	是否是僵尸企业
解释变量	
中欧班列	城市 i 在 t 年是否开通"中欧班列"
Distance_50 × Time	到中欧班列站的最短球面距离 <50km × 中欧班列的开行时间
Distance_350 × Time	到中欧班列站的最短球面距离 <350km × 中欧班列的开行时间
Distance_500 × Time	到中欧班列站的最短球面距离 <500km × 中欧班列的开行时间
中介变量	
Overseas	公司海外销售收入占比
Quick_Ratio	企业速动资产与流动负债的比率（速动比率）
Tagr	企业的资产增长率
控制变量	
Fixed	企业固定资产的比例
Cashr	企业现金比例
Iper	企业的机构持股比例
Age	企业年龄的对数
lngdp	注册企业所在城市 GDP 的对数
Financial	金融业增加值占企业注册城市 GDP 的比例
Hsr	地级市是否有高速铁路

表4-19　　中欧班列与企业产能相关数据的描述性统计

变量	观测量	均值	标准差	最小值	最大值
被解释变量					
Zombie	20087	0.1016	0.3187	0.0000	1.0000
解释变量					
中欧班列	20087	0.0758	0.2647	0.0000	1.0000
Distance_50 × Time	20087	0.0881	0.2835	0.0000	1.0000
Distance_300 × Time	20087	0.3043	0.4601	0.0000	1.0000
Distance_550 × Time	20087	0.3745	0.4840	0.0000	1.0000
中介变量					
Overseas	20087	0.0759	0.1434	0.0000	0.7647
Quick_Ratio	20087	2.4279	3.6812	0.1798	9.1824
Tagr	20087	0.2432	0.4564	-0.2409	2.8352
控制变量					
Fixed	20083	0.2188	0.1652	0.0002	0.7143
Cashr	20087	0.2075	0.2848	0.0010	0.7500
Iper	20087	0.0386	0.0571	0.0000	0.2894
Age	20087	2.6175	0.4712	0.0000	3.6109
lngdp	20087	10.2361	0.7311	7.7585	11.4043
Financial	20087	0.0739	0.0374	0.0196	0.1740
Hsr	20087	0.2185	0.4132	0.0000	1.0000

3. 基准回归结果

本部分将中欧班列的推出视为准自然实验，并使用 DID 方法检验其对僵尸形成的影响。具体结果如表 4-20 所示。第（1）列报告了仅控制企业固定效应、行业固定效应和年份固定效应的回归结果，它表明中欧班列的系数在10%的水平上显著为负，这表明中欧班列对防止僵尸企业的形成具有显著负向影响。第（2）列报告了在财务层面进一步控制变量的回归结果，在10%的水平上，中欧班列的系数显著为负。第（3）列报告了回归的结果，该回归进一步控制了企业治理层面的变量，而中欧班列的系数在10%的层面上显著为负。第（4）列报告了进一步控制地级市特征变量的回归结果，中欧班列的系数在5%的水平上显著为负。上述结果均表明，中欧班列可以防止僵尸企业的形成。

其他控制变量的系数也如表 4-20 所示。由于基准模型是 Logit 模型，本部分还计算了中欧班列对抑制僵尸企业形成的边际效应。中欧班列（中欧班列）的边际效应为 -0.0052，表明由于中欧班列的启动，企业成为僵尸企业的概率降低了 0.5 个百分点，这表明中欧班列可以防止僵尸企业的形成。

表 4-20　　　　　　　中欧和僵尸企业基准模型回归结果

	(1)	(2)	(3)	(4)
	Zombie	Zombie	Zombie	Zombie
中欧班列	-0.2061*	-0.2201*	-0.2150*	-0.2526**
	(0.120)	(0.120)	(0.120)	(0.121)
Fixed		0.8004***	0.7089**	0.7106**
		(0.287)	(0.286)	(0.286)
Cashr		-0.5392***	-0.4165***	-0.4139***
		(0.166)	(0.148)	(0.147)
Iper			-0.3576	-0.3279
			(0.456)	(0.457)
Age			1.0922***	1.0805***
			(0.227)	(0.227)
lngdp				0.8076**
				(0.411)
Financial				-1.8405
				(2.816)
Hsr				0.0702
				(0.048)
企业固定效应	是	是	是	是
行业固定效应	是	是	是	是
年份固定效应	是	是	是	是
观测量	17739	17739	17736	17736

注：***、**和*分别代表 1%、5% 和 10% 的显著性。所有变量的定义见表 4-20 和第 3.2 节。

4. 稳健性检验

为了确保基准结果的稳健性，本部分进行了以下稳健性检验：平行性趋势检验、安慰剂检验、消除干扰政策影响的检验，以及改变实验组和对照组之间划分标准的检验。表 4-21 给出了这些检验的回归结果。

（1）平行趋势检验。DID 方法的应用需要满足平行趋势假设，即在政策推出之前,随着时间的推移,实验组和对照组的趋势没有显著差异。为了检验实验组和对照组是否符合平行趋势要求,本部分定义了以下虚拟变量: $before1$ 代表中欧班列推出前一年,$before2$ 代表中欧班列推出前两年,$current$ 代表中欧班列推出的年份,$after$ 代表中欧班列推出后的年份。回归结果如表4-21第(1)列所示,$Treat \times before1$ 和 $Treat \times before2$ 的系数均不显著,这表明在中欧班列启动前,实验组和对照组之间没有显著差异。

表4-21　　　　　　　　稳健性检验回归结果

	(1)	(2)	(3)	(4)	(5)	(6)	(7)
	Zombie	Zombie	Zombie	Zombie	Zombie	Zombie	Zombie
Treat × before2	-0.1363 (0.161)						
Treat × before1	-0.2203 (0.171)						
Treat × current	-0.4527*** (0.175)						
Treat × after	-0.2943* (0.165)						
Treat × Time		-0.0583 (0.125)					
中欧班列			-0.3724*** (0.136)	-0.2584* (0.139)			
Distance_50 × Time					-0.2257* (0.121)		
Distance_300 × Time						-0.2312* (0.125)	
Distance_550 × Time							0.0911 (0.282)
控制变量	是	是	是	是	是	是	是
企业固定效应	是	是	是	是	是	是	是
行业固定效应	是	是	是	是	是	是	是
年份固定效应	是	是	是	是	是	是	是
观测量	17736	17736	13420	12595	17736	17736	17736

(2) 安慰剂检验。安慰剂检验是证明 DID 模型稳健性的常用方法。其目的是检验实验组和对照组在外源性冲击后的趋势变化是否受到其他随机因素的影响。具体而言，假设 2013 年中欧班列的出现是一个虚拟的外生冲击（Treat）。表 4-21 第（2）列的回归结果表明，$Treat \times Time$ 的系数不显著，这表明防止僵尸形成的效果确实是由中欧班列引起的，而不是其他随机因素。

(3) 消除干扰政策影响的检验。为了抑制僵尸企业形成的结果可能是由其他政策引起的，本部分进一步对与企业运营相关的两项政策进行稳健性检验。第一个是空气污染防治行动计划（大气十条）。该政策于 2013 年 9 月 10 日由国务院发布，对淘汰落后和压缩过剩的产能提出了更高、更快的要求，它有加速僵尸企业退出市场的效果。因此，在我们的研究中应消除其影响。如果实验组和对照组受行动计划影响的行业分布不同，则 DID 模型无法消除行动计划的影响。为了缓解这一问题，我们排除了受大气十条影响的行业中的企业样本。表 4-21 第（3）列中给出的回归结果表明，中欧班列的回归系数在 1% 的水平上显著为负，这表明大气十条不会影响结论。

另一项是 2012 年 1 月 1 日实施的营改增政策。这一变化通过减少税收影响了企业的利润水平，这可能会影响僵尸企业的形成。这一政策在不同地区分阶段逐步实施，为了考虑减税对试点地区企业的影响，本部分去除了试点地区企业的样本。表 4-21 第（4）列的回归结果表明，在 10% 的水平上，中欧班列的系数显著为负，这表明即使在消除营改增的干扰后，中欧班列也可以显著防止僵尸企业的形成，研究结论具有可靠性。

(4) 通过改变实验组和对照组的划分标准进行检验。该测试用于确保基准模型的稳健性，并进一步测试中欧班列对防止僵尸形成的影响的辐射范围。本部分基于经纬度来划分影响范围，计算了该公司注册地与每周运营的 12 个城市中欧班列站之间的最短球面距离，并设置了 $Distance\_number$ 数字来反映上述距离。当距离小于 50km、300km 或 550km 时，$Distance\_number$ 的值为 1；否则该值为 0。DID 模型构造如下：

$$Zombie_{it} = \alpha Distance_{number_i} \times Time_t + \beta X_{it} + \mu_i + \nu_j + \lambda_t + \varepsilon_{it} \quad (4-8)$$

表 4-21 第（5）、第（6）和第（7）列中给出的回归结果显示了实验组和对照组新分类后的研究结果。当碰撞距离设置为 50km 或 300km 时，$Distance\_50 \times Time$ 和 $Distance\_300 \times Time$ 的回归系数在 10% 的水平上显著为负。当中欧班列的影响距离设定为 550km 时，$Distance\_550 \times Time$ 的回归系数不显著，这表明中欧班列对抑制僵尸企业形成的影响仅限于一

定距离。也就是说，中欧班列并没有阻止远离12个城市的僵尸企业的形成。

四、"中欧班列"抑制企业僵尸化的多维度分析

基准回归分析表明中欧班列可以防止僵尸企业的形成，但中欧班列的这种影响仍有待于在不同维度上验证。企业的不同特点使其经营业绩和经营条件多样化，这可能会影响中欧班列在抑制僵尸企业形成方面的效果。本部分发现，中欧班列可能会对具有不同特征的公司产生不同的影响。本部分认为异质性中欧班列对僵尸企业形成的影响与企业的个体、行业和地理特征有关。

1. 根据个体特征分析

国有企业是我国经济发展的重要力量，受我国不同企业特征的影响。然而，这些企业与政府之间复杂的政治联系在一定程度上降低了市场效率和经济发展速度。具体而言，"中欧班列能否平等地影响国有企业和非国有企业?"这个问题的解决具有重大意义。

表4-22中A组第（1）列中给出的回归结果表明，中欧班列的系数在1%的水平上显著为负，而第（2）列中中欧班列的系数不显著，这意味着中欧班列对抑制僵尸企业形成的影响主要反映在非国有企业中。对此的一种解释是，政府和信贷机构倾向于向不同产权的企业提供不同的补贴，具体而言，政府和信贷机构倾向于向亏损严重的国有企业提供持续和频繁的补贴，但只向亏损较小的非国有企业提供短期补贴。因此，非国有企业较少依赖政府或信贷机构的补贴，更有动力自助。面对中欧班列带来的巨大发展机遇，非国有企业有望更积极地参与海外贸易。因此，如果僵尸企业是非国有企业，中欧班列可以更好地防止僵尸企业的形成。政府有强烈的动机保护国有企业，这可能导致治理不善。国有银行也倾向于向国有企业贷款，以支持各种国家经济战略目标，这加剧了国有企业的僵尸化。然而，非国有企业较少受到政府、银行和其他利益相关者的支持，他们也较少依赖政府和信贷机构的补贴，因此不易适应市场环境。

2. 根据行业特征分析

中欧班列为中国企业拓展了国际市场，同时也带来了挑战和风险。来自外部市场的竞争可以促进或抑制公司的发展。一方面，激烈的竞争有利于促进产品和技术的创新；另一方面，激烈的市场竞争也使企业难以通过增加销售收入或者进行技术变革来提高绩效。总之，中欧班列扩大了市场规模，为企业带来了巨大的发展机遇。

表4-22　　　　　　　　　异质性分析回归结果

Panel A：基于企业特征分组		
	非国有企业	国有企业
	(1)	(2)
	Zombie	Zombie
中欧班列	-0.6095***	0.1277
	(0.173)	(0.201)
控制变量	是	是
企业固定效应	是	是
行业固定效应	是	是
年份固定效应	是	是
观测量	10358	7178
Panel B：基于行业特征分组		
	竞争较弱	竞争激烈
	(1)	(2)
	Zombie	Zombie
中欧班列	-0.2605	-0.4544**
	(0.168)	(0.213)
控制变量	是	是
企业固定效应	是	是
行业固定效应	是	是
年份固定效应	是	是
观测量	11165	6195

Panel C：基于地理位置分组			
	东部	中部	西部
	(1)	(2)	(3)
	Zombie	Zombie	Zombie
中欧班列	-0.3985*	1.2128	-0.1851
	(0.214)	(1.158)	(0.201)
控制变量	是	是	控制
企业固定效应	是	是	企业固定效应
行业固定效应	是	是	行业固定效应
年份固定效应	是	是	年份固定效应
观测量	10591	2447	3708

注：***、**和*分别代表1%、5%和10%的显著性。所有变量的定义见表4-20和第3.2节。

我们使用赫芬达尔—赫希曼指数（HHI）来衡量竞争程度，将整个样本分为两个组：竞争性较弱行业的公司和竞争性较强行业的公司。表4-22中B组第（2）列给出的回归结果表明，中欧班列的系数在5%的水平上显著为负，而第（1）列显示的中欧班列的系数不显著，这意味着中欧班列对抑制僵尸企业形成的影响主要反映在高度竞争的行业中。对此的一种解释是，竞争越激烈的企业越难增加其在国内市场的销售份额，寻求国外市场的动机也就越大。中欧班列给他们带来了巨大的发展机遇。因此，中欧班列可以有效防止高度竞争的行业中的企业变成僵尸企业。

3. 根据地理特征分析

中欧班列有东部、中部和西部通道。不同的通道具有不同的功能，可能对公司产生不同的微观经济影响；因此，我们将整个样本分为三个子样本：处于中国东部、中部和西部的公司。表4-22中C组第（1）列给出的回归结果表明，中欧班列的系数在10%的水平上显著为负，而第（2）列和第（3）列中中欧班列的系数不显著，这意味着中欧班列对抑制僵尸企业形成的影响主要体现在中国东部地区。一种可能的解释是，中国上市公司主要集中在东部地区，那里的市场化程度相对较高，地方政府的隐性保护主义较弱，因此那里的企业面临着更大的国内竞争压力。为应对中欧班列带来的巨大发展机遇，位于中欧班列东部通道对应区域的企业有更大的动机拓展海外市场，以减少国内竞争。同时，与中东部地区相比，位于东部地区的企业具有先天的地理优势、良好的贸易基础和更完善的市场条件，因此中欧班列更好地激发了东部地区的发展潜力，能够更有效地防止中国东部僵尸企业的形成。

五、"中欧班列"抑制企业僵尸化的潜在作用渠道探索

基准回归结果表明中欧班列总体上可以防止僵尸企业的形成。然而，其作用机制仍需要探讨。本部分认为中欧班列对提高企业海外销售收入、偿付能力和发展能力具有重要意义。因此，本部分利用企业海外销售收入、速动比率和资产增长率三个指标来探索中欧班列阻止僵尸企业形成的机制。

首先，本部分采用企业海外销售收入的比例来描述企业海外销售的规模。表4-23第（1）列中给出的回归结果表明，中欧班列×$Overseas$的回归系数在10%的水平上显著为负，这表明中欧班列可以通过增加公司的海外销售收入，加大企业的资金储备，使其海外贸易的成本更低，利润更高，抵御外界风险的能力也就越强，从而直接防止企业的僵尸化。

表 4-23　　　　　机制分析的回归结果

	(1) Zombie	(2) Zombie	(3) Zombie
中欧班列 × Overseas	-1.5162* (0.783)		
Overseas	0.5619* (0.315)		
中欧班列 × Quick_Ratio		-0.2931*** (0.068)	
Quick_Ratio		-0.1386*** (0.015)	
中欧班列 × Tagr			-0.5743** (0.226)
Tagr			0.1510** (0.059)
中欧班列	-0.1530 (0.132)	0.2123 (0.160)	-0.1492 (0.129)
控制变量	是	是	是
企业固定效应	是	是	是
行业固定效应	是	是	是
年份固定效应	是	是	是
观测量	17736	17736	17736

注：***、**和*分别代表1%、5%和10%的显著性。所有变量的定义见表4-20和第3.2节。

其次，本部分还使用企业的速动比率来描述企业恢复偿付的能力。流动资金在企业的运营中非常重要，一旦资金链断裂且没有后续资金进行补充，企业就会有很大的风险陷入困境，甚至可能直接破产或者被吞并。表4-23第（2）列中给出的回归结果表明，中欧班列×$Quick\_Ratio$比率的回归系数在1%的水平上显著为负，这表明中欧班列可以通过提高企业的偿付能力，使企业的资金加速流通，增强企业应对各种风险的能力，从而防止僵尸企业的形成。

最后，本部分采用企业资产增长率（$Tagr$）被用来描述发展能力水平。表4-23第（3）列的结果表明，中欧班列×$Tagr$的回归系数在5%的水平上显著为负，这表明中欧班列可以帮助企业购置更多的固定资产，开拓海外贸易市场,增强企业对外贸易的积极性,提高企业的发展能力,进而防止僵尸企业的形成。

本节考察了中欧班列对企业产能优化的效应,研究结果表明:①中欧班列可以防止僵尸企业的形成,其效果取决于企业、行业和地理特征。具体而言,中欧班列在抑制僵尸企业形成方面的作用对于非国有企业而言更为显著,尤其是在竞争激烈的中国东部地区。②机制检验证明,中欧班列可以通过直接和间接效应防止僵尸企业的形成。一方面,中欧班列交通快捷、便捷、高频、专业、安全,这可以有效加快公司的销售速度,从而增加其海外销售,并有助于防止僵尸企业的形成。另一方面,规模经济效应和贸易便利化带来的资本积累效应有助于提高企业的偿付能力和发展能力。本节评估了中欧班列的经济效应,并为防止僵尸企业的形成提供了实证支持。

第四节　本章小结

本章首先分析了"一带一路"沿线基础设施互联互通的贸易效应,接着探讨了"一带一路"基础设施水平提升与企业绩效改进效应,最后从中欧班列的角度阐述了"一带一路"交通基础设施与企业产能优化。研究发现:(1)"一带一路"沿线基础设施的建设可以显著提高企业在中欧班列沿线的海外收入。(2)"一带一路"沿线基础设施水平的提升可以有效降低企业的经营风险,提高企业经营绩效。(3)中欧班列可以防止僵尸企业的形成,提高企业发展的稳健性。

根据上述研究结果,本章提出以下建议。

1. 扩大铁路网络连接,提高通行效率,增加中欧班列运行数量

中欧班列贸易通道的通畅,不仅需要中国的不懈努力,更需要沿线每个国家的共同努力,各国积极加深政府与非政府性质的交流,培养共同的国际习惯,制定统一的铁路班列相关规则,一起完善铁路网络、不断扩大铁路到达范围、不断提高通行效率,共同推进"一带一路"贸易向着更高速、更高效、更高质量的方向发展。中欧班列的开通,为相应的城市和地区带来的真正意义不仅体现在班列所展现的交通便利本身,更体现在其影响力、带动力等综合效应上。中欧班列的不断进步和发展,能够为沿线地区提供更大、更广阔的人流、物流以及信息流,使当地政府能够站在更高的视野上考虑经济发展问题,同时为资源的整合汇聚提供了更宽广、更高

层次的平台，能够为贸易转型以及城市的可持续发展不断赋能。通过政策的积极引导与设施的逐渐配套，使中欧班列不断发挥产业带动效应、物流枢纽效应以及路线集聚效应，使中欧班列的发展不再依靠补贴，而是真正让市场在其中起决定性作用。

2. 大力推动企业深入布局"一带一路"沿线业务，拓展海外市场

随着产品生命周期的不断缩短和全球竞争的不断加剧，企业仅仅依靠国内市场保持竞争优势已经难以为继，越来越多的企业正主动加入国际经贸往来，希望通过全球资源提升自身的竞争力。我国企业应深入布局"一带一路"沿线国家，不断拓展海外业务，企业海外市场的扩张既可以通过销售规模的扩大促进企业销售收入的增加，又可以通过规模经济效应摊低企业的销售成本，有助于缓解企业持续创新中的"资金约束"，进而通过企业"走出去"的资本累积效应实现企业的可持续发展。中国企业还要顺势而为，积极响应"一带一路"倡议，逐步扩大开放、降低时间成本和运输成本，降低经营风险，提高企业绩效。最后，中国企业要遵守东道国国家的法律和商业规则，重视生态环境保护，推进本土化发展，促进当地就业等，实现与东道国人民的和谐共处，受到国际社会和相关国家的高度肯定，不断为"一带一路"相关国家注入新的生机活力。

3. 企业需要积极拓展中欧班列相关业务，改善经营管理状况

中国企业不仅要提高经营能力、追求合理盈利，更要积极践行持续发展原则，追求经济、社会和环境的综合价值最大化，成为文明进步的推动者。中国应加快中欧班列建设，积极推动与其他国家的经贸合作，指导企业使用中欧班列，并根据每个企业的个体、行业和地理特征进行差异化规划。企业还需要扩大与中欧班列沿线国家的海外业务，增加其在国外市场的销售份额，加快规模经济和资本积累的形成，这不仅会改善企业的治理情况，还会降低僵尸企业形成的可能性。

第五章 "一带一路"基础设施投资的金融问题

在第一章的分析中已经知道,"一带一路"基础设施建设的资金需求比较大,投资必然需要金融支持。因此,金融问题是一个重要问题。中国牵头设立的亚洲基础设施投资银行及出资设立的各类创新型融资工具,为解决沿线基础设施的投融资问题提供了新思路和新机制。与此同时,政府与社会资本合作(PPP)等模式有效助力基础设施项目建设,使项目运行更为高效和灵活。那么,"一带一路"基础设施投资主要有哪些融资模式?风险特征如何?金融支持在"一带一路"基础设施中起到何种作用,作用机制是怎样的?"一带一路"倡议对沿线国家金融效率是否有所改善?本章将对这些问题展开研究,第一节对"一带一路"沿线基础上投资的资金需求与瓶颈进行分析,主要讨论沿线的金融需求问题和金融制约问题;第二节研究"一带一路"基础设施投资的融资模式、工具与风险,并特别关注了财政与社会资本支持在"一带一路"基础设施投资中发挥的重要作用;第三节分析金融支持基础设施建设的内涵与机制,进一步检验金融要素在"一带一路"基础设施建设中的关键作用;第四节是"一带一路"沿线金融效率的实证分析,重点检验"一带一路"倡议对沿线国家金融效率提升的作用机制。

第一节 "一带一路"基础设施投资的资金需求与瓶颈制约

本节首先在汇总分析多个权威机构和学者对"一带一路"基础设施投资的资金需求预测后,针对性地对"一带一路"沿线基础设施投资需求进行估计;之后探讨"一带一路"基础设施的金融制约问题,分别从融资风险、融资模式、融资成本和融资效率四个角度展开讨论,针对以上金融制约问题,提出相应的对策与建议。

一、"一带一路"沿线基础设施投资中的金融需求问题

1. 全球及亚洲视角的基础设施投资需求的预测分析

"一带一路"设施联通需要资金融通提供金融支持。基础设施建设长期以来为各国经济发展起到显著推动作用，然而受制于资金短缺，部分区域尤其是"一带一路"沿线还未完全释放基础设施建设潜力，存在巨大基础设施资金需求。二十国集团（G20）旗下全球基础设施中心（Global Infrastructure Hub）发布《全球基础设施展望报告》显示，2016—2040年全球基础设施投资需求将增加到94万亿美元，投资缺口约为15万亿美元。据估计，到2040年，亚洲的基础设施投资在全球占比约为54%。表5-1显示该报告预测的2016—2040年全球范围内基础设施投资需求情况，从行业类别来看，公路、电力基础设施投资需求占比GDP比重较高，均超过1%；铁路、电信、水利等类别投资需求分别为0.4%、0.3%与0.2%。分区域来看，非洲地区投资需求占比GDP比重最高，反映出非洲地区仍有大量基础设施需求尚未满足，基建程度较为落后。同时，亚洲地区的投资需求也相对旺盛，除了需要建设满足基础民生需求的设施之外，维修管理、升级改造已有设施等活动的资金需求也不容小觑。

表5-1　2016—2040年全球基础设施投资需求（按行业与区域划分）

行业	投资需求（与GDP比值）	区域	投资需求（与GDP比值）
公路	1.3%	亚洲	4.4%
电力	1.1%	美洲	2.5%
铁路	0.4%	欧洲	2.6%
电信	0.3%	非洲	5.9%
水利	0.2%	大洋洲	3.8%
机场	0.1%		
港口	0.1%	全球	3.5%

数据来源：全球基础设施中心（Global Infrastructure Hub）。

聚焦于亚洲地区基础设施投资需求，全球基础设施中心报告（GIH）预测结果显示，中国在2016—2040年总的基础设施投资需求达到28.4万亿美元，其中公路和电力部门投资需求占据总额的2/3左右。除中国以外的亚洲地区的基础设施投资需求将达到22.4万亿美元的水平，平均每年需投资8950亿美元。表5-2列示了亚洲区域样本国家的基础设施投资需求情况，其中高收入组国家中，日本的基建投资需求为38460亿美元，而

新加坡仅为940亿美元，可见基础设施投资需求因各国具体情况而异，差距较大。对于处于低收入水平的孟加拉国、缅甸和柬埔寨等国而言，投资总需求均在几百亿美元左右。这些国家现阶段基础设施建设目标主要着眼于满足交通运输、电力服务等短板，满足基本民生需要，缓解制约当前经济发展的瓶颈与约束。

表5-2　　　　　2016—2040年亚洲地区基础设施投资需求

国家	投资需求（单位：十亿美元）	国家	投资需求（单位：十亿美元）
日本	3846	韩国	1409
沙特阿拉伯	613	新加坡	94
土耳其	975	泰国	494
马来西亚	460	哈萨克斯坦	292
阿塞拜疆	100	约旦	81
印度	4452	印度尼西亚	1712
孟加拉国	608	越南	605
菲律宾	498	巴基斯坦	480
缅甸	224	柬埔寨	87

数据来源：全球基础设施中心（Global Infrastructure Hub）。

麦肯锡研究所指出，2016—2020年全球基础设施投资需求旺盛（见图5-1）。其中，公共交通类基础设施总支出达到16.5万亿美元，是支出最多的基础设施类别，这意味着世界范围内公共交通基础设施建设需求尤为旺盛。亚洲开发银行研究院（ADBI）也对亚洲范围内基础设施投资需求进行了预测，评估结果表明，2010—2020年32个开发成员国的基础投

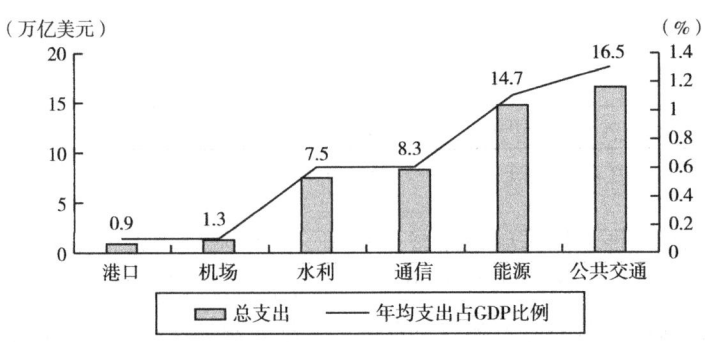

图5-1　2016—2020全球各类基础设施建设所需支出

注：该表内的预测数据以2015年物价为基准。

数据来源：麦肯锡全球研究所。

资需求约为 8.5 万亿美元，其中跨国基础设施建设需求为 0.3 万亿美元。平均来看，每年基建投资需求为 7475 亿美元。就类型而言，电力和交通运输投资需求占据主导。2010—2020 年，亚洲地区电力需求为 40032.9 亿美元，交通运输（包括机场、港口、铁路、公路在内）总需求约为 28988.7 亿美元，通信设施的投资需求为 10401 亿美元，水利卫生设施需求为 2802.4 亿美元。

世界银行（World Bank, 2013）指出，到 2030 年前发展中国家每年将投入 8660 亿美元进行基础设施建设，建设资金中有 2430 亿美元将应用于电力设施建设，有 2540 亿美元将应用于运输设施建设，这两项之和占据总需求的 50% 以上。而东亚和南亚的基础设施需求最高，资金需求总量将达到 5010 亿美元。此外，世界经济论坛预测，2010—2030 年全球每年的基础设施投资缺口为 1 万亿美元。而经济合作与发展组织对发展中国家的预测显示，2015—2030 年每年将需要 2 万亿美元的基建投资。

2. "一带一路"沿线基础设施投资需求的预测分析

对于"一带一路"沿线基础设施投资需求，国内学者和机构同样进行了测算，普遍共识是"一带一路"沿线有旺盛的基础设施投资需求和广阔的基础设施建设发展前景（徐奇渊，2018；袁佳，2016）。中国社会科学院世界经济与政治研究所的徐奇渊（2018）基于基础设施建设投入与基础设施发展水平之间的相关关系，通过对"一带一路"样本国家交通基础设施投资数据进行转化、加总，计算基础设施建设投资与 GDP 比值，并考虑折旧因素后，量化回归分析得到如下结论：2016—2030 年，"一带一路"沿线交通基础设施建设融资总需求为 2.9 万亿美元。分经济走廊来看，中巴经济走廊、中西亚走廊、中国—中南半岛经济走廊、中蒙俄经济走廊、孟中印缅经济走廊、新亚欧大陆桥经济走廊的交通基础设施建设融资需求分别为 250 亿美元、7920 亿美元、1640 亿美元、990 亿美元、1950 亿美元、7470 亿美元。袁佳（2016）分别考虑了基础设施投资占 GDP 比重低、中、高三种方案，即 6%、7% 和 8%，并以 IMF 报告 GDP 预测值作为经济规模总量依据来测算基础设施投资需求。估算结果显示"一带一路"沿线基础设施投资总额在 8 万亿至 10 万亿美元，除中国之外沿线国家年均基础设施投资额约为 6200 亿美元至 9600 亿美元。表 5-3 详细列出了在不同方案下，各年各样本群体所需基础设施投资金额情况。值得注意的是，随着"一带一路"倡议在全球的影响力和吸引力逐渐增强，越来越多的国家选择参与"一带一路"建设，共享发展机遇，因此，未来基础设施融资需求将在已有估算基础上进一步上升。

表 5-3　　　　"一带一路"沿线区域基础设施投资需求　　　　单位：十亿美元

	年份	亚洲新兴经济体和发展中国家	独联体	中东、北非、阿富汗和巴基斯坦	总计
低方案：6%	2017	1120	116	211	1447
	2018	1215	128	228	1571
	2019	1330	142	245	1717
	2020	1455	157	262	1874
中方案：7%	2017	1307	135	246	1689
	2018	1418	149	266	1833
	2019	1551	166	286	2003
	2020	1698	183	306	2186
高方案：8%	2017	1494	155	282	1930
	2018	1620	170	304	2095
	2019	1773	189	327	2289
	2020	1940	209	350	2499

资料来源：袁佳（2016）。

通过梳理现有国际机构与国内学者对基础设施投资需求的测算发现，如世界银行、亚洲开发银行、经济合作与发展组织等机构在样本国家选取等方面差异较大，有研究测算全球范围内基础设施投资需求，还有研究对亚洲地区基础设施投资或是发展中国家基础设施投资进行估计。不可否认的是，"一带一路"沿线有较多国家分布在亚洲区域，其中发展中国家所占比重较高，因此，这些预测对了解沿线基础设施投资需求有重要的参考意义。然而我们要重点关注的是"一带一路"沿线国家基建的资金需求，因此本章进一步对沿线国家的基础设施建设资金需求展开预测。

3. 本研究对"一带一路"沿线基础设施投资的预测分析

本研究采用的方法为，首先根据国际权威机构对各经济体的 GDP 预测值，得到"一带一路"沿线国家未来若干年 GDP 总量作为估计的基数；再根据基础设施投资与 GDP 比例关系计算出各国各年基础设施投资需求；最后将估计值根据年份和区域分组进行加总。如表 5-4 所示，本章根据世界银行对全球各国区域的分组将"一带一路"沿线划分为东亚与太平洋区域、欧洲和中亚区域、中东北非区域和南亚区域，据此分别开展基础设施投资预测和考察。根据 2022 年 4 月发布的《世界经济展望》（World

Economic Outlook），我们以其对未来5年全球各经济体GDP数据为基数。经过整理能够发现，地处东亚和太平洋区域的"一带一路"沿线国家GDP总量最大，在2023—2027年间GDP总额将达到25万亿至40万亿美元；其余"一带一路"沿线区域按经济体量从高到低排序分别是欧洲和中亚地区、中东北非地区和南亚地区。由于世界银行曾在报告中点明一国基础设施投资与GDP占比应不小于5%，考虑到沿线国家部分国家基础设施建设还处于初级阶段，投资比例较低，且承受一定债务压力，未来可负担基础设施建设投资金额较为有限，因此，本章将基础设施投资额与GDP占比拟定为5%。以上述方法测算得到未来五年"一带一路"沿线国家基础设施投资额预测额（见表5－5）。2023—2027年，"一带一路"沿线国家基础设施投资累计总额将达到11万亿美元，年均投资额约为2万亿美元。从现实情况来看，本章的测算结果与现有研究预测较为接近。"一带一路"沿线基础设施建设发展潜力较大，资金需求庞大，但现阶段还存在若干金融制约问题。

表5－4　2023—2027年"一带一路"沿线国家GDP预测　　单位：十亿美元

区域	2023年	2024年	2025年	2026年	2027年
东亚和太平洋	25846.63	27904.27	29949.21	32093.53	34381.42
欧洲和中亚	5332.796	5660.342	6010.982	6351.385	6719.568
中东北非	5252.985	5418.577	5634.287	5881.487	6162.37
南亚	4467.245	4895.772	5361.885	5839.202	6333.841

数据来源：World Economic Outlook, April 2022.

为满足"一带一路"沿线旺盛的基础设施投资需求，需要金融机构、金融市场等多元渠道发挥作用提供金融支持，还需要行之有效的政府政策加以规范和引导。从金融机构角度看，如亚洲基础设施投资银行等多边金融机构应继续发挥开发性融资优势，积极参与沿线基础设施项目融资，并联合各开发银行或商业银行开展信贷融资，提供高质量、低成本的资金。从金融市场角度，应继续加强证券等金融工具在"一带一路"沿线基础设施融资中的作用，多加开发、应用诸如项目债券等适用于沿线实际情况的融资工具。此外，还应格外关注PPP融资，尤其是建设—经营—移交（Build－Operate－Transfer）模式、建设—拥有—运营（Build－Own－Operate）模式等已经得到成功应用的模式，PPP模式下公共部门与社会资本合伙参与项目运营，可有效缓解融资压力。

表 5-5 2023—2027 年"一带一路"沿线国家基础设施投资需求预测

单位：十亿美元

区域	2023 年	2024 年	2025 年	2026 年	2027 年
东亚和太平洋	1292.331	1395.213	1497.461	1604.677	1719.071
中东北非	262.6493	270.9289	281.7144	294.0744	308.1185
南亚	223.3623	244.7886	268.0943	291.9601	316.6921
欧洲和中亚	266.6398	283.0171	300.5491	317.5693	335.9784

数据来源：作者测算。

二、"一带一路"沿线基础设施投资的金融制约问题

"一带一路"沿线基础设施投资面临金融瓶颈问题，主要的金融制约可以归结为以下四个方面。

1. 融资风险较大，经济金融环境不稳定

"一带一路"沿线国家经济发展程度不一，发展中国家较多，虽然有强烈的促进经济建设与社会发展的意愿，但客观条件上，在沿线国家进行基础设施建设仍面临众多融资风险。基础设施建设项目周期较长，短时间内难以转移且项目投资金额大，这些特点使得基础设施项目在政治环境不稳定的国家面临尤其高的融资风险（徐江田，2022；王晓彤，2021）。部分"一带一路"沿线国家长期处于战乱和纷争当中，恐怖主义、民族主义等社会问题和武装冲突、体制矛盾等复杂因素的存在，导致基础设施建设难以实施。特别地，处于政权交迭期的国家政策连续性往往较差，若发生政局波动则会对正在进行的基础设施建设造成沉重打击。基础设施项目是否能够顺利进展的不确定性，提高了基建融资的风险溢价，使得"一带一路"基础设施面临较高融资风险。

"一带一路"沿线国家的环境风险与市场风险也是基础设施建设面临风险的重要来源。部分沿线国家处于自然灾害频发的地段，环境不稳定性容易引发交通受阻、原材料短缺，以及导致最重要的生命安全问题。在"一带一路"沿线国家承包工程项目以及雇佣劳动力等过程中，还涉及合约风险、劳务风险、法律合规风险等市场层面的风险。这些不确定因素客观上为"一带一路"基础设施融资造成阻碍，加大了投资无法得到预期回报的可能性，提升融资风险。表 5-6 给出了"一带一路"沿线国家主权信用风险评级情况。

表5-6　"一带一路"沿线国家主权信用风险评级（2021年）

评级结果	国家
Aaa	新加坡
Aa2	阿联酋
Aa3	捷克，卡塔尔
A1	中国，爱沙尼亚，以色列，科威特，沙特阿拉伯
A2	波兰，斯洛伐克，立陶宛
A3	拉脱维亚，马来西亚，斯洛文尼亚
Baa1	保加利亚，泰国
Baa2	印度尼西亚，菲律宾，匈牙利，哈萨克斯坦
Baa3	印度，罗马尼亚
Ba1	克罗地亚，塞浦路斯
Ba2	阿塞拜疆，格鲁吉亚，塞尔维亚
Ba3	亚美尼亚，孟加拉国，阿曼，越南
B1	阿尔巴尼亚，约旦，黑山，乌兹别克斯坦
B2	巴林，柬埔寨，埃及，吉尔吉斯斯坦，土耳其
B3	白俄罗斯，波黑，摩尔多瓦，蒙古国，巴基斯坦，塔吉克斯坦，乌克兰
Caa1	伊拉克，马尔代夫
Caa2	斯里兰卡，老挝
C	黎巴嫩

资料来源：Country Economy 网站 https://countryeconomy.com/.

2. 融资模式单一，财政支持力度不足

现阶段"一带一路"基础设施建设金融支持模式相对而言较为单一（张文合，2021），主要以间接融资和开发性金融为主，即以主权贷款以及国际多边开发银行提供贷款等作为资金来源开展基础设施建设。以亚洲基础设施投资银行和丝路基金为首的金融机构为沿线基础设施建设提供重要的金融支持，然而多数沿线国家自身金融体系不完善不健全，投融资平台尚未充分满足沿线基础设施建设融资需求（蔡元元，2021），尤其是私人部门投融资参与积极性不高、资金流通度较低，投资主体缺位、融资模式单一的问题严重。

当前以非私有部门作为融资主要来源是影响"一带一路"沿线基础设施建设进程的重要掣肘。一方面，因沿线国家地区债务风险较高，财政资金相对有限，使得东道国政府往往难以提供雄厚的财政资金支持。在现有单一融资模式的情况下,财政支持力度的不足导致部分能够切实改善民生的基础设施难以实施开展。另一方面,政府在基础设施相关政策保障能力方面薄弱,制度障碍不仅加剧经营风险,严重影响企业等主体参与基础设施建设的积极性,还阻挡国际私人资本流入的进程与速度。这些私有资本除了能够有效填补沿线基建资金缺口,更为关键的是将带来世界先进的项目管理经验、设施建设技术、风险管理模式等,从"量"与"质"两方面为沿线基建提质增效,因此,私人部门的参与对"一带一路"沿线基础设施建设至关重要。

3. **融资成本高企,资金压力巨大**

基础设施是具有正外部性的公共品,能够为社会公众带来福祉。由于其具有投资规模大、回收期长、回报率低等特点,虽然长期将为经济社会带来巨大福利,然而短时间建设期间内难以达到丰厚投资回报,基础设施投资方承担高昂的融资成本,同时也承担较大的资金压力。沿线国家地区较高的政策性贷款利率将会使得企业承担沉重的融资成本,而基建项目贷款涉及的繁杂手续与流程也限制了符合条件的主体范围。这就导致在众多发展中国家,往往是政府而非民营企业出资支持基础设施建设。

然而,"一带一路"国家财政实力较弱,部分沿线国家外债与GDP之比甚至超过100%。高企的融资成本以及信息不对称等问题使得私人资本对"一带一路"基础设施投资参与度有限。为推动基础设施互联互通,中国政府筹建以亚洲基础设施投资银行为代表的开发性金融机构,这种市场化运作、注重长期投资、依托信用支持并且财务可持续的金融模式为"一带一路"资金融通提供重要金融支持,能够有效降低融资成本。但是基础设施投资需求巨大,仅仅依靠开发性金融并不足以弥补资金缺口,关键之处是引领撬动私人商业资本。多边开发银行应发挥"批发性银行"优势,使用较低的资本动员成本,引导商业性资本流入,同时健全完善债券发行机制,筹集低成本中长期资本服务基础设施项目。

4. **融资效率较低,金融资源配置能力弱**

"一带一路"沿线国家经济金融环境不确定性巨大,资金融通环境欠佳,金融资源转为经济产出效率低。根据全球竞争力指数(Global Competitiveness Index)2019年数据显示,有49.1%"一带一路"沿线国家的"中小企业融资效率"评价指数得分低于60,有39.6%"一带一路"沿线国家得分在50至60之间。这说明从微观角度而言,"一带一路"国家资金融通效率不高,银行配置信贷资源能力有待提升。"一带一路"国家中小企业融资效率得分情况具体如表5-7所示。

表 5-7　"一带一路"沿线国家中小企业融资效率得分

也门	29.03	斯里兰卡	56.95	黎巴嫩	64.71
乌克兰	42.28	罗马尼亚	56.98	爱沙尼亚	65.21
摩尔多瓦	46.84	拉脱维亚	57.10	尼泊尔	66.37
伊朗	47.52	塞尔维亚	57.40	捷克	67.57
塔吉克斯坦	48.82	波黑	57.86	黑山	67.98
吉尔吉斯斯坦	50.03	塞浦路斯	58.17	菲律宾	68.31
蒙古国	50.52	立陶宛	58.28	印度	69.48
孟加拉国	52.11	保加利亚	59.59	沙特阿拉伯	70.68
哈萨克斯坦	53.07	亚美尼亚	60.16	巴林	71.33
阿尔巴尼亚	53.29	土耳其	61.19	科威特	71.61
巴基斯坦	55.03	匈牙利	61.48	约旦	71.62
文莱	55.12	克罗地亚	61.92	阿联酋	73.84
老挝	55.20	斯洛文尼亚	63.82	以色列	80.55
阿塞拜疆	55.39	越南	63.86	卡塔尔	81.34
俄罗斯	55.66	阿曼	63.90	泰国	85.07
埃及	56.11	印度尼西亚	63.97	马来西亚	85.32
格鲁吉亚	56.17	波兰	64.06	新加坡	91.27
柬埔寨	56.39	斯洛伐克	64.42		

数据来源：World Economic Forum, The Global Competitiveness Index 2019 Dataset.

从宏观角度来看，根据穆迪公司信用评级结果（评级等级从上到下依次降低），2019年"一带一路"沿线国家主权信用评级整体较低，高等投资级别（Aa1级、Aa2级、Aa3级）国家有阿联酋、捷克、卡塔尔3个国家。中上等投资级别（A1级、A2级、A3级）的国家占比18.75%，中等投资级别（Baa1级、Baa2级、Baa3级）的国家占比为15.63%。Ba级别及以下的"一带一路"沿线国家占比60.9%，这种等级的国家被评定为投机级别，还本付息的保证程度有限、极小，有可能违约。这说明整体而言，"一带一路"沿线国家金融体系不健全，金融资源配置能力较弱，融资效率欠佳。

三、"一带一路"沿线金融制约问题的对策和建议

1. 建立风险管控机制，强化融资风险识别、评估和应对

"一带一路"沿线部分国家经济金融环境不稳定，政权频繁更迭使得政策连续性较弱，将为基础设施建设带来较高风险，并严重影响融资进

程。为最大程度避免风险波及"一带一路"基础设施项目，应在项目建设全阶段开展风险识别、评估和应对，有效进行风险分散和风险缓释，尽可能降低和消除风险对基建项目的负面效应，保障项目顺利开展。具体而言，一方面，企业等主体在项目准备的初期阶段应积极与金融机构等进行沟通交流合作，全面了解意向项目所在国的经济金融环境，做好事前评估，对可能的风险因素做到尽职调查。同时，企业应咨询专业机构评估项目全周期的资金需求和盈利能力，分析项目财务是否可行、风险是否可控。另一方面，为应对难以避免和不可预知的风险，项目参与主体可以充分运用担保等保险产品，最大程度降低风险可能带来的损失，有效缓释和分散风险。

2. 丰富项目参与主体，有效结合政府资金和社会资本，扩大融资模式

现阶段"一带一路"沿线基础设施建设面临融资模式单一问题，依靠银行贷款等融资方式难以满足基础设施建设庞大的资金需要。并且在沿线国家外汇短缺等情况下，主权信用借款容易发生违约，影响"一带一路"建设推进。为此，应积极采用吸引更多融资主体、格外注重吸引私人资本参与基础设施建设，有效结合政府部门和私人部门两方面为沿线提供公共产品，实现收益共享、风险共担（刘嘉婷，2020）。具体而言，应积极将PPP（政府与社会资本合作）模式应用于基础设施建设，根据沿线国家和当地环境、基础设施类型等具体情况，因地制宜采用BOT（建设—经营—移交）模式、BOOT（建设—拥有—运营—转让）模式或BOO（建设—拥有—运营）模式等政府与社会资本合作模式。私人资本的先进技术经验将促进资源合理利用和配置，有效推动沿线基础设施建设进展，而基建项目投入使用后的可观回报也将进一步调动私人资本参与的积极性，形成正面反馈，政府和私人部门的互利共赢合作伙伴关系得以巩固，基础设施融资困难得以疏解。

3. 创新金融业务模式，降低融资成本

"一带一路"沿线基础设施建设面临较高的融资成本，严重影响国际资本流入，主要原因之一是基础设施建设项目融资渠道不畅，金融支持产品和业务模式较为单调（鞠传霄，2021；范天荞，2021）。现阶段间接融资占据"一带一路"基础设施融资中的重要地位，相对而言债券、股票等方式应用有限。多元化投融资体系能够有效缓解"一带一路"基础设施融资困境，改善单调融资模式局限，降低融资成本。应着力设计开发创新金融产品，如"一带一路"专项债券和股权投资基金等，以及针对于沿线国

家的基础设施股权基金和各类资产证券化产品；加强金融机构间合作，可以与国际金融机构共同开办设立服务于"一带一路"建设的国际交易所和交易市场，并推出一系列优惠政策，简化融资流程、畅通融资渠道，推动资金要素在沿线顺畅流通。

4. 加强区域金融合作，提升资源利用效率

"一带一路"沿线客观存在资源利用效率不足的问题，金融资源转化实体经济增长动能有限。强化区域金融合作将有效疏解融资渠道堵塞，提升金融资源利用效率，助力基础设施融资顺利进展。多边金融机构可以作为金融合作的载体，如我国创建的亚洲基础设施投资银行自成立以来，积极服务于亚洲地区基础设施互联互通，在"一带一路"资金融通进程中，亚洲基础设施投资银行等区域多边金融机构应充分履行金融支持功能，以开发性金融带动商业性金融形成合力作用，通过提供高质量金融资源促进区域经济增长。中国作为"一带一路"倡议的发起者与主要参与方，应积极推动沿线金融合作，以签署双边本币互换协议、完善境外清算安排等方式，引领带动高质量、大规模的金融资源在沿线国家聚集流通，促进金融对资源更有效的配置进而提升金融效率；同时探索构建形成平等、透明、可持续的创新型区域金融合作机制，巩固沿线资金融通环境质量，为沿线投融资活动提供优质的金融制度环境保障。

第二节 "一带一路"基础设施投资的融资模式

本节内容主要包括以下几个方面：首先，介绍"一带一路"基础设施投资的主要融资模式、工具和风险，重点梳理了开发性金融与商业性金融等模式，以及银行贷款、债券、股权等融资工具，并对各类模式、工具的优劣比较和存在风险进行归纳。其次，介绍"一带一路"基础设施投资的财政与社会资本支持，重点分析PPP合作模式在沿线的应用情况，包括地区分布概况、行业分布概况、主体参与情况、模式选择情况、设施类型情况和多边支持情况等，并对PPP模式促进"一带一路"基础设施建设展开机制进行研究。

一、"一带一路"基础设施投资的主要融资模式、工具和风险

1. "一带一路"基础设施投资的融资模式

（1）开发性金融模式。"一带一路"基础设施投资的融资模式中，开

发性金融占据重要地位，为实现资金融通贡献关键力量。开发性金融指服务国家战略、依托信用支持、不靠政府补贴、市场化运作、财务有可持续性的金融模式，主要以低息贷款、优惠贷款等形式支持"一带一路"基础设施建设，兼顾优惠性与发展性，助力沿线国家基础设施水平提升、经济可持续发展。

以开发性金融助力"一带一路"建设的主体有国家级开发金融机构、多边开发金融机构等。以国家开发银行和中国进出口银行为代表的政策性银行积极以开发性金融服务"一带一路"基础设施建设。政策性金融机构是政府资金的延伸，连接政府与市场的同时进行资源整合，以市场化运作方式提供中长期信用支持，政策性银行为"一带一路"基础设施融资起到示范作用。截至2021年6月，国家开发银行累计向"一带一路"沿线国家项目投放贷款逾2600亿美元，贷款余额1665亿美元。

政策性银行之外，以亚洲基础设施投资银行为代表的多边开发金融机构为"一带一路"基础设施投资提供重要金融支持。据亚洲基础设施投资银行官网数据，截至2020年7月，亚洲基础设施投资银行共对24个国家与经济体的87个项目提供总额近200亿美元的基础设施项目投资，成员国达到103个。亚洲基础设施投资银行基础设施投资项目覆盖能源、电信、交通等多个领域，促进设施联通，提升全球资源配置效率，提升人民福祉。中国政府已经和多家多边开发银行如世界银行、亚洲开发银行、欧洲投资银行等签署合作协议共建"一带一路"。除自身投入外，多边开发银行能否高效动员和撬动私人资本是关键所在（袁东，2018），开发性金融对商业资本的示范引领作用将会极大程度助力"一带一路"基础设施投资，推动互联互通建设。

（2）商业性金融模式。"一带一路"倡议是遵循经济逻辑的区域发展倡议，因此，由市场主导的商业性金融同样是"一带一路"基础设施融资的重要参与方和生力军。商业性金融主要由各类市场主体通过以提供银行贷款、发行债券、股权投资等方式为大型基础设施项目提供融资支持，挖掘盈利能力良好的项目提供融资服务。

从间接融资角度而言，商业银行以参与联合融资、银团贷款的方式支持基础设施建设，通过与借款方签署协议、合同提供资金，典型项目诸如印度尼西亚东固LNG三线项目是由中国建设银行作为商业银行贷款协调行、牵头行组织联合提供银团贷款融资。银团贷款是一种联合投资手段，适用于基础设施建设庞大的资金需求。并且银行之间能形成配合良好的协同效应，有效分散风险，多国银行主体也可以提供多币种贷款组合以应对跨国基础设施建设的资金需要。

从直接融资角度而言，商业性金融机构还通过发行债券、参与"债券通"等方式助力"一带一路"基础设施建设，促进互联互通。2019年，中国建设银行新加坡分行发行10亿元"一带一路"基础设施离岸人民币债券，得到欧洲、亚洲等地区银行以及企业等投资者积极认购。中国银行也于2015年、2017年在国际市场发行债券为"一带一路"项目融资，但总体而言债券融资总额较低，规模有限。对于基础设施来说，股权融资模式一般不需抵押物，由投资者购买股权，通过分红获取收益，设立投资基金是较为常见的方式。

2."一带一路"基础设施投资的融资工具

（1）银行贷款分析。银行贷款融资主要包括以下两种形式，其一为国际联合融资，其二为银团贷款。"一带一路"沿线融资体系尚不发达，通过直接融资吸收资金能力有限，因此以国际多边开发银行以及商业银行联合参与提供资金、或由多家银行及非银机构组成的银行集团提供贷款的方式能够有力支持规模庞大、周期较长的基础设施建设，充分利用各方优势，分散降低资金风险。

国际联合贷款是由诸如亚洲基础设施投资银行、金砖银行、世界银行等国际金融机构，以及各国开发性金融机构如国家开发银行、美国进出口银行，通过通力合作对"一带一路"基础设施项目提供联合融资贷款。联合贷款的参与方各自是独立的个体，其分别与借款方签署合同，并且合同条款有所差异，使联合贷款具有相对较高的灵活性。哈萨克斯坦札纳塔斯100兆瓦风电项目是联合融资典型成功案例之一。这是哈萨克斯坦以及整个中亚地区最大的风电项目，项目并网后年发电量将大力缓解局部地区用电短缺现象，满足一百多万个家庭的电力需求，并减少二氧化硫、二氧化碳等气体排放量，助力可持续发展。2020年，该项目获亚洲基础设施投资银行、欧洲复兴开发银行、中国工商银行与联合国绿色发展基金的融资支持，融资金额近1亿美元。

银团贷款是由一家或多家银行牵头组成的银行集团，按照签署的相同贷款协议为借款人提供融资。"一带一路"建设中，基础设施项目往往筹资金融巨大，单独依靠某一家或某几家银行很难承担金融支持重担。银团贷款的方式能够使银行间形成协同配合效应，发挥参与方各自优势，最大程度分散或降低风险。对于中资银行而言，以"一带一路"倡议为契机积极开展境外银团业务能够有力强化国际化优势，不断创新发展金融业务，提升风险管理与防控能力。中资银行已有作为牵头机构发起银团贷款支持

"一带一路"基础设施融资的成功实践。2016年，中国建设银行作为商业银行贷款协调行、牵头行，与亚洲开发银行、法国巴黎银行、瑞穗银行等十余家银行一同，为印度尼西亚东固LNG三线项目提供银团贷款融资。印度尼西亚东固LNG三线项目债务融资金额达到37.45亿美元，完工后将提升50%供气能力，对该国能源发展起到极大的积极影响。银团贷款助力基础设施项目顺利实施运行，为"一带一路"基础设施融资贡献重要力量。

（2）债券融资。"一带一路"融资体系中，债券市场发挥重要作用，为基础设施项目资金融通提供良好平台与机遇。服务于"一带一路"基础设施建设的债券融资主要体现为以下几种形式。

第一是项目债券。项目债券是根据具体项目情况进行设计发行，参与方包括多边发展金融机构与政府等，提升项目债券的可信度和吸引力，进行信用增级。由于众多"一带一路"沿线国家信用评级未达到较高等级，因此多边金融机构的参与尤为重要，通过以一系列信用增级措施加持后的项目债券评级将大幅度提升，实现顺利发行。土耳其Elazig医院项目是基础设施项目债券的成功案例之一。未增信的债券项目评级较低，无法达到发行要求。在世界银行、欧洲复兴开发银行等多边机构参与合作下，通过创新信用增级产品从而实现信用增级，成功开展项目债券发行工作，并吸引大量投资者认购，成功完成项目融资。

第二是熊猫债。熊猫债是境外主体在中国境内发行的以人民币计价的债券。随着我国债券市场对外开放程度不断提升，熊猫债为境外主体获取融资、合理配置资金提供新的合意选择，并成为"一带一路"资金融通的重要渠道。2018年，菲律宾在中国银行间债券市场发行14.6亿元熊猫债，募集资金用途包括支持"一带一路"基础设施建设等。该笔熊猫债联合资信评级为AAA，期限为3年，票面利率为5%。2021年，匈牙利在中国银行间债券市场发行10亿元绿色主权熊猫债，被联合资信评级为AAA，期限为3年，认购倍数达到1.78。伴随中国国债被全球三大债券指数全部纳入，国际社会对中国债券市场认同度与日俱增，熊猫债作为债券市场重要品种将为"一带一路"基础设施融资发挥重要作用。

第三是公司债券。"一带一路"相关企业是落实"一带一路"建设、开展基础设施项目的关键主体，"一带一路"公司债券有效缓解该类主体融资困境，拓宽融资渠道。2018年，普洛斯中国控股有限公司获批公开发行"一带一路"公司债券，其于2019年在深交所发行总额33亿元、票面利率4.35%的公司债券，募集资金用于收购欧洲"一带一路"沿线基础设施资产以及布局物流设施网络。2018年，红狮控股集团有限公司在上海证券交易所发行总额为3亿元的"一带一路"公司债券，债项评级为AAA，募集资金用于购置老挝水泥项目相关装备，服务老挝基础设施建设。"一带一路"公司债券正在成为相关企业融资的重要选择，为服务"一带一路"基础设施建设作出可观贡献。

（3）股权融资。股权融资是指融资方出让部分股权或增加股本以获取资本金的一种融资方式。就"一带一路"基础设施投融资而言，设立投资基金是较为普遍的股权融资形式。

首先，丝路基金设立发挥先导作用。丝路基金成立于2014年，旨在为"一带一路"建设提供投融资服务。截至2020年，丝路基金已经累计签约47个项目，承诺投资金额达到178亿美元。作为促进资金融通、助力基础设施融资的重要中长期开发投资机构，丝路基金在投资广度和深度上都达到较高水平。投资地域方面，覆盖东南亚、中亚、南亚、西亚北非、中东欧、西欧等地区；投资行业方面，涉及基础设施领域的电力、交通、新能源、港口等多个行业；投资形式方面，有股权直接投资、第三方市场投资等形式。特别地，针对资金供给和需求结构性失衡这一基础设施融资重要问题，丝路基金能够发挥中长期股权投资优势，这种更为稳定的资金来源有助于改善投融资结构，使其更为平衡且合理。

除了股权投资这一主要形式之外，丝路基金还与国际多边机构、境外金融机构等合力开拓第三方市场合作，成立共同投资基金等进行投资。如2016年，丝路基金设立中哈产能合作基金，为产能和投资合作提供重要支持；2017年，丝路基金与通用电气成立能源基础设施联合投资平台，共同投资"一带一路"沿线电力、新能源、油气等基础设施项目；2018年，丝路基金与欧洲投资基金（EIF）设立的中欧共同投资基金投入运作。

其次，国家政府层面、地方层面、企业层面投资基金发展迅速。在丝路基金的引领下，国家层面、各级政府层面及企业出资的基金也为"一带一路"提供资金支持。国家政府层面，中国政府参与筹建设立了包括中国—东盟投资合作基金、中国—中东欧投资合作基金、中国—欧亚经济合作基金等，这些基金主要由政策性银行及国外金融机构参与设立，投资于所在地的基础设施、能源等项目。此外，地方层面，江苏省、广东省、河南省等省份积极成立基金服务"一带一路"建设，如广东省发起设立广东丝路基金首期完成募资200亿元。同时，如兴业银行、中信银行等中国企业也设立"一带一路"投资基金支持建设。

（4）融资租赁。融资租赁作为广为使用的融资工具，经常应用于国际跨境业务场景（李志鹏和邓暄，2021；吴时舫，2022）。这种新型的融资手段能够有效缓解"一带一路"沿线基础设施建设资金困境。相较于传统融资模式，融资租赁以"融物"方式直接向相关企业提供设备等资产，不需借款方筹集长期资金才能获取资产的使用权，从而避免加剧债务负担。融资租赁在"一带一路"建设中发挥重要作用，中国金融租赁公司参与多项"一带一路"沿线基础设施建设项目，工银金融租赁公司参与融资租赁的柬埔寨华能桑河二级水电站项目就是典型代表之一。由于桑河二级水电站项目是新建项目，项目股权同时涉及中国、越南、柬埔寨三个国家，难以通过传统模式租赁设备。为使项目顺利开工，工银租赁公司通过在香港搭建特殊目的公司（SPV），作为出租方与桑河二级水电站项目公司签署融资租赁合同，规定承租人定期支付租金。在灵活的融资租赁方式下，桑河二级水电站项目的资金需求和设备使用问题得到解决，项目建成将降低电力成本，推动柬埔寨经济发展。

3. 各类模式、工具的优劣比较及存在风险

（1）间接融资占比高，但商业性金融供给有限。目前，"一带一路"沿线基础设施建设融资以间接融资为主，银行贷款是主要的资金来源。由于基础设施建设周期长、资金需求规模巨大，中长期贷款和主权外汇贷款为基础设施项目提供重要的资金支持，为"一带一路"沿线建设带来融资便利。

银行贷款支持"一带一路"基础设施建设的优势在于，从沿线国家金融发展的现实状况来看，银行贷款融资更容易实现。在中国政府大力推动和政策影响下，金融机构发放的贷款利率较低、期限较长，能够匹配基础设施项目建设需要。中资银行"走出去"步伐加快，以信贷等多种方式为基础设施项目提供金融支持。同时，国际银团贷款和联合融资也发挥重要作用，以集群之力共同助力为中长期项目提供贷款，发挥各家银行优势，促进沿线国家关键基础设施产业完善升级。其中银团贷款的灵活性更高，以银行间协同合作而非竞争打压来提供融资支持，有利于各参与方提升自身国际化经营水平、增强合作对接能力。

与此同时，银行贷款支持"一带一路"基础设施建设的劣势也较为明显，主要体现在商业性金融供给有限、国际资金供给意愿相对较弱等方面。在国家相关部门推动下，"一带一路"政策性和开发性金融支持力度持续攀升，以国家开发银行、国家进出口银行为主的参与主体提供了可观的贷款规模。相较而言，由于基础设施项目的低收益与高风险性，商业性金融供给相对有限。国际资金方面，国际银团贷款、联合贷款需要各机构

通力配合，贷款项目审批流程严格、协议签署事项繁多、涉及主体复杂，势必在一定程度上降低国际资金参与的积极性和及时性。

从风险特征角度，以间接融资方式提供金融支持"一带一路"沿线基础设施项目的主要风险包括以下两方面。一方面，债务偿付风险，由于众多"一带一路"沿线国家存在金融体系发展不完善、政局不稳定等客观不利情况，在以主权借款获得融资支持的方式下，若借款国外汇管理不善或经营效果不佳，部分高负债国难以到期偿付贷款本金利息，容易形成债务违约风险。另一方面，商业银行在沿线布局网点、开展经营活动面临较高的市场风险和汇率波动风险，由于人民币尚未广泛被用于国际支付结算，不可避免将涉及境外收付问题，当金融市场剧烈波动时易受其殃及。

（2）直接融资模式整体较为薄弱，亟须加强国际合作和模式创新。直接融资模式下，债券融资、股权融资均是"一带一路"资金融通重要的手段与工具，更多更优质的投资品种让境内外投资者有机会分享参与"一带一路"建设的增量收益。但目前阶段存在债券市场规模不足，股权融资占比低，项目融资结构失衡等问题。

从有利因素来看，定价机制市场化、融资效率高、期限匹配等特点是直接融资的优势所在。就债券发行而言，"一带一路"倡议提出以来，熊猫债市场快速增长，为基础设施融资提供有力资金支持。境外主体通过发行熊猫债募集人民币用于沿线基础设施建设，若获得较高评级可有效降低融资成本。从股权融资来看，丝路基金等投资基金以中长期股权投资为主，以市场化、专业化方式实施运营合作，能够较好匹配基础设施项目建设期限，为其提供核心资本支撑，兼顾融资效率与融资成本相平衡。

然而，现阶段直接融资整体仍较为薄弱，规模不足、融资结构失衡、评级不完善等劣势较为突出。目前熊猫债、公司债市场仍在发展阶段，尚未形成成熟体系，筹资规模有限。在市场不确定因素影响下，熊猫债发行期限存在下降现象，一旦低于基础设施项目建设期限将造成期限错配，导致融资结构失衡。此外，信用评级制度不完善也是阻碍债券发行的因素之一，评级被低估等情况将限制发行主体的发债意愿。就股权融资而言，由于沿线国家政策制度、国情体制各不相同，部分国家金融体系不发达，目前基础设施项目股权占比不高，股权融资面临较大挑战。

从风险特征来看，由于直接融资涉及参与国际金融市场，因此市场震荡波动以及东道国自身经济发展不确定性都将为融资活动的实施带来不可预见的风险。基础设施项目多为长周期，在此过程中如境外政局动荡、经营管理不善等情况均会严重阻碍项目进展，影响项目收益。而中国发起的丝路基金等主体海外投资经验有限,与国际金融机构加强合作、共建投融资风险防范机制尤为重要。同时,为应对单一融资工具可能无法避免的风险,还可以通过运用"股权+债权"等方式,联合中外合作,积极引入国际资本参与,实现收益共享、风险共担。

二、"一带一路"基础设施投资的财政与社会资本支持

1. 财政支持模式

在"一带一路"基础设施资金融通过程中,财政支持也发挥了重要作用。国家层面,中国于2014年成立丝路基金用于支持"一带一路"中长期基础设施建设、能源合作等领域,首期注册资本金为400亿美元。现阶段,丝路基金的投资项目已遍布亚洲中部、南部、西部、东南部,以及非洲北部和欧洲部分地区,涉及行业广泛,为"一带一路"基础设施提供了重要金融支持。巴基斯坦卡洛特水电站项目、阿联酋迪拜哈翔清洁燃煤电站项目等都是在丝路基金支持下得以顺利实施的典范。

除了国家层面设立的丝路基金外,中国多地成立地方性丝路基金以支持"一带一路"基础设施建设。如广东丝路基金是由广东省财政出资设立的省级政策性基金,以政府主导、以市场化模式运作。在财政支持引导作用下,杠杆放大效应已然显现,广东丝路基金200亿元规模中的90%来自于社会资本,有效撬动社会资本参与"一带一路"项目建设。此外,多地政府发行"一带一路"专项债券用以支持项目。如2019年陕西省政府发行"一带一路"专项债券20亿元,发行期限为15年期,项目资本金投入包括财政资金安排投入与国有企业投入。2021年,四川省政府发行"一带一路"建设专项债券,发行期限为20年、规模为16.8亿元,筹集资金用于"一带一路"项目建设,还本付息资金来源于项目运营收入和土地出让收入。

财政支持将有效缓解"一带一路"基础设施项目面临的资金压力,然而由于各地政府财力相差悬殊,尤其是部分"一带一路"沿线国家已经有较高的主权债务风险,难以主要以财政支持的方式为基础设施建设提供资金。因而通过政府部门引导、吸引和撬动私人资本参与的PPP(Public-Private-Partnership)模式逐渐成为"一带一路"基础设施建设的重要运营模式。该模式下政府与私人资本有效分工、相互协调、优势互补,保障项目得以顺利开展,实现收益共享、风险共担。

2. PPP合作模式

(1) PPP地区分布概况。"一带一路"沿线发展中国家居多,面对改

善公共基础设施的迫切需求和趋紧的财政压力,使用 PPP 模式是吸引私人资本参与基础设施建设、提升资金使用效率的重要选择。PPP 模式下公共部门和私人部门协调配合,主要以私人部门对基础设施提供融资支持,通过设立特殊目的载体进行项目实施,最终通过项目使用者付费等收入偿还成本。PPP 模式被广泛用于"一带一路"沿线基础设施项目建设中,并得到迅速发展。

图 5-2 显示 1990—2021 年沿线 PPP 项目区域分布趋势变化。根据世界银行对全球经济地区的划分,"一带一路"沿线主要涉及四个区域,分别是东亚与太平洋地区、南亚地区、欧洲与中亚地区,中东和北非地区。1990—1992 年,PPP 模式发展处于起步阶段,项目数量和规模较小,主要集中在东亚和太平洋地区。1993 年以来,"一带一路"沿线 PPP 项目呈现波动上升趋势。2000—2007 年,PPP 项目数量快速发展,并于 2007 年达到 280 个之多。国际金融危机期间基础设施项目建设有所放缓,但是很快于 2009 年迅速恢复并开始一段长达 3 年的井喷式增长,最高一年新增投资项目数量为 416 个。"一带一路"倡议提出之后,沿线 PPP 项目数量增长态势依旧,近年来受到新冠疫情影响,建设进程有所放缓。分区域来看,东亚和太平洋地区项目数量优势明显,并在倡议提出后的 2014—2019 年始终保持增长态势,重要原因之一是该区域内的中国作为基础设施建设大国开展了大量 PPP 项目,印度尼西亚、马来西亚、泰国、菲律宾等国也乘"一带一路"倡议东风加快 PPP 项目进程。南亚地区项目数量增长也较为强劲,印度、巴基斯坦、斯里兰卡等国 PPP 项目迅速增加。此外,欧洲和中亚地区如俄罗斯、土耳其、哈萨克斯坦等国也开展一系列 PPP 项目。

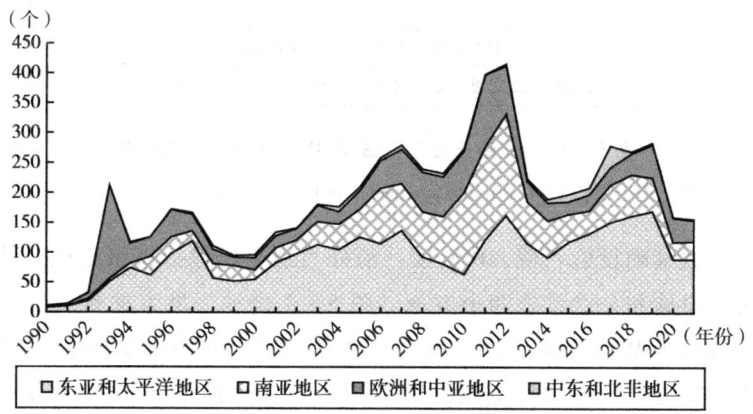

图 5-2 "一带一路"沿线 PPP 项目数量区域分布(1990—2021 年)
数据来源:世界银行 PPI(Private Participation in Infrastructure)数据库。

（2）PPP 行业分布概况。根据世界银行对 PPP 项目类型的划分，本节将从以下五个方面对"一带一路"沿线 PPP 项目行业分布进行介绍：信息和通信（Information and Communications）、能源（Energy）、交通（Transport）、水处理（Water and Sewerage）和固体废物处理（Municipal Solid Waste）。由图 5-3 可知，2008 年以来，从项目金额来看，沿线基础设施建设项目中资金投入较多的是能源和交通项目。在 2014 年之前，能源项目投资额在各年沿线 PPP 项目总金额中占比均超过 50%，这体现出能源基础设施建设对于沿线国家的重要性。近年来，交通基础设施投资金额占比明显上升，并于 2015 年超过能源基础设施，成为投资金额占比最高的基础设施类别。相比之下，水处理项目、固体废物处理项目和信息通信项目投资额较低，这既和沿线国家基础设施需求情况密不可分，又与项目性质直接相关。可能原因是，一方面，从单个项目资金需求而言，相比于规模庞大的能源项目与交通项目，水处理等项目自身规模较小，资金需求较低；另一方面，从项目数量而言，能源与交通对沿线国家经济发展尤为关键，因此项目数量较多，整体金额巨大。

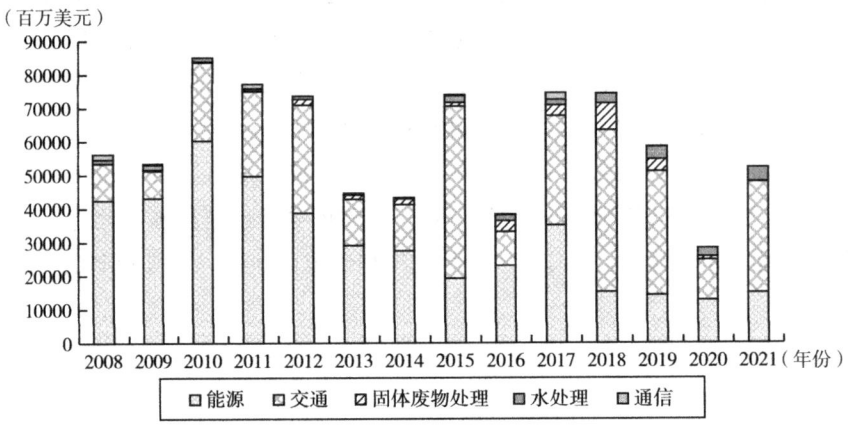

图 5-3 "一带一路"沿线 PPP 项目金额行业分布

数据来源：世界银行 PPI（Private Participation in Infrastructure）数据库。

在交通基础设施领域，PPP 项目细分类别主要包括铁路设施、港口设施、机场设施和公路设施四个方面。图 5-4 显示，最为重要的"一带一路"沿线交通基础设施是公路项目和铁路项目。2009 年以来，这两项投资额占据交通类别总项目金额的 70% 以上，在个别年份如 2016 年，占比甚至超过 95%。自从倡议提出若干年以来，"一带一路"交通设施项目数量呈现迅猛增长态势，在 2018 年新增项目数量达到 114 个。中国企业助力多个沿线PPP项目顺利实施,如泰国高铁PPP项目投资金额高达人民币524.16亿元,是泰国东部经济走廊第一个投资、建设、运营的一体化项目;中国交建和中国路桥联合体签署孟加拉国达卡拉德高架桥PPP项目合同,总投资约为2.6亿美元。

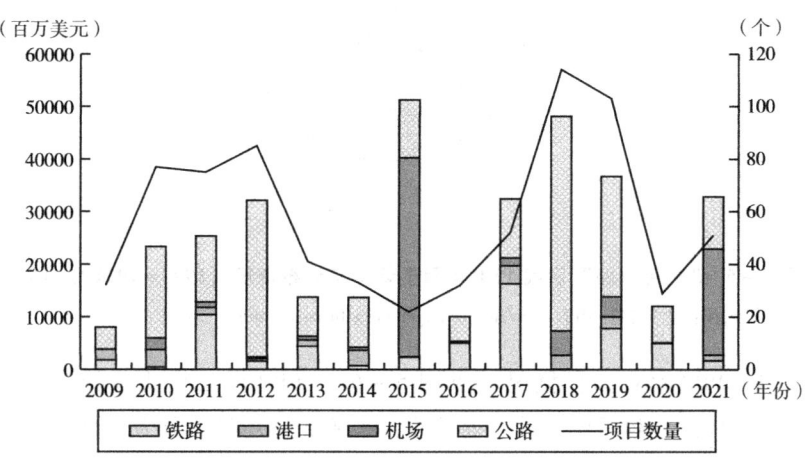

图5-4 "一带一路"沿线交通基础设施PPP项目细分类别分布

数据来源:世界银行PPI数据库。

(3) PPP主体参与情况。世界银行PPP项目库将项目参与的公共部门主体根据行政级别划分为以下四种:中央行政部门(Federal)、省或州(State/Province)、地方公共部门(Local)以及其他(NA)。图5-5显示,1990—2021年"一带一路"沿线国家所有PPP项目的参与主体分布情况。能够发现,以中央或联邦为主要参与方的PPP项目数量最多,共计2190个,达到总数的36%。若排除未知信息项目部分,中央政府参与项目数量将占据项目总量近50%。以地方政府为参与主体的PPP项目数量为1652个,占据总体项目数量的27%。省或州参与的项目占比为12%,相对而言数量较少。

沿线国家PPP项目参与主体分布情况反映出,基础设施PPP项目主要由中央政府主导和参与。可能的原因在于,一方面,"一带一路"沿线国家中央政府有更高程度的统筹力和协调力开展基础设施项目建设,同时财力也更为雄厚,能够以政府补贴等形式偿还投资成本;另一方面,由于"一带一路"倡议旨在加强区域互联互通,因此跨国项目建设方兴未艾。在基础设施项目涉及多个国家共同开展的情况下,各国中央政府将开展沟通协调,以主权信用为项目顺利进展提供担保。

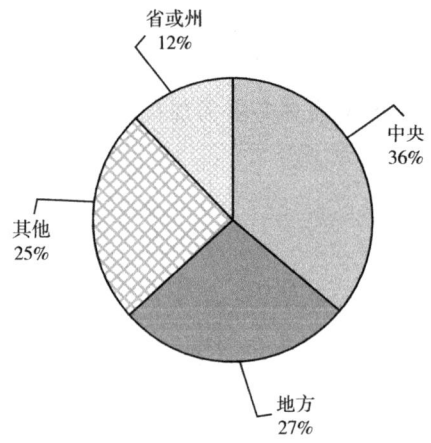

图 5-5 "一带一路"沿线 PPP 项目主体参与分布情况（1990—2021 年总体）

数据来源：世界银行 PPI（Private Participation in Infrastructure）数据库。

（4）PPP 模式选择概况（见图 5-6）。PPP 项目模式选择与参与主体、项目特征等相适应，其主要的收入来源和偿还渠道分为年金类（Anuity/Availab. Payment）、购买协议（私人或公共部门）（Purchase Agreement, Private & Public）、市场化（Sales to Wholesale Market）、使用者付费（User Fees）和其他（Others）五种。在所有收入来源已知的项目中，以购买协议获取收益的项目数量最多，占据项目总数的 34%，其次是以使用者付费方式获得收入的项目，占据总体的 16%。以年金方式和市场化方式实现收益的项目分别占据总量的 10% 和 4%。

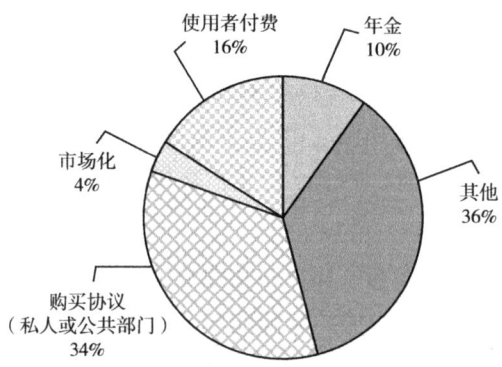

图 5-6 "一带一路"沿线 PPP 项目模式选择情况（1990—2021 年总体）

数据来源：世界银行 PPI（Private Participation in Infrastructure）数据库。

（5）PPP 设施类型概况（见图 5-7）。PPP 项目设施类别具体划分为四大类，分别是褐地投资（Brownfield Project）、绿地投资（Greenfield Project)、资产剥离(Divestiture)和管理租赁合约(Management Contract and Lease)。其中,绿地投资项目是指外国企业在东道国新建基础设施进行项目运营,通常表现为在海外设立子公司,投资者享有部分或者全部的资产。由图5-7可知,"一带一路"沿线PPP项目中以绿地投资方式开展的项目达到65%,在数量上占据绝对优势。这表明"一带一路"沿线国家吸引众多国际企业前往当地参与基础设施建设,通过引进外国资本、先进技术和经验模式提升公共基础设施水平。根据世界银行的划分,绿地投资又包括BOT(Build, Operate and Transfer)、BOO(Build, Own and Operate)、BLT(Build, Lease and Transfer)、租借(Rental)、商业化(Merchant)和其他(Other)几种。能够发现,绿地投资项目中采用BOT模式和BOO模式的项目占比超过50%,BOT模式下私人资本经营基础设施项目期满后需将设施转移给政府,而BOT模式下私人部门可以保留设备所有权。这两种模式有效调动私人资本参与沿线基础设施项目的积极性,并提升公共品建设服务效率。

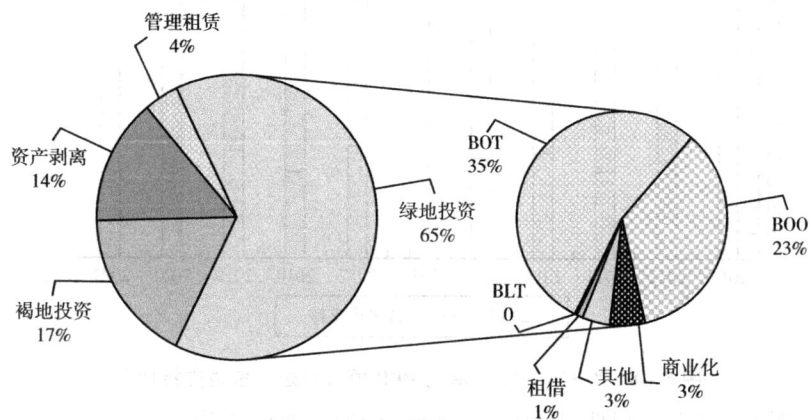

图5-7 "一带一路"沿线PPP项目设施类型情况(1990—2021年总体)

数据来源:世界银行PPI(Private Participation in Infrastructure)数据库。

褐地投资(Brownfield Project)项目占据总数的17%,该种模式是指对存量基础设施项目进行购买或租赁,在基础设施项目改造前后用途相近情形下,褐地投资更符合成本效益原则,因此得到部分海外投资者青睐。资产剥离(Divestiture)指的是以出售等方式处理资产获得转售收益,该种模式项目占据总数的14%。管理租赁合约(Management Contract and Lease)指的是私人部门根据签订的合同或协议管理公共部门资产,并在租赁情况下承担风险。

(6) PPP多边支持概况。PPP项目建设进程中,双板、多边融资方发挥重要作用,提供关键金融支持。图5-8显示,2011年以来,以多边支持获得资金支持的项目占据多数。多边或双边金融机构为区域基础设施建设项目提供资金支持,如亚洲基础设施投资银行(AIIB)、欧洲复兴开发银行(EIRD)、亚洲开发银行(ADB)、德国投资与发展公司(DEG)、非洲开发银行(AfDB)等。"一带一路"沿线国家里发展中国家居多,收入水平多居于中等或中低等。多边金融机构能够因类施策,为中等收入国家提供贷款助力其基础设施建设,为低收入国家提供无息贷款或赠款等帮助其建设最基础的民生设施。除了贷款以外,双边或多边金融机构还提供融资担保、股权投资、技术援助等支持"一带一路"基础设施建设。从图5-9可知,获得多边金融支持的"一带一路"PPP项目中有71%为能源项目,在项目数量上占据绝对优势,其次交通行业项目占据总数比重为13%,剩余几个行业类别项目共计项目总数的16%,呈现出明显的行业差异性。

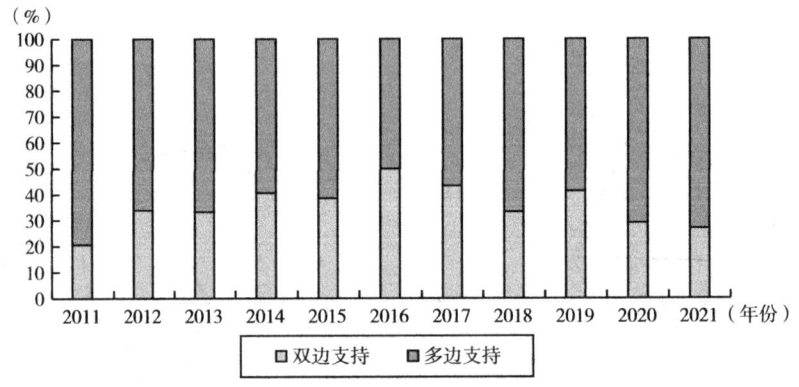

图5-8 "一带一路"沿线PPP项目双边、多边支持情况

数据来源:世界银行PPI(Private Participation in Infrastructure)数据库。

3. PPP模式促进"一带一路"基础设施建设的机制梳理与问题检视

(1) PPP模式促进"一带一路"基础设施建设的机制。在该种模式下,政府负责承担行政相关事项处理和项目质量监督职责,将项目的部分超额收益让渡于私营方,私人资本在市场经济作用下获得与其承担风险相匹配的收益,政府与私人资本实现收益共享、风险共担。"一带一路"基础设施建设资金需求庞大,并且项目长周期、高风险的性质使其难以获得私人资本青睐。而PPP模式引入政府作为合伙方之一,产生的背书效应将有力畅通项目运营管理建设流程,同时私营方在项目建设方面的先进经验是项目成功实施的可靠保证,因而PPP模式越来越多地应用于"一带一

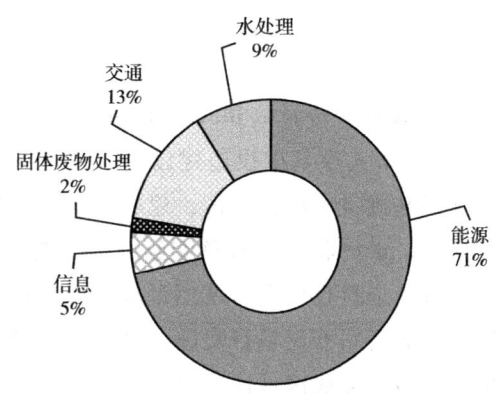

图 5-9 获得多边支持的"一带一路"沿线 PPP 项目行业分布情况

数据来源:世界银行 PPI (Private Participation in Infrastructure) 数据库。

路"基础设施建设项目,成为重要的融资支持方式。其促进机制与主要模式主要包括以下三个方面。

一是建设—经营—移交(Build-Operate-Transfer)模式。此类模式简称 BOT 模式,在这种模式下,私营资本获得与政府签署的特许经营权协议后,可以从事项目投融资、项目建设、运营管理与维护等活动。私人资本可以在规定期限内收取使用费以覆盖成本,并取得利润。在合同规定期满后,政府将收回项目经营使用权。"一带一路"基础设施建设项目较多采用 BOT 模式,如越南永新燃煤电厂一期 BOT 项目、柬埔寨甘再 BOT 水电站项目等。以越南永新燃煤电厂一期 BOT 项目为例,该项目是中国企业在"一带一路"沿线国家越南投资的第一个 BOT 电力项目,旨在缓解当地电力短缺问题,以互联互通促进当地经济发展。中国企业获得 25 年的特许经营权,在期限结束后将项目无偿转至越南政府经营管理。该项目在第一个合同年累计发电 86 亿千瓦时,带来极高的经济效益和社会效益。

二是建设—拥有—运营(Build-Own-Operate)模式。此类模式简称 BOO 模式,在该种模式下,私营资本负责项目建设运营基础设施项目。但与 BOT 模式不同的是,私人资本方主要通过向政府出售服务获取收益,在期满后将保留项目所有权,获得项目的剩余价值。这意味着 BOO 模式私有化程度较高,私人资本参与度更深、承担风险更大。"一带一路"基础设施建设项目中如巴基斯坦卡西姆港燃煤电站、越南芹苴市生活垃圾焚烧发电项目等是采用此模式的成功案例。作为"中巴经济走廊"开展的重要项目之一,巴基斯坦卡西姆港燃煤电站以 PPP 模式下的 BOO 方式运作,项目由中国电力建设集团建设运营,由中国进出口银行提供融资支持。卡西姆港燃煤电站项目建成运行后有效降低巴基斯坦当地用电成本、调整能源结构,为当地带来积极影响。

三是建设—拥有—运营—转让(Build-Own-Operate-Transfer)模式。BOOT 模式一般适用于大型基础设施建设项目,具体流程是获得特许权的企业筹集资金开展基础设施项目建设,建成后获取项目所有权,但要承担经营责任直至期满,最终将所有权移交给政府。典型的"一带一路"基础设施项目——斯里兰卡科伦坡港口城项目就采用该种运营模式。中国港湾在斯里兰卡当地注册公司开展项目实施,是负责建设的总承包方,主要建设内容包括填海造地,完成区域内道路、通信等基础设施建设。项目投资总额高达 14 亿美元,建成后极大改善当地基础设施,为民众提供稳定就业机会,提振经济发展水平。

(2) PPP 模式促进"一带一路"基础设施建设的问题检视。尽管 PPP 模式作为支持"一带一路"基础设施建设的重要方式正在逐渐得到重视,但不可否认的是受制于融资设计较复杂、参与方众多、项目实施地情况各异等多重因素,该模式在应用中仍存在一定问题,主要包括以下三点。

一是易受地缘政治影响,政治法律制度风险较高。PPP 项目重要参与方之一是东道国政府,"一带一路" PPP 项目能否顺利运行很大程度上依赖于当地政局是否稳定、政策是否具有连续性。而当今世界局势波谲云诡,沿线区域地缘政治博弈时刻暗流涌动,投资环境错综复杂,东道国掌权政府随时可能发生更迭。而对于建设周期较长、投资金额巨大的基础设施项目而言,一旦在实施过程中东道国政局动荡,造成项目施工中断、合同不得已终止,则将导致前功尽弃,不仅会酿成巨额经济损失,同时还会严重损害"一带一路"建设进程以及国际口碑。

二是项目协调机制建设不完备,信息不对称、不透明。"一带一路"旨在加强沿线区域互联互通,因此有诸多跨国基础设施项目亟待实施。鉴于目前尚且缺乏翔实完备的基础设施项目库,项目信息的不对称和不透明将降低私人资本参与的积极性,而当涉及多个沿线国家时更会加大政府间协调难度。此外,由于中国企业海外融资、建设、经营项目经验有限,抗风险能力较弱;协调机制的不完善使得中国企业与境外私人资本合作时受到一系列阻力,与国际拥有成熟经验的机构协同合作面临一定困难。

三是融资渠道还需拓展,国际资本参与积极性有待提升。现阶段"一带一路" PPP 项目的金融支持以银行贷款为主,间接融资占据主导地位,主要由政策性金融机构、多边开发金融机构等提供贷款。然而,"一带一路"基础设施项目往往周期较长,单一的融资方式容易导致期限错配,影响项目可持续性。应在现有基础上拓宽融资渠道，针对项目资金需求创新融资模式，具体而言，可以采取推进股权融资等直接融资，建设多元化融资体系，加强与国际私人资本合作以有效分散风险。

第三节 "一带一路"基础设施投资的金融支持分析

本节首先简要分析金融支持基础设施建设的内涵，并分别从货币资金、金融机构、金融市场和金融制度等四个方面阐述金融支持"一带一路"基础设施投资的机制；进一步来讲，本节实证检验了"一带一路"基础设施建设的金融要素，发现融资风险、融资成本和融资效率对基础设施建设有至关重要的影响，即贷款风险高对基础设施投资存在明显的负向影响，银行部门融资效率的提高可以有效促进基础设施投资水平的提高，而过高的融资成本会直接影响一国基础设施投资的推进。

一、金融支持基础设施建设的内涵

"一带一路"是一个遵循经济逻辑的区域经济合作倡议，而经济发展离不开金融这个关键推动要素。具体到"一带一路"沿线区域而言，多数经济体处于欠发达、次发达水平，经济增长面临一定程度的掣肘，因而，金融推动和促进经济活动尤其是基础设施建设的功能就显得格外重要。

一方面，金融支持"一带一路"沿线基础设施建设的内涵可从金融的基本功能着眼进行分析，金融最为重要的功能之一就是优化配置资源，金融服务实体经济的根本要求就是有效发挥其配置资源的作用（李扬，2017），好的金融体系能够有效发挥功能（李建军和韩珣，2019），引导资金流入能够产生较高经济效益与社会效益的区域和领域，并使公平的金融服务易获得。"一带一路"倡议的核心环节在于基础设施互联互通，当前沿线国家基础设施不完备、不健全，与世界前沿水平差距显著，发展潜力巨大，因此，通过"一带一路"资金融通参与基础设施建设是享受沿线区域发展红利的绝佳机遇。国际资金流入沿线国家，为"一带一路"沿线基础设施项目建设提供融资支持，这些金融资源更倾向追逐回报高且符合本国国情的行业及项目，助力沿线国家经济潜力释放、经济发展状况向好。投入给优质基础设施项目资本的数量增加，资本的配置效果改善，实现金融资源高效服务于实体经济增长。

另一方面，在"一带一路"倡议在促进国际资金融通、加强外部金融合作的同时也帮助沿线国家寻求经济发展机遇，推动一国内部资金融通。国际资金流入的带动作用引起的国内资金供给增加，为预期经济效益良好的基础设施项目提供金融支持。"干中学"过程中金融资源服务于实体经济活动特别是基础设施建设的效率得到提升。资金融通并非单指资金支持，而是包含了国际金融合作与国内资金畅通，在双重促进作用下沿线国家基础设施资金约束得到缓解，项目进程得以加快。

除了金融资源支持之外，创新型金融工具、金融服务与金融产品同样是支持"一带一路"基础设施建设必不可少的重要元素。"走出去"在沿线布局的金融机构是运用金融工具和提供金融服务和产品为基础设施建设融资的关键主体，为能源、交通、电力等与民生福祉息息相关的基础设施项目提供中长期资金支持。研究表明，外资银行进入将有效提升资源配置效率（李青原和章尹赛楠，2021）。在与沿线国金融机构进行协作对接、开展金融合作与业务往来的过程中，在沿线布局的金融机构具有的高水平信息筛选甄别、管理经营等能力能够产生正面溢出效应，提升本国银行的运营水平，助力优化沿线国家的信贷资源配置，提升其经营水平、管理意识、甄别能力等，塑造更有利于基础设施融资的金融环境。此外，金融市场对基础设施建设的支持效果逐渐彰显，通过债券发行等方式能够高效筹集基础设施建设所需资金，分散金融风险、减少信息摩擦程度，促进金融资本有效配置。

二、金融支持基础设施建设的机制

1. 货币资金的作用机制

"一带一路"建设致力于加强基础设施互联互通。货币流通抑或资金融通是"一带一路"金融合作机制的精简表述，对"一带一路"基础设施建设发挥重要作用。金融资源是支持实体经济发展的关键力量，资金融通的实现以货币为载体，因而，维持稳定货币金融环境对"一带一路"基础设施建设至关重要，将有助于调和参与各方预期、降低外部不确定性，推动项目顺利进展。

货币的本质是实现商品交换的信用，当前全球货币体系的信用缺失和霸权统治加重了国际金融信任危机，"一带一路"沿线国家不可避免地受到其负外部性影响。长期以来，"一带一路"沿线发展中经济体受制于美国等发达经济体金融霸权的掣肘。沿线国家经济发展不平衡，在全球金融治理体系中多处于外围，话语权较弱，在美元利率与汇率冲击下的金融脆弱性逐渐显现。由于在目前以美元为主导的国际货币体系中，国际贸易、投融资等交易多以美元等国际货币作为媒介，各发展中国家只能被动承受汇率动荡带来的负面溢出效应，在国际货币体系中话语权极其有限。而2013年年底提出的"一带一路"资金融通理念旨在加强中国与沿线国家间的货币资金融通程度，弥补当前国际金融体系的功能缺失，提供契合沿线等众多发展中国家利益诉求的流动性供给。作为负责任的大国，中国积极参与全球治理，由中国发起的"一带一路"倡议以"合作共赢"的经济逻辑和"人类命运共同体"的核心理念增进沿线国家信任，为"一带一路"沿线"货币流通"共同体机制建设提供有力保障。重要的是，资金融通并非一味输送金融资源，其深层目标在于通过促进货币流通维持币值稳定，进而保障金融环境稳定。稳定的币值环境对经济发展意义重大，币值稳定性是货币职能行使的重要基础，也是一国经济实力和信用水平的彰显。中国在"一带一路"建设中推进货币流通，是为了助力构建沿线稳定的货币环境，从而最大程度地避免国际强势货币为本币带来价值波动，降低"一带一路"基础设施建设国际支付结算等过程可能产生的损失。

2. 金融机构的作用机制

金融机构是金融支持"一带一路"基础设施建设的关键主体。在众多类型金融机构中，政策性银行毋庸置疑是承担主要金融支持责任的机构。诸如国家开发银行和中国进出口银行等政策性银行提供中长期信用支持，以贷款等方式为筹资规模大、项目期限长、收益率相对低的"一带一路"基础设施项目融资。除此之外，如亚洲基础设施投资银行、世界银行、亚洲开发银行、欧洲投资银行等多边金融机构也积极投入"一带一路"建设，为能源、交通、电力等与民生福祉息息相关的基础设施项目提供中长期资金支持。

政策性与开发性多边金融机构之外，商业银行在"一带一路"倡议中的角色也不容忽视。由27国财政部共同核准的《"一带一路"融资指导原则》指出，市场机制在资源配置中应该发挥决定性作用。商业性金融机构也是"一带一路"金融服务的重要参与方和生力军，其中尤其是国有商业银行发挥了中坚力量。中国金融机构积极"走出去"，在"一带一路"沿线开展业务，为大型基础设施项目提供投融资支持，挖掘盈利能力良好的项目提供融资服务。据商务部数据显示，截至2020年年末，共有11家中资银行在"一带一路"沿线国家设立了80家分支机构，有3家保险公司在印度尼西亚、新加坡等"一带一路"沿线国家设立7家机构。其中，中国银行在25个"一带一路"国家设立海外分支机构，中国工商银行在21个"一带一路"沿线国家拥有125家分支机构。中资银行支持一系列

"一带一路"沿线基础设施项目建设（见表5-8）。在以贷款支持基础设施之外，商业银行还通过发行债券、参与"债券通"等方式助力"一带一路"基础设施建设，促进互联互通。2019年，中国建设银行新加坡分行发行10亿元"一带一路"基础设施离岸人民币债券，得到欧洲、亚洲等地区银行以及企业等投资者积极认购。中国银行也于2015年、2017年在国际市场发行债券为"一带一路"项目融资，但总体而言，债券融资总额较低，规模有限。

表5-8 中资银行支持"一带一路"基础设施项目一览（部分）

银行名称	项目名称	银行名称	项目名称
中国建设银行	马来西亚马中关丹产业园钢铁基地项目	中国银行	安能巴西553兆瓦太阳能电站
中国建设银行	印尼东固LNG项目	中国银行	约旦阿塔拉特油页岩电厂
中国建设银行	沙特延布炼厂项目	中国银行	中阿产能合作示范园
中国建设银行	老挝南瓯江水电站项目	中国银行	沙特阿美"延布炼厂项目"
中国建设银行	迪拜哈翔240万千瓦清洁煤电站项目	中国工商银行	中电建巴基斯坦萨察尔风电项目
中国银行	土耳其Canakkale大桥项目	中国工商银行	中水顾问巴基斯坦达沃风电项目
中国银行	迪拜950MW光热光伏电站项目	中国工商银行	萨察尔风电项目

资料来源：作者依据公开报道整理。

3. 金融市场的作用机制

金融市场能够高效引导资金要素流通，吸引资本参与"一带一路"基础设施建设。随着中国债券市场对外开放程度不断提升，熊猫债为境外主体获取融资、合理配置资金提供新的合意选择，并成为"一带一路"资金融通的重要渠道。在岸人民币债券市场规模逐渐扩大，继2017年俄罗斯铝业联合公司发行首单"一带一路"熊猫债以后，马来西亚的马来亚银行于2019年发行20亿元熊猫债支持"一带一路"建设，新加坡、菲律宾等沿线国家也是熊猫债市场的积极参与者；离岸人民币债券市场稳健发展，沿线国家中新加坡、哈萨克斯坦等国已经发行离岸人民币债券。随着人民币的储备货币属性稳步提升，人民币在"一带一路"沿线投融资中的吸引力将进一步增强。如全球首支等值22亿美元的绿色"一带一路"银行间常态化合作债券发行涵盖人民币、美元、欧元三种币种，受到国际债券市场积极认购，为"一带一路"项目建设提供重要金融支撑。金融市场不仅能够高效引导资金流动，还能发挥风险分散功能，借助多样化金融工具和金融产品分散基础设施项目所固有的较高风险。

4. 金融制度的作用机制

金融支持"一带一路"基础设施建设不仅涉及货币资金流转和金融资本交易，更为重要的是区域性以及国家之间的金融制度安排。良好的金融制度设计能够促进区域货币顺畅流通，提高资金跨境结算效率等方面，有助于缓和消除基础设施项目建设过程中的金融因素瓶颈。推动"一带一路"资金融通与货币流通一方面体现在提供流动性支持，避免使用第三国货币产生的汇兑成本与结算风险，另一方面体现在提高跨境清算效率，促进国家间贸易、投资等合作自由化。中国在"一带一路"沿线推进货币流通的金融制度安排主要表现在扩展双边本币互换协议范围及规模、推进双边本币结算、完善境外清算机制安排等方面。

第一，中国通过与沿线国家签署双边本币互换协议、推进双边本币结算等方式提供流动性，便利沿线国家开展基础设施建设。自"一带一路"倡议提出以来，中国与沿线国家双边货币互换的覆盖面提升、连续性增强，截至2020年年末，中国与22个"一带一路"沿线国家建立双边本币互换安排，同俄罗斯、巴基斯坦、匈牙利等沿线国家多次续签双边本币互换协议；2021年，中国人民银行同印度尼西亚银行启动本币结算合作。此外，人民币对马来西亚、泰国、新加坡、柬埔寨、老挝等国家当地货币实现了直接交易，极大程度助力货币流通，便利经贸往来。

第二，中国通过完善境外清算机制安排，改善人民币的境外使用环境，为促进货币流通创造良好条件。截至2020年年末，中国与新加坡等8个"一带一路"沿线国家建立人民币清算安排，中国人民银行授权27家境外人民币清算行，促进人民币清算效率提升的同时保障人民币流动性支持。人民币跨境支付系统（CIPS）作为重要的金融基础设施高效助力人民币跨境支付结算，截至2020年年末，CIPS共有42家直接参与者和1050家间接参与者，业务覆盖1000多家"一带一路"沿线国家机构。中国发起的一系列"货币流通"举措服务于"一带一路"沿线基础设施建设等真实经济活动，是中国在区域金融治理体系改革之路上迈出的关键步伐。人民币在"一带一路"建设中使用程度加深，其影响力和认可度日益上升，将在"一带一路"基础设施建设支付结算等过程中发挥重要作用。

三、"一带一路"基础设施建设的金融要素

"一带一路"倡议提出以来，中国以开发性金融、政策性金融和商业

性金融多种形式助力基础设施建设，以发放贷款、设立投资基金和发行债券等多种渠道提供金融支持，着力为交通、电信、能源在内的基础设施项目融资，目的在于深化沿线国家互联互通。互联互通建设在对接"一带一路"沿线各国发展战略的同时，也将为区域协同发展和共同繁荣增添新活力。数据显示，仅亚洲地区近十年的基础设施总投资需求就接近 8 万亿美元，由此可见，"一带一路"沿线各国的基础设施投资需求巨大。

然而，"一带一路"沿线各国的国家体制、法律制度和市场体系多种多样，经济也处于不尽相同的发展阶段，各国的政治、经济风险推高了投资者的投资成本，加上机构自身投资准则的限制，使得"一带一路"沿线各国所能获得的基础设施投资资金并不充裕。同时，由于"一带一路"沿线不少国家是发展中国家或欠发达国家，其资本利用效率远落后于欧美发达国家，且金融话语权不强，难以主导全球金融资源的配置，这也使得"一带一路"沿线各国的基础设施投资资金供求存在巨大缺口，并为吸引基础设施投资带来一定的困难。"一带一路"倡议下的基础设施投资将在很大程度上缩小沿线各国的时间距离，互联互通带来的区域一体化效应明显。本节关心的是，"一带一路"沿线国家基础设施投资的金融制约因素如何，即有哪些金融要素会对资金融通的推进产生影响？在"一带一路"倡议推进的关键时期，本章试图从融资风险、融资成本和融资效率方面研究基础设施投资的金融要素，以期为"一带一路"相关政策实施提供经验证据支持。

基础设施投资项目往往具有投入大、周期长、盈利弱等特点，且政治风险较大，安全环境多变，加之"一带一路"国家的法律体系和市场多种多样，且都处于不同的发展阶段，各国的经济问题、法律保护、汇率波动和国家风险等因素均推高了潜在投资者的风险和成本。与此同时，长期以来发展中国家的资本利用效率和金融活跃程度远远落后于欧美发达国家，发展中国家在金融话语权和主导权中的弱势地位使其无法主导金融资源配置，直接导致其基础设施投资等关键领域的融资需求得不到有效满足。由此可见，较高的融资风险、较高的融资成本和较低的融资效率可能阻碍着"一带一路"国家的基础设施投资进程。

基于上述论述，本节采用面板数据回归的方法来研究融资风险、融资成本和融资效率三个因素对基础设施投资综合水平的影响。我们采用贷款的风险溢价（rpol）衡量贷款风险，采用利差（irs）作为衡量银行部门融资效率的反向指标，采用贷款利率（lir）衡量银行融资成本；以 rsr 值衡量基础设施投资综合水平，测度方式与第三章公式（3-2）基本类似。需说明的是，此处的面板数据为非平行面板，时间区间为 2000—2019 年，所选国家和国家数量依数据可得性而定,回归中采用固定效应模型进行参数估计。

从表5-9的回归结果可以看出,贷款风险(rpol)的回归系数在5%的显著性水平上为负,这意味着贷款风险高对基础设施投资存在明显的负向影响;与此同时,融资效率的反向指标(irs)的回归系数在10%的显著水平上显著为负,意味着银行部门融资效率的提高可以有效促进基础设施投资水平的提高。研究同时证实,融资成本(lir)对基础设施投资水平的系数同样在5%显著性水平下为负,说明融资成本对基础设施投资也存在着至关重要的影响,而过高的融资成本会直接影响一国基础设施投资的推进。

表5-9　　　　　　　　金融要素与基础设施投资

	(1) rsr	(2) rsr	(3) rsr
rpol	-0.0009** (0.000)		
irs		-0.0014* (0.001)	
lir			-0.0012** (0.001)
capfor	0.0020** (0.001)	0.0020** (0.001)	0.0020** (0.001)
fixcapfor	-0.0020* (0.001)	-0.0020* (0.001)	-0.0019* (0.001)
Constant	0.3540*** (0.012)	0.3627*** (0.013)	0.3685*** (0.014)
Year Effect	Yes	Yes	Yes
Country Effect	Yes	Yes	Yes
Obs	340	340	340
R^2	0.905	0.905	0.906

注:*、**、***分别表示在10%、5%、1%的水平下显著,括号内为标准误差,下同。

第四节 "一带一路"沿线金融效率的实证分析

在2015年发布的《推动共建丝绸之路经济带和21世纪海上丝绸之路

的愿景与行动》中,"资金融通"被称为落实"一带一路"倡议的"重要抓手"。资金融通能够从金融支撑角度促进经济要素有序自由流通,资源高效配置和市场深度融合,加速多边投融资合作,服务于开创中国对外开放新格局。伴随"一带一路"建设深入开展,融资渠道日益拓宽、融资方式逐渐丰富,使沿线国家金融资源的可得性和利用度得到提升,促进金融资源高效转化为经济增长动能,助力沿线国家经济高质量发展。但是"一带一路"沿线国家地区发展情况不一,部分国家存在法律不健全、政治风险高、汇率波动大等问题,致使各国资金融通环境差异较大。以投入产出的方式准确评价国家金融效率对"一带一路"建设各参与方意义重大,既能够帮助东道国掌握本国资金融通环境质量,了解金融资源对经济增长的贡献度,从而优化本国金融资源配置,又能为中国企业制定在"一带一路"沿线国家的投资决策提供参考依据,提升中国企业在"一带一路"建设中的投资效率,降低"一带一路"建设中的金融风险。本节重要研究点在于测算国家层面金融效率,并且关注时间维度上"一带一路"沿线国家的金融效率是如何变化的,以及"一带一路"倡议的实施是否会影响金融效率的时变性?如果会,作用机制是什么,对不同类型的经济体会产生怎样的异质性效果?

一、关于"一带一路"沿线金融效率的内涵

金融是经济运行的枢纽,金融效率是指金融运作的能力(王广谦,1997)。金融效率是衡量金融推动经济发展效果的关键指标,由于其内涵丰富,学者们从微观、中观、宏观不同角度对金融效率的概念进行解读。现有研究对金融效率的测算方法不一,一些学者研究微观层面商业银行效率(如 Ariff 和 Can,2008;Wijesiri 等,2017;夏琼等,2019)或企业投资效率(Richardson,2006;靳庆鲁等,2012);中观层面,有学者研究了金融系统效率(邱华炳和刘宏,1999)、资本配置效率(韩立岩和蔡红艳,2002;王永剑和刘春杰,2011)等。然而,这些研究考虑的是金融系统中特定组成部分的效率,但难以体现金融对经济的贡献度,即宏观金融效率。并且目前还鲜有研究对世界各国金融效率进行测算,特别是考察政策冲击对金融效率的作用效应,而这正是本章力求有所突破的地方。

本节将金融效率定义为"一国金融资源对国民经济产出的贡献度和有效性",考察金融资源投入转化为经济产出的作用效果。金融作为动员与分配经济资源的重要手段,其效率高低很大程度上决定了经济要素的分配状态与利用程度,金融效率高反映为经济体利用有限的金融资源推动尽可

能多的经济产出。本章所研究的金融效率是宏观的、广义上的金融效率，即全社会金融资源对实体经济增长的贡献度和有效性，与王广谦（1997）、彭俞超和彭丹丹（2018）等定义的宏观金融效率一致。首先以随机前沿模型为理论基础测算出2001—2017年"一带一路"沿线国家与非"一带一路"沿线国家的金融效率，然后以"一带一路"倡议的提出作为准自然实验，运用双重差分方法评估政策冲击对沿线国家金融效率的影响。研究发现，"一带一路"倡议的实施对沿线国家金融效率有显著的促进效应，缩小了"一带一路"国家和非"一带一路"国家的金融效率差距，并且所处地域、收入水平、风险程度等异质性因素会影响"一带一路"倡议的作用效果。

本节研究的边际贡献主要体现在：第一，运用随机前沿分析方法对国家层面金融效率进行测算，相比于以往"一带一路"效率测算的研究主要集中在对外直接投资效率（严佳佳等，2019；张友棠和杨柳，2020）、基础设施绩效（李建军和李俊成，2018）、贸易便利化水平（孔庆峰和董虹蔚，2015）等方面，本节测算的金融效率更能够反映国家整体资金融通的环境质量，为中国企业"走出去"的投资决策提供参考意义。第二，本节将金融效率作为被解释变量，以"一带一路"倡议提出作为政策冲击来评估"一带一路"倡议对金融效率的作用效果及异质性影响，弥补了相关领域的空白。第三，本节不仅对政策效应进行考察，而且还从资金融通角度分析了"一带一路"倡议对金融效率影响的作用机制。

二、"一带一路"倡议的金融效率影响机制分析

"效率"用来衡量资源投入与产出之间的关系，而金融作为一种资源，其目标在于服务实体经济。金融效率考察的是金融系统是否合理配置资本、货币流动性等资源，以实现最优化经济发展、最大化经济福利。研究"金融效率"往往以金融发展理论为前提。国外学者提出了一系列理论如"金融结构论""金融深化论""金融功能论"等，它们都为金融与经济增长关系提供了不同方面的解释。金融效率作为一个将金融与经济紧密相连的宏观指标，其内含、分解与度量并没有得到学界的共识。现有研究将金融效率定义为金融运作能力的大小（王广谦，1997）或金融资源在经济系统中与金融系统以及金融系统内部的子系统之间配置的协调度（白钦先和丁志杰，1998）等。金融效率可分为微观、中观、宏观层面（王广谦，1997），即可理解为金融系统内子系统的效率、金融系统内部整体效率与金融对宏观经济增长的效率，又能被分解为金融机构效率、金融市场效率

与金融宏观效率。

微观层面，学者们主要关注的是经济个体支配金融资源的效率，如商业银行效率、企业投资效率等。银行的经营效率尤其是财务效率得到广泛研究（Ariff 和 Can，2008；Wijesiri 等，2017），还有学者将可持续发展理念纳入效率的考察范围，测算出包括经济效率、社会效率与环境效率在内的中国商业银行三重效率（夏琼等，2019）。在单纯测算效率的基础上，学者们也对银行效率影响因素进行研究。竞争者程度、战略投资者引入、商业银行资本监管水平等因素均能够对中国商业银行效率产生一定影响（张大永和张志伟，2019；郭晔等，2020；余晶晶等，2019）。对于企业投资效率的研究十分丰富，鉴于信息不对称、委托代理等问题存在，新古典理论的完美市场假设受到挑战。国内学者靳庆鲁等（2012）、申慧慧等（2012）分别发现货币政策环境和环境不确定性会对投资效率产生影响。

宏观和中观层面，现有研究大多着眼于金融市场资本配置效率、储蓄向投资转化效率、政府投资效率等。由于资本配置效率可以反映金融市场的资本优化配置情况，因而被用来衡量金融市场的运行效率。有学者认为资本配置效率提升有利于经济增长（Wurgler，2000），并且金融发展程度与资本配置效率呈现正相关（李青原等，2010）。由于经济发展的速度很大程度上取决于实际投资的多少，故研究储蓄到投资的转化效率对于一国宏观经济调控尤为关键，考察储蓄是否有效转为投资可以衡量金融系统效率高低（邱华炳和刘宏，1999）。沈坤荣和孙文杰（2004）运用投资率与储蓄率之比、资本产出比等指标进行研究，并将我国直接融资和间接融资的特点纳入考量，发现金融体系对储蓄转化效率作用有限。近年来的研究将投资的主体细化，如廖凯诚等（2019）指出政府投资相对于民间投资而言既有经济效益、又有社会效益，并实证检验了地方政府的经济投资效率与社会投资效率，发现空间异质性显著。吴粤等（2017）理论论证了地方政府的投资效率与债务风险有显著的负相关关系，结论得到了 DEA 模型实证检验的支持。也有部分学者直接从宏观投资效率的视角进行研究，发现"过度投资"（李治国和唐国兴，2003）、资本边际收益率下降（龚六堂和谢丹阳，2004）等现象。

综上所述，目前关于金融效率的文献主要集中于微观层面与中观层面，鲜有研究提出衡量金融系统对整个经济贡献度的效率指标，即对于宏观层面的金融效率研究不足。尤其是现有文献大多着眼于一国内部的金融机构、金融市场效率情况，很少有学者将国家整体作为样本进行国家间的比较分析。对于"一带一路"沿线国家金融效率的研究更是十分有限，多为定性描述，鲜有研究定量分析金融效率。并且对于金融效率的指标选取不尽合理，仅仅测度了特定年份的金融效率，缺乏对面板数据的金融效率测算，难以观测较长时间窗口内效率的变化。"一带一路"沿线国家多为发展中国家，金融体系促进金融资源向实体经济转化、从而刺激经济增长的潜力巨大，可沿线各国金融效率究竟如何目前还不得而知。因此，测算"一带一路"沿线国家的金融效率有助于了解这些国家金融对经济的贡献度。进一步来讲，本章研究"一带一路"倡议能否促进沿线国家的金融效率，并对作用机制进行考察，可以更好地帮助沿线国家评估自身金融效率，进而改进金融效率、促进经济增长。

资金融通是"一带一路"倡议的重要支撑。作为全球化视野下的国际公共产品，"一带一路"倡议能够帮助沿线国家实现资源聚集和流通，通过推动一国内部资金融通促进沿线国家金融效率提升。首先，"一带一路"倡议为沿线国家带来产业发展新机遇，有效增强国内资金供给意愿，吸引信贷资金投向潜力旺盛的项目，提升金融资源配置效率。在全球经济增速放缓的背景下，沿线发展中国家经济增长尤其面临瓶颈制约，往往有强烈的经济发展意愿但资金供给动力不足。通过依托市场机制、顺应比较优势规律，"一带一路"互联互通有助于沿线国家融入全球供应链（卢锋等，2015），开辟新的经济增长点。以往研究表明，制度环境因素作为影响国家经济增长和经济发展的重要因素，同时也影响资源配置效率（North，1981；方军雄，2007）。在"一带一路"开放包容、互利共赢的区域经济合作架构下，沿线国家在加强外部金融合作的同时提升自身"造血"能力（邱煜和潘攀，2019），扩张信贷以支持实体经济发展。这些信贷资金更倾向追逐回报高且符合本国国情的行业及项目，助力沿线国家经济潜力释放、经济发展状况向好。投入给优质项目资本的数量增加，资本的配置效果改善，实现金融资源高效服务于实体经济增长，表现为金融效率提升。其次，"一带一路"倡议不仅从"量"的角度助力拓宽金融资源供给，更从"质"的角度帮助沿线国家国内金融资源高效服务于实体经济增长，具体表现为"一带一路"资金融通进程中沿线国家能够吸收充沛的国际资本，国际优质资本的流向对沿线国家资源配置可能产生明显的信号效应，使国内金融资源在"干中学"过程中得到更为高效的配置，而且"一带一路"建设中的资金融通能够对国内资金起到引导带动作用，进一步强化国内资金的供给意愿，促进国内金融资源高效服务于实体经济，金融效率得到提升。由此，本章认为"一带一路"倡议可能通过推动沿线国家内部资金融通、促进沿线国家信贷扩张，对沿线国家金融效率产生正向影响。

三、国家层面的金融效率测算与数据分析

1. 数据说明

本章选取 2001—2019 年作为研究期间对世界范围内各国金融效率进行测算分析,其中,"一带一路"沿线国家有 65 个①,样本指标来源于世界银行 WDI 数据库、GFDD 数据库和 IMF 数据库。考虑到极端值的影响,本章将连续变量进行 Winsorize 处理,消除 1% 和 99% 分位数之外的异常数据影响。由于部分国家发展水平低、统计数据有缺失情况,本章借鉴李建军和李俊成(2018)的数据处理方法,运用插值法对个别缺失数据进行了补充,尽可能在保证数据可靠性的基础上完善样本。本章测算出的金融效率值经过标准化处理后,作为核心被解释变量进行实证回归。

2. 金融效率评价体系构建与指数测算

(1)模型构建。自 Aigner 等(1977)提出随机前沿生产函数以来,众多学者不断完善随机前沿方法以更准确地测算效率。本章借鉴 Battese 和 Coelli 于 1992 年提出的随机前沿模型领域经典方法构造计算金融效率理论模型。基础模型如下:

$$pGDP_{it} = f(X_{it}, \beta_j)\exp(V_{it} - u_{it}), u_{it} \geq 0 \quad (5-1)$$

对式(5-1)取对数得到:

$$\ln pGDP_{it} = \ln f(X_{it}, \beta_j) + V_{it} - u_{it}, u_{it} \geq 0 \quad (5-2)$$

$$u_{it} = \{\exp[-\eta(t-T)]\} u_i \quad (5-3)$$

其中,被解释变量是人均 GDP,用以刻画一国经济产出水平。X_{it} 是能够影响 i 国 t 期经济产出的金融指标,β_j 是 X_{it} 的参数变量。式(5-3)引入了时变因素,其中 η 是时间效应待估参数。η 为正,表明无效率项随时间变化而下降,金融效率增加;为负则表明金融效率随时间下降。误差项 V_{it} 满足独立同分布,不可观测的非负无效率项 u_{it} 符合正态截断分布,并且随国家或时间变化而取值不同。该模型能够很好地刻画时变的个体效应,适合多国家、长时间的面板数据分析。

---

① 根据"中国'一带一路'网",沿线国家除中国外有 64 个,包括亚洲的蒙古国、新加坡、印度尼西亚、马来西亚、泰国、越南、菲律宾、柬埔寨、缅甸、老挝、文莱、东帝汶、印度、巴基斯坦、斯里兰卡、孟加拉国、尼泊尔、马尔代夫、不丹、阿联酋、科威特、土耳其、卡塔尔、阿曼、黎巴嫩、沙特阿拉伯、巴林、以色列、也门、伊朗、约旦、叙利亚、伊朗克、阿富汗、巴勒斯坦、阿塞拜疆、格鲁吉亚、亚美尼亚、哈萨克斯坦、吉尔吉斯斯坦、土库曼斯坦、塔吉克斯坦、乌兹别克斯坦,非洲的埃及,以及欧洲的波兰、阿尔巴尼亚、爱沙尼亚、立陶宛、斯洛文尼亚、保加利亚、捷克、匈牙利、北马其顿、塞尔维亚、罗马尼亚、斯洛伐克、克罗地亚、拉脱维亚、波黑、黑山、乌克兰、白俄罗斯、摩尔多瓦、俄罗斯。

由于投入产出关系具有多变性,本章选取超越对数生产函数,并加入时间趋势和投入变量的交乘项以刻画技术时间趋势变化(彭俞超和彭丹丹,2018),其中,t是时间趋势变量。这种参数方法确定了生产前沿形式,测算了金融资源投入下经济产出的效率,并将随机因素纳入影响产出的考量范围。由于生产前沿意味着一定投入下产出最大,此时效率为1,故将投入产出值代入模型后,所有样本都会得到在(0,1)之间的唯一的非负效率值。主要的解释变量是金融资源投入指标,由于指标之间有一定的关联度,因此本章采用主成分分析的方法对指标进行降维,从而提取出最能反映一国金融资源情况的三个因子取对数作为回归的主要解释变量,分别用$\ln X_1$、$\ln X_2$、$\ln X_3$表示。本章构建计量模型如式(5-4)所示,其中被解释变量是人均GDP,解释指标是因子、因子两两交乘项及因子与时间趋势交乘项。

$$\ln pGDP_{i,t} = \beta_0 + \beta_1 \ln X_1 + \beta_2 \ln X_2 + \beta_3 \ln X_3 + \beta_4 \ln X_1 \ln X_2 + \beta_5 \ln X_1 \ln X_3 + \beta_6 \ln X_2 \ln X_3 + \beta_7 t \ln X_1 + \beta_8 t \ln X_2 + \beta_9 t \ln X_3 + \beta_{10} t + \beta_{11} t^2 + v_{i,t} - u_{i,t}$$
(5-4)

为了便于实证部分利用测算出的金融效率进行回归分析,本章将金融效率值进行标准化处理,记金融效率指数为FE_Index,形成指数的标准化方法如下:

$$FE_{Index} = \frac{FE_{it} - \min(FE_{it})}{\max(FE_{it}) - \min(FE_{it})}$$
(5-5)

(2)金融投入指标选取。测算金融效率的前提是指标选取科学全面。由于金融活动涉及社会生产生活的方方面面,很难在某一个维度测算评估金融对经济发展的作用程度,而是应该分为不同层次进行考察。根据以往研究对于金融效率的理论分析,我们选取了共九个指标代理金融资源投入。

金融活动的目的在于通过金融资源分配满足宏观与微观经济部门的金融需要,需要不同层级分支金融机构如毛细血管般将便利的金融资源输送到各地,为企业、公众和政府部门提供完善的金融服务(王振山,2000)。金融机构数量增加能够反映金融服务覆盖范围扩张,对于金融资源需求的满足程度提高。由于银行能够发挥动员储蓄、管理风险等重要作用,部分学者认为银行主导的金融体系有利于经济增长(Diamond,1984),本章选取每十万人银行分支机构数量代理微观经济主体获得金融服务的可得性。

中观角度来看,金融市场是金融要素为经济增长提供动能的重要途径。金融市场发展对经济增长的促进作用得到学界广泛认同(Levine,1998;

Beck 和 Levine, 2004),金融市场通过实现资本优化配置来促进经济增长。借鉴韩立岩和蔡红艳 (2002) 的做法,本章选取股票市场市值/GDP 与股票市场交易额/GDP 代理股票市场规模,另选取私人部门债券/GDP 代理债券市场发展水平。由于保险公司是金融体系中的重要组成部分,本章将一国保险密度作为金融资源投入指标之一。此外,金融宏观效率是从整个经济层面考量金融对经济的贡献度。信贷为经济增长贡献了重要作用,本章将其纳入宏观金融资源投入指标。根据李青原等 (2010),利用全部信贷/GDP 等规模指标难以恰当反映金融发展水平,本章借鉴其研究思路选取私人部门国内信贷代理信贷资源投入,除以 GDP 进行标准化。外资流入也对一国经济产生重要影响,本章使用 FDI/GDP 作为代理变量。金融体系在经济运行中起到融资中介作用,吸收社会资金形成负债 (张成思和张步昙, 2015),其为经济资源转移提供渠道这一功能的实现过程涉及储蓄 (李扬, 2017),因此,本章选取金融系统总存款指标和一国债务总额/GDP 作为投入指标。此外,本章还将经济货币化程度纳入考量范围内,选取 M2/GDP 作为指标之一。

3. 金融效率情况分析

表 5-10 列示了世界范围内不同收入组以及不同年份的金融效率。从不同年份的金融效率均值能够发现,金融效率整体在 2001—2007 年呈现上升趋势,在金融危机期间有明显下降,随后保持逐步上升态势。从收入组来看,高收入国家的金融效率最高,均值达到 0.6818,而中低收入国家的金融效率均值仅为 0.3789,说明高收入国家整体而言金融资源利用效率较高,金融资源转化为实体经济增长动能效果显著。

表 5-10　　　　　全球金融效率的描述性统计

	均值	标准差
Panel A: 不同收入组		
高收入国家	0.6818	0.1515
中高收入国家	0.5344	0.2107
中低收入国家	0.3789	0.1897
Panel B: 不同年份		
2001	0.5311	0.2195
2002	0.5472	0.2222
2003	0.5482	0.2265
2004	0.5548	0.2319

续表

	均值	标准差
2005	0.5613	0.2306
2006	0.5620	0.2331
2007	0.5556	0.2321
2008	0.5485	0.2261
2009	0.5292	0.2184
2010	0.5390	0.2238
2011	0.5481	0.2239
2012	0.5492	0.2208
2013	0.5483	0.2189
2014	0.5520	0.2195
2015	0.5464	0.2138
2016	0.5517	0.2134
2017	0.5586	0.2141
2018	0.5641	0.2072
2019	0.5692	0.2075

数据来源：作者计算得到。

四、"一带一路"倡议对沿线国家金融效率作用的实证检验

1. 基准回归

本部分运用双重差分方法考察"一带一路"倡议实施对沿线国家金融效率的影响，模型如下所示：

$$FE\_Index_{it} = \alpha + \beta Treat_i \times Post_t + \gamma Z_{it} + \delta_i + \mu_t + \varepsilon_{it} \qquad (5-6)$$

其中，被解释变量 FE_Index_{it} 是本章测算的 i 国在 t 时间的金融效率指数，$Treat_i$ 为国家层面虚拟变量，若 i 国为"一带一路"沿线国家则 $Treat$ 取值为 1，记为实验组，非"一带一路"沿线国家作为对照组该变量取值为 0。$Post_t$ 是用以刻画"一带一路"倡议冲击的时间虚拟变量，由于"一带一路"倡议提出时间在 2013 年 9 月，因此，本章将 2014 年及以后年度的 $Post_t$ 设为 1①，其余年份设为 0。$Treat_i \times Post_t$ 是考察"一带一路"倡议对"一带一路"国家作用效果的关键解释变量。δ_i 是个体固定效应，μ_t 为时间固定效应，ε_{it} 是随机误差项。Z_{it} 是一系列可能影响金融效率的宏观层

---

① 本章参照李建军和李俊成（2020）、徐思等（2019），将"一带一路"倡议政策冲击时点设为 2014 年。

面控制变量，我们选取人口对数和 GDP 增速控制国家规模与经济增长；由于制度环境会影响资金融通效率（邓路等，2014），本章选取 WGI 数据库发布的政治稳定性指数作为国家层面制度环境代理变量；根据彭俞超（2015），选取进出口贸易总额占比 GDP 控制贸易开放度；由于金融开放对资源配置效率起到重要影响（李青原和章尹赛楠，2021），还选取金融开放度指数作为控制变量，另根据王广谦（1997）选取通货膨胀率、储蓄率、政府购买占比 GDP 来控制国家层面宏观变量。模型的基准变量如表 5-11 所示。

表 5-11　　　　　　　　基准模型变量一览表

变量名称	变量表示	数据来源
人口规模	Lpop	WDI 数据库
制度环境指数	Wgi	WGI 数据库
GDP 增速	GDPg	WDI 数据库
金融开放度	Ka_open	Chinn – Ito index 网站
贸易/GDP	Trade	WDI 数据库
政府购买/GDP	Gov	WDI 数据库
通货膨胀率	Inf	WDI 数据库
储蓄率	Saving	WDI 数据库

结果如表 5-12 所示，表中的第（1）和第（2）列均控制了国家固定效应和年份固定效应。第（1）列回归结果表明，实验组（"一带一路"沿线国家）和政策冲击（"一带一路"倡议）的交互项系数在 1% 水平上显著为正。在控制了国家层面的宏观变量后，第（2）列的交互项系数仍然在 1% 水平上显著，且绝对值更大，说明"一带一路"倡议能够显著提升沿线国家的金融效率水平，结论符合预期。

表 5-12　　　　　　　　DID 基准回归

	(1)	(2)
	FE_index	FE_index
Treat × Post	0.0221***	0.0226***
	(0.0070)	(0.0067)
常数项	0.5246***	2.0099***
	(0.0072)	(0.3257)

续表

	(1)	(2)
	FE_index	FE_index
控制变量	NO	YES
时间固定效应	YES	YES
国家固定效应	YES	YES
R^2	0.064	0.125
观测值	1177	933

注：*、**、*** 分别表示在10%、5%、1%的水平下显著。

2. 平行趋势及安慰剂检验

基准回归采用 DID 方法，回归结果的可靠性建立在 DID 方法有效性上。由于运用 DID 方法的前提是满足平行趋势假设，本部分将进行相应的有效性检验。

图 5-10 展示了 2009—2019 年实验组和对照组的金融效率均值变化。从图 5-10 可看出，2014 年之前两组的金融效率变化趋势一致，并且"一带一路"国家金融效率均值低于非"一带一路"国家。而在倡议提出之后，对照组的金融效率均值呈现下降趋势，绝对值波动较小，而实验组金融效率均值大幅上升，与对照组之间的差异明显缩小。但差距变化是否显著还需要运用计量方法进一步检验。

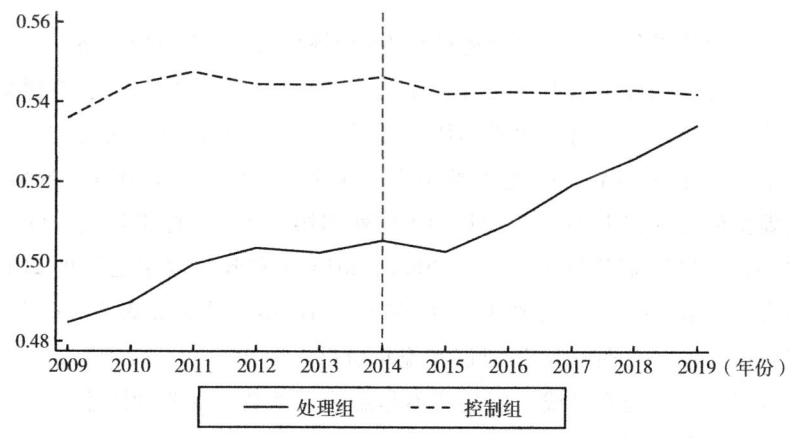

图 5-10 "一带一路"沿线国家与非沿线国家金融效率均值（2009—2019 年）

本章参考吕越等（2019）的实证模型，设定如下方程检验政策冲击前实验组和对照组随时间变化的趋势是否一致：

$$y_{it} = \alpha_i \sum_{i=-3}^{3} Treat \times Year_{2013+i} + \beta X_{it} + \varepsilon_{it} + \delta_i + \mu_t \qquad (5-7)$$

其中，主要关注实验组与年度虚拟变量 $Year_t$ 的交乘项系数，若政策冲击之前各年的系数均不显著则表明两个组别具有相同的变化趋势。图 5-11 给出了平行趋势假设的检验结果。从图 5-11 中可以看出，"一带一路"倡议提出之前的结果都不显著，而 2014 年之后系数显著为正，说明平行趋势假设检验通过，DID 方法运用得当。

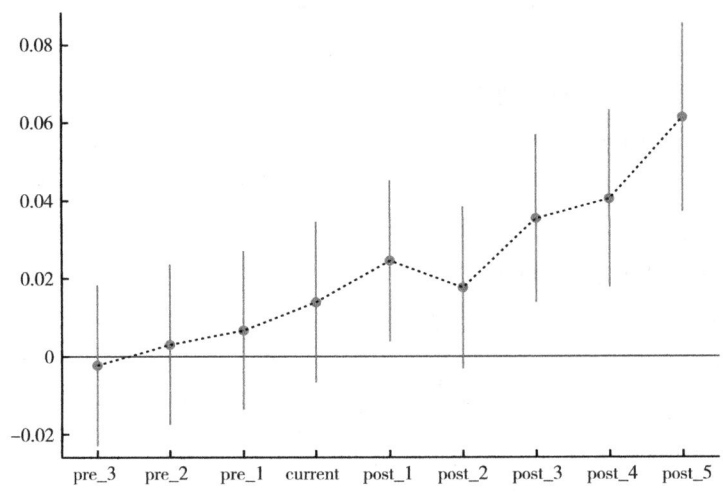

图 5-11 平行趋势检验结果

除了检验平行趋势，本章还进行安慰剂检验，将"一带一路"倡议发生时间进行虚拟设定以考察是否还存在金融效率提升效应。由于金融效率的改善也可能是由时间变化或其他不可观测变量导致，而不仅是"一带一路"倡议实施的影响，因此本章借鉴李建军和李俊成（2020）的做法，设置虚拟倡议冲击时间，其中第（1）列和第（2）列样本区间分别设定为"一带一路"倡议发生之前的 2008—2014 年和政策发生之后的 2015—2019 年，政策冲击年份分别为 2009 年和 2016 年，结果如表 5-13 所示。由于虚拟设定"一带一路"倡议实施年份后，关键解释变量的系数均不显著，说明不可观测变量或时间趋势不是影响金融效率的驱动因素。

3. 稳健性检验

（1）改变金融效率测算方法。在测算基准回归中所用的金融效率时，本章选取了每十万人银行分支机构数量、股票市场总市值/GDP、股票市场交易额/GDP、保险密度、私人部门国内信贷/GDP、私人部门债券/GDP、金融系统总存款/GDP、总债务/GDP、FDI/GDP 等指标代理金融资

表 5-13 安慰剂检验

	(1)	(2)
	FE_index	FE_index
Treat × Post	0.0049	0.0125
	(0.0061)	(0.0119)
常数项	1.0285	4.4342
	(0.7491)	(4.1351)
控制变量	YES	YES
时间固定效应	YES	YES
国家固定效应	YES	YES
R^2	0.184	0.102
观测值	398	222

注：*、**、*** 分别表示在 10%、5%、1% 的水平下显著。

源投入。随着全球化进程快速推进，服务于经济发展的金融资源来源并不一定局限在一国边界内，世界其他地区也有可能为该国提供金融资源支持，如位于国外的非居民银行为该国提供的贷款。由此，本章加入非居民银行贷款未偿还额/GDP 作为境外金融资源投入指标，再次测算出金融效率并进行回归。另外，本章还使用人均资本作为金融部门的产出变量，将金融资源作为投入变量，重新测算出金融效率，以此进行基准回归分析。表 5-14 的结果表明，改变金融效率测算方法之后，Treat × Post 系数依然显著为正，原有结论得到支持。

表 5-14 稳健性检验（改变金融效率测算方法）

	(1)	(2)	(3)	(4)
	FE_index	FE_index	FE_index	FE_index
	增加金融资源投入指标计算金融效率		以人均资本为被解释变量计算金融效率	
Treat × Post	0.0374***	0.0389***	0.0305***	0.0267***
	(0.0071)	(0.0069)	(0.0098)	(0.0091)
常数项	0.5546***	2.4471***	0.2650***	0.1470
	(0.0073)	(0.3353)	(0.0105)	(0.7117)
控制变量	NO	YES	NO	YES
时间固定效应	YES	YES	YES	YES
国家固定效应	YES	YES	YES	YES
R^2	0.074	0.205	0.081	0.294
观测值	1177	933	1015	834

注：*、**、*** 分别表示在 10%、5%、1% 的水平下显著。

（2）拓展控制变量。由于控制变量可能会对回归结果产生影响，在已有控制变量保持不变的基础上，本章加入人口规模对数平方项来考察国家规模可能存在的线性影响。同时加入银行危机指数作为控制变量，系数显著为负，说明银行危机的发生降低金融效率。此外，本章主要从宏观视角研究金融效率，金融资源对经济增长的贡献中包含了金融促进全要素生产率提升，因此本章加入 TFP 增长率作为控制变量，以此剔除金融效率中反映 TFP 的部分。表 5-15 展示了拓展控制变量的结果，$Treat \times Post$ 系数在 1% 水平上显著为正，再次证明了结论的稳健性。

（3）控制高阶固定效应。"一带一路"沿线国家经济发展阶段不同，收入水平存在较大差异。处于相同收入组的国家可能具有相似的金融效率变化趋势，使得"一带一路"倡议效果难以识别，因此实验组的固有趋势应该得到处理以避免内生性问题的产生。本章参照世界银行数据库将"一带一路"沿线国家划分为高收入组、中高收入组、中低收入组和低收入组等四个组别。表 5-15 的第（1）列至第（3）列在拓展控制变量的基础上控制了收入组与时间趋势的交互项，可以看出关键解释变量系数显著为正，说明"一带一路"倡议的政策效应是稳健的。

表 5-15　　稳健性检验（增加控制变量和高阶固定效应）

	（1）	（2）	（3）
	FE_index	FE_index	FE_index
Treat × Post	0.0193 ***	0.0189 ***	0.0276 ***
	(0.0068)	(0.0068)	(0.0075)
Lpop	0.1422	0.0550	0.2189
	(0.2076)	(0.2013)	(0.2145)
Lpop^2	-0.0079	-0.0047	-0.0100
	(0.0070)	(0.0069)	(0.0073)
Wgi	0.0061	0.0050	0.0099
	(0.0128)	(0.0124)	(0.0138)
GDPg	0.0019 ***	0.0017 ***	0.0015 **
	(0.0007)	(0.0006)	(0.0007)
Ka_open	0.0208	0.0118	0.0219
	(0.0161)	(0.0153)	(0.0163)
Trade	-0.0007 ***	-0.0006 ***	-0.0004 ***
	(0.0002)	(0.0001)	(0.0002)

续表

	（1）	（2）	（3）
	FE_index	FE_index	FE_index
Gov	-0.0054***	-0.0047***	-0.0062***
	(0.0013)	(0.0013)	(0.0016)
Inf	0.0013***	0.0012***	0.0011**
	(0.0005)	(0.0004)	(0.0005)
Saving	0.0010**	0.0013***	0.0002
	(0.0005)	(0.0005)	(0.0006)
Bankcrisis		-0.0269***	-0.0300***
		(0.0093)	(0.0096)
TFPg			0.0800**
			(0.0368)
常数项	0.5027	1.0170	-0.1888
	(1.4993)	(1.4475)	(1.5364)
时间固定效应	YES	YES	YES
国家固定效应	YES	YES	YES
收入组×年份固定效应	YES	YES	YES
R^2	0.205	0.221	0.234
观测值	933	880	771

注：*、**、*** 分别表示在 10%、5%、1% 的水平下显著。

4. 异质性分析

"一带一路"倡议构建了全球性的合作发展框架，参与共建"一带一路"的国家覆盖亚洲、欧洲、非洲等地，在地理位置、经济发展水平等方面都有很强的异质性。本部分研究在不同异质性条件下"一带一路"倡议对金融效率的影响。

（1）区分经济体收入水平。本章进一步根据国家所属的收入水平进行分组，来考察"一带一路"倡议在不同经济发展水平国家对金融效率影响的差异。表 5-16 的结果显示，"一带一路"倡议尤其促进了中高收入国家的金融效率。随着亚洲基础设施投资银行、丝路基金等开放性金融支持力度不断加大，"一带一路"多边投融资体系持续完善，参与国际金融合作有助于沿线国家实现金融需求，进而助力经济发展，提高金融效率。中高收入国家普遍金融发展水平较高，金融基础设施健全、投融资机制完善，能够更充分地享受到资金融通带来的便利，推动金融资源高效服务于实体经济。对于众多"一带一路"沿线的发展中国家而言,"一带一路"倡议帮助促进资金融通,金融支撑作用发挥显著成效,金融效率大幅提升。

表 5-16 异质性分析（收入组划分）

	(1)	(2)	(3)
	FE_index	FE_index	FE_index
	高收入国家	中高收入国家	中低收入国家
Treat * Post	-0.0096 (0.0101)	0.0461*** (0.0128)	-0.0194 (0.0140)
常数项	1.2515*** (0.3507)	7.4077*** (1.0330)	3.5619** (1.4717)
控制变量	YES	YES	YES
时间固定效应	YES	YES	YES
国家固定效应	YES	YES	YES
R^2	0.294	0.360	0.401
观测值	391	299	243

注：*、**、*** 分别表示在 10%、5%、1% 的水平下显著。

(2) 区分经济体风险。由于众多"一带一路"国家经济发展水平较低,客观上存在体制政策风险、经济形势与政局变动风险、环境风险等问题,这会对"一带一路"倡议顺利实施产生一定程度的阻碍。因此,本章分别考察不同程度的经济金融风险和外部冲突风险会如何影响"一带一路"倡议的作用效果,风险数据来源于 The International Country Risk Guide (ICRG),根据全样本中位数划分高低风险经济体。表 5-17 第 (1) 列、第 (2) 列为金融风险,第 (3) 列、第 (4) 列为外部冲突风险。从回归结果可以发现,对高风险经济体而言,"一带一路"倡议的金融效率提升作用没有显现；而对低风险经济体的促进效应是正向显著的。这说明了经济金融风险程度是评价"一带一路"沿线国家资金融通环境质量的重要标准,将风险控制较低的国家更能受到"一带一路"倡议的金融效率提升效应,利于金融资源高效服务实体经济。同时,对于参与"一带一路"建设的中国企业而言,考察沿线国家的投资风险也是"走出去"过程的重要一环。

表 5-17　　　　　　　　异质性分析（风险划分）

	(1) FE_index 低风险	(2) FE_index 高风险	(3) FE_index 低风险	(4) FE_index 高风险
Treat * Post	0.0138 * (0.0071)	0.0228 (0.0155)	0.0323 *** (0.0099)	0.0120 (0.0089)
常数项	1.6424 *** (0.3932)	3.5420 *** (1.1996)	1.6885 ** (0.7114)	2.1362 *** (0.3678)
控制变量	YES	YES	YES	YES
时间固定效应	YES	YES	YES	YES
国家固定效应	YES	YES	YES	YES
R^2	0.242	0.202	0.207	0.379
观测值	655	278	523	410

注：*、**、*** 分别表示在 10%、5%、1% 的水平下显著。

5. 机制检验

前文发现"一带一路"倡议有金融效率促进效应，但是参与"一带一路"建设是如何促进一国金融效率的，影响机制如何，还需要进一步检验。基于文献综述部分的分析，"一带一路"倡议通过促进资金融通从而提升了沿线国家的金融效率。"一带一路"倡议为沿线国家带来产业发展新机遇，有效增强国内资金供给意愿，吸引信贷资金投向潜力旺盛的项目，提升金融资源配置效率。本章考察资金融通对"一带一路"沿线国家金融效率的机制。

表 5-18 给出了机制分析的结果。第（1）列和第（2）列使用国内信贷的自然对数来衡量国内资金融通程度，数据来源于 WDI 数据库。第（1）列和第（2）列考察了"一带一路"倡议对于国内层面资金融通的效应。结果显示，$Treat \times Post$ 回归系数显著为正。这表明倡议能够通过提高投放到当地的金融资源而促进金融效率提升。"一带一路"倡议披露了沿线国家的投资机会，参与共建"一带一路"国家的市场潜力被发现和识别，国际资本流入的增加对国内资金起到带动效应，推动国内信贷扩张，助推资金融通，提高要素的流动性和资源的配置效率，提升金融效率。在国际资金融通的引领带动作用下，国内金融资源被充分动员和有效配置，这表明"一带一路"倡议能够增强沿线国家"造血"功能，从根本上助力国内金融资源高效服务于实体经济，增强金融对经济发展的推动效果，

提升金融效率。这一结果显示了倡议对国内资金融通具有积极效应,为沿线国家金融效率的提升提供了必要支撑与推动力量。

表 5-18　　　　　　　　　机制分析

	(1)	(2)
	L 中欧班列	L 中欧班列
Treat * Post	0.2401***	0.1821***
	(0.0420)	(0.0417)
Lpop		1.4524***
		(0.1315)
Wgi		0.4092***
		(0.0607)
GDPg		-0.0206***
		(0.0028)
Ka_open		0.1294
		(0.0943)
Trade		-0.0019***
		(0.0007)
Gov		-0.0135**
		(0.0053)
Inf		-0.0025
		(0.0020)
Saving		-0.0046***
		(0.0016)
常数项	25.0101***	3.0726
	(0.0397)	(2.1061)
时间固定效应	YES	YES
国家固定效应	YES	YES
观测值	3175	2231

注：*、**、*** 分别表示在 10%、5%、1% 的水平下显著。

五、"一带一路"倡议对沿线金融效率提升作用的结论与启示

本节运用随机前沿分析模型测算了 2001—2019 年"一带一路"沿线国家和非"一带一路"沿线国家的金融效率,通过采取双重差分的方法,

考察"一带一路"倡议是否提升了沿线国家的金融效率,并进一步对影响机制进行识别。回归结果表明,"一带一路"倡议显著促进了沿线国家金融效率提升;平行趋势假设和安慰剂检验的结果表明该结论有效。在进行改变金融效率测算方法、控制高阶固定效应、增加控制变量等一系列稳健性检验后,结论仍然成立。异质性分析的结果表明,"一带一路"倡议的金融效率促进效应在"海上丝绸之路"国家与非邻近国家中更为突出。此外,本节发现面临更低经济风险和外部冲突风险的"一带一路"沿线国家受到更为显著的金融效率促进效应。进一步来讲,本章对作用机制进行检验,研究发现"一带一路"倡议通过促进沿线国家资金融通而提升金融效率。

  本节的研究结论对推动高质量建设"一带一路"、提升沿线资金融通效率有以下政策启示。首先,"一带一路"资金融通对沿线国家金融效率有显著的提升作用,因此,应进一步深入推进资金融通合作,充分发挥金融对"一带一路"沿线经济增长的促进作用。部分沿线发展中国家金融发展程度较低,金融资源在量与质两方面均未能达到合意水平,导致金融服务实体经济效率低下。为提升沿线国家金融效率,中国作为"一带一路"倡议的发起者与主要参与方,应积极推动沿线金融合作,继续扩大对"一带一路"沿线投资,引领带动高质量、大规模的金融资源在沿线国家聚集流通,促进金融对资源更有效配置进而提升金融效率;同时探索构建形成平等、透明、可持续的创新型区域金融合作机制,巩固沿线资金融通环境质量,为沿线投融资活动提供优质的金融制度环境保障。在"一带一路"资金融通进程中,亚洲基础设施投资银行等区域多边金融机构应充分履行金融支持功能,以开发性金融带动商业性金融形成合力作用,通过提供高质量金融资源促进区域经济增长。其次,考虑到"一带一路"倡议金融效率提升作用具有异质性,在推进"一带一路"资金融通过程中要充分考虑当地的金融市场成熟度和金融需求差异度,因地制宜推进金融合作。应切实根据不同沿线国家金融发展实际情况,选取利益交汇点制定资金融通进程中的金融标准与合作范式,加强投融资规则协同对接,在借鉴现有国际准则基础上构建行之有效、适合各国国情的"一带一路"可持续融资规则体系。最后,"一带一路"资金融通进程中需格外重视风险因素。本节实证结果表明,倡议能够更为显著地提升低风险国家的金融效率,因此强化风险管控将会有助于"一带一路"倡议的金融效率提升作用更好地发挥。应格外重视能够对沿线投融资合作产生严重负面影响的汇率风险等经济风险,可以通过推动中资银行"走出去"拓展跨境人民币支付结算等业务,鼓励使用人民币开展基础设施投融资业务以避免第三方货币价值波动带来的交易风险，降低风险因素对沿线国家资金融通的影响，维护沿线国家金融稳定，助力金融效率提升。

第五节　本章小结

金融是"一带一路"基础设施建设的重要支撑。从现实情况来看，"一带一路"基础设施投资还面临巨额的资金需求，本章梳理全球基础设施中心、亚洲开发银行、世界银行等国家权威金融机构对基础设施投资需求的预测，并对未来五年"一带一路"沿线基础设施投资需求进行测算，以量化直观的方式展现目前基建融资规模之巨、资金需求之大。然而，"一带一路"沿线基础设施投资面临瓶颈的主要来源即金融制约问题，本章分别从金融与财政的视角，将金融制约总结为融资风险较大、融资模式单一、融资成本高企与融资效率低下四个方面，细致梳理金融支持"一带一路"基础设施建设中客观存在的短板和障碍。

为进一步深入探析"一带一路"基础设施投资的融资模式与风险，本章第二节分别从主要模式、融资工具和各类模式与工具的优劣比较和风险展开分析，整理金融支持"一带一路"沿线基础设施的主要渠道与途径，并列示相关风险因素。值得关注的是，"一带一路"基础设施投资的财政与社会资本支持所发挥的作用不容忽视，其中公共部门与社会资本合伙运营模式（Public – Private – Partnership 模式，即 PPP 模式）得到广泛关注与应用。本章细致梳理了"一带一路"沿线 PPP 模式投资概况，包括地区分布情况、行业分布情况、主体参与情况、模式选择、设施类型与多边支持概况，以期对沿线 PPP 模式发展现状有较为全面的把握与了解。在梳理融资模式之后，本章对金融支持"一带一路"的内涵与机制展开分析，主要是以宏观视角分析货币资金的作用机制、金融机构的作用机制、金融市场的作用机制以及金融制度的作用机制，并以实证证据表明金融要素确实对"一带一路"基础设施建设起到至关重要的影响。具体而言，贷款风险高对基础设施投资存在明显的负向影响，银行部门融资效率的提高可以有效促进基础设施投资水平的提高。研究同时证实，融资成本对基础设施投资水平的系数同样在 5% 显著性水平下为负，说明融资成本对基础设施投资也存在着至关重要的影响，而过高的融资成本会直接影响一国基础设施投资的推进。本章针对"一带一路"沿线基础设施投资的金融制约问题提出如下对策与建议：一是建立风险管控机制，强化融资风险识别、评估和应对；二是丰富项目参与主体，有效结合政府资金和社会资本；三是创新金融业务模式，降低融资成本；四是加强区域金融合作，提升资源利用效率。同时，本章实证检验"一带一路"倡议对沿线国家金融效率的影响。回归结果表明，"一带一路"倡议显著促进了沿线国家金融效率提升；平行趋势假设和安慰剂检验的结果表明该结论有效。此外，本章发现面临更低经济风险和外部冲突风险的"一带一路"沿线国家受到更为显著的金融效率促进效应。进一步地，本章对作用机制进行检验，研究发现"一带一路"倡议通过促进沿线国家资金融通而提升金融效率。

第六章 "一带一路"基础设施投资的安全问题

"一带一路"倡议提出以来,基础设施互联互通建设已取得一定成效。然而,随着贸易保护主义等"逆全球化"趋势抬头以及地缘政治冲突不断加剧,再加上沿线各国的经济、财政、债务和金融市场发展的不同阶段,各国的政治、经济等安全风险问题使得沿线国家基础设施投资面临越来越大的不确定性,推高了投资者的投资成本,"一带一路"沿线各国的基础设施投资仍然面临一系列的安全问题。本章首先在对当前"逆全球化"以及地缘政治冲突现状进行分析的基础上,剖析"逆全球化"与地缘政治风险对沿线国家的基础设施建设带来的安全问题,以及"一带一路"倡议全球化收益配置和如何借助"一带一路"倡议推动"全球化"转型升级。其次,分析沿线国家的经济、财政以及债务状况,并对当前沿线国家面临的经济冲击、财政风险以及债务风险进行判断。再次,对沿线国家银行和资本市场发展现状进行总结,分析沿线国家面临的各类金融风险。之后,研究沿线国家政治风险给"一带一路"投资带来的安全冲击。最后,分析沿线疫情叠加地缘政治风险对基础设施投资安全带来的影响,并针对沿线国家面临的安全问题提出相应的建议。

第一节 "逆全球化"带来的安全问题与全球化收益配置分析

自2008年全球金融危机之后,经济增长乏力,全球范围内贸易保护主义等"逆全球化"思想和地缘政治冲突不断加剧,对"一带一路"基础设施建设带来安全问题。本小节对当前"逆全球化"和地缘政治冲突的形式进行总结,分析其给"一带一路"基础设施建设带来的安全问题。最后,利用实证检验分析了"一带一路"与全球化收益配置,为"全球化"转型升级提供新的思路。

一、全球化与"逆全球化"的冲击

弗里德曼在其著作《世界是平的:21世纪简史》中,认为全球化可以根据其内在驱动力的变化大致分为三个阶段(见表6-1)。在全球化1.0阶段(1942—1800年),国家意志是全球化的内在驱动。这一阶段,机械化革命(第一次工业革命),促使人类从农耕文明走向了工业文明,哥伦布的地理大发现(Age of Exploration),使得具有不同生产力水平的新旧两个世界的贸易由此打开。率先获得先进生产力的国家通过暴力推倒壁垒,世界的各个部分开始联系在一起。在全球化2.0阶段,跨国公司成为全球化的根本推动力量(1800—2000年)。这一阶段,生产力由电气化革命(第二次工业革命)向信息化革命(第三次工业革命)进一步迈进。电气化革命使得企业能够大批量、流水线式生产,电气化向信息化的转变也使得世界联通的成本在不断降低。在这一阶段,试图通过全球布局以谋取更大利润的跨国公司成为全球化的核心驱动力量。在全球化3.0阶段,每个微观个体都成为了全球化的重要推动者(2000年至今)。这一阶段,信息化日趋成熟,数字化革命方兴未艾。数字技术使得人们可以在全球范围内进行实时的联系、计算和合作,并且跨越了空间和语言的障碍。在这一阶段,每个微观个体都成为了全球化的重要推动者——所有人都可以在全球范围内开展竞争与合作。可以看到,从国家,到企业,再到每个微观个体,全球化的主导力量越来越多元。正如弗里德曼所说,"在这个平坦的世界的每一个角落的人们都得到了新的力量。全球化使得人人都能够参与,不同人种的合作真正变得丰富多彩,犹如天边彩虹。"

表6-1 全球化发展阶段

全球化阶段	起止时间	生产力变革	全球化的推动力
全球化1.0	1492—1800年	机械化革命	生产力差距下国家实力的延伸与扩张
全球化2.0	1800—2000年	电气化革命与信息化革命	利润最大化驱动下的企业全球经营布局
全球化3.0	2000年至今	信息化革命向数字化革命迈进	人类社会的交流、互鉴

资料来源:作者依据公开资料整理。

但是,"全球化"的发展并不是一帆风顺的,尤其是2008年全球金融危机之后,世界各国经济增长乏力、国际政治和经济形势表现出极大的不确定性,世界范围内单边主义、贸易保护主义、民粹主义等"逆全球化"思想逐渐抬头。"逆全球化"顾名思义就是与"全球化"进程背道而驰的过程,是"全球化"发展到一定阶段后,市场再次分割甚至封闭的过程。"逆全球化"作为"全球化"的一股逆潮在全球新冠后疫情时代愈加泛滥,给"一带一路"基础设施投资带来安全问题。

1. 单边主义与贸易保护主义等"逆全球化"趋势对全球经贸治理体系的冲击

无论是全球经贸的历史发展经验还是理论,无疑都表明"全球化"的不可避免的发展趋势。但是,受制于全球化本身的结构性不平衡以及由此带来的各种保护主义思潮阻碍了全球化自身的健康发展,第二次世界大战以来建立的现有国际经贸治理体系不断受到挑战与质疑。将"美国优先"作为宗旨的美国特朗普政府,将单边保护主义和民粹主义演绎到极致,从退出《巴黎气候协定》到阻挠世贸组织争端解决机构的正常运作,甚至退出世界卫生组织,这种破而不立的方式显然不利于现有全球治理体系发挥其功能,对全球经贸规则的重构也不会带来任何积极意义。中国等新兴市场经济体通过融入国际分工体系和经济全球化得以快速崛起,这导致新兴经济体的利益诉求、国际地位、权利和义务等发生了重要变化,与发达经济体之间的合作关系和地位也发生了深层次变化。如果发达经济体坚持用保护主义来应对这种格局变化,不仅不利于缓解当前国际治理体系中的南北矛盾,也不利于全球经贸合作的进一步深化。"逆全球化"趋势的抬头不仅会冲击"一带一路"基础设施的投资,而且会阻碍基础设施建设的落地。

2. 中美经贸冲突对全球产业链和分工体系的冲击

美中两国作为全球最大的两大经济体和贸易实体,是全球经贸繁荣和稳定增长的重要压舱石。然而,在特朗普上台后,美国对华政策已经逐渐从特定进口产品的惩罚性关税扩大至惩罚性关税清单,并不断升级至高科技技术产品出口禁令和恶意抹黑打压中国企业等全方位措施。中美贸易摩擦逐渐转变为中美经贸冲突,对双方乃至区域和全球的经济、贸易和产业发展造成了极大的冲击。美国试图切割、孤立早已同全球产业链深度融合的中国,这不仅提高了全球产业链的运营成本,而且其政策的不确定性对产业安全构成了实质冲击。美国对中国的各种制裁在一定程度上影响了中国经济增长,同时美国的"新丝绸之路"地缘政治战略与中国"一带一路"基础设施投资存在一定竞争关系。沿线国家若是受到美国干扰,停止与中国的合作将对"一带一路"基础设施建设带来巨大的安全问题。

二、"逆全球化"带来的"一带一路"基础设施投资问题

1. "逆全球化"对"一带一路"基础设施投资带来的安全问题表现

第一,当"一带一路"沿线国家遭遇的"逆全球化"程度较高时,由于投资壁垒以及保护主义,阻碍了中国对这部分国家的基础设施投资;第二,"一带一路"沿线国家大多为经济发展水平较低的发展中国家,这部分国家在与中国签署经济合作协议后,需要依托中国市场和资金的支持。中国在"一带一路"基础设施投资中扮演推动者的角色,是以自身资金、技术和人员等方面为推动基础。但是,中国单方面需要承担的资源是有限的,邻国的经济依赖与中国的付出相比较是不对等的。"逆全球化"的抬头会放大中国对外投资的风险,极有可能因投资壁垒而出现项目中断的危险,这对于中国单方面大量投入是不利的,将是"一带一路"基础设施投资面临的重要挑战;第三,"一带一路"基础设施投资需要大量的资金投入,而中国是基础设施投资的主要来源国。据亚洲开发银行估计,在2016—2030年的15年间,亚洲新兴经济体每年需要超过1.73万亿美元的基础设施建设投资,总计约26万亿美元,资金需求巨大,来自国际贷款融资以及西方发达国家的对外援助能提供约7%的资金需求。而在"逆全球化"背景下,西方国家鼓励资本回流,实行贸易保护措施,降低了国际资本市场上的流动性,使"一带一路"项目建设面临更大的融资缺口,将严重制约"一带一路"基础设施建设的进程。

2. 中国企业在"一带一路"沿线国家投资风险事件时有发生

自2013年"一带一路"倡议提出以来,中国对"一带一路"沿线国家投资风险案例时常发生,具体如表6-2所示。2013—2015年,风险案例涉及的金额增长较快,此后呈现快速下降趋势,在2016年达到最低点。然而,随着"逆全球化"逐渐抬头以及地缘政治冲突频繁发生,2017年后"一带一路"沿线国家投资风险案例又出现上涨趋势,虽然此后也出现一定的下降,但是整体仍然较高。从"一带一路"沿线国家基础设施投资风险案例情况来看,风险案例集中体现在交通方面,2013—2015年,风险案例涉及的金额增长较快,但是2016年风险案例涉及金额快速下降至3.1亿美元。从2017年开始,交通行业风险案例涉及金额又出现上涨,虽然2019年风险案例涉及金额再次下降至3.5亿美元,但是2020年以来,风险

表6-2 2013—2021年中国企业对"一带一路"沿线国家投资风险案例统计

单位：亿美元

年份 行业	2013		2014		2015		2016		2017	
	案例数	金额	案例数	金额	案例数	金额	案例数	金额	案例数	金额
农业	0	0	0	0	0	0	0	0	1	1.2
化学	0	0	1	18.5	0	0	0	0	0	0
能源	2	31.8	6	46.9	6	56.4	0	0	1	17.7
娱乐	0	0	0	0	0	0	0	0	0	0
金融	0	0	1	4.2	1	5.9	1	4.6	1	5.6
健康	0	0	0	0	0	0	0	0	1	2.2
物流	0	0	0	0	0	0	0	0	0	0
金属、采矿	3	38.7	1	8.9	0	0	0	0	0	0
房地产	0	0	0	0	0	0	0	0	1	7.1
技术	0	0	0	0	0	0	0	0	1	2.9
旅游	0	0	0	0	0	0	0	0	0	0
交通	0	0	3	12.4	2	29.3	1	3.1	1	10.6
公共事业	0	0	0	0	0	0	0	0	1	1.9
其他	0	0	0	0	0	0	0	0	0	0
合计	5	70.5	12	90.9	9	91.6	2	7.7	8	49.2

年份 行业	2018		2019		2020		2021	
	案例数	金额	案例数	金额	案例数	金额	案例数	金额
农业	0	0	0	0	0	0	0	0
化学	0	0	0	0	0	0	0	0
能源	5	147.9	3	20.5	0	0	2	14.5
娱乐	0	0	1	44	0	0	0	0
金融	2	15.4	0	0	0	0	0	0
健康	0	0	0	0	0	0	0	0
物流	0	0	0	0	0	0	0	0
金属、采矿	1	8.9	0	0	0	0	0	0
房地产	1	1.5	2	16.7	0	0	0	0
技术	0	0	0	0	0	0	0	0
旅游	0	0	0	0	0	0	0	0
交通	1	20.6	1	3.5	2	21.6	2	20.5
公共事业	0	0	0	0	0	0	0	0
其他	0	0	0	0	0	0	1	1
合计	10	194.3	7	84.7	2	21.6	5	36

数据来源：China Global Investment Tracker.

案例涉及金额再次快速上升。商务部数据显示，2020年中国企业对"一带一路"沿线58个国家的非金融类直接投资177.9亿美元，同比增长18.3个百分点，占当年对外投资总额的16.2%，占比相对2019年同比增加2.6%①。在"一带一路"沿线的投资中主要投向新加坡、越南、印度尼西亚、老挝、柬埔寨、马来西亚、阿联酋、泰国、以色列和哈萨克斯坦等国家。2021年我国企业对"一带一路"沿线国家非金融类直接投资203亿美元，相比2020年同比上升14.1个百分点，占2021年总对外投资的17.9%，占比相比2020年上升1.7%。从中国企业对"一带一路"基础设施投资来看，疫情发生后投资总额并没有下降，依旧稳步增加。但是从对外承包工程新签订合同来看，2020年中国企业对"一带一路"沿线国家新签订对外承包工程项目合同6511份，新合同金额1414.6亿美元，相比2019年同比下降8.7个百分点。2021年中国企业对"一带一路"沿线国家新签对外城堡工程项目合同6257份，新签合同额1340.4亿美元，相比2020年同比下降1.6个百分点。中国"一带一路"对外承包工程确实受到疫情的影响出现显著下降，而对外承包工程又以基础设施建设项目为主。新冠疫情导致全球经济衰退，财政负担加重。受疫情冲击，部分"一带一路"国家削减了基础设施投资，导致建设项目资金约束加大。随着疫情影响持续发酵，全球经济进一步衰退，发展中国家更是面临公共卫生危机和经济困境的双重挑战，世界各国都把政策重点放在控制疫情蔓延上，在短期内需要大量的财力来刺激国民经济，而经济合作和基础设施建设被摆在次要位置，难以有充足的金融资源支持长期的"一带一路"项目建设。因而，疫情的冲击对基础设施建设的影响较大，这也就是为何疫情后风险案例集中在基础设施建设项目的原因。可见，近年来疫情冲击，再加上逆全球化和地缘政治风险确实对中国"一带一路"基础设施投资带来安全问题。

三、全球化收益的配置：有利于发达国家的实证证据

1. 全球化收益的理论分析框架与模型设计

"一带一路"倡议是助力形成新型全球化、完善全球治理的中国方案。全球化是世界经济发展、科技进步推动下的结果，为超越国界的资本流动与货物流通提供平台，并通过实现规模经济为各国创造宝贵的发展机遇。

---

① 中华人民共和国商务部：http://www.mofcom.gov.cn/article/tongjiziliao/dgzz/202101/20210103033292.shtml. http://www.mofcom.gov.cn/article/tongjiziliao/dgzz/202201/20220103239000.shtml.

与此同时，全球化也面临众多挑战，尤其是在世界经济不确定性风险增强的当今，部分发达国家主导"逆全球化"思潮，实行贸易保护等政策，阻碍要素自由流动。本小节通过建立全球化收益衡量指标体系，测度世界主要国家的全球化收益情况，并实证检验全球化收益的影响因素。结果表明，全球化进程提高世界经济的福利水平，全球经济活动参与程度对全球化收益水平产生重要影响。

（1）全球化为世界各国带来的机遇与挑战。全球化的形成不是偶然的，有着深刻的历史和制度原因，是世界科技发展的结果，是世界经济增长的内在要求，有其内在的必然性（鲍宏礼，2021）。一方面，全球化为各国经济发挥比较优势提供了广阔平台；另一方面，全球化加深了国际分工，实现了规模经济，很大程度上提高了社会生产和资源配置效率（佟家栋，2017）；此外，投资便利化加深也将通过"外溢效应"惠及更多国家（杨栋旭和于津平，2021）。全球化使世界"变平"也"变小"，越来越多的国家、社会和个人分享到了全球化带来的发展成果。

然而，全球化在为世界各国带来发展机遇的同时，也带来了许多新的挑战。当前，经济全球化进入"平台期"，全球化红利分配不均衡，资源配置缺乏公平性和包容性。由于发展中国家吸引了更多劳动力与外包生产业务，发达国家认为，他们已成为全球化中的"输家"，发达国家受害论由此出现。

全球化能够促进世界各国经济的发展。但也有研究表明，全球化过程中，发达国家与发展中国家的收益并不相同，Dowrick 和 DeLong（2003）特别指出，中国和印度是发展中国家的例外。无独有偶，Abramovitz（1986）考察 1870—1979 年的全球化对世界发展水平的影响后同样发现，除在第二次世界大战后的一段时间里，发达国家与发展中国家的发展水平并未出现趋同。当然，Abramovitz 也在其研究中强调，如果发展中国家有潜力吸收新技术，那么国家间生产率的差距是能够缩小的。Milanovic（2003）则完全摒弃了全球化是良性力量的观点，认为自 19 世纪 70 年代以来，全球化加剧了发达国家与发展中国家的不平等性。全球化并没有促进发展中地区（如非洲）GDP 的增长，却使得一些发展中国家经历了许多转型的冲击，经济正面临前所未有的债务水平。

（2）全球化收益的不均衡及其计量。结合前人研究，不管全球化是否改变了所有国家的福利，或者能否消除发达国家与发展中国家经济发展水平的差距，但没有证据表明，在全球化进程中发达国家的利益受到了伤害。那么，世界各国的全球化收益水平如何分配与决定？全球化究竟是不是伤害了美国等发达国家经济利益？近年来为何出现"逆全球化"的趋势？要回答这些问题，必须对全球化经济收益水平、分配状况及其决定因素进行定量研究，用事实说话。那么全球化的经济收益如何计量呢？从经济收益角度看，全球化为不同国家带来了贸易、投资、服务、技术等方面的收益，具有确定的内涵和表现形式，是可以进行测度的，但全球化也可能为不同国家带来政治、社会与人口（如素质提升）等方面的隐形或无形收益，这些收益是难以准确量化分析的。因此，本小节研究的全球化收益主要是指经济、技术和社会等方面可以量化的直接与间接收益，或者说是显性的收益。

目前，国内外理论界还没有形成系统的全球化收益的测度方法，由于收益的绝对量受不同经济、技术与社会发展指标的属性差异无法简单相加，需要消除指标数据量纲做归一化处理后转化为指数进行比较。联合国开发计划署（UNDP）在《1990年人文发展报告》中提出的人类发展指数（HDI）所使用的方法可以借鉴。该指数以健康状况、教育水平和生活质量为基础变量，构造出评价人类发展综合指标，用以衡量一国社会经济结构的基本情况（联合国计划开发署，2016）。再如由萨拉·伊·马丁教授为世界经济论坛设计的全球竞争力指数，为全球主要国家竞争力的评判提供了重要的参考。该指数以要素驱动经济、效率驱动经济和创新驱动经济三大角度的12项竞争力指标为基础，全面地反映了世界各国的竞争力状况（世界经济论坛，2016）。此外，我国学者设计的现代化评价指标、经济转型收益的测度指标体系也给我们的研究带来了方法论方面的启发。其中，由中国现代化战略研究课题组发布的现代化评价指标通过对人均GNP、农业增加值比重、服务业增加值比重等10个指标的加权评价了国家或地区的第一次现代化水平，通过对知识创新、知识传播、生活质量、经济质量4大类16个指标的加权评价了国家或地区的第二次现代化水平。该指标为动态监测世界现代化进程发挥了重要作用。陈丹丹等（2012）则将经济转型收益划分为体制、结构、发展方式和全球化等方面转型收益，通过建立经济转型收益的测度指标体系，采用AHP统计方法，测度了1978—2010年中国经济转型收益的综合指数，并分析了经济转型收益的变动趋势及阶段性变化特征。

（3）全球化收益的测度的理论推导。基于前人的研究思路和方法论之上，本小节试图构建全球化经济收益测度体系，并对20世纪90年代以来世界主要国家的全球化经济收益水平及分布状况进行测度。当前，各国已经更深更广地融入了全球经济体系中，开放型经济发展也进入了新阶段。

因此，只有建立一个国际可比的全球化收益评价标准，才能促进各国进行更广泛的交流与合作，并协调国内外宏观经济政策。本小节通过构建全球化收益测度指数并测算收益分配状况，讨论美国逆全球化政策选择的出发点，为中国推进全球化战略提供一个参考性框架。

经济全球化理论的萌芽可以追溯到18世纪60年代的英国工业革命时期。各国学者从不同角度系统研究了经济全球化。18世纪70年代，古典经济学家亚当·斯密指出了国际贸易及世界市场对国民财富的重要性。斯密认为，世界范围内的自由贸易会引起国际分工，而国际分工的基础则是各国的资源和技术禀赋。在资源、劳动力和资本都按各国的"绝对优势"进行利用的情况下，世界总福利将会得到增加。可见，他认为全球化的一个重要收益来源是基于"绝对优势"的国际分工和用以分工和交换的世界市场。无独有偶，李嘉图在其随后提出的"比较优势"理论中，也表达了世界范围内的自由贸易有助于形成更大规模市场和生产的观点。他认为，按"比较优势"原则进行国际贸易将使生产总量增加，对贸易各国都有利。

20世纪以后，包括新自由主义学派、新古典主义学派、结构主义发展经济学派在内的诸多理论学派对经济全球化理论进行了进一步的深入研究。新自由主义学派的代表学者K. Ohmae和W. Grieder旗帜鲜明地指出，经济全球化就是全球经济和市场的一体化，其市场不是"零和博弈"，而是"正和游戏"，绝大多数国家将在全球化过程中得到长远的比较利益（K. Ohmae，1995；W. Grieder，1997）。他们强调，正是包括资本、人力、技术、信息在内的诸多生产要素在世界范围的自由流动，使资源得到有效配置，极大程度地增进了要素报酬和居民福利。同时期的结构主义发展经济学派的代表学者R. Prebisch则指出，世界各国间存在着"中心—外围"的格局，现有的国际经济体系事实上起着把全球化带来的好处，从贸易、投资等方面均处于"外围"的发展中国家吸引到处于"中心"的发达国家，从而产生"回波效应"（G. Myrdal，1957）。

现以发达国家作为一个典型经济体，发展中国家则为另一个典型经济体，通过构建双方之间的简单贸易开放模型来分析全球化下的自由贸易对二者经济增长、资源利用的影响，由此探讨全球化给予不同国家的福利收益。假设发达国家经济体（n）与发展中国家经济体（s）之间可以相互贸易，一地区生产另一地区需求并可以进口产品，两地区经济资源没有得到充分利用，且存在失业，双方贸易十分方便以至于不用考虑货币、汇率差异的影响。

两个国家的收入恒等式分别为：

$$y_n = \beta_n y_n + a_n + x_n - m_n y_n \quad (6-1)$$

$$y_s = \beta_s y_s + a_s + x_s - m_s y_s \quad (6-2)$$

其中，y 代表经济体的实际产出，a 为经济体的自主支出，是外生变量，x 为出口，β、m 分别为边际消费、进口倾向，表示实际产出 y 每增加 1 单位所导致消费或进口的增加量。

根据假设，模型只有 n、s 两个经济体，故一个经济体的出口等于另一个经济体的进口，反之相同，即

$$x_n = m_s y_s \quad (6-3)$$

$$x_s = m_n y_n \quad (6-4)$$

把式（6-3）、式（6-4）分别代入式（6-1）、式（6-2）得到：

$$y_n = \beta_n y_n + a_n + m_s y_s - m_n y_n \quad (6-5)$$

$$y_s = \beta_s y_s + a_s + m_n y_n - m_s y_s \quad (6-6)$$

式（1-5）、式（1-6）表明两经济体的国民收入具有相互依赖性，联立并求解得到：

$$y_n^* = [k_n/(1 - k_n k_s m_n m_s)](a_n + m_s k_s a_s) \quad (6-7)$$

$$y_s^* = [k_s/(1 - k_n k_s m_n m_s)](a_s + m_n k_n a_n) \quad (6-8)$$

其中，$k_n = 1/(1 - \beta_n + m_n)$，$k_s = 1/(1 - \beta_s + m_s)$。令：$k_n' = k_n/(1 - k_n k_s m_n m_s)$，$k_s' = k_s/(1 - k_n k_s m_n m_s)$；$a_n' = a_n + m_s k_s a_s$，$a_s' = a_s + m_n k_n a_n$。

可以看到，k_n 和 k_s 分别是两经济体在开放经济下的支出乘数，它们与对方产出水平无关，只取决于国内的边际消费倾向 β 和边际出口倾向 m。在 n、s 双方相互贸易中，它们的支出乘数是相互影响的，如 k_n'、k_s' 分别代表两个经济体的相互依赖乘数，且有 $k_n' > k_n$、$k_s' > k_s$，从而，在两经济体相互贸易下，它们的支出乘数均变大，因此，开放经济条件下财政政策效果会增大（李建军和李俊成，2019）。

各经济体对产出有贡献的自主支出为 a_n' 和 a_s'，且有 $a_n' > a_n$、$a_s' > a_s$，这表明在相互贸易下，n、s 经济体对产出有贡献的自主支出均比原有支出增加。考虑到两经济体的经济差距，根据式（6-7）和式（6-8）两式可以得出其决定因素是彼此的边际进口倾向 m_n 和 m_s，具有较低进口倾向的地区往往国民收入较高。在实际情况中，发达国家经济体由于技术先进导致其大多数产品具有相对优势，虽然从比较优势理论来看它们应该多与发展中国家的相对劣势产品进行交换，从而提高自身国家的消费者福利。但是发达国家富裕且收入水平高，自主生产产品种类齐全，因而对发展中国家初级产品依赖小，则边际进口倾向相对较低。而发展中国家由于技术落

后，产品种类和数量较少，导致很多产品都从发达国家进口，贸易依赖性大导致进口边际倾向大，因此 $y_n^* > y_s^*$。这表明虽然贸易均能提高两个经济体的福利收益水平，但存在一定差异会形成不同经济体间的收入差距。

综合上述理论分析不难看出，全球化可以为世界各国都带去正向收益，这种收益可能来源于商品市场扩大、外国投资流入、要素报酬增加、居民福利增进、产业结构优化、贸易环境改善、国际人才流动、技术管理进步等诸多方面；并且全球化收益在发达国家与发展中国家间可能并不均衡，由于存在"回波效应"，发展中国家对发达国家的"滋养"导致发达国家的收益更大一些。接下来的部分，本节将通过构建计量模型和利用世界主要国家的现实数据对各国的全球化收益展开实证测度与检验。

2. 全球化收益指标体系与变量选取

全球化之所以会发生，是因为各国可以在全球化过程中获得潜在收益。基于前文的理论分析，我们从两个方面对全球化收益进行考察：一是直接经济收益，考察的是全球化对一国经济增长的直接推动，包括商品市场的扩大、外国投资的流入、要素报酬的增加、居民福利的增进、产业结构的优化；二是间接经济收益，考察的是全球化对一国经济增长的间接推动，包括由全球化带来的国际人才的流动、技术管理的进步和贸易环境的改善等。本小节构建的衡量全球化收益的指标体系及其数据来源如表6-3所示。

表6-3　　　　　　　　全球化收益的综合评价指标体系

收益来源	指标定义	数据来源
商品市场扩大	货物和服务净出口占GDP的百分比（H1）	WDI
外国投资流入	外国直接投资净流入占GDP的百分比（H2）	WDI
	证券组合股权净流入占GDP的百分比（H3）	WDI
要素报酬增加	已收劳工汇款和职工报酬占GDP的百分比（H4）	WDI
居民福利增进	来自国外的净经常转移占GDP的百分比（H5）	WDI
产业结构优化	高科技出口占制成品出口的百分比（H6）	WDI
国际人才流动	非居民专利申请的对数（H7）	WGI
技术管理进步	单位GDP能耗的倒数（H8）	WDI
贸易环境改善	平均关税税率的倒数（H9）	WDI

全球化帮助一国拓展了海外市场，特别是国内市场较小的国家（如韩国、日本等）在内需并不十分景气的情况下实现高速增长，与海外市场份额的扩大密切相关。本小节采用货物和服务出口占GDP的百分比考察一

国因全球化带来的海外商品市场的扩大。货物和服务净出口包括了货物出口和国际旅游、金融和保险服务、咨询服务等在内的各类商品的净出口，可以较为全面地反映出一国商品市场在全球化过程中的受益情况。与商品市场类似，本小节选用外国直接投资净流入占 GDP 的百分比和证券组合股权净流入占 GDP 的百分比这两个指标考察一国吸引外资投资的情况。其中，外国直接投资考察的是外国投资者为获得在当地运作企业的永久性管理权益所做的投资净流入；股票投资组合包括除记录为直接投资以外的股权证券净流入，包括股份、股票存托凭证以及外国投资者在当地股票市场中直接购买的股票。与此同时，全球化通过关联和带动效应直接和间接地扩大世界市场对劳动力等要素的需求，从而增加一国从全球化经济中获得的要素报酬收入。本小节采用已收劳工汇款和职工报酬占 GDP 的百分比来考察一国因全球化获得的报酬收益。除此之外，本小节采用来自国外的净经常转移占 GDP 的百分比反映全球化为一国居民带来的福利增进。对于间接经济收益的考察，本小节采用非居民专利申请的对数、单位 GDP 能耗的倒数、平均关税税率的倒数分别反映各国因全球化实现的国际人才流动、技术管理进步及贸易环境改善。

3. 测算方法的选择

为将全球化各项收益编制成为一个综合指标，从而对各国各时期的全球化收益水平进行评价，需要采用综合评价法进行分析。国内外关于综合评价的方法主要有以下四种：一是专家打分法；二是运筹学与其他数学方法（如层次分析法、模糊综合评判法、数据包络分析法等）；三是基于统计和经济的综合评价法（如主成分分析法等）；四是新型评价方法（如人工神经网络法、灰色综合评价法等）。考虑到专家打分法、层次分析法、模糊综合评判法都需要进行主观赋权，主观随意性强，评价结果会受到主观因素干扰；而数据包络分析法对数据异常敏感，并不容易得出稳定结果。基于此，本小节选用基于统计和经济的主成分分析法对各国的各项全球化收益进行综合评价。主成分分析法可消除评估指标之间的相关影响，同时解决了构建综合指数时各项指标权重难以确定的问题，具有准确、简单、稳定的特点。

4. 全球化收益的测算

（1）指标权重的确定。如前文所述，全球化收益可能来自商品市场的扩大、外国投资的流入、要素报酬的增加、居民福利的增进、产业结构的优化及国际人才的流动、技术管理的进步和贸易环境的改善等（龚锋，2006）。其中，商品市场的扩大、外国投资的流入、要素报酬的增加、居民福利的增进、产业结构的优化等是全球化带来的直接经济收益；与此同时，在全球性经济、政治、社会活动中，全球化也会推动国际人才的流动、技术管理的进步及贸易环境的改善，这些都是全球化带来的最有战略意义的收益，属于全球化的间接经济收益。需要注意的是，虽然各部分收益都构成全球化收益体系的一项，但显然各部分收益的重要性不尽相同。因此，为了更准确地评价各国或地区在全球化过程中的收益，必须确定各类收益指标的权重。

本小节将采用主成分赋权法来确定指标的权重。参考Chen和Woo（2010）、杨永恒等（2005）、林海明等（2013）的做法，本小节构造全球化收益指数的方法如下：假设具有K个考察全球化收益的指标，时间长度为T，构成的数据集为矩阵$X_{T \times K}$，$R_{K \times K}$为K个指标序列的协方差矩阵。令$\lambda_i (i=1,\cdots,K)$表示矩阵$R_{K \times K}$的第i个特征值，$\alpha^i_{K \times 1}$表示矩阵$R_{K \times K}$的第i个特征向量，则可以求出特征贡献率$\lambda_i / \sum \lambda_i$和累积贡献率$\sum_{i=1}^{m} \frac{\lambda_i}{\sum \lambda_i}$，并将第$i$个主成分表示为$y_i = X\alpha^i$。当第$m$个主成分的累积贡献率达到80%，取前$m$个主成分，即$y_1, y_2, \cdots, y_m$，那么这$m$个主成分就可以用来反映原来K个指标的信息，同时赋予各主成分权重，如式（6-9）所示：

$$w_i = \frac{\frac{\lambda_i}{\sum \lambda_i}}{\sum_{i=1}^{m} \frac{\lambda_i}{\sum \lambda_i}} \quad (6-9)$$

其中，λ_i是主成分的方差，它的大小描述了各个主成分在描述被评价对象上所起作用的大小。最后，根据所使用的主成分及其相对重要性，通过线性加权的方式得到综合指数（Global Gain Index，GGI）。一国的GGI越高，表明该国在全球化进程中的经济收益越大。

$$GGI = \sum (y_i * w_i) \quad (6-10)$$

（2）全球化收益整体变动情况分析。本节采用上述方法，以世界主要国家1991—2019年数据为研究对象（见表6-4），构造世界主要国家的全球化收益指数。本小节对世界主要国家的界定是基于各国的经济体量排名，所选取的前二十大的经济总量占全球经济体量的70%，涵盖了世界各大洲（除南极洲），具有较强的代表性。其中，经济体类型的分类参考IMF《世界经济展望》的年度报告，使用的国家和分类如表6-4所示。

表 6-4　　　　　　　　　　　样本国家

经济体类型	国家名			
发达国家	法国（FRA）	日本（JPN）	韩国（KOR）	荷兰（NLD）
	美国（USA）	澳大利亚（AUS）	意大利（ITA）	瑞士（CHE）
	加拿大（CAN）	德国（DEU）	英国（UK）	西班牙（ESP）
发展中国家	中国（CHN）	巴西（BRA）	墨西哥（MEX）	沙特（SAU）
	土耳其（TUR）	印度尼西亚（IDN）	印度（IND）	俄罗斯（RUS）

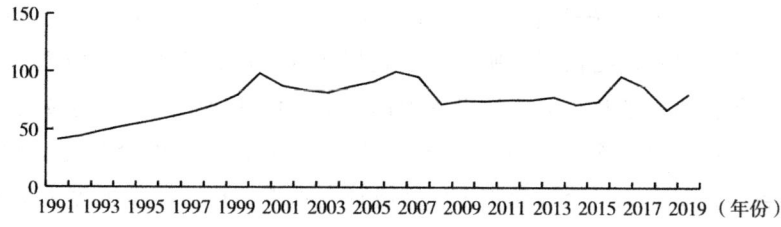

图 6-1　1991—2019 年全球化总收益走势

注：本小节以 1991—2019 年全球化整体收益指数的最高值为基准（设定为 100 分），对历年的全球化整体收益进行同比例调整。

图 6-1 展示了基于世界主要国家 1991—2019 年数据测算的全球化收益整体走势情况。可以看到，1991—2000 年，全球化整体收益经历了一个快速向上的增长期。回顾历史不难发现，在 20 世纪 90 年代，以信息化为代表的高新技术迅猛发展，成为全球性的经济新增长点，促进了世界各国的产业结构升级。这期间世界各国大力发展信息技术等高新技术及其产业，并通过高新技术改造和提升传统的农业、工业和服务业，形成一、二、三产业齐头并进的良好经济态势。不仅如此，这个时期世界各国开始放弃传统凯恩斯经济学的封闭政策，更多地考虑了国外市场的因素，全球化资源配置取向日趋明显。因此，可以认为世界新科技革命兴起和全球市场的开放，共同推动了这一时期全球化整体收益的迅猛增长（张燕生等，2003）。

然而，在经历了近十年的新经济繁荣后，进入新千年的美国经济遭受了快速的衰退。2000 年爆发的美国科技与金融泡沫的破灭，引发了世界上其他主要发达国家的股市同步下跌，对世界经济产生了巨大的冲击。全球化收益增长在 2000 年出现了一个明显的拐点，世界经济的衰退导致全球化收益出现了明显的下降。经过 6 年时间的调整，全球化收益于 2006 年再次回到了高点。而后，2008 年爆发的全球性金融危机又一次对世经济产生巨大冲击,全球化收益也伴随着金融危机的爆发应声下落。但即使在经济衰退最严重的时期,全球化依旧为世界经济带去了正向收益。逆全球化浪潮的兴起使得全球化收益在2016—2018年受到了明显的冲击,从目前来看,世界范围内的全球化收益虽有波动但整体保持稳定,呈现上升势头。因此,在经济增长缓慢、复苏乏力、就业低迷的多重困境下,各国更应该给予全球化更多的包容和耐心,摒弃落后、带有偏见的治理理念,积极开展全球经贸合作与往来,为推动世界经济复苏创造有利条件。

(3)世界主要国家全球化收益情况分析。表6-5列示了1991—2019年世界主要国家的全球化收益得分情况。可以看出,进入20世纪以来,全球化为世界各国提供了前所未有的发展机遇。除极少数国家(如沙特)的个别年份出现了负收益,世界各国都在全球化进程中获得了持续的正向收益。由此可见,全球化并不是零和游戏,过去25年的全球化进程中,世界各国都享受到了全球化带来的经济福利水平的提升。从世界主要国家的全球化收益得分情况来看,样本国家在25年间获取全球化收益的水平相对集中、稳定,并无太大波动。在2003年以前,美国、英国、荷兰、瑞士和日本基本稳居全球化收益前五名;而2003年以后,中国、韩国取代美国、英国、日本进入全球化收益的前五名(其中,韩国自1998年即开始进入全球化收益前五位)。对这一变化可能的解释是,韩国、中国分别于1995年和2001年加入了世界贸易组织(WTO)。世界贸易组织可以帮助各国在贸易、投资、服务和技术转让等方面建立起各种有形的合作与交换渠道,提高一国的国际经贸往来水平(李钢等,2012)。韩、中两国也正是由此受益,全球化收益排名迅速提升。同时注意到,全球化收益排名相对靠后的国家沙特在2005年后有了显著的进步,这同样可能与沙特在2005年加入了世界贸易组织有关。由此可见,加入世界贸易组织,积极融入全球的经济合作,对一国福利水平的提升有着显著的帮助。

在过去的25年间,全球化收益最大的几个国家相对稳定,分别是荷兰、瑞士、韩国、美国、英国、中国、日本和法国(排名按25年间全球化收益总得分计)。由此可见,全球化为中国、巴西、印度等发展中国家提供了宝贵的发展机遇,但同时也为发达国家带去了更多的净收益。从全球化收益指数来看,西方国家将部分发展中国家塑造为"最大得益方""搭便车者"的说法并不客观,而"发达国家受害论"的说法更不成立。

5.全球化收益的决定因素检验

(1)全球化收益的主要决定因素。全球化收益首先与一国融入世界经济的程度直接相关,包括全球化贸易、全球化投资、全球化金融在内的诸

表6-5 世界主要国家全球化收益得分情况

年份	澳大利亚	巴西	加拿大	瑞士	中国	德国	西班牙	法国	印度尼西亚	印度	意大利	日本	韩国	墨西哥	荷兰	俄罗斯	沙特	土耳其	英国	美国
1991	7	4	11	18	9	12	6	17	0	2	6	20	15	5	19	3	-16	-1	22	28
1992	8	6	11	18	9	11	6	18	2	2	6	20	16	5	20	4	-10	-1	21	28
1993	9	4	10	20	10	12	8	19	4	2	9	21	18	7	26	6	-9	-3	24	27
1994	10	4	12	19	14	12	8	18	6	3	9	22	18	9	25	7	-6	2	23	26
1995	10	3	14	21	14	12	7	19	6	3	9	23	21	14	28	9	-4	-1	24	26
1996	9	4	16	22	15	12	8	19	7	3	10	24	18	14	31	11	0	-1	25	26
1997	10	6	14	26	18	14	7	22	9	4	9	24	21	15	31	9	2	-1	26	27
1998	8	8	16	27	19	15	8	23	10	2	9	25	32	15	37	11	-4	1	29	29
1999	6	12	17	31	19	16	7	26	10	3	9	25	32	17	41	21	1	2	30	30
2000	13	17	26	37	21	26	11	26	14	3	10	27	33	18	47	28	5	0	38	29
2001	14	17	19	29	22	19	8	25	13	5	10	25	26	19	42	21	4	5	31	27
2002	14	16	16	31	25	19	9	23	17	5	9	23	27	18	31	23	5	1	30	25
2003	9	12	14	36	28	19	7	20	14	4	8	24	29	17	34	24	10	0	23	24
2004	12	13	13	34	31	19	5	20	14	4	8	24	32	18	51	21	16	-1	23	24
2005	3	14	15	33	34	21	3	22	15	3	8	23	29	16	62	18	25	0	32	23

续表

年份	澳大利亚	巴西	加拿大	瑞士	中国	德国	西班牙	法国	印度尼西亚	印度	意大利	日本	韩国	墨西哥	荷兰	俄罗斯	沙特	土耳其	英国	美国
2006	10	13	17	44	37	23	1	23	14	4	8	22	28	15	79	17	26	0	34	24
2007	8	13	18	38	34	20	2	19	12	5	6	20	26	14	100	14	23	0	20	22
2008	10	11	16	25	32	17	3	19	10	3	3	17	23	12	39	15	27	0	22	21
2009	10	12	14	37	29	20	4	21	13	6	7	19	28	16	33	14	12	1	17	18
2010	10	11	11	37	30	20	6	22	10	3	5	19	28	14	37	14	16	−2	19	17
2011	13	10	12	31	26	20	6	22	9	2	6	17	23	13	58	13	21	−4	18	15
2012	11	10	12	37	27	21	8	23	6	0	7	16	26	13	52	12	20	−1	18	15
2013	12	9	13	29	27	21	12	23	5	3	9	16	28	13	60	13	16	−3	18	16
2014	12	9	14	34	26	20	10	22	6	5	9	16	28	12	35	13	9	−1	17	16
2015	11	12	13	46	26	23	10	25	6	5	9	17	28	11	38	16	−4	0	18	17
2016	19	17	13	55	29	23	14	26	7	5	11	17	32	17	58	20	6	2	29	20
2017	19	15	13	39	29	22	12	24	9	3	10	17	32	17	53	16	8	1	24	17
2018	19	15	15	4	29	22	12	24	7	4	11	16	35	16	−9	18	14	4	22	16
2019	23	14	15	27	28	21	10	24	8	6	11	16	30	17	32	19	10	7	20	16

注：本小节以1991—2019年样本国家中全球化收益指数的最高值为基准（设定为100分），对各国历年的全球化收益指数进行同比例调整，其中得分为负表示负向收益。

多经济活动对全球化收益有着深远影响。除此之外，各国自身的发展条件也深刻影响着一国对全球化收益的获取。应该说，全球化收益不仅是一国经济实力的彰显，而且也是一国军事、政治等综合实力的反映。首先，就经济因素而言，各国的市场状况、要素条件对一国获取全球经济收益至关重要。一方面，如果一国国内的资本形成程度较高，意味着该国的市场相对而言较为饱和，投资机会也较小，对国外投资者的吸引力就可能较弱。正如新古典学派认为，资本会从富国流向穷国以追逐较高的资本回报。另一方面，根据赫克歇尔—俄林理论，各个国家不同的要素禀赋对一国参与国际经济发挥着决定性作用。如一国的要素条件具备相对优势，该国在国际经济往来中将因此收益（林毅夫等，2003），其中生产要素是影响产业布局的重要因素（易宇和周观平，2021）。其次，军事因素对全球化收益的影响也不容小觑。应当注意到，军事对维护和改变国际经济秩序有重要影响。军事力量将影响国际战略资源的分配。但同样值得注意的是，军事的扩张容易产生紧张气氛，对国际的友好往来产生负面影响。因此，军事因素对全球化收益的影响方向还有待实证的检验。最后，就政治因素而言，当局对腐败的治理，政府的工作效率和国内政治的稳定程度都将影响一国的全球化收益。一方面，腐败严重恶化投资营商环境，严重影响外商投资的积极性，而对腐败的有效治理能够营造服务高效、风清气正的投资环境，从而降低了企业交易成本和经营风险，有效吸引国际投资者的进驻（刘勇政等，2011）；另一方面，国内政府的工作效率和政治的稳定程度也直接关系到市场的运行状况和资源的配置效率（王永钦等，2014）。

（2）变量选取和数据来源。基于上述分析，本小节从经济、政治、军事因素出发，构建衡量全球化收益影响因素的指标体系。首先，从经济因素来说，全球化的发展最直接的影响因素就是开放国家的进出口贸易以及对外投资和外资流入，以及资本账户的开放程度。从全球化的间接影响因素来看，国内资本形成额以及劳动力人数将会影响国内生产水平，进而影响进出口贸易和外资流动情况对全球化收益产生影响。其次，从军事因素来看，全球化开放的前提是要保证自身国土安全，从这个角度来说，一国军事发展水平将会有助于维持全球化的正常交往。而军费支出以及武装部队人员反映了一国军事实力，起到保障国土安全的作用，因而影响全球化收益。最后，从政治因素来说，一国政治安全是全球化顺利进行的基础。而一国的腐败治理、政府效率以及政治稳定均会影响一国的政治安全，因而政治因素主要考虑这三部分内容。具体变量说明如表6-6所示。

表 6-6   全球化收益影响因素的变量说明

影响因素	考察内容	变量	数据来源
经济因素	全球化贸易（I1）	进出口贸易总额/全球进出口贸易总额	WDI
	全球化投资（I2）	外国直接投资和对外直接投资总额/全球外国直接投资和对外直接投资总额	WDI
	全球化金融（I3）	资本账户开放度指数	The Chinn - Ito Index[①]
	市场状况（I4）	资本形成额占 GDP 的百分比	WDI
	要素条件（I5）	劳动力人数占全球劳动力人数的百分比	WDI
军事因素	军费支出（I6）	军费支出/GDP	WDI
	武装力量（I7）	武装部队人员（占总劳动力的百分比）	GDF
政治因素	腐败治理（I8）	世界银行公布的腐败治理系数	WGI
	政府效率（I9）	世界银行公布的政府效率系数	WGI
	政治稳定（I10）	世界银行公布的政治稳定系数	WGI

（3）全球化收益决定因素的实证检验。本小节基于经济、军事、政治视角来研究影响全球化收益的关键因素，回归模型如式（6-11）所示：

$$GII_{it} = \alpha_i + \beta_1 I1_{it} + \beta_2 I2_{it} + \beta_3 I3_{it} + \cdots + \beta_{10} I10_{it} + \varepsilon_{it} \quad (6-11)$$

其中，GII_it 表示全球化收益指数，I_it 表示可能影响全球化收益的各因素，β 表示估计系数，$\varepsilon_{i,t}$ 表示随机误差项，i 表示样本第 i 个国家，t 表示时间第 t 年。

相关检验结果显示固定效应模型更适用于本研究。从回归结果来看（见表 6-7），固定效应估计和考虑时间效应的双向固定效应（Two-way FE）估计的结果基本一致，其中，表 1-5 中的第（1）列和第（4）列报告了全样本的回归结果，第（2）列和第（5）列报告了发达国家的回归结果，第（3）列和第（6）列则报告了发展中国家的回归结果。就经济因素而言，在衡量一国融入世界经济程度的变量中，全球化贸易（I1）与全球化投资（I2）的回归系数都显著为正，表明一国积极参与全球贸易、全球投资活动可以有效帮助一国获取全球化收益；全球化金融（I3）的回归系数显著为负，但不具备统计上的显著性，表明一国资本开放程度的提高未能对一国获取全球化收益产生显著影响。在全球化贸易、全球化投资和全球化金融（I3）中，全球化投资的回归系数最大，说明国际投资活动是影响全球化收益的重要因素。区分发达国家和发展中国家样本可以发现，相比于发展中国家，全球化贸易、全球化投资对提高发达国家全球化

---

① 参见 http://web.pdx.edu/~ito/Chinn-Ito_website.htm.

收益的促进作用更为显著。并且全球化金融会对发展中国家获取全球化收益产生负向影响，但该负向效应在发达国家中并不存在。

表 6-7　　　　　　　　　　　　模型回归结果

	GII	GII	GII	GII	GII	GII
	(1)	(2)	(3)	(4)	(5)	(6)
	FE	FE	FE	Two-way FE	Two-way FE	Two-way FE
I1	0.2364***	0.2820***	0.0009	0.3232***	0.4412***	-0.0049
	(0.058)	(0.095)	(0.101)	(0.057)	(0.108)	(0.089)
I2	1.6978***	2.0291***	-0.7164	1.5662***	1.8264***	-0.2909
	(0.238)	(0.268)	(0.688)	(0.219)	(0.261)	(0.637)
I3	-0.2408	0.8736	-1.4844**	-0.1707	0.0874	-0.9769
	(0.617)	(1.052)	(0.722)	(0.587)	(1.102)	(0.647)
I4	-0.1493***	-0.1473***	-0.1135***	-0.1230***	-0.1380***	-0.0713**
	(0.024)	(0.043)	(0.032)	(0.024)	(0.045)	(0.033)
I5	-1.9164	1.5341	-9.9153***	0.2119	-0.2243	-9.3717***
	(2.167)	(4.757)	(3.321)	(2.200)	(4.995)	(2.904)
I6	-1.1782***	-1.1307***	-1.2398***	-0.7714***	0.1733	-0.8502***
	(0.145)	(0.374)	(0.141)	(0.145)	(0.470)	(0.136)
I7	-0.5728**	-0.7181	-0.2499	-0.1819	-0.5787	-0.0399
	(0.258)	(0.485)	(0.312)	(0.279)	(0.518)	(0.291)
I8	-0.4108	0.2483	-0.7908	-0.5321	-0.1010	0.0470
	(0.387)	(0.628)	(0.487)	(0.365)	(0.646)	(0.433)
I9	1.0649**	-0.0934	2.5293***	0.3117	-0.6871	1.2941**
	(0.418)	(0.574)	(0.658)	(0.401)	(0.580)	(0.594)
I10	-0.3494	-0.4847	-0.5060	0.2549	0.2164	-0.6035**
	(0.250)	(0.462)	(0.310)	(0.245)	(0.583)	(0.259)
Constant	11.0567***	9.6583***	17.1611***	6.9343***	6.0594***	11.7617***
	(1.157)	(1.668)	(2.299)	(1.270)	(2.290)	(2.104)
N	580	348	232	580	348	232
R^2	0.330	0.336	0.457	0.463	0.446	0.684

注：(1) 括号中的数值表示估计系数的标准误。(2) *、** 和 *** 分别表示估计系数在 10%、5% 和 1% 的显著性水平下显著。(3) 限于篇幅，双向固定效应（Two-way FE）中年份虚拟变量回归结果未展示。

Singh（2003）认为，全球化促进了国际金融活动的开展，资本账户自由化的提高使得银行更容易受到外部冲击和金融危机的影响。并且，国家之间的相互联系进一步加剧了金融危机对经济和社会造成的影响。Stulz

(2005)同样在其研究中发现,金融全球化带来的好处非常有限。对此可能的解释是,以短期的资本流动为主的全球性金融活动通常都是进入到流动性较强及有投机性质的股票市场和房地产市场,不投入实体经济,容易产生资本泡沫。资本账户管制的放宽,使得发展中国家更容易受到金融危机的影响(Obstfeld,1998)。不仅如此,资本账户开放程度的提高,使得大量的资金流向投资机会较多的发展中国家,导致发展中国家真实汇率上升,从而出口竞争力大大下降。因此,全球性金融活动除了带来短期的虚假繁荣外,对发展中国家的经济发展弊大利小。综上的结果也表明,处于世界"中心"的发达国家会将全球化带来的好处更多地从处于"外围"的发展中国家中吸引过来,"回波效应"确实存在。

就国内因素对全球化收益的影响来看,市场状况(I4)的结果在1%的置信水平下显著为负,这表明国内资本形成程度较高,投资机会越少,一国能获得的全球化收益也越少。就军事因素而言,军费支出(I6)和武装力量(I7)的回归系数显著为负,这表明一国的军事扩张并不能带来全球化收益的提高。军事力量并未像预期的那样,通过影响国际经济秩序给一国带来经济福利的提升,更多的是对全球化收益产生了负向的影响。对此可能的解释是,在全球性往来中,军事的扩张并不受到欢迎,各国更偏好友好型的国家。这也意味着包括"萨德事件"和"向存在争议的南海派出军机和军舰"在内的各类军事行动和军事对抗都可能对一国的全球化收益带来损害。就政治因素而言,政府效率(I9)的回归系数显著为正,表明政府工作效率的提高也同样能够对全球化收益产生显著的正向影响。

上述实证研究结果已能得到全球化收益指数与多个影响因素的显著关系,但仍需消除反向因果这一内生性的潜在干扰。具体来说,全球经济活动的参与度能显著影响一国的全球化收益,但另一方面,全球化收益也可能改变一国对全球经济活动的参与度。这两种情况虽然都能得到全球化收益与全球经济活动参与度之间的相关关系,但其因果关系截然不同,本小节希望排除第二种情况,作出第一种情况的推断。

虽然面板数据能在一定程度上解决遗漏变量(个体异质性)问题,但是如果回归模型本身包含内生解释变量,则仍需使用工具变量法(蒋庚华,2014)。本小节参考温军等(2012)、叶建芳等(2009)的做法,选择了滞后一期的解释变量作为工具变量进行检验(结果见表6-8)。此外,本章进行了有效性检验,Kleibergen - Paap 秩条件检验的 idstat 的 p 值均小于 0.05,表明工具变量与解释变量不相关;一阶段的回归结果表明 F 值均大于 10,说明工具变量对内生变量解释力较强。

表 6-8 面板工具变量回归结果

	(1) I1	(2) I2	(3) I3	(4) GII	(5) I1	(6) I2	(7) I3	(8) GII	(9) I1	(10) I2	(11) I3	(12) GII
I1		0.042*** (0.009)		0.263*** (0.072)				0.336** (0.130)				0.017 (0.119)
I2				1.310*** (0.452)				1.641*** (0.555)				-2.250** (1.014)
I3				-0.455 (0.742)				0.531 (1.332)				-1.481* (0.854)
L.I1	0.965*** (0.013)				0.960*** (0.016)	0.069*** (0.019)	0.001 (0.002)		0.902*** (0.034)	0.015* (0.007)	-0.005 (0.005)	
L.I2	0.011 (0.053)	0.526*** (0.036)	0.009 (0.008)		0.019 (0.040)	0.477*** (0.048)	0.010* (0.006)		-0.233 (0.218)	0.637*** (0.048)	-0.007 (0.033)	
L.I3	0.062 (0.137)	-0.075 (0.094)	0.834*** (0.020)		-0.021 (0.160)	-0.386** (0.192)	0.837*** (0.024)		0.009 (0.235)	0.001 (0.052)	0.831*** (0.035)	
I4	0.011** (0.006)	0.004 (0.004)	-0.001* (0.001)	-0.133*** (0.026)	-0.002 (0.007)	0.005 (0.008)	-0.004*** (0.001)	-0.135*** (0.047)	0.023** (0.010)	0.007*** (0.002)	0.000 (0.001)	-0.055* (0.031)
I5	-1.211** (0.488)	0.686** (0.333)	0.011 (0.072)	-3.076 (2.306)	0.657 (1.127)	-0.764 (1.349)	0.109 (0.170)	0.717 (7.525)	-3.298*** (1.031)	0.173 (0.227)	-0.14 (0.154)	-13.836*** (3.448)

续表

	(1)	(2)	(3)	(4)	(5)	(6)	(7)	(8)	(9)	(10)	(11)	(12)
	I1	I2	I3	GII	I1	I2	I3	GII	I1	I2	I3	GII
I6	-0.016 (0.033)	-0.022 (0.023)	0.005 (0.005)	-1.065*** (0.150)	0.01 (0.060)	-0.155** (0.072)	0.017* (0.009)	-1.186*** (0.417)	-0.03 (0.047)	-0.003 (0.010)	0.001 (0.007)	-1.092*** (0.143)
I7	0.058 (0.060)	0 (0.041)	-0.014 (0.009)	-0.509* (0.272)	-0.025 (0.076)	-0.03 (0.091)	-0.022** (0.011)	-0.714 (0.512)	0.049 (0.109)	0.003 (0.024)	-0.002 (0.016)	-0.339 (0.328)
I8	-0.028 (0.082)	0.018 (0.056)	0.022* (0.012)	0.024 (0.373)	0.062 (0.087)	0.087 (0.104)	0.008 (0.013)	0.156 (0.583)	0.062 (0.161)	-0.022 (0.035)	0.049** (0.024)	0.06 (0.490)
I10	0.001 (0.059)	0.080** (0.040)	0.002 (0.009)	-0.296 (0.270)	0.201*** (0.072)	0.199** (0.086)	0.007 (0.011)	-0.369 (0.489)	-0.206* (0.107)	0.044* (0.023)	-0.015 (0.016)	-0.375 (0.336)
_cons	0.171 (0.259)	-0.226 (0.177)	0.144*** (0.038)		-0.104 (0.248)	0.238 (0.297)	0.198*** (0.037)		1.689** (0.771)	-0.196 (0.169)	0.174 (0.115)	
r2_a	0.941	0.378	0.771	0.254	0.952	0.371	0.834	0.264	0.938	0.596	0.728	0.353
F	988.323	40.921	212.494	19.816	734.126	24.176	189.871	10.875	373.562	38.361	67.935	15.49
N	560	560	560	560	336	336	336	336	224	224	224	224

注：(1) 括号中的数值表示估计系数的标准误。(2) *、**和***分别表示估计系数在10%、5%和1%的显著性水平下显著。(3) 模型中内生变量的数目和工具变量的数目完全相同，为恰度识别。(4) 由于采用的是FE估计量，差分过程中已经把常数项数项消除，因此二阶段回归中未报告常数项数项。

在表6-8中，模型（4）报告了全样本的回归结果，模型（8）报告了发达国家的回归结果，模型（12）则报告了发展中国家的回归结果（其余模型为第一阶段估计结果）。从表6-8的回归结果来看，全球化收益与全球化贸易、全球化投资显著正相关，与全球化金融不存在显著关系，面板工具变量法估计的结果（见表6-8）与表6-7模型回归中的结果一致。由此可以认为，实证研究中显著相关的结果不是反向因果导致的，而是因为全球化经济活动的参与度对一国的全球化收益有切实显著的影响，其中存在着因果关系。

四、以"一带一路"基础设施建设为抓手，推动"全球化"转型升级

后危机时代，由发达国家主导、维持发达国家利益的国际金融体系已经不能满足当前全球化的需求，国际经济政治格局都逐渐改变，全球化进程推进缓慢。特别是2008年由美国次贷危机引发的全球金融危机，直接冲击了全球经济增长。虽然危机后全球经济不断复苏，国际资本也恢复流动，但是囿于跨国公司资产负债的恶化，国际资本市场低迷，经济增长乏力。此外，贸易保护主义等逆全球化趋势的抬头、地缘政治风险等因素进一步减少了全球资本流动，在世界经济增长乏力和国际贸易不景气的双重压力之下，全球化进展缓慢。

2013年中国提出"一带一路"倡议，并逐渐与沿线国家开展合作，共同发展。"一带一路"作为全球化时代的产品，其核心理念是构建人类命运共同体，以共商、共建、共享为基本原则。习近平总书记指出，"当今世界，各国相互依存、休戚与共。我们要继承和弘扬联合国宪章的宗旨和原则，构建以合作共赢为核心的新型国际关系，打造人类命运共同体"。"人类命运共同体"理念是基于和平与发展主题判断而生的理论背景，这种理念包含着开放、包容、普惠、共赢的导向。各国在平等互利的基础上，互利共赢，一起应对全球性的挑战，达到共同繁荣。理论上，共商共建共享作为实现促进合作共赢的指导原则，为全球治理理论提供了新视角，能够改善全球治理体系，为全球化提供新的经济增长点以及合作模式，为未来全球化的转型升级提供新的方向。

在逆全球化趋势抬头，地缘政治冲突激烈的后危机时代，"一带一路"为何能够推动全球化转型升级？

1. "一带一路"基础设施建设能够为"全球化"提供新的经济增长点

"一带一路"基础设施建设能够为中国参与全球化指明新的方向。利

用"一带一路"基础设施建设,中国与沿线国家往来日益密切,逐渐成为沿线国家的"一带一路"建设为中国深入全球化提供了新的方向。借助"一带一路"倡议,中国正在成为沿线国家可信赖的领导力量,帮助、带动沿线国家走向共同繁荣。随着中国不断扩大与"一带一路"沿线国家的基础设施建设项目,人民币不断走向沿线国家。在基础设施投资中,以多边金融机构、政策性和开发性金融机构为主导,以丝路基金和商业银行协同搭建的金融合作网络,能够改善当前外汇市场的供求,推进货币储备的多元化,有利于推进人民币的国际化。

同时,在当前全球经济增长乏力的大环境下,"一带一路"基础设施建设为全球经济增长提供了新的方向。首先,"一带一路"基础设施建设使欧洲、非洲、亚洲65个沿线国家增加了海运、陆运和空运渠道。国际交通运输路线、核心城市和关键港口的应用使各国的合作不断加强,6个国际经济合作走廊的建设使互联互通的广度不断扩展。同时随着大量的基础设施的开展运行,文化、科技、教育项目的合作也随之加强,促进了文化、科学、政策等方面的联通深度。这为深入开展合作、推动全球化转型升级奠定了基础。其次,"一带一路"基础设施建设能够降低各地区之间的贸易成本,推动国际贸易增长。以中欧班列为例,其建设与使用极大地降低了与欧洲各国之间的交通运输成本,有利于贸易合作的推进。再次,"一带一路"基础设施建设的合作领域包含钢铁、建材、电力、通信等,建设需要各国的通力合作,在这个过程中有助于构建全球价值链和跨国产能合作体系。最后,"一带一路"基础设施建设将资源禀赋不同的65个国家纳入更为开放的市场体系,并面向更多国家开放。通过开展合作,使全球商品、资本、服务、劳动力、技术等要素的流动与重新整合,提高全球要素的流动性。

2."一带一路"基础设施建设为全球化转型升级提供新的国际合作模式

倡导开放与包容合作。"一带一路"沿线国家相互开放、互相包容发展,将沿线不同发展水平和发展阶段的国家纳入同一合作框架下,可以使那些被边缘化的国家进入全球化发展浪潮中,充分对接自身国家发展需求,沿线各国友好协商、共同合作推进实现包容增长。

促进普惠与平衡发展。传统的全球合作框架采用中心—外围式,这就使发达国家往往占据了国际合作中的有利位置,而发展中国家则处于被动位置。这种不公平、不平等的发展模式影响了全球化的进展,增大了全球经济问题、发展问题和社会问题发生的可能性和风险性。"一带一路"倡议以建设人类命运同体为核心,倡导开放、公平、包容,致力于推进各国之间共同发展,实现各国的平等合作。"一带一路"倡议的核心理念、原则能够缓解当前国际合作框架中存在的问题,加强各国之间的文化沟通、政治互信和经济交流。全球化对于促进国际经济增长具有重要的现实意义,但是随着"逆全球化"的抬头,地缘政治风险、国际合作模式的不公平导致全球化进程受阻。"一带一路"基础设施建设在推动沿线国家合作交流的同时,也与全球化进程相互呼应,"一带一路"将成为重振全球经济活力的一剂良药。

深入开展协商合作。随着"一带一路"倡议从被沿线国家接纳到被全球范围内更多国家采纳,各项项目合作逐渐在协商中取得进展。不同于TPP、TTIP等相对封闭的自由贸易协定,"一带一路"倡议以共商、共建、共享为原则,倡导自由贸易、开放合作、互利共赢。沿线国家在参与基础设施建设中,可以充分考虑本国发展水平与特点,结合自身的资源优势,在友好协商的基础上开展合作,争取利益的最大化,有效地缓解当前发展中国家在国家合作中的劣势地位。

3."一带一路"基础设施建设有助于缓解和平赤字、发展赤字与治理赤字问题

和平赤字主要是指当前世界范围内恐怖主义抬头,地区性动荡不断发生。"一带一路"沿线涉及国家众多,特别是包含中东等恐怖主义较为猖獗之地。通过"一带一路"基础设施建设,各国互联互通,协商合作。特别是通过对文化、科技、教育等方面的交流与合作,使不同的国家相互感受文化与民族发展环境,增强了国家之间的文化认同感,有助于减少沿线国家之间因文化差异带来的冲突,缓解地区之间的动荡,改善当前和平赤字问题。"一带一路"建设是以改善和深化关系、加强互联互通为核心的,在基础设施建设过程中的文化交流能够减少误解,甚至是对抗和冲突的可能。

发展赤字主要是指当前贫困仍然是世界性的重大问题,部分国家的温饱问题仍然有待解决,特别是在发展中国家。随着"一带一路"基础设施建设的推进,在改善沿线国家社会福利的同时,也为沿线国家提供了新的经济增长点。基础设施建设中充分发挥各沿线国家的资源优势,也提供了更多的就业机会,能够缓解沿线国家的贫困问题,发展赤字问题能够得到有效缓解。

治理赤字主要是指当前民族主义和民粹主义的抬头,全球性的移民涌潮不断出现,全球治理问题充满挑战。"一带一路"倡议以共商共建共享

为原则，基础设施建设中需要的投资资金、建设原料需要各方协商，参与合作。在这个过程中，沿线国家也借此积极参与全球或区域性治理体系的改革，借助亚洲基础设施投资银行等提升当前全球治理能力。

面对当前"逆全球化"冲突，"一带一路"倡议要充分发挥其自身的优势，发展为"全球化"转型升级的重要力量，促进全球化向着更加开放、包容、共赢、可持续的方向转型，具体来说，可以从以下三个方面着手。

第一，将"一带一路"倡议框架打造成为新型全球化的制度基础。"一带一路"为全球化发展提供了一种新型合作模式，使其更为公平、合理与高效。"一带一路"建设的基本原则为共商共建共享，发展目标是人类命运共同体，这同样是全球化发展所希望实现的愿景。"一带一路"提出的开放、包容、均衡、普惠的发展理念，可以有效缓解全球化中存在的发展不平衡问题，"一带一路"倡议在不断践行其原则、理念、目标过程中，必将促进全球化转型，成为全球化新的制度框架，推动新型全球化演进。从古老的丝绸之路起源，中国在两千多年以前就播种下和平、开放的友谊之种，为当今沿线区域开放合作、经济可持续发展和社会安定依然具有源远流长的影响，并对全球化提供参考价值。

第二，合作共赢，为全球化转型提供新的治理体系。针对目前全球化发展过程中的这些重大问题，推进全球化转型的重要思路就应该是构建更加有效的市场体系、改进政府管理能力和完善有效的全球治理体系。"一带一路"倡议倡导合作共赢，这将为全球化转型提供新的治理体系。沿线国家共同参与"一带一路"建设、共享发展成果，为治理体系贡献自身应有力量、发挥应有作用，共同营造和谐、包容、开放的治理环境。中国应积极承担区域乃至全球的治理责任，主动担当、勇于作为，完善全球金融体系治理、环境保护治理、社会安定治理等治理体系，推进公平、公正、高效的全球治理建设。

第三，互联互通，推动全球经济联动发展。"一带一路"将沿线发展程度不同的国家联系起来，推进开展项目尤其是基础设施项目合作，激发全球发展动能，助力全球经济复苏。"一带一路"有效促进了沿线区域乃至世界范围内的贸易增长和投资增长，新建一大批基础设施建设项目，提升劳动力就业，并促进相关国家资源开发、人力资本提升和科技进步。"一带一路"沿线国家通过互联互通，实现了全球经济联动发展。因此，全球化转型也应该以"一带一路"的建设方向为导向，通过加强合作、沟通和协调吸引更多国家参与合作体系，实现各国之间经济、科技、艺术、文化等方面的全面深度开放,为全球化注入源源不断的发展动力,实现全球经济的联动增长。

第二节 "一带一路"基础设施投资与债务安全问题

"一带一路"倡议推动了全球化发展,降低了发展中的"逆全球化"潮流带来的风险。不友好组织和个人不断抹黑"一带一路"倡议,臆断增加了沿线国家的债务负担。那么"一带一路"基础设施投资是否增加了沿线国家债务风险?沿线债务风险问题成因是什么?

一、"一带一路"沿线国家的经济、债务和财政状况

1. "一带一路"沿线国家的经济状况

目前,"一带一路"沿线国家包括中国在内共66个,主要包括亚洲的绝大部分国家,中东欧地区、非洲的一些国家,以及拉美和大洋洲的个别国家。截至2020年12月31日,中国及"一带一路"沿线国家总人口48.03亿[1],人口占全球的61.90%;GDP总量28.49万亿美元[2],GDP占全球的33.61%。中国及"一带一路"国家人口接近全球的2/3,但GDP总量仅为全球的1/3。"一带一路"国家各国经济发展水平差异较大,部分国家产业格局单一。

(1)经济总量和经济发展水平差异大。"一带一路"国家各国经济总量差异较大。其中,经济总量最大的是中国,中国2020年GDP为14.72万亿美元,而GDP最小的不丹2020年GDP为23.15亿美元。从地区来看,各地区内各国经济总量差异也很大,发展很不平衡。

各区域的"一带一路"国家经济总量差异较大(见图6-2)。其中,东亚和太平洋地区的经济总量巨大,合计177425.6亿美元,占全部"一带一路"沿线国家GDP的62.28%,其次为欧洲和中亚地区,经济总量位居第二,各占16.57%左右,南亚"一带一路"沿线国家经济总量占11.89%,最后为中东和北非地区的"一带一路"沿线国家,经济总量占比9.25%。可见,亚洲地区是"一带一路"建设的核心。

---

[1] 缺少巴勒斯坦数据,数据来源:世界银行WDI数据库。
[2] 缺少巴勒斯坦、叙利亚、土库曼斯坦、也门数据。以下分析同样不包括这4个国家数据。数据来源:世界银行WDI数据库。

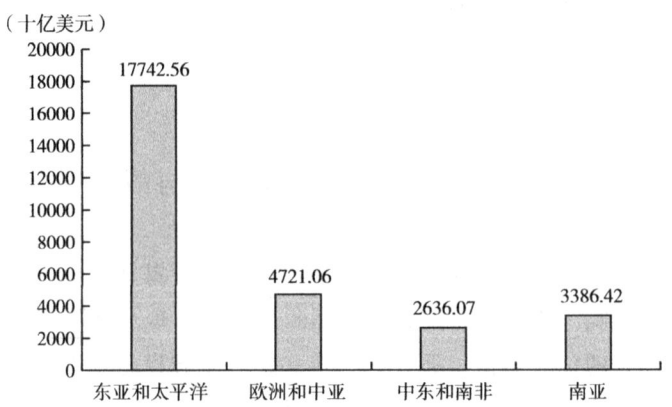

图 6-2　2020 年各区域"一带一路"沿线国家 GDP 总量比较

数据来源：世界银行 WDI 数据库。

"一带一路"各国的经济发展差异很大，既有比较富裕的国家，如卡塔尔、新加坡、阿联酋，也有非常贫困的国家，如阿富汗。低收入国家人均 GDP 为 516.75 美元，仅占高收入国家人均 GDP 的 2.25%（见表 6-9）。

表 6-9　　　　　2020 年不同收入水平及地区人均 GDP　　　　　单位：美元

不同收入水平国家	人均 GDP	地区	人均 GDP
低收入国家	516.75	东亚和太平洋	8524.57
中低收入国家	2252.27	欧洲和中亚	9437.34
中高收入国家	9926.54	中东和北非	8463.67
高收入国家	23010.85	南亚	1823.71

数据来源：世界银行 WDI 数据库。

注：收入水平分组根据世界银行分组为标准。

按地域来看，各地区的经济发展水平差异也很大。欧洲和中亚地区经济较为发达，人均 GDP 达 9437.34 美元，其次为东亚和太平洋地区以及中东和北非地区，人均 GDP 均超过 8000 美元，而南亚的人均 GDP 不足 2000 美元，属于较不发达地区（见表 6-9）。

（2）中等收入国家引领经济增长。"一带一路"国家大多为发展中国家，经济发展水平较低，经济增长速度差异大，主要以低速增长和中速增长为主（见表 6-10）。处于高速增长的国家中，除中国、缅甸、卡塔尔等之外，均属于经济发展水平比较落后的中低收入、低收入国家。可以说，中等收入国家引领经济的增长。

表 6-10　不同经济增速的国家列表（按 2005—2020 年 GDP 平均增速）

负增长国家 （<0%）	低速增长国家 （0—4%）		中速增长国家 （4%—7%）		高速增长国家 （>7%）
希腊	阿尔巴尼亚 阿联酋 保加利亚 巴林 波黑 白俄罗斯 文莱 塞浦路斯 捷克 爱沙尼亚 克罗地亚 匈牙利 伊朗 以色列 约旦 吉尔吉斯斯坦 科威特 黎巴嫩	立陶宛 拉脱维亚 摩尔多瓦 马尔代夫 马其顿 黑山 阿曼 巴基斯坦 波兰 罗马尼亚 俄罗斯 沙特阿拉伯 塞尔维亚 斯洛伐克 斯洛文尼亚 泰国 乌克兰	阿富汗 亚美尼亚 孟加拉国 不丹 埃及 格鲁吉亚 印度尼西亚 印度 伊拉克 哈萨克斯坦 柬埔寨 斯里兰卡 蒙古国 马来西亚 尼泊尔 菲律宾 新加坡	塔吉克斯坦 土耳其 乌兹别克斯坦 越南	阿塞拜疆 中国 老挝 缅甸 卡塔尔

数据来源：世界银行 WDI 数据库。

注：研究将 GDP 增速在 7% 以上的国家划分为高速增长国家，将增速在 4%—7% 的国家划分为中速增长国家，将增速在 0—4% 的国家划分为低速增长国家，其余国家为负增长国家。

经济发展模式不同是导致危机后"一带一路"国家经济走势出现差异的重要原因。在全球经济不景气以及新兴技术兴起的背景下，传统工业化国家经济受影响较大，特别是以机械制造业等为支柱行业的中东欧国家。而东南亚、南亚各国，凭借其优越的地理位置、较小的经济规模、多元化的经济结构、低廉的劳动力，加工制造业在该地区得到了充分、快速的发展，促进了当地的经济增长。

（3）经济稳定性差异明显。"一带一路"沿线的部分国家宏观经济较不稳定，尤其表现在通货膨胀上。2021 年"一带一路"国家中，黎巴嫩的通货膨胀率最高，达到 154.76%，其次是土耳其、格鲁吉亚、巴基斯坦等国。通货膨胀率高于 5% 的国家可以分为三种类型：一是社会、政治或经济发生剧烈动荡的国家，如伊拉克、土耳其等国。二是经济严重依赖自然资源的发展中国家，如俄罗斯等国。三是国内收入水平很低的国家，如孟加拉国、巴基斯坦等国。除了以上三类国家，"一带一路"国家物价指数大多比较平稳。从收入水平来看（见表 6-11），高收入国家的通胀率要明显低于中低收入国家和中高收入国家的通胀率（中高收入国家平均通胀率较高是由于2021年黎巴嫩陷入高通胀，通胀率高达154.76%，除黎巴嫩外，中高收入国家平均通胀率为5.04%），经济状况更加平稳。此外，各国的通胀率也体现出显著的地区差异。东亚和太平洋地区通胀率要显著低于其他地区（中东和北非平均通胀率高是由于2021年黎巴嫩的高通胀，除黎巴嫩外，西亚地区平均通胀率为2.33%）南亚地区、中西亚、非洲地区的平均通胀率显著高于资源相对稀缺、经济相对平稳的东南亚以及欧洲地区。

表6-11 2021年不同收入水平及地区平均通胀率和平均失业率（%）

不同收入水平国家	平均通胀率	平均失业率	地区	平均通胀率	平均失业率
低收入国家	—	13.28	东亚和太平洋	2.68	3.52
中低收入国家	4.85	5.48	欧洲和中亚	5.16	8.67
中高收入国家	12.53	9.96	中东和北非	19.26	7.79
高收入国家	2.88	5.45	南亚	5.40	6.21

数据来源：世界银行WDI数据库。

"一带一路"国家的失业率水平在地域上存在显著差异。相对发达的欧洲、中亚国家普遍面临高失业困扰，而东亚和太平洋地区的失业率却相对较低。资源条件的不同决定了各区域不同的比较优势，从而造就了各国不同的产业集群。波兰、捷克等欧洲国家以工业和装备制造业为支柱行业，而哈萨克斯坦、蒙古国这些资源丰富的国家则以石油、天然气、煤炭等资源的采掘制造为支柱性行业。制造业为支柱产业的国家工业化程度较高，经济水平相对发达，而资源丰富型国家的工业发展则通常处于初级阶段，经济发展水平较低。工业化水平较低的国家面临新兴技术带来的挑战，被迫进行产业的升级重组，从而带来传统行业工人的失业。

（4）产业结构各异且发展模式较为单一。因各国经济发展水平和资源有所差异，"一带一路"国家各国经济中农业、制造业和服务业所占比重差异很大。根据图6-3中的国家排序（按人均GNI从低到高排序），选取各收入水平段1—2个国家为代表，比较不同收入水平的"一带一路"国家产业结构的差异。阿富汗是低收入国家代表，缅甸和菲律宾是中低收入国家代表，泰国和中国是中高收入国家代表，沙特阿拉伯是高收入国家代表。

总的来讲，收入水平越高的国家和地区，农业占GDP的比重越低。"一带一路"国家农业占GDP的比重也取决于一国的自然资源储量。人均耕地面积大的国家更容易发展现代化农业，特别是收入水平较低的国家。

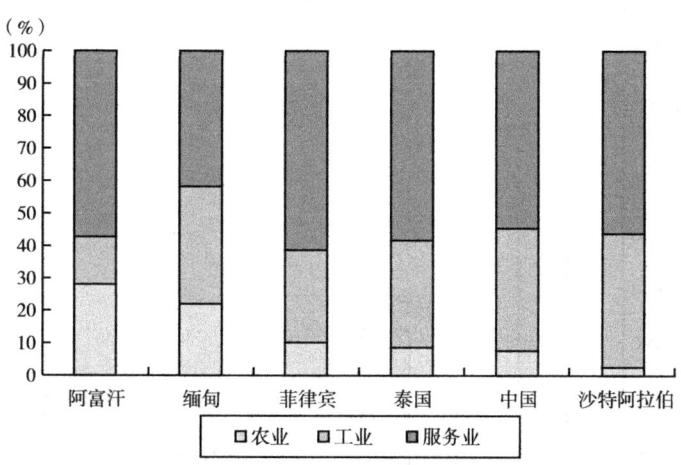

图 6-3 2020 年部分"一带一路"国家产业结构

数据来源：世界银行 WDI 数据库。

但对阿富汗、巴基斯坦、柬埔寨、尼泊尔、缅甸等国来说，这些国家收入水平低，人均耕地面积小，却只能依赖农业作为支柱型行业。除此之外也有一些国家，如沙特阿拉伯、哈萨克斯坦等国，虽然人均耕地面积很大，但由于具备石油等其他重要的自然资源。这些国家的农业增加值占 GDP 的比重低于 10%，偏向于以采掘业、制造业等作为支柱行业。

工业和服务业占 GDP 比重与经济发展水平没有显著的相关性，工业、服务业比重的差异反映了国家经济发展模式的不同。以马尔代夫、拉脱维亚、黑山为代表的国家，规模较小，工业基础薄弱，只能通过发展旅游业来发展经济。尼泊尔、阿富汗等收入水平很低的国家，农业增加值占比更高，产业结构以第一产业为主，工业不发达。

2. "一带一路"沿线国家债务状况

（1）债务总量和债务可持续水平差异大。"一带一路"国家各国债务总量差异较大。其中，债务总量最大的是中国，中国 2020 年债务存量为 3.25 万亿美元，而债务存量最小的不丹 2020 年为 28.69 亿美元。从地区来看，各地区内各国债务总量差异也很大，发展很不平衡。

各区域的"一带一路"国家债务存量差异较大（见图 6-4）。其中，东亚和太平洋地区的债务存量巨大，合计 32759.03 亿美元，占全部"一带一路"沿线国家债务存量的 54.95%，其次，为欧洲和中亚地区的债务总量位居第二，占 27.3% 左右，南亚地区"一带一路"沿线国家债务存量占 13.66%，最后为中东和北非地区的"一带一路"沿线债务存量占比

4.09%。可见,对于"一带一路"沿线国家,经济总量越高的地区,债务存量水平也相应较高。

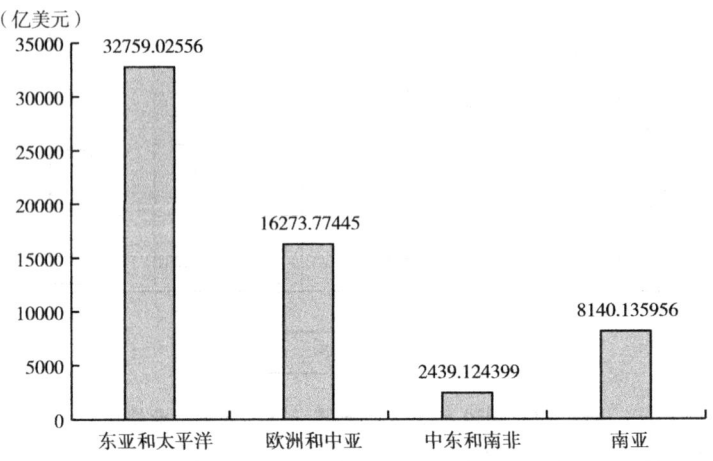

图6-4 2020年"一带一路"各区域沿线国家债务总量比较

数据来源:世界银行国际债务统计数据库①。

(2)债务可持续性差异明显。债务存量与国民总收入(GNI)的比例衡量一个国家相对于其总收入的债务,若该比例高且不断增加则可视为该国公共融资不可持续。不同发展地区和收入水平的国家,债务可持续性存在着明显差异。从表6-12可知,对于欧洲和中亚、中东和北非地区来说,其债务/GNI的比重较高,债务压力较大。对于南亚地区,其债务/GNI的比重则相对较低。从不同收入水平的国家来说,收入水平越高的国家其债务/GNI的比重反而越高。

表6-12 2020年"一带一路"沿线不同收入水平和地区的债务情况

不同收入水平国家	债务/GNI平均值	地区	债务/GNI平均值
低收入国家	14.95	东亚和太平洋	70.14
中低收入国家	65.67	欧洲和中亚	83.36
中高收入国家	86.28	中东和北非	87.31
高收入国家	—	南亚	43.32

数据来源:世界银行国际债务统计数据库②。

从不同地区各个国家的债务存量占GNI比重的时间变化来看,"一带

---

①② 缺少阿联酋、巴林、文莱、塞浦路斯、捷克、爱沙尼亚、希腊、克罗地亚、匈牙利、伊拉克、以色列、科威特、立陶宛、拉脱维亚、马来西亚、阿曼、波兰、巴勒斯坦、卡塔尔、沙特阿拉伯、新加坡、斯洛伐克、斯洛文尼亚、叙利亚、土库曼斯坦、也门的数据。

一路"沿线国家的债务占 GNI 存量的比重均随时间趋势不断上涨。对于东亚和太平洋地区来说（见图 6-5），大部分国家的债务存量占 GNI 的比重低于 100%，但是蒙古国的债务存量占 GNI 的比重较高，最高时达到283%。可见，对于东亚和太平洋地区来说，蒙古国的债务存在不可持续，债务压力较大。对于欧洲和中亚地区来说（见图 6-6），黑山的债务存量占 GNI 的比重持续上涨，到 2020 年时达到 200%。对于中东和北非地区来说（见图 6-7），各国的债务存量占 GNI 的比重存在明显的差异，伊朗地

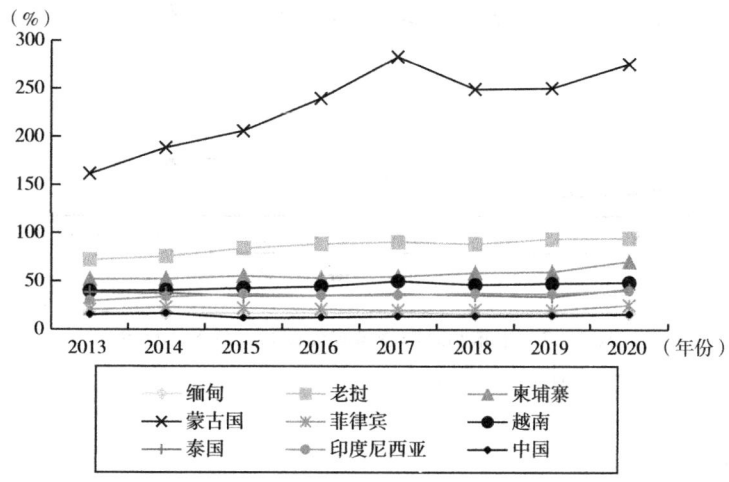

图 6-5 东亚和太平洋地区债务存量占国民收入的比重

数据来源：世界银行国际债务统计数据库。

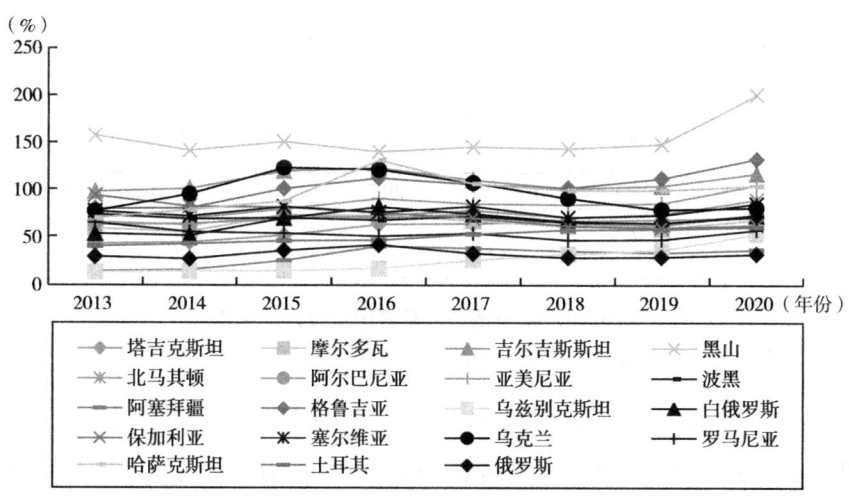

图 6-6 欧洲和中亚债务存量占国民收入的比重

数据来源：世界银行国际债务统计数据库。

区的债务存量占 GNI 的比重持续维持较低水平。对于南亚地区（见图 6-8），不丹的债务也存在明显的不可持续，到 2020 年时达到了 132%。可见，蒙古国、黑山、不丹等国的债务违约风险较高。

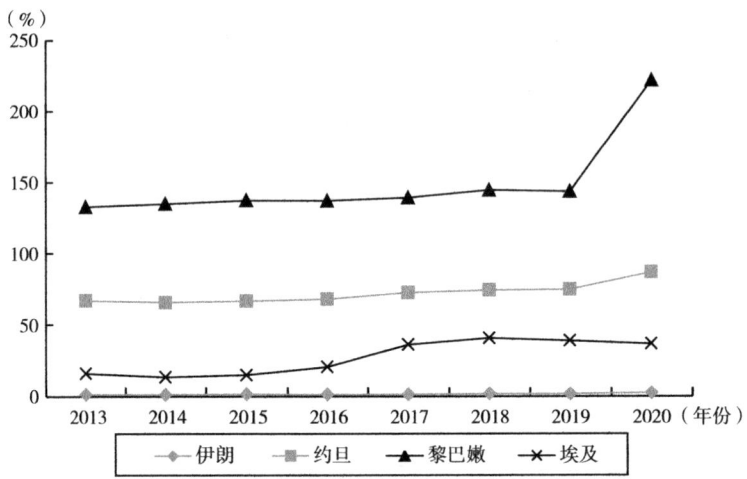

图 6-7　中东和北非债务存量占国民收入的比重

数据来源：世界银行国际债务统计数据库。

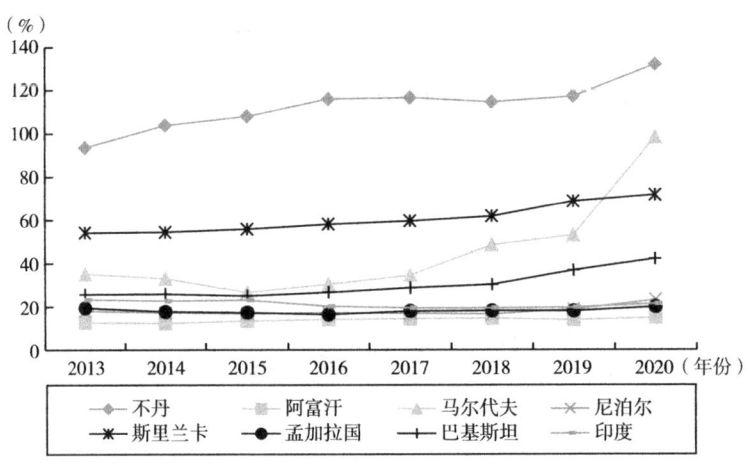

图 6-8　南亚债务存量占国民收入的比重

数据来源：世界银行国际债务统计数据库。

（3）"一带一路"沿线国家债务结构存在差异。从中国对"一带一路"沿线国家的债务来看（见图 6-9），中国作为债权人对"一带一路"沿线国家的债务占总债务存量的比重存在差异。阿尔巴尼亚、格鲁吉亚等国中国债务占总债务存量的比重不足 1%，而在柬埔寨、缅甸、老挝、马尔代夫等国家债务中中国作为债权人的债务比重超过20%。说明中国对外债务支持沿线国家主要集中在东亚、中亚等地区。这些国家的财政处于盈余（见图6-11），因此，不存在增加其债务负担的状况，反而是基础设施投资促进了这些国家的发展，有助于财政稳定。

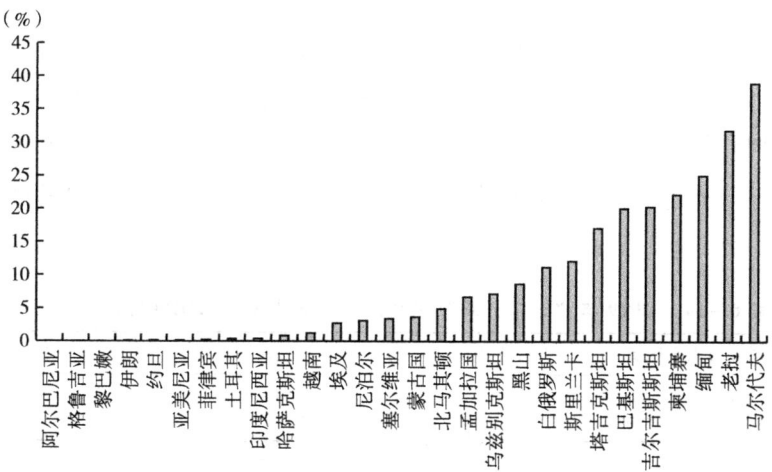

图6-9　2020年部分"一带一路"沿线国家债务结构
（中国作为债权人的外债/总外债）

数据来源：世界银行国际债务统计数据库。

3."一带一路"沿线国家财政状况

（1）财政收入和支出存在明显的地区差异与经济特征。财政收入占GDP的比重被称为财政依存度。一般来说，财政收入占GDP的比重越高，说明国家（或地方）财力越充足。"一带一路"沿线国家的财政收入存在明显差异。从收入状况来看（见表6-13），收入水平越高的国家，其财政收入占GDP的比重越高。这说明，财政收入的规模随着国民经济的增长而扩大。从不同地区来看，欧洲和中亚地区的财政收入占GDP的比重明显高于其他地区，南亚地区的财政收入占GDP的比重相对较低。这也说明经济运行质量高、新兴行业、高附加值行业比重大的地区，财政收入占GDP的比重也比较高。

表6-13　2019年"一带一路"沿线国家财政收入占GDP的比重　　单位：%

不同收入水平国家	财政收入/GDP	地区	财政收入/GDP
低收入国家	—	东亚和太平洋	17.77
中低收入国家	20.11	欧洲和中亚	32.69

续表

不同收入水平国家	财政收入/GDP	地区	财政收入/GDP
中高收入国家	28.30	中东和北非	24.40
高收入国家	33.49	南亚	17.50

数据来源：世界银行WDI数据库①。

从财政支出占GDP的比重来看（见表6-14），不同地区和收入水平同样存在显著差异。从地区来看，欧洲和中亚地区的财政支出占GDP的比重同样处于较高水平，而东亚和太平洋地区的财政支出占GDP的比重则较低。从收入水平来看，收入水平越高的地区财政支出占GDP的比重则越高。

表6-14　2019年"一带一路"沿线国家财政支出占GDP的比重　　单位：%

不同收入水平国家	财政支出/GDP	地区	财政支出/GDP
低收入国家	—	东亚和太平洋	15.62
中低收入国家	19.21	欧洲和中亚	31.86
中高收入国家	27.28	中东和北非	25.53
高收入国家	33.46	南亚	19.29

数据来源：世界银行WDI数据库。

（2）财政赤字情况。不同国家的财政收支状况存在明显的差异，图6-10显示，对于黎巴嫩、以色列、土耳其等国存在较大的财政赤字，财政赤字占GDP比重在5%以上。财政赤字国家中大多为欧洲和中亚地区的国家。新加坡、柬埔寨、伊拉克和阿塞拜疆等国则不存在财政赤字现象（见图6-11）。

沿线财政状况较好的国家有25个（见图6-11），实现了财政盈余。其中，阿塞拜疆、伊拉克、柬埔寨和新加坡的财政盈余占GDP比重超过了6%。塞尔维亚、波黑、乌兹别克斯坦、吉尔吉斯斯坦、保加利亚、亚美尼亚等国家财政盈余占GDP比重超过了2%。财政盈余有助于经济社会的稳定。

4. 疫情冲击下"一带一路"沿线国家发展的困难

2020年全球性新冠疫情的发生对各国经济造成巨大冲击，防疫等措

---

① 缺少阿富汗、孟加拉国、巴林、文莱、不丹、中国、埃及、印度、伊朗、科威特、老挝、马尔代夫、黑山、蒙古国、阿曼、巴基斯坦、卡塔尔、塔吉克斯坦、越南、巴勒斯坦、土库曼斯坦、叙利亚、也门数据，财政状况分析均不包含这部分国家。

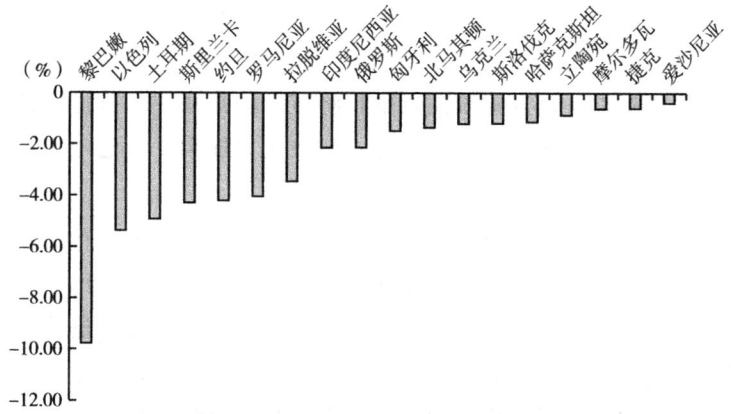

图 6-10　2019 年"一带一路"沿线国家财政赤字占 GDP 的比重

数据来源：世界银行 WDI 数据库。

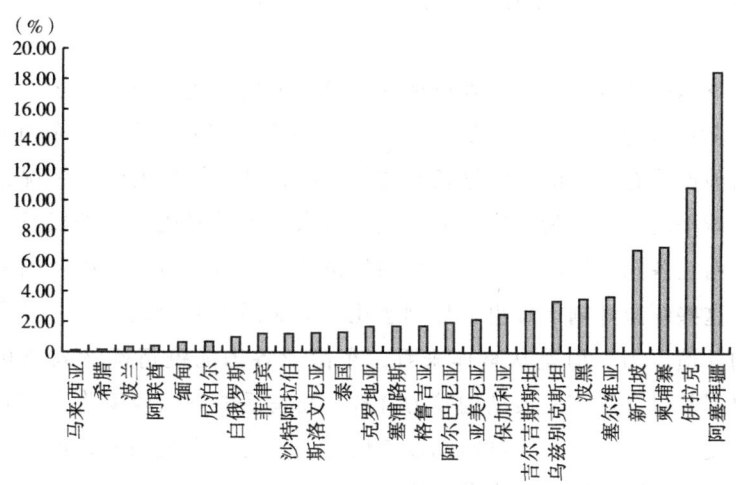

图 6-11　2019 年"一带一路"沿线国家财政盈余占 GDP 的比重

数据来源：世界银行 WDI 数据库。

施阻断供应链，影响了全球贸易的正常进行。"一带一路"沿线国家的经济发展水平普遍出现下降（2019 年"一带一路"沿线国家 GDP 总量达到 29.03 万亿美元，2020 年沿线国家 GDP 下降至 28.49 万亿美元，增长率为 -1.9%）。为了应对疫情带来的医疗紧缺、生产停滞、消费不足等问题，各国纷纷扩大财政支出和量化宽松货币政策来刺激经济。这些政策在带来消费水平上升的同时也加大了各国的财政赤字情况，特别是对沿线部分已处于财政赤字状态的国家，疫情的冲击给这些国家带来严峻挑战。另外值得关注的是，新兴市场国家面临出口放缓以及货币贬值的压力，经常账户普遍恶化，部分新兴经济体（如斯里兰卡、老挝等）的外部流动性压力显著上升。阿曼、沙特阿拉伯等中东国家的经济增长和公共财政高度依赖原油出口，疫情暴发下国际油价急剧下行将挤压经常账户、打击石油经济并波及非石油经济，造成经济态势低迷、财政压力加大，且近年来赤字持续积累推升融资需求，财政缓冲也受到侵蚀。

中东欧国家整体抗冲击能力将呈分化趋势。对于罗马尼亚和保加利亚，新冠疫情导致的欧洲经济严重衰退对其投资和进出口造成负面影响，而疫情导致的封锁等措施冲击了消费，但由于其经济基础普遍稳固、经济潜力处于较高水平，且财政状况普遍较好，国家整体表现趋于稳定。对于白俄罗斯，国内的选举危机和政局波动造成政治风险有所增加，而经济高度依赖俄罗斯也导致白俄罗斯经济稳定性较低。乌克兰的复苏进程受到疫情和国内政局的制约或出现中断，2022年俄乌冲突的激烈爆发，使得该地区地缘政治风险再次上升，乌克兰、俄罗斯、白俄罗斯地区风险逐渐上升。

尽管东南亚各国普遍受到疫情冲击经济表现低迷，但是鉴于疫情在该地区（除印度尼西亚和菲律宾以外）已基本得到控制，再加上东南亚各国在疫情前已具有良好的经济增长和政策空间，其疫情后的恢复情况预计要好于全球平均水平。为了应对公共卫生需求、平滑居民的消费以及重建经济，东南亚各国分别制订了一系列的经济计划。但大多数东南亚国家税基较窄，这些刺激计划无疑也会加剧恶化东南亚国家的财政状况，提升部分国家的外债压力。但是从整体来看，东南亚各国的疫情确诊人数相对较少，也因其自身经济发展结构较为合理，疫情后的刺激政策将会有效推动经济的发展。随着全球经济活动逐渐恢复，贸易将出现回升，但旅游业仍受到人员流动限制影响，需要一段时间恢复。

二、"一带一路"沿线国家的债务可持续性分析

自2008年全球金融危机以来，世界各国的政府债务持续增加，债务可持续性逐渐减弱，这已然成为威胁中国海外投资利益的重大风险。沿线国家的债务可持续会从收益和风险两个方面影响"一带一路"基础设施建设。对于债务可持续性较强的国家来说，通过调节政府债务能够提升基础设施建设的收益并降低风险，但是对于债务可持续性较差的国家来说，由于其债务风险较大，将会增加基础设施建设的风险影响收益。

1. 经济增长乏力加大了沿线国家的主权债务风险

"一带一路"沿线国家大多处于经济发展水平较低的阶段，为了刺激

本国的经济发展，政府常常处于财政赤字状态，通常债务比例较高，部分"一带一路"沿线国家的债务存量占 GNI 的比重超过 60%，大于国际通行的警戒线。根据 IMF 的数据，中等收入发展中国家的偿债负担已经处于 30 年来的最高水平。自新冠疫情暴发以来，经历了经济大幅衰退、财政赤字持续攀升、外资撤离、汇率贬值和金融市场动荡等多重危机，外部债务的持续性和偿债能力也因此受到严重影响，部分沿线国家的债务可持续性与偿债压力风险不断上升。由于部分沿线国家外债中中国作为债权人的债务占比较高，其债务风险的上升，将会产生较高的违约风险。此外，沿线国家的主权信用评级的高低直接决定了基础设施建设融资的难易程度以及融资成本的高低，一些高风险国家或高风险地区被国际金融机构列入禁入清单，直接影响到建设项目的后续资金来源。随着疫情的逐渐蔓延与反复，导致已经签署合作的项目或者承诺的项目投资存在较大的债务偿还风险问题。可见，当前经济增长乏力对全球债务可持续性带来严峻的挑战。

2. 持续的财政赤字使得债务风险不断增加

全球性的新冠疫情对世界各国经济、医疗、公共卫生事业带来冲击，造成各国财政支出增加。为了减少疫情传播，各国纷纷减少经济生产活动，居民消费也逐渐下降，这就使得财政收入不断下降。但是为了应对疫情带来的公共卫生支出的增加，各国的财政支出逐渐超过财政收入水平，导致财政赤字状况越发严峻。根据 IMF 2021 年 1 月发布的《财政监测报告》估算数据，2020 年全球公共债务占 GDP 的比重高达 98%，创下历史新高；此外，国际金融协会（IIF）2021 年 1 月发布的数据显示，新冠疫情暴发以来，2020 年全球债务增加了 17 万亿美元，达到 275 万亿美元。世界银行国际债务统计数据显示，其中"一带一路"沿线 40 个国家债务增加 0.4 万亿美元。这主要是由于政府借款的大幅度增加，"一带一路"沿线各国债务存量占 GNI 比重的均值从 2019 年的 63.81% 上涨到 2020 年的 74.71%。根据 IMF2021 年 1 月发布的统计数据（见表 6-15）显示，2020 年在亚洲有 37 个经济体的政府债务占 GDP 的比重相比 2019 年有所上升，仅有 2 个经济的政府债务占 GDP 的比重有所下降。对于政府债务占财政比重上升的国家中，马尔代夫、巴林的上涨幅度较大，分别上升 40.3% 和 24.9%；文莱和伊朗的上升幅度较小，分别上涨了 0.6% 和 0.7%。相对来讲，黎巴嫩和土库曼斯坦的政府债务占 GDP 的比重则出现下降，下降幅度分别为 2.8% 和 1.9%。此外，从其他沿线国家的政府债务占 GDP 的比重变化情况来看，印度的政府债务占 GDP 的比重相比 2019 年上升了 17%，中国的政府债务占 GDP 的比重相比 2019 年上升了 9.1%。

从财政赤字状况来看，与2019年相比，2020年有38个国家的财政余额占GDP的比重出现下降，换言之，2020年有38个国家财政赤字率出现上升，仅有1个国家财政赤字率出现下降。对于财政赤字率上升的国家来说，伊拉克和新加坡由财政盈余转为财政赤字，分别上涨7%和18.4%；马尔代夫的财政赤字状态进一步扩大，相比2019年上升15.5%；老挝、孟加拉国和土库曼斯坦的财政赤字率上涨幅度相对较小，分别上升1.4%、1.4%和1.1%。与之相反的是巴基斯坦的财政赤字率在2020年出现小幅度下降。在疫情冲击之下，财政支出的增加能够在一定程度上刺激消费，缓冲企业和家庭受到的冲击，但是在经济增长乏力的背景下，财政赤字与政府债务的大幅上升，将会对沿线国家的债务可持续带来严峻的挑战。

表6-15 2018—2020年"一带一路"沿线部分国家债务与财政赤字情况

国家	政府债务占GDP比重（%）			财政赤字率（%）		
	2018年	2019年	2020年	2018年	2019年	2020年
黎巴嫩	154.9	174.5	171.7	-11.3	-10.5	-16.5
新加坡	110.4	130.0	131.2	3.7	3.8	-10.8
巴林	95.0	103.4	128.3	-11.9	-10.6	-13.1
不丹	110.5	104.4	121.3	-2.6	-1.1	-5.5
马尔代夫	71.3	78.0	118.3	-5.2	-6.4	-21.9
斯里兰卡	83.8	86.8	98.3	-5.3	-8.2	-9.6
印度	69.6	72.3	89.3	-6.3	-8.2	-13.1
约旦	75.1	78.0	88.4	-4.7	-6.0	-9.1
巴基斯坦	72.1	85.6	87.2	-6.4	-9.0	-8.0
也门	74.5	76.5	81.7	-7.8	-5.3	-9.2
阿曼	53.2	63.1	81.5	-7.9	-7.1	-18.7
以色列	60.9	60.0	76.5	-3.6	-3.9	-12.9
老挝	59.7	62.6	70.9	-4.7	-5.0	-6.4
伊拉克	48.9	46.9	68.3	7.8	0.9	-17.5
卡塔尔	46.5	56.2	68.1	5.9	4.9	3.0
马来西亚	55.5	57.2	67.6	-3.3	-3.7	-6.5
中国	48.8	52.6	61.7	-4.7	-6.3	-11.9
亚美尼亚	51.2	49.9	60.7	-1.8	-1.0	-5.8
格鲁吉亚	40.0	42.6	58.7	-0.8	-1.8	-8.1
泰国	42.0	41.1	50.4	0.1	-0.8	-5.2
菲律宾	37.1	37.0	48.9	-1.6	-1.8	-8.1

续表

国家	政府债务占GDP比重（%）			财政赤字率（%）		
	2018年	2019年	2020年	2018年	2019年	2020年
塔吉克斯坦	47.8	43.1	47.8	-2.8	-2.1	-6.0
越南	43.6	43.4	46.6	-1.0	-3.3	-6.0
伊朗	40.3	44.7	45.4	-1.9	-5.5	-9.5
缅甸	40.4	38.8	42.4	-3.4	-3.9	-6.0
土耳其	30.2	33.0	41.7	-3.7	-5.6	-7.9
孟加拉国	34.6	35.8	39.6	-4.6	-5.4	-6.8
尼泊尔	30.2	35.8	39.6	-6.7	-4.6	-7.9
印度尼西亚	30.1	30.5	38.5	-1.8	-2.2	-6.3
阿联酋	20.9	27.3	36.9	1.9	-0.8	-9.9
乌兹别克斯坦	20.4	29.3	36.1	1.7	-0.3	-4.1
沙特阿拉伯	19.0	22.8	33.4	-5.9	-4.5	-10.6
柬埔寨	28.6	28.6	31.5	0.7	3.2	-2.4
土库曼斯坦	31.4	32.8	30.9	-0.2	-0.3	-1.4
哈萨克斯坦	20.3	19.9	23.4	2.6	-0.6	-5.3
阿塞拜疆	18.7	17.7	20.1	5.5	8.1	-6.3
科威特	14.8	11.8	19.3	9.0	5.4	-8.5
阿富汗	7.4	6.1	7.8	1.6	-1.1	-2.8
文莱	2.6	2.6	3.2	-3.6	-7.1	-17.9

数据来源：IMF，2021年1月。

3. 债务减免或债务暂停协议与债务可持续性

新冠疫情对世界各国特别是发展中国家造成了较大冲击，导致2020年的经济衰退。疫情发生后，为了帮助世界各国集中资源共渡难关，世界银行和国际货币组织敦促G20制定了《暂停偿债协议》（DSSI）。协议自2020年5月开始生效，符合暂停偿债条件的73国中，48国在该倡议于2021年12月底到期前参与了这一倡议。最新测算结果显示，2020年5月至2021年12月，该倡议暂停的参与国所欠其债权人债务的偿还总额达129亿美元。其中，中国作为债权人的债务总额达30.33亿美元，"一带一路"沿线国家对中国的债务暂停总额达到3.72亿美元，涉及国家为：马尔代夫0.07亿美元，缅甸1.14亿美元，巴基斯坦2.11亿美元，塔吉克斯坦0.39亿美元（见表6-16）。债务暂停协议的出现在一定程度上缓解了沿线国家在疫情后面临的偿债压力，暂时保证了对外债权安全，为避免爆发主权债务危机提供了重要安全缓冲。但是随着协议到期，未来的债务偿还仍然面临巨大风险。从世界银行2021年《债务可持续分析》报告可知，马尔代夫、阿富汗、塔吉克斯坦均处于外债高压力风险区间，但是从这部分国家自身的债务来源看，中国作为债权人承担的债务水平并不高；对于孟加拉国、尼泊尔等中国作为债权人承担债务较多的国家，其整体债务压力较小。从债务可持续的角度考虑，虽然在高债务压力风险国家中，中国作为债权人的债务较低，但是基础设施建设中的投资不仅仅来自于中国，高风险地区的债务危机将会影响"一带一路"基础设施的建设进程，再加上疫情冲击导致的经济增长低迷，可以考虑延长高风险地区的债务暂停周期或者进行债务减免。

表6-16　　2021年"一带一路"沿线部分国家债务压力风险

国家	是否为DSSI参与国	外债压力风险	整体债务压力风险[①]
马尔代夫	是	高	高
阿富汗	是	高	高
孟加拉国	否	低	低
阿富汗	是	高	高
不丹	否	中等	—
柬埔寨	否	低	低
吉尔吉斯斯坦	是	中等	中等
老挝	否	高	高
摩尔多瓦	否	低	低
蒙古国	否	—	—
缅甸	是	低	低
尼泊尔	是	低	低
巴基斯坦	是	—	—
塔吉克斯坦	是	高	高
乌兹别克斯坦	否	低	低
也门	是		

数据来源：世界银行DSSI数据。

三、"一带一路"沿线基础设施相关的主权债务违约风险

自"一带一路"倡议在2013年提出以来，中国不断增加对沿线国家的投资金额和合作建设项目。然而，"一带一路"基础设施建设并非一帆

---

① 2021年12月DSA评级。

风顺,建设过程中面临着诸多困难,主权信用风险就是其中之一。中国对沿线国家的基础设施建设以及基础设施建设融资不可避免地受到沿线国家主权信用的影响,然而,由于沿线国家的经济金融发展水平较低、国内政治不稳定、边缘政治冲突不断、外债压力大等现状,使得沿线国家的主权信用风险较大。在沿线的60多个国家中,仅有小部分国家的主权信用风险处于较低水平,大部分国家具有较高的主权信用风险,这无疑增加了沿线国家基础设施建设的难度与不确定性。此外,由于多数沿线国家对于外资的依赖程度较高,其外债来源往往较为复杂,一旦发生主权信用危机,将会对"一带一路"基础设施建设产生较大冲击。2020年11月26日,国务院参事、中国银保监会原副主席王兆星表示,"截至目前,已经有十多个国家直接或间接向(国家)开发银行等我国主权(金融)机构提出缓债、减债等诉求,涉及贷款余额近270多亿美元"。沿线国家复杂的政治关系、经济发展结构以及经济发展现状均增加了基础设施建设中对于主权信用风险防控的难度。

1. "一带一路"沿线国家主权债务违约风险状况

"一带一路"沿线国家和地区整体的主权信用水平较低,其政府违约风险处于高企状态,这为我国企业"走出去"带来较大的阻碍。自疫情暴发以来,国际信用评级公司已经对6个"一带一路"国家的主权评级(sovereign rating)进行了降级。在66个国家中(包括中国),7个国家信用较好,在AAA至AA-级(最高等投资级),18个国家的主权评级在A+至BBB-(投资级),41个国家的信用评级在BB+级以下(即非投资级)或者没有标普评级。在6个被评级公司(穆迪/标普/惠誉)下调评级的国家中,阿曼被穆迪从Ba1下调至Ba3,黎巴嫩则被标普从CCC级下调至SD(选择性违约),印度、科威特、斯洛伐克和斯里兰卡都被下调了一个评级。"一带一路"建设中,政府违约现象时有发生,2013年我国签署的中泰铁路项目屡次遭到泰国政府违约,被多次叫停、重启,最终泰方宣布缩小铁路修建规模;中泰铁路合作项目是泰国第一条标准轨高速铁路,一期工程连接首都曼谷与东北部的呵叻府,全长253千米,设计最高时速250千米,一期工程总计1790亿泰铢(约合353亿元人民币)的预算中,泰方支付给中方的费用为437亿泰铢,其中包括监理费用35亿泰铢、17亿泰铢的设计费用以及从中国购买列车、轨道、信号系统的385亿泰铢。事实上,2009年阿披实·威差奇瓦担任泰国总理期间,泰国方面已开始就合作修建高铁与中国接触。2013年10月,中泰签署了《中泰政府关于泰国铁路基础设施发展与泰国农产品交换的政府间合作项目的谅解备忘录》，其也被媒体称为"高铁换大米"项目。2014年3月泰国宪法法院裁定"高铁换大米"项目违宪，5月，伴随英拉的下台，"高铁换大米"项目完全搁浅。2014年12月，《中泰铁路合作谅解备忘录》签署，2015年12月，中泰铁路合作项目在曼谷举行启动仪式。2016年3月，中泰双方对于融资利率和总投资成本分担发生分歧，泰方宣布，仅将建设曼谷—呵叻段铁路，导致整个中泰铁路的建设里程缩短了近2/3。中泰高铁从2009年双方开始接触至今，经历了阿披实·威差奇瓦、英拉·西那瓦、巴育·占奥差三任总理执政时期。在此期间，政治不稳定导致泰国政策频繁变动，三届政权变更，造成中泰高铁历时20轮谈判，协议几经修改，真可谓是"一波未平一波又起"。2014年，中墨高铁项目发生了"黑天鹅"事件，中铁建在中标该项目三日后遭墨西哥政府违约。

2. 沿线国家主权债务违约风险防控难度大的原因分析

"一带一路"沿线涉及欧洲、非洲和亚洲的66个国家，这些国家之间相互构建了多层次的区域合作组织以及各种不同类型的次区域合作组织，这也就导致沿线国家之间形成了复杂的利益和合作关系。以中亚地区为例，各国之间签订并生效的合作关系包括《独联体自由贸易区协定》和《欧亚经济联盟条约》，成立了上海合作组合、东南亚国家联盟等区域组织。沿线国家之间复杂的联盟状况与合作组织以及大国博弈对沿线国家的政治、经济建设产生了较大的影响，多边博弈使得沿线国家主权信用风险防范缺乏有效的机制。

沿线国家经济发展结构导致的不可持续是主权信用风险难以防控的主要原因。主权信用风险问题归根到底是沿线国家经济发展的可持续性问题，由于沿线国家经济发展结构或以农业为主，或较为依赖其资源优势，发展可持续较差，成为诱发主权信用风险的温床。经济发展的可持续性较差导致沿线国家的经济容易受到外部冲击的影响，其抗风险能力较弱。此外，沿线部分国家对外偿付能力有限，债务压力风险较高，较高的财政赤字也进一步推高了外债压力风险，增加了经济可持续发展的难度。

沿线国家不同的文化形态和地缘政治冲突增加了沿线国家主权信用风险防控的难度。从沿线国家的地理分布来看，亚洲、欧洲和非洲众多国家均包含其中，由于沿线国家之间存在不同的文化形态，其宗教、思想文化之间存在着天然的差异，再加上沿线国家之间对于资源的争夺产生的地缘政治冲突都加大了沿线国家主权信用风险防范的难度。下面以中马高铁项目合作风波为例交易说明。

中国企业在"一带一路"沿线开展投资过程中面临违约风险是难免

的，因此在签署有关投资合作协议的时候，一定要设置好相关保护条款。一旦发生风险，我们有利有据有节，坚决维护自身利益，维护好自身的国际形象。

第三节 "一带一路"沿线基础设施投资的金融风险实证分析

沿线国家不同的经济发展水平使其金融发展存在差异，本小节在对沿线国家银行业、资本市场现状进行总结的基础上，分析了沿线国家银行业风险以及资本市场风险等金融安全问题对沿线国家基础设施建设的影响。

一、"一带一路"沿线银行业风险问题

1. "一带一路"沿线国家的银行业风险状况

采用国际货币基金组织（IMF）公布的 2014 年金融发展指数（FD）作为衡量各国金融发展水平的指标，可以把"一带一路"沿线国家分为金融发达国家、金融较发达国家、金融欠发达国家和金融不发达国家。

表 6-17 给出了"一带一路"沿线国家金融发展情况。其中，金融发达国家包括韩国、新加坡、马来西亚、泰国等国，这些国家的 FD 指标在 0.6 以上。金融较发达的国家包括俄罗斯、土耳其、印度、伊朗等国，这些国家的 FD 指标在 0.4—0.6。金融欠发达的国家包括印度、菲律宾、越南、乌兹别克斯坦等国，这些国家的 FD 指标在 0.2—0.4。金融不发达国家包括巴基斯坦、老挝、白俄罗斯、东帝汶等国，这些国家的 FD 指标都在 0.2 以下，东帝汶该指标接近于 0，可见其金融发展程度极低。仅仅通过 FD 指标的大小来衡量各国的金融发展水平是不完善的，下面通过分区域以及银行业的各项指标进一步分析各国的金融发展情况。

表 6-17　　　　"一带一路"沿线国家金融发展情况

金融发展水平	金融发展（FD）指标	国家
金融发达国家	≥0.6	韩国、新加坡、马来西亚、泰国、新西兰、南非、以色列
金融较发达国家	0.4—0.6	俄罗斯、沙特阿拉伯、土耳其、波兰、阿联酋、卡塔尔、匈牙利、约旦、斯洛文尼亚、克罗地亚

续表

金融发展水平	金融发展（FD）指标	国家
金融欠发达国家	0.2—0.4	印度、摩洛哥、菲律宾、伊朗、保加利亚、捷克、巴拿马、科威特、蒙古国、印度尼西亚、巴林、文莱、爱沙尼亚、黎巴嫩、哈萨克斯坦、斯洛伐克、摩尔多瓦、阿曼、埃及、拉脱维亚、斯里兰卡、立陶宛、马其顿、格鲁吉亚、乌克兰、孟加拉国、波黑、越南、塞尔维亚、亚美尼亚、乌兹别克斯坦、阿尔巴尼亚、罗马尼亚
金融不发达国家	<0.2	巴基斯坦、不丹、尼泊尔、阿塞拜疆、马尔代夫、老挝、白俄罗斯、吉尔吉斯斯坦、埃塞俄比亚、柬埔寨、缅甸、叙利亚、也门、土库曼斯坦、塔吉克斯坦、东帝汶

数据来源：IMF 数据库，阿富汗、黑山、伊拉克数据缺乏。

作为"一带一路"倡议的基础内容，基础设施互联互通的建设必不可少。基础设施情况制约了经济发展和沿线国家深化合作，但"一带一路"沿线大多是新兴经济体和发展中国家，经济水平欠发达，受制于政府财政支持不足、资本市场欠发达、金融体系不完善及跨境金融深度较低等原因，"一带一路"沿线国家的融资难问题成为制约基础设施投资的主要因素。据IMF测算，未来五年，仅"一带一路"沿线国家基础设施投资累计投资额将超过3万亿美元。然而，"一带一路"区域内的资金支持与其投资增长需求之间不相匹配的问题，使"一带一路"建设的实施对政策性金融的依赖性较强。一方面，开发性金融的支持力度较弱；另一方面，社会资本难以成为"一带一路"基础设施建设的长期、持续性资金支持，如何发挥商业银行在基础设施投资中的资金供给作用，成为解决当前金融支持不足问题的关键所在。

（1）各国银行业资产质量问题。"一带一路"沿线国家主要是以银行业为主导的金融产业结构，银行业承担了绝大部分的金融服务。银行资产质量是银行业乃至金融业平稳运行的前提，是宏观经济持续增长的保障因素之一，通过不良贷款率这一指标来衡量银行资产质量。图6-12显示了"一带一路"国家不良贷款率的分布情况。

从图6-12可以发现，近3年内"一带一路"沿线不良贷款率超过10%的国家和地区占比逐渐降低，2020年已经下降至3.125%。可见各国在银行贷款质量方面做了较大努力，"一带一路"沿线国家和地区的银行业资产质量得到大幅提升，这一改善也将助力经济增长。

（2）各国银行资本充足率有所提升。"一带一路"沿线国家银行业资

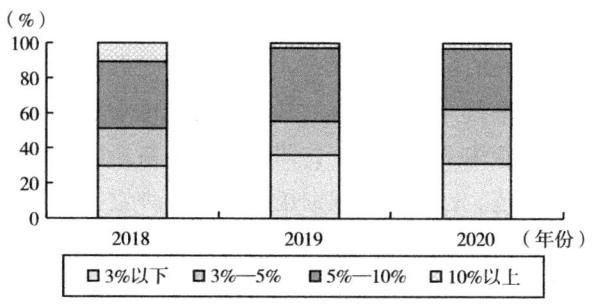

图 6-12　2018—2020 年"一带一路"沿线国家不良贷款率分布情况

数据来源：世界银行数据库。

本充足率近 20 年实现稳步提升，尤其是根据世界银行数据库所披露的数据显示，近三年"一带一路"沿线国家银行业中资本充足率高于 8% 的国家稳定占 85% 以上，2020 年资本充足率低于 8% 的国家仅仅占 13%。各国资本充足率的稳步提高，为其银行业的健康发展提供保障、降低系统性风险的同时，也为经济增长提供了稳定的支持。

（3）沿线国家银行业发展各具特色。"一带一路"沿线国家的银行业发展程度参差不齐，虽然金融产业结构的突出个性是以银行为主导，但各国的银行业发展却各具特色。

波兰在银行业改革过程中实现较大发展。整体来看，波兰金融体系结构的合理性和稳定性较强，银行业治理水平较高，政府对金融体系的影响程度较深。转制以来，波兰对银行业采取了一系列的改革举措，以商业银行为代表的金融体系得到了长足的发展。现阶段，波兰的银行业私有化已基本完成。外国金融机构在商业银行的私有化进程中起到一定作用，对部分商业银行的资产有不同程度的控制权。2010 年前，波兰金融机构的外资占比高达 80%。近年来，波兰政府意识到外资占比过高对国家金融稳定性的风险，逐步加大了本国对金融资产的投入。在监管机构方面，波兰主要金融监管机构为波兰金融监管局和波兰中央银行。其中，波兰金融监管局行使金融业监管职能，波兰中央银行行使中央银行职能。除此之外，与银行业相关的监管机构还有消费者保护和反垄断监督会，负责控制波兰银行业的垄断行为。

俄罗斯金融体制则以中央银行为核心，以商业银行为主要参与主体，并且形成了多种金融机构并存、各类金融市场相继发展的金融业态。但是，从资源配置情况来看，俄罗斯在金融资源配置上存在严重的分布不均的问题，大量优质信贷资源高度集中于发达城市中，部分欠发达城市的金融可及性较差。金融市场规模相比于其经济总量偏小。在监管方面,俄罗斯银行体系采用单一的集中监管模式,由俄罗斯中央银行掌握监管权。

巴基斯坦的金融监管极具特色,其监管机制传承了大部分英美金融监管体系,法律和监管体系较为健全,同时监管体系还兼顾了伊斯兰金融的风险理念和操作规范。巴基斯坦国家银行作为中央银行,是唯一的金融监管机构。巴基斯坦银行监管较为苛刻,主要体现在:首先,对外资银行分行在单一风险敞口、杠杆比率等指标上均视为子行管理;其次,实行严格的外汇管理措施,几乎所有外汇流出均需得到中央银行事先批准;最后,监管频率较高,巴基斯坦对商业银行采用每两年进行全面检查、不定期开展窗口指导及高管约谈等方式增加监管频度。巴基斯坦的银行业规模较小,其中最大的银行——哈比银行总资产仅为187亿美元左右。由于本国信用体系不完善等原因,银行业不良贷款一直处于高位。由于各种原因,近年来各大外资银行纷纷选择退出巴基斯坦市场。

总体来看,银行业作为国家微观经济主体重要的融资渠道,如果一国拥有一套完备的银行业监管体系,规范金融市场的发展,降低银行不良贷款率水平,长期来看银行业发展水平是较为稳定的,从而经济增长也是较为健康的。

2. "一带一路"国家的银行业系统性金融风险评估

东南亚金融危机的教训告诉我们,金融危机看似源自泰铢等各国主权货币,其本质仍然在于各国在其自身的经济建设中一味盲目追求高增长所产生的虚假繁荣,这种虚假繁荣最先体现在各国的银行体系之中。FSB、IMF和BIS(2009)建议"初步考虑的做法是先从机构及其参与的业务着手对系统性风险进行研究"。因此,本章从国家层面的银行体系的根源入手测算各国的银行业系统性金融风险以求达到追本溯源从而直击病灶的效果。本研究以各国银行业为研究单位,以国家层面的银行业系统性风险为研究对象,识别银行体系的系统性风险并构建度量系统性风险的指数。

3. "一带一路"国家银行业系统性风险指标的构建

银行业系统性金融风险很大程度上源自金融体系中的金融机构所产生的负外部性。金融机构被动风险传染与主动风险溢出的效应与金融机构的资产规模密切相关。系统性风险的测度实则是描述金融体系潜在的风险,一个有效的系统性风险度量指标应该具有前瞻性和实时性,即能够实时监测金融体系所处的状态,并且在金融危机发生之前,及时找到那些金融脆弱性机构。相较于处于金融危机后的损失处置行为,发现那些金融困境同时风险贡献较大的金融机构对于维持经济的长期、平稳发展更为重要

(Greenwood 等，2015；方意，2016）。

在系统性风险度量的方法上，Greenwood 等（2015）研究银行体系系统性风险所构建的结构化的业务关联网络模型中给出的度量系统性风险的结构化表达式中包含了银行规模、杠杆以及关联性这三个要素。

本章采用"一带一路"国家银行业的市场信息构造了全新的衡量银行与金融系统关联性的指标 $\Delta CoES$。该指标基于 CoVaR，并充分利用 CoVaR 从单个金融机构出发度量金融机构与金融体系之间关联性的良好方向性与前瞻性。

4."一带一路"国家银行业系统性风险指标的测算

采用"一带一路"沿线 40 个国家总计 508 家上市商业银行的数据，样本期间选取 2002 年至 2018 年。从样本期内系统性风险指数的平均水平来看，各个国家可以分成两组：第一组中各国系统性风险指数平均值高于 40 个国家总体平均值，第二组中各国系统性风险指数低于 40 个国家总体平均值。分组情况如表 6 – 18 所示，其中，各组分别按照样本期内本国系统性风险指数均值与全样本均值之差的绝对值大小排名，绝对值大的排名靠前。系统性风险的测算结果如表 6 – 18 所示。

从表 6 – 18 中可以看出，在"一带一路"40 国中，就样本期内的平均水平来说，泰国、塞浦路斯、希腊、沙特阿拉伯、土耳其等国家的银行业系统性金融风险平均值在第一组中排名前五，相对于 40 国整体的平均水平而言比较高，是具有较高潜在金融风险的国家。与之相对应的是北马其顿、马来西亚、斯洛伐克、克罗地亚、立陶宛等在第二组中排名较高的国家，它们的银行业系统性金融风险平均值相对于 40 国整体的平均水平而言比较低，其整个国家的金融风险比较低。

表 6 – 18　　　　　　按银行业系统性金融风险排序

第一：高风险组	风险排名（由大到小）	第二：低风险组	风险排名（由小到大）
泰国	1	北马其顿	1
塞浦路斯	2	马来西亚	2
希腊	3	斯洛伐克	3
沙特阿拉伯	4	克罗地亚	4
土耳其	5	立陶宛	5
乌克兰	6	塞尔维亚	6
埃及	7	阿曼	7

续表

第一：高风险组	风险排名（由大到小）	第二：低风险组	风险排名（由小到大）
中国	8	波黑	8
阿联酋	9	巴林	9
俄罗斯	10	澳大利亚	10
匈牙利	11	新加坡	11
保加利亚	12	以色列	12
罗马尼亚	13	菲律宾	13
韩国	14	斯里兰卡	14
捷克	15	约旦	15
越南	16	科威特	16
巴基斯坦	17	南非	17
哈萨克斯坦	18	孟加拉国	18
卡塔尔	19	印度尼西亚	19
		印度	20
		波兰	21

数据来源：作者测算排序。

5. 测算结果分析

我们按照之前的分组给出"一带一路"40个国家的银行业系统性金融风险指数走势，如图6-13所示，其中随时间波动的线为各国银行业系统性金融风险指标，破折号虚线为样本期内各国银行业系统性金融风险指标的平均值，点状虚线为样本期内全部40个国家的银行业系统性金融风险指标均值。从40个国家的银行业系统性风险走势来看，2008年全球金融危机的发生使得各国银行业系统性风险均出现不同程度的上升，大部分国家在金融危机之后其银行业系统性风险逐步下降，少数国家危机后仍有银行业系统性风险再次上升的现象，如塞浦路斯、希腊、埃及、波黑、以色列等。从整体波动来看，大部分国家的银行业系统性风险围绕40个国家均值上下波动。2013年"一带一路"倡议提出后，多数国家的银行系统性风险水平较为稳定，整体波动较小，少数国家仍然处于银行业系统性风险的高点，如波黑、希腊等。具体来讲，本章将40个国家分为两组，分析其银行业系统性风险走势与风险水平。

(1) 第一组国家银行业系统性风险分析。泰国的风险指数在2008年第三季度迅速攀升之后在长达五年的时间内处于高位，直到2013年三季

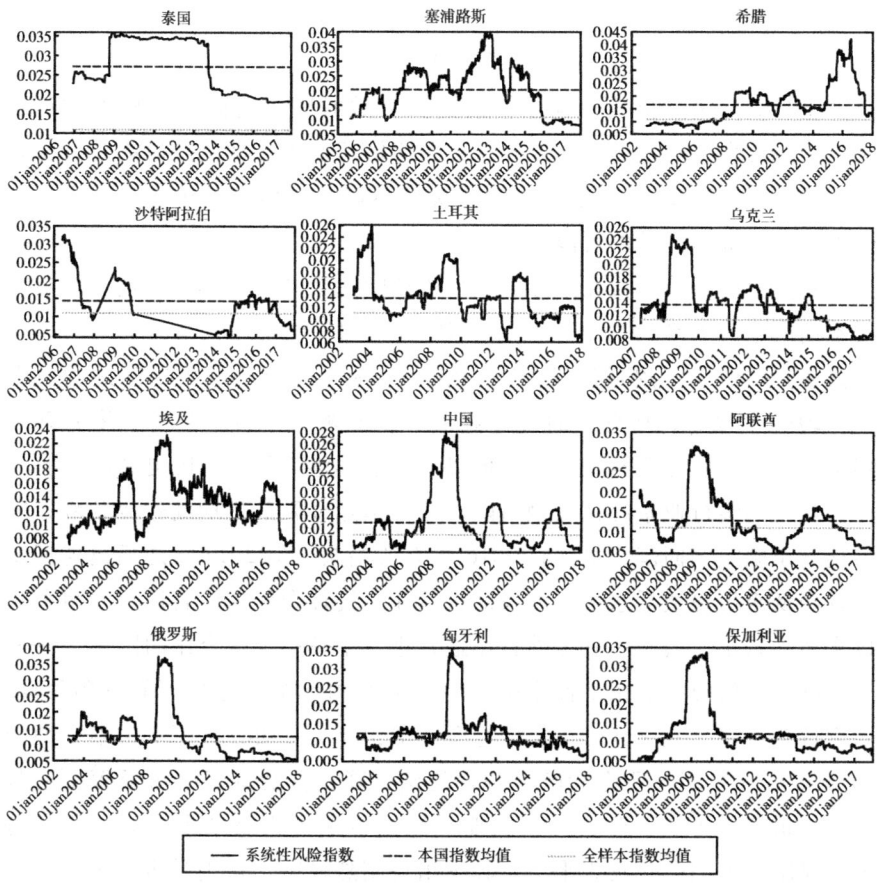

图 6-13 第一组各国银行业系统性风险走势

度才迅速下降至低于国际金融危机之前的水平,并保持平稳。泰国的风险水平远远高于"一带一路"国家的整体平均水平,而且风险水平的跳跃幅度巨大,有着很大的不确定性与较强的突发性。

塞浦路斯的风险指数虽然在总体来看比较高,但其国内的金融风险在经历了国际金融危机以及欧洲主权债务危机两次高峰之后已经降低至全样本均值水平之下且在近期达到了历史最低水平。

希腊的风险指数在国际金融危机以及欧洲主权债务危机之后长期处于高位,而且其长期深受主权债务危机的困扰以至于其风险指数在 2016 年达到了历史高峰。尽管 2017 年之后希腊的银行业系统性金融风险不断下降,但是仍然高于全样本平均值且并没有下降至低于国际金融危机之前的水平。这说明希腊的金融风险目前依旧较高水平,且其尚未完全走出自身债务问题的困扰,导致其国内金融风险走势具有较大的不确定性。

沙特阿拉伯的风险指数虽然整体上比较高,但是其高峰期主要在

2006—2007年以及国际金融危机暴发期间,其风险指数目前处于较低水平,低于全样本均值且有继续下降的趋势。

土耳其的风险指数在样本期的绝大多数时间中均高于全样本均值水平,且经常发生陡然的大幅度跳跃,属于银行业系统性金融风险特性不稳定的国家。虽然2017年年末风险指标陡然降低,但是其风险不稳定的特性随时都有猛然上升的可能。

乌克兰的风险指数在国际金融危机期间达到高峰,其峰值约为乌克兰样本期内平均水平的两倍,此后在2010—2015年大约五年时间内,风险指数在其均值水平附近波动,但均没有出现国际金融危机期间的大幅上升。2015年以后,乌克兰的银行业系统性金融风险逐渐下降,并于2015年第三季度以后降低至全样本均值以下且继续逐渐降低至历史最低水平。

埃及的银行业系统性金融风险指数在国际金融危机期间达到顶峰,随后逐渐小幅震荡回落,虽然在2016年有所抬头,但2017年之后迅速回落并且降低至历史最低水平。埃及的银行业系统性金融风险自国际金融危机以来波动较小,属于不确定性较小适合进行中长期金融合作的国家。

阿联酋的银行业系统性金融风险指数在国际金融危机期间达到顶峰,随后逐渐下降,在2013年中期达到历史最低点。尽管在2013年中期至2015年有所上升,但是2015年以后逐渐下降,直至2017年年底又到达接近历史最低水平。阿联酋的银行业系统性金融风险呈现出较为平稳的特征,风险水平的变化较为平滑,较少出现剧烈跳跃,特别是近年来其风险值在相对较长的一段时间内保持在比较低的水平内。

俄罗斯的银行业系统性金融风险指数在国际金融危机期间达到顶峰,之后迅速降低,尽管在2012年有所反弹,但也仅仅达到了其样本平均水平。2012年第四季度之后逐渐下降并稳定保持在全样本平均值以下的较低水平。在国际金融危机之后,俄罗斯国内的系统性金融风险波动较低,没有出现大幅度猛烈的跳跃,处于非常稳定的良好状态。

匈牙利、保加利亚、罗马尼亚、捷克的银行业系统性金融风险走势比较相似,两国风险均在国际金融危机期间达到顶峰,在国际金融危机之后风险水平迅速下降并在其各自均值处小幅波动,没有再发生剧烈的波动。特别是近年来,这些国家的银行业系统性金融风险均缓慢下降至低于全样本均值水平以下并保持相对稳定。他们的金融风险特性比较接近,在没有巨大外部冲击的情况下,波动均较小,风险变动平滑,不确定性低,是良好的中长期投资合作对象。

韩国的银行业系统性金融风险在国际金融危机期间达到顶峰,但在国际金融危机前后发生了多次大幅度的震荡，直到2013年以来才降低至全样本均值以下并保持相对平稳。从近年来韩国的银行业系统性金融风险走势来看，其处于相对稳定的低风险时期。我们应该充分抓住有利时机，尤其迎合是当前正处于停滞状态的韩国金融机构的迫切需求，以亚洲基础设施投资银行为龙头，以人民币国际化为动力，让双方金融企业在更高层次、更高水平上深度融合，使其看到我国金融业的开放和健康发展所能带来的新的生机，从而使其乐于巩固双方的密切往来。

越南的银行业系统性金融风险呈现出逐渐震荡下降的趋势，且在2017年年底到达历史最低水平，其银行业系统性金融风险性质稳定。巴基斯坦的银行业系统性金融风险在国际金融危机期间达到顶峰，且在国际金融危机之前和之后有着明显的差异。国际金融危机之前，风险水平整体较高，在绝大部分时间段均高于其样本期内的均值水平，而国际金融危机之后，风险水平整体较低，在绝大部分时间段均低于全样本均值水平，尽管2017年年底风险指数有所上升，但仍在相对较低水平上。

哈萨克斯坦的银行业系统性金融风险走势围绕其样本均值波动，自2016年以来持续下降，目前处于相对低点。哈萨克斯坦的银行业系统性金融风险整体水平不高，波动也并不剧烈。

卡塔尔的银行业系统性金融风险在国际金融危机期间到达顶峰，随后逐渐降低，在2013年年初降至最低点后有所上升。目前风险指数在其样本均值处小幅平稳波动。卡塔尔的金融环境相对稳定，较为适合作为中长期的投资合作对象。

（2）第二组国家银行业系统性风险分析。按时间维度的测算结果如图6-14所示。第二组中的马其顿、立陶宛、塞尔维亚和孟加拉国缺少国际金融危机期间的数据。他们有着显著的共同点，各国的银行业系统性金融风险指数在2012年之前均到达了各自的最大值，然后逐渐平稳下降，且近年来稳定在其各自样本均值线以下。这些国家的银行业系统性金融风险指数很低，而且波动很小，不确定性低，当前的金融环境非常稳定。本组中的马来西亚、阿曼、巴林、斯洛伐克、克罗地亚、澳大利亚、新加坡、约旦、科威特、印度等国家的银行业系统性金融风险也存在明显的共同点。这些国家各自的风险指数在国际金融危机期间均达到了顶峰，随后在国际金融危机后均快速降低，并且没有发生大幅度的波动，在其样本均值以下保持稳定。而以色列、菲律宾、波黑、南非、印度尼西亚等国家的银行业系统性金融风险则经常发生较大幅度的波动，不确定性很强。波黑、斯里兰卡的银行业系统性金融风险在国际金融危机期间没有上升，但是波黑的风险指数在 2016 年迅速上升并达到顶峰，而斯里兰卡的风险指数则在 2004 年达到历史顶峰。

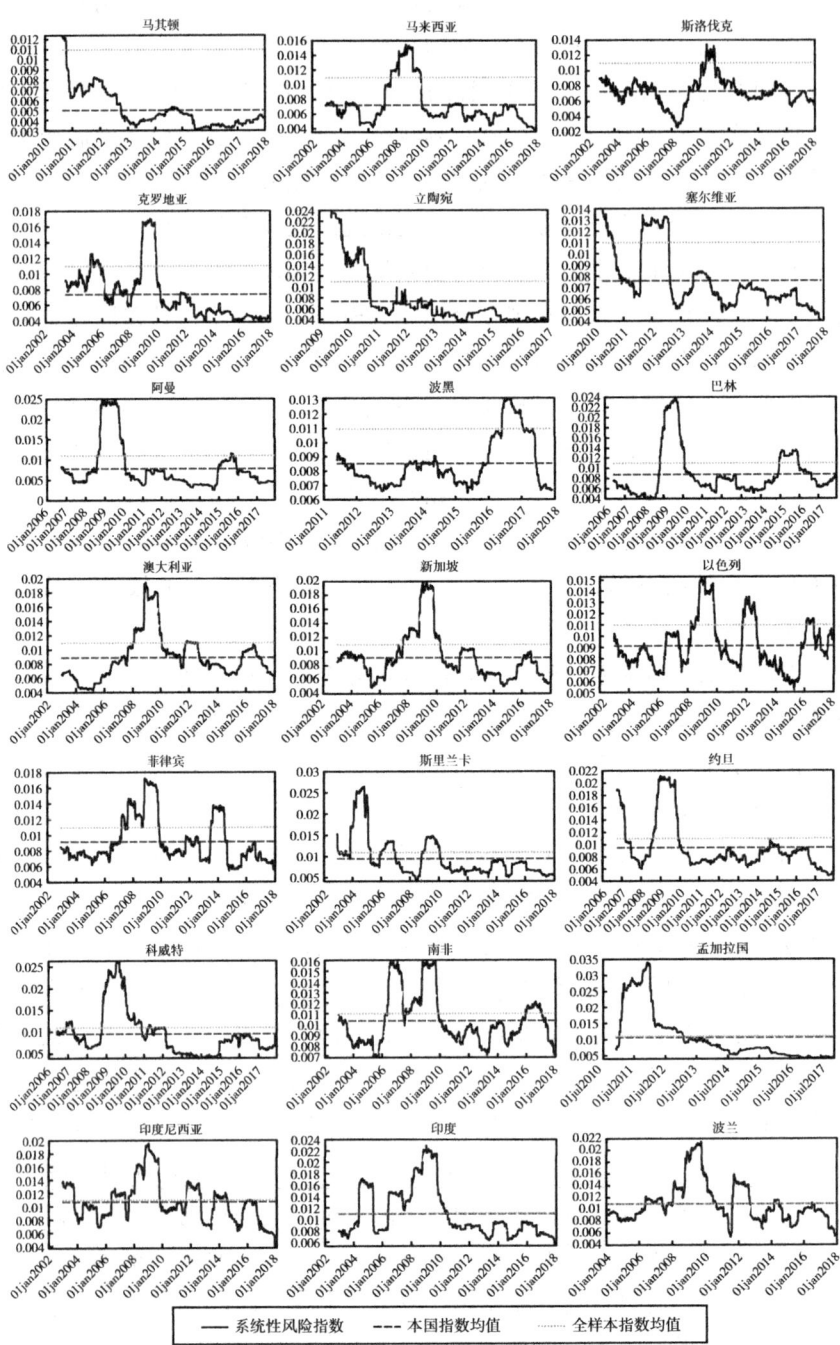

图 6-14 第二组各国银行业系统性金融风险走势

（3）中国银行业风险分析。测算可得"一带一路"40国系统性风险大小2002—2018年度排名，可以看出泰国、俄罗斯、塞浦路斯等国家银行业的系统性风险排名普遍较高。我国银行业的系统性风险指数总体上不高但有一定的上升趋势，这说明相对比较稳健，但整体的风险水平正在攀升。我国经济在经历了长期高速增长之后进入新常态，长期的繁荣背后积累了以下的风险因素：①投资效率低下和资源配置扭曲的结构性问题逐渐显现，进而会降低市场运行效率和经济增长活力；②金融创新引致的金融过度投机及风险积累效应，使得经济运行的脆弱性更强、稳定性有所下降。现阶段，资不抵债企业和项目数量的增加使得国内外投资者信心指数下降；③收入分配差距不断拉大，金融投机行为盛行，大量分散且不存在信息优势的外部投资者成为金融市场波动的最终风险和损失承担方。

随着中国经济发展由高速增长进入转型升级降速换挡的阶段，党中央高度重视系统性金融风险所造成的隐患，近年来多次将牢牢守住不发生银行业系统性金融风险作为金融工作的重中之重。随着中国对外开放的不断深化，除了在传统贸易领域以外，中国金融市场化、人民币国际化与资本账户开放的进程不断加速。其中，人民币加入SDR、亚洲基础设施投资银行的诞生以及丝路基金的成立等一系列金融领域的重大突破使中国银行业与世界各国的联系变得日益紧密，这必然使我国银行业在更加广泛的国际舞台上占据举足轻重的地位。中国商业银行总体规模庞大，占到整个沿线国家商业银行总资产规模的60%以上，这对"一带一路"倡议的发展来说是重要的保障，能够为各国的资金需求提供丰富的来源，同时能够在抵御风险上成为一个巨大的屏障。然而，一旦中国大型商业银行出现问题，势必造成巨大的外部性，对"一带一路"甚至整个国际金融体系造成巨大的系统性风险。由于贝尔斯登、雷曼兄弟等美国大型商业银行的风险暴发所引燃的国际金融危机印证了大型商业银行的系统重要性，而且金融稳定委员会（FSB）提出的G-SIBs名单中很多大型商业银行在列，其中不乏中国银行、中国工商银行、中国农业银行与中国建设银行的身影。另外，我们可以看出土耳其、泰国与波兰三个国家的系统重要性整体排名仅次于中国。

2008年国际金融危机之前，巴基斯坦、印度两个国家的排名比较高，随后这两国的排名出现显著下降。国际金融危机之后埃及与越南两个国家的系统性风险明显上升。因此，中国在"一带一路"建设中要特别关注以上国家可能带来的金融风险。

二、"一带一路"沿线资本市场风险问题

受经济增长和金融市场发展的影响,"一带一路"沿线国家整体的证券业和保险业并不发达,这也是受到银行主导型的金融产业结构的制约。但纵向来看,沿线国家的证券业取得了较大的进步,有的国家在原有基础上得到了发展,有的国家实现证券业从无到有的突破,还有部分国家正在积极筹备证券市场。保险业的发展并没有银行业和证券业那么迅速,无论是个人还是国家,对于保险以及保险业的认识度薄弱是导致保险业发展缓慢的重要原因之一。

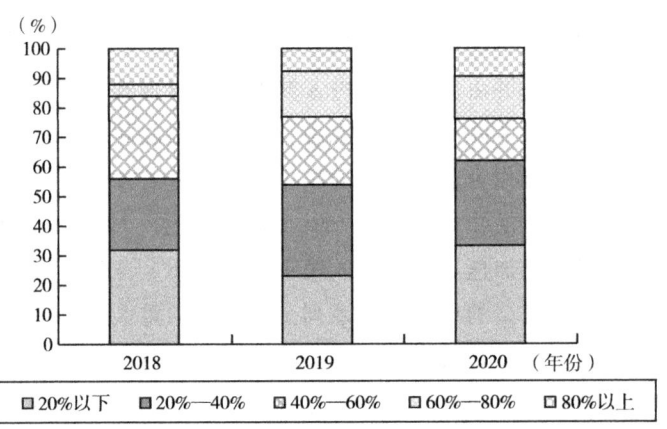

图 6-15 "一带一路"沿线国家股票市值占 GDP 比重的分布情况
数据来源:世界银行数据库。

"一带一路"各国的证券市场发展与各自的经济发展状况基本同步。把股票市值占 GDP 的比重作为衡量证券市场发展程度的指标,由图 6-15 可以发现,近 20 年以来,占比低于 20% 的国家比重越来越低,从 1996 年的 65% 下降到 2015 年的 26%,同时占比在 60%—80% 的国家比重实现了稳定增加。

新加坡自 1965 年成立以来快速发展,成为一个高度开放的经济体。新加坡的经济发展离不开良好的金融环境及开放的金融市场。2015 年,新加坡的股票市值占 GDP 的比重高达 227.69%。现阶段,新加坡国债市场发展程度较高,债券市场的发展为商业债券的定价与发展打下了一定的基础。此外,新加坡交易所拥有世界最快的交易平台,平均交易时间 90 微秒(杨新兰,2015)。从上市公司的市值结构来看,新加坡本地公司的市值占 53%,外国公司占 47%,总市值超过 1 万亿新元。可交易的产品

包括普通股、优先股、股票期权、存托凭证、房地产投资信托、投资基金等，产品的多元化程度较高。此外，交易限制较低、分红无扣税、无资本增益税、无外汇限制等特点也有助于降低交易成本、提升金融运行效率。监管方面，新加坡拥有宏微观审慎监管的机制，对金融市场的公平、效率和透明度有较高的要求，也是其金融市场稳定有序发展的重要因素之一。

金融市场的构建是俄罗斯向市场经济转型中的关键点。随着市场经济体制和新的金融体系的相继建立和完善，俄罗斯的金融市场发展程度也有所提高。现阶段，尽管俄罗斯证券市场投资功能有所提高，然而，从发展情况来看，仍落后于发达市场和部分发展中市场。近年来俄罗斯进行了以两大交易所合并为内容的改革，以达到深化金融体系改革及提升其在国际资本市场地位的目的。此外，莫斯科也在不断加快国际金融中心的建设步伐。俄罗斯金融市场包括股票市场、公司债券市场、国债市场等。股票市场是俄罗斯资本市场中最活跃的板块。2005—2007年，随着国际油价的快速上升，俄罗斯经济形势大为改善，股市市值迅速上涨。2005年，俄罗斯股市市值为1798亿美元，2006年上涨至6343亿美元，2007年继续翻番，上涨至1.3415万亿美元。2008年国际金融危机爆发，国际油价大跌，俄罗斯股票市值开始缩水，2010年12月30日为9288.9亿美元，2011年12月30日为7683.05亿美元。随着俄罗斯经济形势改善，证券市场管理逐步健全，证券市场的投资功能逐步提高。

缅甸是中南半岛最后一个建立股票交易市场的国家。其邻国柬埔寨和老挝，都在韩国证券交易所的援助下，于2010年建立了各自的股票市场。韩交所分别持有柬埔寨和老挝证交所45%和49%的股份。2016年3月25日，仰交所第一只股票正式开始交易。目前，缅甸的基础设施投资还处在十分匮乏的阶段，仰交所都未实现电子化交易，全部交易需要投资者在营业部手写填单完成。缅甸建立更多上市公司是近几年国家开放、促进经济发展的重要举措。

从沿线国家股票交易额占GDP的比重来看（见表6-19），中低收入水平和中高收入地区的国家股票交易占GDP的比重反而高于高收入国家，这主要是由于伊朗、中国和土耳其股票交易占GDP的比重较高。从地区分布来看，东亚和太平洋地区的股票交易额占GDP的比重高达71.11%，中东和北非地区位居第二占比达33.90%。

"一带一路"沿线国家中，仍有部分国家尚未建立证券市场，如也门、文莱等国家都没有建立自己的证券市场，股票交易还是空缺状态。从这些国家自身层面来看，空白的证券市场使实体经济缺失了重要的融资渠道，

表6-19 2020年"一带一路"沿线国家股票交易额占GDP的比重   单位:%

收入水平	股票交易额占GDP	地区	股票交易额占GDP
低收入国家	—	东亚和太平洋	71.11
中低收入国家	44.25	欧洲和中亚	14.48
中高收入国家	48.12	中东和北非	33.90
高收入国家	13.06	南亚	26.62

数据来源:世界银行WDI数据库。①

从而经济发展受到极大制约;从"一带一路"建设国家合作的角度来看,这有助于实现发达经济体向这些国家的投资,帮助其建立证券市场,逐步成熟,为经济的增长注入新的融资渠道。

随着"一带一路"建设的深入,中国与"一带一路"沿线国家的金融合作不断深化。但是从资本市场合作环境的视角来看,当前中国与沿线国家的资本市场合作正面临着一系列亟待解决的现实问题。

1. 金融基础设施的不完善阻碍了"一带一路"基础设施建设融资

金融基础设施是指金融运行的硬件设施和制度安排。完善金融基础设施是"一带一路"基础设施融资的重要保证,但中国与"一带一路"沿线国家的金融基础设施建设仍然存在问题。目前大部分"一带一路"沿线国家金融监管制度落后,金融市场体系不完善,金融市场法治化程度低等,甚至有一部分成员国的监管制度混乱且带有较大的随意性。"一带一路"沿线国家金融信息披露不足,且缺乏透明度,使得有意向开展国际合作的金融机构无法及时了解东道国各类金融主体的金融需求信息以及企业征信信息。金融基础设施的不完善使得"一带一路"基础设施所需资金难以从本国获取,阻碍了项目进程。

2. 双边政治互信有待进一步提高

首先,政治互信对资本市场政策协调至关重要。由于历史遗留问题,目前中国与"一带一路"沿线一些国家仍然存在着领土争端。这些问题如果不能得到妥善解决,必然会对中国与"一带一路"沿线国家资本市场的合作产生不利的影响。其次,由于中国与"一带一路"沿线国家在历史文化、政治制度、宗教信仰等方面存在较大的差异,这使得中国与"一带一

---

① 数据不包含:阿富汗、阿尔巴尼亚、亚美尼亚、阿塞拜疆、保加利亚、波黑、文莱、不丹、爱沙尼亚、格鲁吉亚、克罗地亚、伊拉克、吉尔吉斯斯坦、柬埔寨、老挝、立陶宛、拉脱维亚、摩尔多瓦、马尔代夫、北马其顿、缅甸、黑山、蒙古国、尼泊尔、塞尔维亚、巴基斯坦、新加坡、斯洛伐克、塔吉克斯坦、乌克兰、乌兹别克斯坦、巴勒斯坦、叙利亚、土库曼斯坦、也门。

路"沿线国家之间存在一定的分歧和利益冲突,双方缺乏足够的政治互信的基础。最后,"一带一路"基础设施建设融资合作意味着合作双方可能需要在某种程度上牺牲一定的货币和经济政策的独立性,在双方缺乏政治互信的情况之下,"一带一路"沿线国家是否会愿意放开政策自主权具有很大的不确定性。

3. 中国和沿线各国的经济发展水平和经济政策存在差异

一是经济实力相差较大,自由贸易区内,中国近30年来发展十分迅速,实力不断增强,在世界上成为仅次于美国的经济大国。而"一带一路"沿线各国多为发展中国家,且处于中低收入水平,各国经济增长缓慢,与中国相比实力相差悬殊。二是经济政策上存在较大差异。中国和沿线国家各国不仅经济发展水平相差较大,经济结构不一,各经济体面临的内外部冲击的作用方向、影响因素各不相同,各国在政策协调、产业整合等方面也出现了较多冲突,而且区域内还远远没有达到要素自由流动的程度。要在差异如此明显的国家间开展"一带一路"基础设施建设,不仅存在融资困难,而且后续建设收益也无法估量。

4. 差异化金融发展程度导致金融合作凝聚力的不足

一方面,"一带一路"沿线国家的金融开放程度存在较大差异,如新加坡等国家经济金融发展水平较高,金融市场更为开放,而如文莱、越南等国家的金融市场仍处于初级发展阶段,金融市场开放度低。这也导致统筹规划沿线国家金融合作的难度增加。另一方面,中国及"一带一路"沿线国家的经济总体上呈阶梯形发展,既有新兴工业国家,又有发展中国家,经济发展水平和层次明显不同,各国对金融合作的核心利益诉求各有所异,短期内难以形成较强的区域金融合作凝聚力。例如,柬埔寨、缅甸等国家还存在较为紧迫的金融基础设施和金融市场建设需求,而像新加坡等拥有完善金融体系的国家则希望通过增强金融合作,释放更强的影响力。

三、"一带一路"金融风险总体评价

"一带一路"沿线国家经济规模差距较大,各国的经济发展差异直接反映到了它们的金融业的发展中。"一带一路"金融业的发展水平和发展趋势,对于"一带一路"倡议的实现起到至关重要的作用。金融系统作为价值转移的载体,各个国家现有的发展形态各异。

各地区金融业的发展各具特色。东盟国家受伊斯兰文化影响兴起的伊斯兰金融独具特色。各国金融发展水平悬殊,新加坡、马来西亚等国基本已经建立了比较完善的金融组织体系和金融市场体系，而其他国家的金融发展水平相对偏低，柬埔寨的证券业、保险业仍处于发展的初期，菲律宾则是亚洲地区债券市场最不发达的地区之一。中亚五国整体金融发展水平不高，哈萨克斯坦是金融体制比较完善的国家，其他国家的金融发展水平偏低。中亚各国主要是以银行业为主导的金融产业结构，证券行业的发展水平很低，直接融资能力受到极大约束，保险业同样发展程度较低。

总体来看，各国金融业发展水平的差距比较明显，韩国、新加坡、马来西亚、泰国、俄罗斯等国家金融发展程度相对较高，而也门、土库曼斯坦、塔吉克斯坦、东帝汶等中亚、东南亚国家金融发展水平非常落后。由于大多数国家是以银行业为主导的金融产业结构，因此相对于证券业和保险业，银行业发展较为发达。在发展本国金融市场的同时，各国逐渐重视国家间的金融合作，不仅在量的方面取得较大进步，在质的方面也实现了巨大突破，如各国签署的双边监管合作谅解备忘录（MOU）等双边监管机制，极大地规范了合作秩序，同时也为"一带一路"建设的健康发展提供了保障。

新冠疫情的暴发在一定程度上加剧了"一带一路"沿线国家的金融风险，新冠疫情对全球经济带来持续的影响和冲击，正在影响新兴市场和不发达国家，也给全球经济带来第三波的冲击。疫情导致的人员流动受限、停工停产等"停滞"现象，导致了新兴市场国家和不发达国家的经济金融形势出现恶化。在疫情冲击全球经济的背景之下，中国为"一带一路"国家提供的贷款面临巨大的风险。一是各国经济受到冲击，沿线国家的财政状况恶化，导致主权债务恶化。二是融资项目被迫推迟，拉长很多投资项目的周期，项目层面的风险加大。三是中国经济受疫情冲击，企业、银行的经营环境都受到很大影响，应对风险的能力在减弱。

中国对"一带一路"融资大部分和以央企为代表的中国企业的基建项目相关联。新冠疫情导致的经济停滞，会影响这些项目的建设和运营，给项目实施带来影响，并会进一步影响相关债务的偿还。在"一带一路"国家面临巨大的经济和债务危机风险的情况下，从中国的角度而言，更凸显了对过去"一带一路"基础设施项目异化进行调整的迫切性。一方面，对于债务问题带来的金融风险需要妥善安排，而不是简单的收缩，以挽回部分损失；另一方面，可以对因疫情冲击而恶化的债务的偿还和项目建设进行重新安排，毕竟这些项目很多属于跨周期的基建项目，需尽量减缓疫情冲击的影响。长期而言，中国更需要"一带一路"相关的金融市场建设和完善以推动相关投融资的优化和风险的分化。

第四节 "一带一路"沿线国家政治风险带来的基础设施投资安全问题

沿线国家的政治风险主要表现在军事冲突和战争风险、恐怖主义、政权更迭、政府违约以及征收国有化等方面。处理好双边政治关系是降低"一带一路"沿线国家政治风险的有效途径之一。

一、军事冲突和战争风险对"一带一路"基础设施投资项目的破坏

军事冲突和战争风险是中国"一带一路"倡议在中东与北非地区推行过程中所面临的最主要的政治风险。这类风险在中东与北非地区的表现形式具有不可抗性与突发性,且一旦发生具有巨大的破坏性。从沿线国家的地理分布来看,部分国家处于欧亚非交界处,成为历史上争夺水源和石油的重要战略位置,军事冲突时有发生。既有纷争长达几十年的巴以冲突,也有近年来的利比亚内战、叙利亚战乱以及仍处于战争状态的俄乌冲突。军事冲突的发生导致国家动荡、社会紊乱、经济生产活动停滞,甚至会造成巨大的人员伤亡与财产损失。以利比亚为例,2013年利比亚境内爆发的严重内战导致中国企业在利比亚境内的投资遭受重创。利比亚内战发生后,为保障中国在利比亚境内公民安全所采取的紧急撤侨,直接花费就超过3亿元人民币。中国在利比亚境内的企业遭受的财产损失高达15亿元人民币,188亿美元的承包工程全部丧失,其最终损失可能高达200亿美元。虽然卡扎菲倒台后,中国政府试图与利比亚政府就战争损失索赔事宜进行商讨,但并未得到满意答复。由于军事冲突背后的根源短时间内难以消除,未来类似的风险不仅会出现在伊拉克、叙利亚、利比亚、也门、巴勒斯坦等目前正处于战乱状态中的国家,也有可能会出现在伊朗、土耳其、沙特、阿联酋、埃及等暂时尚属和平的国家,这将对中国"一带一路"基础设施建设在该地区的推进带来极大的考验。

二、恐怖主义对"一带一路"基础设施投资项目的冲击

当今世界恐怖主义仍然存在,涉及的国家和地区众多,伤害损失愈发严重,且愈演愈烈。"一带一路"沿线国家基础设施建设的顺利推进无疑需要和平的社会环境,但是沿线国家经济发展水平、历史、宗教、文化的差异,导致沿线国家恐怖主义时常发生。Global Terrorism Database 统计数

据显示,2019年全球恐怖袭击发生超过150次的国家大多为"一带一路"沿线国家(见表6-20),占比高达全世界恐怖袭击事件的65%。这意味着沿线国家一半以上深受恐怖主义威胁,基础设施建设面临巨大的安全问题,不仅会威胁基础设施建设项目人员的人身安全,而且会导致基础设施的毁坏。2014年中国水电十六局驻扎在喀麦隆极北大区的营地就遭受了恐怖分子的非法袭击,造成1人受伤,10人失联和10部车辆被劫持。2015年,中国铁建三名高管人员在马里共和国丽笙酒店遭恐怖组织枪杀。这些恐怖主义犯罪的发生不仅导致在建项目人员安全问题和项目建设困难,也将影响这些国家的投资环境。由于沿线国家较多处于恐怖主义频发地带,这使得我国在当地投资的产业和项目随时处于被破坏和抢夺的阴影下。以南亚地区为例,由于巴基斯坦恐怖主义犯罪猖獗,巴基斯坦为了保障中巴经济走廊的安全,组建了一支中巴经济走廊特殊安全部队(SSD),专门负责中巴经济走廊项目及中方人员的安全。

表6-20 "一带一路"沿线部分国家恐怖袭击发生数(2019年)

国家	总袭击	占比	相比2018年	总死亡	占比	相比2018年
阿富汗	1804	21%	2%	8249	41%	-16%
也门	771	9%	55%	1219	6%	8%
伊拉克	642	8%	-53%	798	4%	-44%
印度	623	7%	-30%	311	2%	-25%
尼日利亚	507	6%	-22%	1718	8%	-33%
菲律宾	464	5%	-23%	396	2%	-10%
巴基斯坦	362	4%	-25%	416	2%	-40%
叙利亚	292	3%	25%	1102	5%	-29%
尼泊尔	200	2%	102%	7	0	—
全世界	8473	100%	-14%	20309	100%	-13%

数据来源:Global Terrorism Database, 2019.

三、政权更迭导致"一带一路"基础设施投资项目面临违约的风险

"一带一路"几乎经过或辐射世界上政治形势最为复杂的几个地区,沿线多数国家本身具有独特的政治、宗教、民族环境。这些国家中,从政体看,既有绝对的君主制国家,又有君主立宪制国家,既有总统制国家,又有议会制国家;从与宗教的关系看,既有政教合一的国家,又有政教分离的多宗教国家;从政党制度看,既有多党制国家,也有一党制国家,还

有部分国家不允许任何形式的政党存在。

政体的不一样，使得这些国家的选举制度也各不相同，而法治及民主程度也使这些国家政权更替的局势表现千差万别。从选举制度来看，"一带一路"沿线国家有10个实行君主制。沙特与文莱是绝对君主制，君主拥有至高无上的权力，国家行政、立法和司法都受到君主的控制。议会的议员均是由君主指派，这些国家无选举可言。而柬埔寨、泰国与马来西亚属于议会制君主立宪制，君主只是名义上的国家元首，权力受限。柬埔寨与马来西亚的选举与大多数议会制国家选举一样，在议会选举中获得胜利的政党候选人出任首相，泰国虽然同为君主立宪制，但其政府总理则由议会投票选举产生。科威特、卡塔尔、阿曼、巴林等君主制国家的君主兼政府部门要职，这些国家只有协商会议的议员由选举产生，其选举并不产生政府首脑。约旦在2013年曾经由国王与协商会议共同推选首相。有51个实行总统制与议会制。其中，有33个国家的国家元首或政府首脑由选民直接选举产生，比如东帝汶、菲律宾和土库曼斯坦等；有18个国家由议会选举或选举人团间接选举产生，比如拉脱维亚、爱沙尼亚等国家。有的国家虽然有选举，但并不设最高个人元首，而是设集体元首，比如波黑设置了国家集体元首，也称作波黑主席团，任期4年。主席团由来自波什尼亚克族、塞尔维亚族和克罗地亚族的各1名成员组成。主席团主席为轮值制，由三个民族的代表每8个月轮换一次。从任期看，有28个"一带一路"国家规定总统或政府首脑的任期为5年，有的规定可以连任两届，有的规定只能担任一届；有9个国家规定任期为7年，任期4年的国家最少，只有5个。从选举时间看，最近几年，"一带一路"沿线有15个国家在2019年进行了大选，2020年有6个国家进行大选，2021年有9个国家进行大选。

"一带一路"沿线国家选举的差异对于政权更迭风险发生的影响各不相同。对于某一个政党长期执政的国家，选举诱发社会动荡的可能性极小。比如新加坡的人民行动党，这个党在新加坡长期执政，这类国家的政府通常拥有较强的合法性基础和治理能力，因而政权更迭风险较低。对于某一个人长期担任国家元首的国家，选举诱发社会动荡的可能性会越来越大。比如白俄罗斯，在2020年总统选举中，卢卡申科继续担任该国总统，可能连续执政30年，引发白俄罗斯全国大抗议，上万人因此被捕。俄罗斯去年修改《宪法》，普京因此可能连任到2036年，也引起全国的大规模抗议。对于军人权力过大的国家，选举诱发社会动荡的可能性极高。2022年2月1日缅甸的军事政变，2014年泰国的军事政变，还有埃及等国家都因军人权力过大，干预选举结果导致社会不稳。

沿线国家政局的不稳定无疑加剧了基础设施建设的风险与难度。政权更迭往往面临着一国内部执政党的交替，新政府的上台无法保证前政府项目的继续进行，特别是与我国签订的基础设施建设项目。电投集团耗资36亿美元兴建的密松大坝项目被冻结，最主要的原因就是缅甸内部的政治斗争和政权的更迭。此外，2018年由于马来西亚现任总理马哈蒂尔与前总理纳吉布政治斗争导致我国在马来西亚境内价值220亿美元的东海岸铁路项目与两个石油管道项目被叫停。

马来西亚是我国"一带一路"倡议提出后最先表示欢迎的国家之一，更是"一带一路"沿线的重要节点国家。为了更好地推进"一带一路"基础设施建设，强化马来西亚参与沿线合作的深度，中国借助自身在高铁建设和营运上优势推动马来西亚的铁路建设项目。2016年11月1日，国务院总理和时任马来西亚总理的纳吉布就中国交建与马来西亚铁路衔接公司在北京达成共识并签署了马来西亚东海岸铁路项目协议。该项目合同工程期7年，维护期2年。2017年5月13日，中国交建再次与马来西亚铁路公司就马来西亚东部沿海铁路二期工程达成协议。两期铁路工程构成了马来西亚东部铁路干线，这也是当时中国企业最大的海外在建工程。2017年8月9日，马来西亚东海岸铁路（简称"马东铁路"）在马来西亚关丹举行了开工仪式。作为马来西亚乃至东南亚最受关注的基础设施工程，该项目合同涉及金额高达650亿马来西亚林吉特（约合1060亿元人民币）。该项目的建设无论是对中国，还是马来西亚，乃至整个东南亚都具有重要的作用与现实意义。这有利于在东南亚乃至整个沿线国家形成良好的示范效应，从而进一步推动"一带一路"沿线国家的基础设施建设。对于马来西亚来说，该铁路的建成能够起到连接马来西亚东西海岸重要城镇和经济中心的作用，贯穿马来西亚东西方向的铁路干线，这将对马来西亚的经贸、物流、进出口以及旅游行业产生巨大的推动作用。此外，在项目的建设期间，将会为马来西亚提供超过8万个就业岗位，在运营期间将产生6千余个职位，并培养超过3千名铁路建设和运营方面的人才。对于中国和马来西亚两国的关系来说，东海岸铁路项目是两国历史上最大的基础设施建设项目，这不仅能够促进马来西亚境内的铁路基础设施的建设，而且对两国深入开展合作具有重要的作用。对于整个东南亚地区来说，中马铁路项目的建设将会成为泛亚铁路的一部分与泰国铁路相接，打通东南亚陆上运输通道，促进整个东南亚地区的经济发展与互联互通。

然而，就是这样一个能为多方带来众多益处的合作项目却被按下了暂停键。2018年5月10日，马来西亚结束国会大选，前总理马哈蒂尔带领的希望联盟取得了大选胜利。2018年5月11日,马哈蒂尔再次登台担任马来西亚总理。其上任之后,在马来西亚国内掀起了一场针对外国对马来西亚投资的清理风潮。5月28日,马哈蒂尔以"为了马来西亚经济,避免国家破产"为借口宣布取消新加坡与马来西亚之间于2016年12月达成协议的马新高速铁路项目。此后,又再次向媒体宣布要与中国重新就马来西亚东海岸项目进行谈判。此时,中马铁路项目已经开工快一年,已经投入大量人力、物力和财力,重新谈判中马铁路项目就意味着前期投入很可能会"打水漂",将对基础设施建设产生极大的冲击。此外,在停工之前,马来西亚已向承建项目的中国交建支付了200亿马币(约326亿元人民币),此次项目的暂停,马来西亚认为中方应将之前的支付返还。这种做法严重损害了中国的利益。在双方签署协议时,就已针对违约问题进行协商与谈判,并在合同中确定了相关责任条款。2019年4月,经过马来西亚和中国的多次沟通协商与重新核算项目成本后,马来西亚与中交公司再次达成补充协议。根据协议,东铁项目工程的成本减少了约200亿马币(约300亿元人民币),并且由双方共同成立合资公司,承担项目建设任务。2019年7月,停工一年多的东铁项目再次复工。尽管经过多次谈判,马来西亚铁路再次修复建设,但是马来西亚的信用违约无疑对中国产生了巨大的损失。

四、投资项目存在被征收和"国有化"的风险

东道国政府一般会采取各种政策和措施限制外来企业在本国企业的经营控制,以达到保护本国产业的目的。甚至采取法律措施将外国企业资产强制收归国有,这就是所谓的征收国有化。在"一带一路"沿线国家,其对于征收国有化行为仅给予部分补偿,但是其补偿金额要远远低于企业的市场价值,这对我国企业的对外投资和海外经营极为不利。2016年3月22日,津巴布韦内阁就宣布还没有达到本土化要求的外国投资企业必须在当月31日前上交实施计划,这意味着外资企业需要将51%的股份转交给津巴布韦的公民,若不执行就会被吊销营业执照。作为津巴布韦的第二大贸易伙伴和最大投资国的中国,受到不利影响。

第五节 疫情叠加地缘政治风险对"一带一路" 基础设施投资安全的冲击

2019年年末发生的新冠疫情迅速席卷全球给"一带一路"基础设施

建设带来新的安全问题,各国防疫政策、入境管理等均对基础设施建设带来不确定性。此外,百年变局下各国政治风险的不确定性愈发严峻,俄乌冲突的发生反映了当前国家关系的复杂,使得基础设施建设投资安全问题更加复杂。

一、疫情冲击下"一带一路"沿线基础设施投资安全问题

迄今为止,作为人类历史上最为严重的全球性突发公共卫生事件之一的新冠疫情对于"一带一路"基础设施建设带来极大的不确定性,放大了基础设施投资项目面临的安全问题,其中,项目阻断、延期等风险不容忽视。

1. "一带一路"沿线国家疫情形势

新冠肺炎"人传人"的传播特性极大地增加了世界各国的疫情防控的难度,冲击了公共卫生体系,这对"一带一路"基础设施建设产生了诸多不利影响。一方面,部分发达国家对于疫情防控并未启动完善的公共卫生措施,而发展中国家由于经济发展水平较低,其提供公共卫生产品的能力较弱,世界各国疫情防控重视度参差不齐。另一方面,由于各国经济政治和文化发展差异,以及国际治理体系协调在此次疫情中的失灵,使得世界各国难以就疫情防控达成有效的合作,疫情防控相互协调不够,出现"各扫门前雪"的现象。特别是对"一带一路"沿线国家,其经济发展水平增加了疫情防控的难度,而疫情的加剧又冲击其经济发展,逐渐形成恶性循环。截至2022年5月25日,世界疫情最严重的国家前20名中有7个是"一带一路"沿线国家。此外,部分沿线国家的公共卫生支出难以满足各国国内对于新冠疫苗的巨大需求,疫情形势将会持续恶化。为了应对新冠疫情带来的冲击,沿线国家也逐渐采取入境限制措施,逐步从区域限制到全面限制入境。以文莱、缅甸、柬埔寨、斯里兰卡等国为例,2020年3月文莱入境限制逐步从区域限制发展为全面暂停入境。此外,沿线国家内部也逐渐限制聚集活动,采取停工停产以应对疫情的"人传人"持续发生。沿线国家内严峻的疫情形势以及严格的防控措施都极大地限制了沿线国家基础设施建设的顺利进行,给基础设施建设带来极大的不确定性与安全问题。

2. 新冠疫情直接冲击基础设施在建项目的安全

为应对新冠疫情"人传人"传播特性对疫情防控的阻碍,世界各国纷纷采取隔离措施,限制入境,并在国内禁止聚集活动,这就对沿线国家内部的基础设施在建项目带来极大的冲击。由于入境隔离的限制,我国对沿

线国家基础设施建设的技术以及人才支持难以到达沿线国家境内,阻碍了在建项目的顺利进行。同时,沿线国家境内对于聚集活动的限制以及停工停产无疑直接冲击了基础设施建设项目的进程,导致项目无法按期完成,增加了基础设施建设投资者的信用风险。再者,为了应对疫情带来的冲击,沿线国家采取的公共卫生措施消耗了国内资本,挤出了基础设施建设资金,即使疫情后恢复生产,沿线国家内部也面临着无法重启基础设施建设项目的风险,违约风险增加。

此外,新冠疫情的发生直接冲击了沿线国家的经济发展、加大债务负担、增加了财政赤字。由于部分沿线国家恐怖主义时常发生,疫情带来的经济不稳定无疑会加剧沿线国家内部的动荡与不确定性,这也为沿线国家基础设施在建项目带来风险。

3. 新冠疫情直接冲击基础设施后续合作项目的进行

为防控疫情而采取的隔离措施,在阻止疫情快速传播的同时也导致了全球产业链的中断,冲击世界各国的经济增长,公共支出的增加也再次加剧世界各国的财政负担。经济受挫与财政压力双重挤压之下,将会导致世界各国对沿线国家基础设施建设投资意愿的降低,导致基础设施建设项目难以继续推进。

从沿线国家自身的疫情发展冲击来看,其国内经济衰退以及社会环境的不安定都提升了沿线国家的信用风险,使得基础设施项目投资者的投资意愿再次降低。从基础设施建设的收益来看,公路、铁路等建设项目的收益在很大程度上依赖运输量的高低,疫情防控导致的全球产业链的中断无疑使得基础设施建设项目的收益难以维系,这也使后续基础设施建设项目难以继续进行。

二、地缘政治风险带来的"一带一路"基础设施投资安全问题

1. 地缘政治风险评估

地缘政治风险逐渐成为"一带一路"基础设施投资需要关注的重要问题。虽然对于地缘政治风险的定义,学术界尚未明确的结论,但是已有研究报告对于地缘政治风险的概念进行了辨析。美联储的《衡量地缘政治风险》的研究报告中就将地缘政治风险定义为"由于战争、恐怖袭击以及国家之间关系紧张所导致的影响国际和平以及国际关系的风险""地缘政治风险既包含由于战争等事件所导致的风险,也包含由于这类事件或者事态升级引发的新风险"。达沃斯世界经济论坛2015年发布的《全球风险报告》中将地缘政治风险界定为一种涵盖国家间军事冲突、重要国家内乱、

大规模恐怖袭击、杀伤性武器扩散和全球治理失败等系统性、跨地区、跨行业的世界性风险。2019年发布的《全球风险报告》则列举了国家危机、治理失败、国家间冲突等地缘政治风险的具体表现形式（图6-16展示了自1985年至今的地缘政治风险指数与标志性事件）。

简而言之，地缘政治风险就是地缘冲突等因素导致的国际政治风险。具体来讲，地缘政治风险是地缘因素导致的，是由于国家间对于某一特定的海外空间的开发、控制或者竞争导致该地区原来的地缘结构发生变化所引起的国际政治风险。与政治风险不同，地缘政治风险更加强调地理因素，以及地理和国际政治之间的互动。而政治风险并不强调地理因素的作用。按照美国学者富兰克林·鲁特（Franklin Root）的定义来讲，政治风险是指政府对企业的干预所造成的不利影响。

区域和全球和平发展始终是区域经贸发展的重要条件，但近年来不断涌现的政治对立和地缘政治冲突事件对其产生了巨大影响。自2019年以来，先后爆发了巴勒斯坦和以色列的加沙地带冲突、印度和巴基斯坦的克什米尔冲突、土耳其先后出兵叙利亚和利比亚、土耳其和希腊的边境冲突、阿塞拜疆和亚美尼亚之间爆发的纳卡冲突、俄罗斯和乌克兰等一系列地缘政治冲突。地缘政治冲突在西亚和南亚地区呈现出常态化的发展态势，地缘政治正逐渐取代区域经济一体化的地位，这既不利于地区的和平稳定，也不利于区域经济一体化发展。而"一带一路"沿线国家较多处于地缘政治冲突频发的地区，地缘政治冲突的发生使得基础设施的建设进程缓慢，甚至中断。已建成项目也可能由于冲突而摧毁，对于基础设施建设的回报带来极大的不确定性，这直接对我国"一带一路"基础设施建设产生影响。

2. 地缘政治冲突对"一带一路"基础设施项目带来的安全问题

（1）其他大国提出的竞争性的地缘政治战略带来的不确定性引发的地缘政治风险。从地理位置来看，"一带一路"途径东南亚、南亚、中东欧和西亚等历史焦点地区，其他大国不可避免地会在此形成地缘政治战略，与"一带一路"倡议产生竞争。以美国的"新丝绸之路战略"为例，2011年美国国务卿希拉里在印度金奈首次提出这一战略，其核心是借助阿富汗优越的地理位置，以阿富汗为枢纽将中亚和南亚的诸多地区连接起来，从而构建起美国在中亚和南亚的治理网络。"一带一路"沿线中的20多个国家存在着美国驻军或者与美国存在军事联盟关系，菲律宾、泰国、巴基斯坦、阿富汗、巴林等均是美国重要的"非北约盟友"，美国16个"非北约盟国"中有10个以上处于该区域，土耳其、希腊、爱沙尼亚、拉

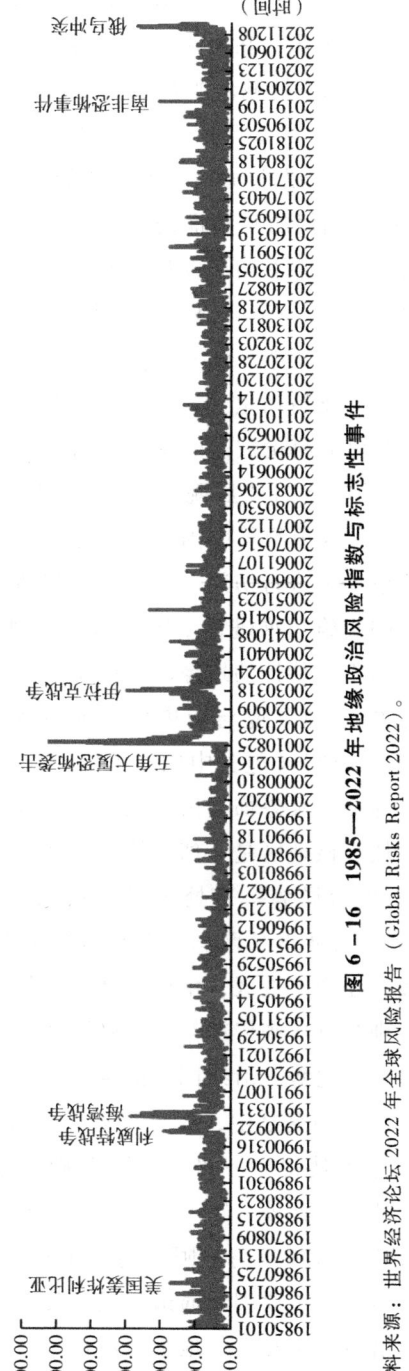

图 6-16 1985—2022 年地缘政治风险指数与标志性事件

资料来源：世界经济论坛 2022 年全球风险报告（Global Risks Report 2022）。

脱维亚等则是"北约"的成员国。沿线地区与美国密切的联系以及美国的地缘政治战略均对中国"一带一路"基础设施建设带来地缘政治挑战。随着中美贸易摩擦的加剧，与美国存在密切关系的沿线国家难保不会对中国"一带一路"基础设施建设产生抵触，加大基础设施建设的地缘政治风险。

（2）沿线国家自身推出的地缘政治战略与"一带一路"倡议形成的竞争所带来的地缘政治风险。以印度的"季风计划"为例（见第一章第三节），随着"一带一路"倡议的顺利推进，在印度、斯里兰卡和巴基斯坦的基础设施建设取得成功，逐渐给印度带来地缘压力，害怕中国以此控制印度海域。2014年为了与"一带一路"形成抗争，印度提出"季风计划"，力图打造以印度为主的印度洋地区合作新秩序。此外，随着中国对斯里兰卡投资的增加，大力支持斯里兰卡机场、道路等基础设施建设，以及2014年10月中国潜艇停靠科伦坡港的举动都引起印度的警惕，认为中国在印度洋的活动侵略了自己的"后院"，印度对此多次表示不满。在2017年5月11日，斯里兰卡拒绝了中国再次停靠科伦坡港的请求，而此时印度总理莫迪正在斯里兰卡进行访问。随着印度与斯里兰卡交往日益密切，以及印度地缘战略的实施与推进，中国在印度洋地区的"一带一路"基础设施不可避免地面临不可估计的地缘政治风险。

（3）沿线地区复杂的地理环境与历史原因所带来的地缘政治风险。"一带一路"沿线的66个国家（包含中国，下同）中大多是地缘冲突热点地区，频繁发生战争冲突以及恐怖袭击。以南亚地区为例，由于印巴两国长期处于对抗态势，加之该地区是全球恐怖主义活动的重灾区之一，从而导致南亚地区的地缘政治局势一直处于紧张状态；同时在东欧地区，2022年爆发的俄乌冲突逐渐从俄乌两国蔓延到欧洲其他地区，欧洲地区地缘政治形势越发严峻；在中东地区，由巴以冲突、叙利亚危机等引发的地缘冲突仍在延续，特别是近年来伊斯兰国家极端组织等的兴起使得该地区的恐怖主义大有愈演愈烈之势。沿线国家的复杂地理位置以及经济发展水平较低使其不但处于激烈冲突之中，而且容易受到大国的控制，"多面下注"情况十分常见，这就使得"一带一路"基础设施在该地区的建设较容易受到地缘风险的冲击。此外，"一带一路"经过了南海、南太平洋、印度洋，途径马六甲海峡、孟加拉湾、阿曼湾、霍尔木兹海峡、波斯湾、亚丁湾、红海、苏伊士运河等重要国际通道，经济安全易受大国地缘政治控制，风险指数不小。沿线国家复杂的地缘政治形势、大国对重要地区的争夺不可避免地引发无法预知的局面动荡，这将给"一带一路"建设，尤其是需要长期建设的大型基础设施建设项目，带来因地方武力冲突导致的停工风险。

3. 新地缘政治风险—俄乌冲突对"一带一路"项目的影响

俄乌冲突是2022年度最大的"黑天鹅"事件，目前相关事态仍存在多种演绎路径，俄乌冲突引发的一系列外溢效应仍在持续显现，加大了全球经济与地缘政治的不确定性、冲击全球产业链。"一带一路"作为中国倡议的发展议程和经济合作方案，是要与共建国家（特别是发展中国家）建立互联互通伙伴关系和协同联动发展，其中最重要的地区就是欧洲。俄罗斯和乌克兰作为"一带一路"沿线的重要国家，两者之间的冲突势必影响"一带一路"基础设施建设进程。此外，俄乌冲突爆发后，制裁风险明显增多、增大，这对于具有海外业务的中国企业和金融机构都产生了很大的影响。这将会导致"一带一路"基础设施功能的破坏、在建工程的破坏、还款来源和融资来源破坏以及对参与主体产生冲击。

（1）基础设施功能的破坏。俄乌冲突的发生导致俄罗斯和乌克兰境内已有的基础设施将无法发挥功能，以中欧班列为例，中欧铁路线途经俄罗斯、连接西欧和中国，因俄罗斯对乌开战，来自中国以及欧洲的货物不得不寻找新的海运路线，增加了时间以及运输成本。据媒体的报道，欧洲最大货运代理公司之一、总部位于瑞士的德迅国际从2022年3月份起就不接收从中国发到欧洲的铁路货物，而转向海运的货物加剧了一些大港口的拥堵。根据《环球时报》的报道，自2022年3月开始，从中国大连港发往欧洲的铁路货物出口量已大大减少，而1—2月的货运量平均增长在70%以上。

（2）在建工程的破坏。从直接影响来看，战争的爆发直接冲击了乌克兰境内的在建项目，使中国在乌克兰境内的在建项目面临停滞。中资企业在乌的新签承包工程合同额达66.4亿美元，位居同期中方在欧亚地区国家的首位。目前，中国上市公司与乌克兰相关企业的合作多集中在风电、光伏领域，以产品提供为主，部分是以EPC总承包方式参与建设，冲突的爆发将直接影响相关项目的建设运营。

从间接影响来讲，层出不穷的制裁及供应链的中断，会推高大宗商品的价格（并且大宗商品价格特别是能源和粮食，很可能在未来若干年都处于持续波动状态），大宗商品价格高企则会带来高通胀。俄罗斯和乌克兰是世界上重要的粮食和化肥出口国：以小麦为例，全球接近50个经济体全球至少30%的小麦进口来自俄乌，其中东欧、南亚、北西非、南美对其的依赖尤为突出，由于战争及制裁导致的粮食和化肥供应中断，使局部粮食危机频发的风险显著提高。在传统能源供应方面，西方国家对俄能源出口进行严厉制裁，导致国际油价飙升。在特种资源和稀有气体供应方面，俄罗斯的铂矿和钯出口受阻，将进一步影响全球新能源汽车芯片供应，对新能源汽车产销各国带来冲击。乌克兰的氖气供应占全球50%的市场份额，俄乌冲突爆发以来，氖气价格从1700元/立方米上涨至15000元/立方米，上涨近8倍，氖气资源供应短缺也将影响全球芯片制造供应国的生产。大宗商品价格的上涨以及全球产业链的中断，进一步推升了通胀水平，欧美滞胀风险加大。高通胀会带来两个直接后果，一是沿线国家营商环境和安全形势的恶化。营商环境的变化会直接影响中国在沿线国家的投资和工程承包，甚至贸易等经济活动。另一个后果是债务违约和外部融资缩紧。沿线国家较多处于财政赤字状态，债务负担重，俄乌冲突带来的对于宏观经济秩序的冲击以及高通胀连锁反应，使得未来几年沿线国家的债务违约风险增大。由于风险增大，沿线国家的外部融资条件也趋紧；同时，由于欧洲对乌克兰的援助增加，相应地可能会挤出一些对沿线国家基础设施建设投资。

（3）还款来源与融资来源的破坏。基础设施建设一般周期长、前期投入量较大。亚洲开发银行指出，基础设施融资最主要的还款来源是政府当期或未来的税收收入，同时还包括用户对基础设施服务的付费以及土地价值捕获（land value capture）。前者取决于政府财力，后两者则取决于项目的未来盈利前景。一个基础设施项目要可持续，很大程度上取决于政府对项目的未来需求预测和总体规划是否合理，是否有完善的后续配套能力，这样才能让投资者形成可靠的收入预期，吸引投资者参与基础设施的投资、建设和运营。但对于"一带一路"沿线很多国家来说，其政府规划能力和相关配套能力都不完善。而且这类基础设施还款的重要前提是基础设施的完善，俄乌冲突的发生使得两国境内的基础设施项目遭受不同程度的破坏，基础设施还款来源将无法获得保证，对已投资基础设施项目的收益带来巨大的冲击。

从融资来源看，基础设施项目建设的资金来源主要表现为沿线国家企业的投资、合作双方共同投资以及来自世界上和多边组织的投资。但是随着俄乌冲突的加剧，俄乌冲突产生的大量难民外逃无疑增加了欧洲地区的财政负担，加大政府财政赤字，导致欧洲地区债务负担加重，会挤出一些对沿线国家基础设施建设投资。此外，俄乌冲突发生后，不少国家都被卷入"选边站队"之争，一些拒绝谴责俄罗斯的国家（如印度等）与以美国为首的北约国家之间的裂痕有所加大。同时，西方国家对俄罗斯实施的制裁加大了各国对本国经济金融安全的关注，可能使得各国重新考虑本国储备货币结构，并导致能源贸易格局变化、供应链重塑和支付网络的割裂。如果俄乌冲突久拖不决，则其导致的国际秩序调整将更为剧烈，全球经济不确定性大幅上升。在此情境下，俄罗斯的全球政治影响力将受到巨大冲击，美国也被证明无力有效领导西方世界，这或将导致"二战"后的国际秩序崩溃，不排除会出现军备竞赛、核扩散等局面。同时，冲突影响长期化有可能导致更多国家"选边站队"，俄罗斯对中国的战略依赖进一步加深，世界被分割成以中俄为主导的和以美欧为主导的两大集团，形成"新冷战"局面。在此局面之下，"一带一路"基础设施项目融资中的多边联合投资将无法稳定，相互撤资的情况无法避免，也无法形成新的多边合作机制，对基础建设造成冲击。

（4）参与主体的破坏。俄乌冲突导致中国企业进口成本的上升。俄对乌开战以后，原油、成品油、粮食等价格大幅攀升，而阿联酋、伊朗、马来西亚、印尼等"一带一路"沿线国家都是中国能源资源进口大国，这使得中国进口商支付的成本远远高于2021年同期。当然，也有部分产品的进口价格出现下跌，中国的部分出口产品价格也有一定程度的上涨。

俄乌冲突导致与东南欧部分国家贸易下降。2022年一季度，在"一带一路"沿线国家中，中国与10个"一带一路"沿线国家的进出口总规模同比出现了下跌，其中有6个是东南欧国家，在进口下跌的28个国家中，有15个在东南欧地区。第一季度，中国从保加利亚、格鲁吉亚、匈牙利、波兰、爱沙尼亚、阿塞拜疆等国家的进口都出现了大幅下跌，这在过去"一带一路"贸易上从未出现过。

俄乌冲突引发的债务违约风险上升，加大了基础设施参与主体的风险水平。目前俄乌冲突仍在不断加剧，对全球经济带来冲击并加剧了地缘政治的不确定性。从全球经济来看，俄乌冲突会直接导致其粮食、能源出口的锐减，虽然从短期来看，世界各国可以从其他国家进口以弥补缺口。但是，如果俄乌冲突持续加剧，随着世界各国的逐渐站队以及制裁措施的实施，长期来看，将无法通过其他渠道来源的资源弥补俄乌的供给缺口，所引发的国内初级产品价格大幅上涨，将对经济增长目标将产生较为严重的冲击。在此背景下，经济的不确定性和地缘政治风险的上升，还款来源的破坏使得参与主体的利益受到冲击，投资风险上升。中欧班列是往来于中国与欧洲及"一带一路"沿线各国的集装箱国际铁路联运班列，是"一带一路"基础设施建设中重要的成果。中欧班列铺画了西中东3条通道中欧班列运行线：西部通道由我国中西部经阿拉山口（霍尔果斯）出境，中部通道由我国华北地区经二连浩特出境，东部通道由我国东北地区经满洲里（绥芬河）出境。此前，亚欧之间的物流通道主要包括海运通道、空运通道和陆运通道，中欧班列以其运距短、速度快、安全性高的特征，以及安全快捷、绿色环保、受自然环境影响小的优势，已经成为国际物流中陆路运输的骨干方式。中欧班列物流组织日趋成熟，班列沿途国家经贸交往日趋活跃，国家间铁路、口岸、海关等部门的合作日趋密切，这些有利条件，为铁路进一步发挥国际物流骨干作用，在"一带一路"战略中将丝绸之路从原先的"商贸路"变成产业和人口集聚的"经济带"起到重要作用。2011年3月，首趟中欧班列从重庆发出开往德国杜伊斯堡，开启了中欧班列创新发展的序章。2020年我国全年中欧班列开行量达15183列，首次站上1.5万列大关，比2020年增长22%①。2021年中欧班列运行质量稳步提升，展现出强大发展韧性，对保障国际产业链供应链稳定发挥了积极作用。1月至4月，中欧班列累计开行4813列，共46.1万标准箱，同比分别增长3%、4%，重箱率达97.5%，回程/去程比达86%②。中欧班列作为"一带一路"倡议的重要部分，也是"一带一路"基础设施建设中重要的成果。作为一项已建成的基础设施，俄乌冲突的延续无疑会对中欧班列产生巨大的冲击。

从俄罗斯和乌克兰的地理位置来看，在中国同欧洲每年的全部贸易往来中，几乎八成的货物都要通过乌克兰境内被送往欧洲。在中国的总出口量中，10%依赖于欧盟国家，4%依赖于俄罗斯。而中国从欧盟的进口量占到了全部进口量的22.4%。同样，这些进口的货物大部分也需要途径乌克兰被送到中国。从中欧班列运输路线来看（见图6-17），俄罗斯则在中欧班列三条运输路线中均占据重要位置。目前，有超过一半的中欧班列运力是走西部通道出境，途经哈萨克斯坦、俄罗斯、白俄罗斯、波兰等国，再分发到欧洲。俄罗斯和乌克兰两国在"一带一路"合作中处于重要的战略位置，两者之间的冲突直接影响中欧班列运输的发挥。目前，中欧班列运输线从物理上讲并未中断，货物也能确保安全，但最大难点在于，丹麦DSV、瑞士德迅、马士基、德国DHL等货代巨头，或主动或迫于政府压力，已纷纷宣布暂停中欧班列业务。由于我国货物出口绝大多数采用FOB即离岸价贸易方式，因此中欧班列上海号至少有50%的货源以欧洲货代公司为主导，一旦这些公司出现反俄情绪，货量自然显著减少。

此外，从运输风险来看，由于俄乌冲突的加剧，地缘政治风险的上

---

① 2021年交通运输行业发展统计公报。
② 国家铁路局：http://www.nra.gov.cn/xwzx/xwxx/xwlb/202205/t20220524_326534.shtml。

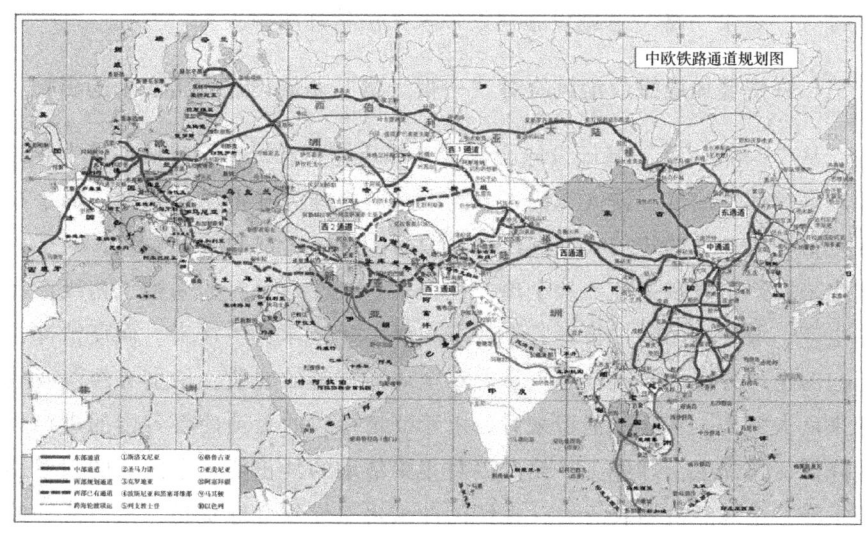

图 6-17 中欧铁路规划

升,欧洲地区极有可能发生军事冲突或恐怖主义袭击。处于欧洲境内的中欧班列航线以及运输的货物极有可能因战争发生而摧毁。出于货物安全的考虑,中国与"一带一路"沿线欧洲国家之间的货物运输极可能放弃采用中欧班列,而选择其他成本更高的运输方式或者选择绕道(2022年2月18日发运的赣州国际港站—阿拉山口—扎霍尼(如乌克兰南线)—布达佩斯班列,已临时改道为阿拉山口—马拉舍维奇(白俄—波兰北线)—布达佩斯;3月4日发运的赣州—布达佩斯班列(原2月25/2月28PO)临时修改发运路线为阿拉山口—马拉舍维奇(白俄—波兰北线)—布达佩斯)。当前,经乌克兰过境欧洲的铁路运输受到影响,过境其他国家抵达乌克兰的班列已暂停入境,原本途经乌克兰的中欧班列也因此改道绕行。2021年2月25日,西安国际陆港多式联运有限公司就中欧班列(长安号)线路运营情况作出说明,经乌克兰出/入境斯瓦夫库夫的班列已全面暂停。成都、重庆、湖南、石家庄等地均就中欧班列运输发表通知,表示运输过程均不途径乌克兰或避免经过乌克兰境内。马士基和达飞等集装箱船公司持续提供铁路服务,将铁路运输作为海运的替代选择。但由于俄乌冲突升级,现在这些运输服务或将停止。马士基已经宣布,在另行通知前,已暂停新的往返于亚洲和欧洲之间的东西向洲际铁路预订,同时尽最大努力交付已在运输途中或已预订装运的货物。中欧班列的改道、暂停或运输方式的变化会提升货物运输成本,当运输成本过高时,双方之间的合作极可能出现中断。中欧班列则无法发挥用途,所投资金无法获得回收,这将对"一带一路"基础设施建设带来无法估计的损失。

三、疫情叠加地缘政治风险对"一带一路"基础设施投资安全的影响

从"一带一路"基础设施合作的外部环境来看。新冠疫情的发生导致全球医疗体系崩溃，使人类陷入一场严重的全球突发卫生危机中。为了减轻疫情在全世界的传播，各国纷纷采取封闭措施，加强入境管理，对于外贸也采取严格限制措施。从全球产业链来看，原始材料的采购、初级产品的生产、最终产品的销售等各个环节均离不开全球贸易往来，而疫情冲击引起的全球各国的封锁状态直接导致全球产业链的崩溃，给世界经济发展带来巨大打击。从全球消费来看，由于疫情导致的封锁使得各国的进口大量降低，再加上全球停工、停产以及集聚活动的禁止使各个国家的消费逐步下降，全球经济增长乏力。疫情的冲击再次导致全球贸易、人口流动的停止，贸易保护主义趁机快速蔓延，"逆全球化"进一步加重。从"一带一路"基础设施投资来看，基础设施建设中需要大量人力和资本的投入，而疫情导致的封锁以及停工停产，导致人口流动的停止和生产的中断都直接影响了"一带一路"基础设施的建设进程。

新冠疫情暴发之后，部分西方国家恶意渲染中国是病毒的源头，大肆抹黑中国在全球防疫中的积极贡献，破坏中国与沿线国家的友好关系，曲解中国在疫情中对其他国家的援助与支持，损坏中国负责任大国的形象。在部分西方媒体的不实报道下，导致其他国家公民逐渐对中国产生猜忌和隔阂，并且以疫情为由，多国对中国采取了进口限制政策。贸易保护主义趁机借此打击全球化，指责新冠疫情的罪魁祸首就是全球化，"逆全球化"借机在各国快速传播。由于新冠疫情的突然发生，各国尚没有针对疫情防控的完善政策，在不断摸索前进中，不可避免地产生政策的不可协调与不确定性，导致全球治理体系的遭到破坏，地缘政治冲突越发尖锐。从"一带一路"基础设施建设来看，由于部分西方国家对于中国的恶意渲染，使得沿线国家居民在不了解事实的情况下，对我国基础设施投资与人员往来产生抵触情绪，严重影响了基础设施新项目的达成。而且由于沿线国家经济发展水平较低，疫情的发生使这部分国家难以应对疫情产生的大量医疗需求，地缘冲突更易发生，战争的可能性大大增加，提升了基础设施建设中的地缘政治风险。

因全球疫情不断蔓延，全球经济遭受重创，被疫情加剧的民生困难、经济困境、石油收入锐减以及极端组织借机兴风作浪等挑战，导致民粹主义和民族主义浪潮的进一步发酵，使得部分地区的地缘政治风险快速上

升。近年来，印度和巴基斯坦，中国和印度均出现边境冲突问题，中东依然火药味十足，俄罗斯和美国及北约的矛盾也在加剧，朝韩关系由好转坏，中美贸易战、技术战成为当前中国政府与企业面临的最大地缘政治风险。由此可见，目前地缘政治风险加大了世界的不确定性，意味着后疫情时代中国海外重大项目面临的政治风险将进一步上升。

具体来讲，新冠疫情导致经济增长乏力，地缘政治风险直接导致"一带一路"基础设施建设进程的停滞。从在建基础设施项目的进程来看，为了避免疫情的传播，各个国家在国际上采取了入境限制政策，在国内禁止大规模集聚、停工、停产。"一带一路"基础设施建设中需要的人力与物资受到限制无法流动，直接导致基础设施建设的中断。以印度尼西亚、柬埔寨和马来西亚等国为例，疫情冲击导致的全球产业链中断使基础设施建设过程中的重要物资的短缺并直接导致项目建设进程的延误。从已建成项目来看，各个国家采取的入境限制使得各国国内的运输量大大减少，已建成的基础设施项目无法发挥用途也难以获得收益，损害了基础设施建设投资人的利益。从未建项目来看，疫情中部分国家大肆宣扬中国是疫情的起源，抹黑中国在疫情中对其他国家的支援与帮助，导致部分沿线国家对中国产生抵触情绪，影响了未来基础设施项目的合作建设。同时，疫情导致各国经济增长乏力，财政负担加重，将会减少对"一带一路"基础设施建设的投资，影响基础设施项目的建设进度。此外，由于疫情加重了沿线地区的地缘政治风险，基础设施建设的不确定增加，风险上升，使得其他国家与沿线地区的合作意愿降低。

四、提升"一带一路"基础设施项目投资安全的建议

如何防范"一带一路"基础设施投资过程中的风险，保证我国对外投资项目的安全，本研究提出如下建议。

1. 通过签订多边协定，增强政治互信

政治风险与地缘政治冲突作为"一带一路"基础设施建设中面临的重要风险，是影响"一带一路"基础设施项目顺利达成的首要困难。一方面，我们要加强与沿线国家之间的交流，通过文化节、艺术节等充分了解沿线国家的政治文化，通过外交活动加强国家之间的政治互信，消除中国威胁论。此外，沿线国家之间借助"一带一路"开展交流，通过共同发展、互利共赢，缓解彼此之间的地缘冲突。另一方面，考虑到沿线国家自身在政治上的不确定性较高，因而在"一带一路"基础设施项目协商中，可以就项目可能面临的政治风险、制度壁垒等问题进行探讨，通过签订标

准化的合同降低风险发生后的损失。

2. 建立完善的"一带一路"基础设施安全合作机制

沿线国家复杂的文化、经济以及政治形式使得部分沿线国家恐怖主义猖獗，恐怖袭击时常发生。恐怖袭击成为威胁"一带一路"基础设施建设的重要安全因素。为缓解基础设施建设中面临的安全问题，基础设施建设应建立完善的多层次多主体的有效协调机制和国际化安全合作平台，从政策、立法、执法、安保技术等方面应对恐怖袭击。同时加强国家之间的警务合作，与境外警方在情报共享、打击跨国犯罪、互派警务顾问等方面的密切交流，建立友好的跨国境外合作关系。重视保险公司和安保公司在防范恐怖袭击和缓解损失方面的积极作用，注重境外基础设施建设区多重安保升级并开展联合巡逻，精细化安保工作，同时重视与沿线国家当地居民的民心沟通与交流，缓解当地居民的抵触情绪。

3. 建立"一带一路"基础设施建设风险监测预警机制

双方加强沟通，构建起"一带一路"基础设施建设风险监测预警机制，警惕业务风险，尤其是有关业务融资方面的风险。一方面要加强对高校、科学机构、智库和咨询公司等官方和非官方机构对"一带一路"沿线国家和地区的基础设施投资与建设的研究与分析，发挥监测项目运行的积极作用。另一方面可以在保障我国信息安全的同时，建立完善的基础设施项目数据库，与沿线国家数据共享，建立全面的情报系统。

4. 建立完善的保险支持体系，防范和化解各种风险

沿线国家差异化的金融发展水平以及不完善的基本市场导致基础设施融资难以从沿线国家内部融资，为保障我国企业对基础设施投资的资金安全，应建立完善的保险支持体系。一方面可以通过加强与世界银行等多边组织的合作，促进基础设施融资来源的多元化，另一方面要充分考虑沿线国家金融发展现状，建立完善的争端解决机制，以消除税收壁垒，保障投资利益。

第六节 本章小结

安全问题是"一带一路"基础设施建设中面临的重大风险之一，也是影响基础设施建设项目融资的重要因素。自2013年我国提出"一带一路"倡议以来，沿线国家风险案例涉及金额与数量在近年来再次呈现上升趋势，特别是在基础设施建设方面尤为明显。近年来，随着贸易保护主义、

恐怖主义的抬头，"一带一路"基础设施建设受到"逆全球化"与地缘政治风险的影响，新冠疫情发生后，再次加重这两类风险。但是，由于"一带一路"倡议强调共商共建共享，这也为"全球化"转型升级提供了新的方向与视角。从沿线地区分布来看，各国、各收入水平之间的经济、财政和债务水平之间存在较大的差异。但是总体来说，经济发展水平较低、财政赤字现象普遍、偿债压力较大、外债高企，这也导致沿线国家容易受到外部冲击，影响基础设施建设的安全性。

从金融安全的角度来看，沿线地区银行风险存在差异，资本市场建设水平较低且发展不平衡。"一带一路"基础设施建设的资金来源主要包括企业直接投资、金融机构融资支持等方式。其中，企业直接投资可通过承包工程、PPP模式、股权收购、投资新建等方式进行；而金融机构的融资支持则包括各国政策性银行的大规模贷款支持、各国商业银行银行授信、境外发行债券等方式为基建项目融资、丝路基金股权投资、多边金融机构为特殊基建项目融资等。但是，亚洲基础设施建设资金缺口巨大、融资额度有限，在很大程度上制约着亚洲经济的发展和区域经济一体化的进程。这就需要通过官方政策支持的合作机制吸引区内存量资金流动，将区内过剩资本转化为基建投资。而沿线国家较低的资本市场发展水平以及不完善的金融机构就造成项目融资困难，不利于基础设施建设的进行。除此之外，新冠疫情、传统政治风险以及俄乌冲突等新政治风险无疑也加剧沿线基础设施建设安全问题的复杂性。

因而，基础设施建设中要建立相应的防范措施，缓解和应对基础设施建设中面临的地缘政治风险、金融安全问题以及其他风险问题。首先，要通过签订多边协定，增强政治互信。通过加强沿线国家之间的交流沟通，缓解地缘政治冲突，化解政治风险。同时，建立完善的"一带一路"基础设施安全合作机制，警惕沿线国家的恐怖主义袭击、政治更迭等风险。再者，建立"一带一路"基础设施建设风险监测预警机制。发挥高校、科研机构和智库在项目研究方面的优势，监测基础设施建设的进展与面临的风险，提前预警。最后，建立完善的金融保险支持体系，防范和化解金融风险。由于沿线国家金融发展水平的差异以及缺乏完善的金融基础设施，为有效保障我国企业基础设施投资的利益，应建立有效的保险支持系统。

第七章 结论与建议

"一带一路"建设实施以来,基础设施互联互通已取得一定成效,相关国家在合作中逐步积累了经验,"一带一路"逐渐从中国倡议到全球共识。在世界处于剧烈变革调整的当今,"一带一路"倡议蕴含着的很多发展机遇和广阔的前景,尤其以基础设施建设为抓手的互联互通仍有相当大的发展潜力。然而,"一带一路"沿线各国的国家体制、法律制度和市场发展程度的差异,各国的政治、经济风险及法律和制度约束等方面的限制,使得"一带一路"基础设施投资仍面临一系列的挑战。本章总结前文对"一带一路"沿线基础设施投资中存在的问题研究结论,提出整体政策建议。

第一节 "一带一路"沿线的基础设施投资问题研究的主要结论

一、"一带一路"基础设施在倡议落地和"五通"推进中发挥基础性作用

2008年美国次贷危机以来,西方发达国家在政治和经济等方面都遭遇巨大挫折,世界格局呈现"西落东升"趋势,迫切需要重塑全球化机制。在这样的背景下,中国提出了"一带一路"倡议,通过"共商、共建、共享"的理念,构建人类命运共同体。"一带一路"是一种新型国际经济合作形式,是中国顺应世界经济全球化潮流的明智之举,是主动承担大国责任、展现大国形象的担当之举,是与沿线国家合作共赢的必要之举。"一带一路"建设以基础设施建设为引领,"五通"建设快速推进,重点领域工作有效推进,合作空间取得突破,"一带一路"倡议已转变为全球共识,成为推动全球治理体系变革、推进中国高质量发展的重要力量。

"一带一路"倡议落地过程中，积极与沿线国家战略计划对接，东盟"东盟互联互通计划"，巴基斯坦"2025愿景"，俄罗斯"欧亚经济联盟"，欧盟"欧洲战略投资计划"和非盟"2063年议程"的基础设施发展计划等。通过与这些区域性战略发展计划的对接，共同推进合作与发展，共享全球化的收益。当然也遇到一定的阻力来自非友好国家和地区。部分欧美、印太国家通过推出竞争性计划，与中国"一带一路"倡议抗衡，这些计划包括：美国的"蓝点网络"计划，欧盟的"世界联通欧洲"的基础设施战略计划，印度的"季风计划"，印度和欧盟的"互联互通伙伴关系"计划。这些计划针对我国提出的"一带一路"倡议而提出，但是大部分都缺乏推进的条件。我们本着最大诚意，通过竞争合作来推进"一带一路"倡议的落地。

基础设施建设已成为沿线国家互联互通计划建设的重点，也是"一带一路"倡议与这些互联互通计划对接的关键点。中国与沿线国家将基础设施互联互通作为发展共识，通过签订"一带一路"相关合作文件，明确互联互通计划对接合作框架体系，合作建设基础设施项目，成效明显，带动当地经济显著增长，推进全球化进程。

二、"一带一路"沿线基础设施投资环境复杂，中国在沿线投资面临风险问题

"一带一路"国家和地区沿线跨越多个大洲，国家数量多，在地理位置、经济发展程度、政治环境、文化历史、宗教信仰等方面差异较大，投资环境复杂，国家风险不容忽视。

从最新的基础设施发展指数看，南亚地区基础设施发展指数得分因新冠疫情在印度大规模暴发而大幅度下降之外，其他区域发展指数得分均有所上升。东南亚地区指数得分居于首位，中东欧地区指数得分继续垫底。可见，当前"一带一路"沿线基础设施建设总体向好但发展不均，各国、各区域之间的差异较大。

2013年至今，"一带一路"沿线国家间的基础设施互联互通建设已取得一定成效，总量规模仍保持较高水平，"一带一路"沿线基础设施投资也将面临地缘政治风险、环境安全风险、市场风险、投资风险和法律合规风险等。但随着绿色技术发展、数字化技术升级，叠加国际经济发展变革、经贸格局改变，"一带一路"沿线国家基础设施建设投资迎来全新发展机遇。

中国企业在"一带一路"沿线国家基础设施投资稳步上升，投资行业

重点集中在能源与交通运输两大行业,"新基建"项目逐步发展。国企在投资金额上绝对占优,民营企业在数量上占据优势,目前也已形成大型企业承包,中小企业协同合作的良好局面。从收益情况来看,中小企业选择抱团前往海外贸易区,形成完整产业链,便于降低风险,增加与当地政府的话语权。"一带一路"沿线国家通过积极响应中国的号召,享受建设基础设施项目的诸多好处,实现设施互通、贸易互通、经济增长、有效减贫等诸多目标。

三、"一带一路"倡议提升了沿线国家基础设施水平,促进经济发展绩效显著

近年来"一带一路"倡议带动了沿线国家的基础设施投资合作,项目建设水平不断提升,基础设施整体明显改善。实证结果显示,"一带一路"倡议显著增进了沿线国家的基础设施水平,且"一带一路"倡议的影响力与日俱增,其对沿线国家基础设施水平的提升具有稳定的、长期的增进效果。当然,"一带一路"倡议对沿线国家基础设施水平提升的影响具有异质性。在外商直接投资、国际信贷占比较高的国家,"一带一路"倡议对基础设施水平提升的促进作用更为显著;在专利申请和接收知识产权费用占比较低的国家,"一带一路"倡议对基础设施水平提升的促进作用更为显著。

"一带一路"倡议的实施的确可以促进沿线国家福利的增进,对沿线国家的基础设施水平有着显著、稳定、持续的积极作用。"一带一路"基础设施经济绩效的研究发现,基础设施可以促进经济增长和人均产出增长,同时改善"一带一路"沿线居民的收入分配。基础设施对经济发展的影响是非线性的,呈现倒"U"形关系,说明适度的基础设施会对经济增长(包括经济增长和人均产出增长)产生促进作用。与经济增长不同,基础设施对居民收入差距的缓解作用仅处于基础设施水平较高的阶段或初始阶段。基础设施可以显著提高发展中国家的经济增长。同时,基础设施对发展中国家的居民收入分配具有显著改善作用。外国直接投资和城市化是基础设施促进经济增长、改善收入分配的重要渠道。

四、"一带一路"基础设施互联互通对中国企业的贸易、经营绩效和产能优化等经济效应作用明显

"一带一路"基础设施的互联互通促进了中国企业对外贸易,降低了经营风险,提升了经营绩效,优化了产能,减缓了"僵尸企业"的形成。

从"一带一路"沿线基础设施互联互通的贸易效应的角度，我们研究发现，铁路基础设施的完善为中欧班列的开通提供了基础条件。中欧班列可以有效提高企业对欧洲国家的海外收入，贸易效应显著。中欧班列可以有效提高企业对欧贸易增长，而不是其他随机因素；中欧班列可以有效提高企业对欧国家的海外收入，研究结论具有可靠性。

从企业经营绩效角度的研究发现，中欧班列可以降低企业的盈利波动性，降低企业经营风险。引起企业经营风险变化的效果确实是由中欧班列引起的，而不是其他随机因素；中欧班列的确可以改善企业经营风险。"一带一路"倡议对企业经营风险的影响存在截面差异。具体机制是，"一带一路"倡议对企业经营风险的抑制作用是通过增加企业的存货周转率和总资产周转率，提高企业的偿付能力，来降低企业的盈利波动率实现的。

"一带一路"交通基础设施互联互通促进了贸易便利化，对防止僵尸企业形成具有显著影响。中欧班列显著阻止了僵尸企业的形成，其机制是，中欧班列加速了销售速度，增加了企业海外销售收入；中欧班列产生的规模经济和资本积累效应有助于提高企业的偿付能力和发展能力。异质性分析表明，中欧班列对防止僵尸企业形成的作用主要体现在中国东部地区企业、非国有企业和高度竞争行业的企业。

五、"一带一路"基础设施投资渠口大，需要多种金融形式的支持，同时，"一带一路"倡议也促进了沿线国家金融效率的提升

"一带一路"基础设施投资的融资模式包括开发性金融模式，商业性金融模式。"一带一路"基础设施投资的融资工具主要有银行贷款、债券融资、股权融资、融资租赁等，在沿线基础设施投资的融资中，间接融资占比高，但商业性金融供给有限。直接融资模式整体较为薄弱，亟须加强国际合作和模式创新。"一带一路"基础设施投资需要财政与社会资本支持，公私合营的PPP模式是一种不错的选择。

在银行信贷融资中，贷款风险高对基础设施投资存在明显的负向影响；当然，实证研究证明，银行部门融资效率的提高可以有效促进基础设施投资水平的提高。融资成本对基础设施投资水平影响为负，过高的融资成本会直接影响一国基础设施投资的推进。

伴随"一带一路"建设深入开展，融资渠道日益拓宽，融资方式逐渐丰富，使沿线国家金融资源的可得性和利用度得到提升，促进金融资源高效转化为经济增长动能，助力沿线国家经济高质量发展。以投入产出的方

式准确评价国家金融效率对"一带一路"建设各参与方意义重大,既能够帮助东道国掌握本国资金融通环境质量,了解金融资源对经济增长的贡献度,从而优化本国金融资源配置,又能为中国企业制定在"一带一路"沿线国家的投资决策提供参考依据,提升中国企业在"一带一路"建设中的投资效率,降低"一带一路"建设中的金融风险。

六、"一带一路"基础设施投资面临"逆全球化"、债务可持续性、金融风险、国家政治风险、疫情叠加地缘政治风险冲击,安全问题非常突出

"逆全球化"趋势的抬头不仅会冲击"一带一路"基础设施的投资,而且会阻碍基础设施建设的落地。当"一带一路"沿线国家遭遇的"逆全球化"程度较高时,由于投资壁垒以及保护主义,阻碍了中国对这部分国家的基础设施投资;"一带一路"沿线国家大多为经济发展水平较低的发展中国家,这部分国家在与中国签署经济合作协议后,需要依托中国市场和资金的支持。"逆全球化"的抬头会放大中国对外投资的风险,极有可能因投资壁垒而出现项目中断的危险,这对于中国单方面大量投入是不利的,这将是"一带一路"基础设施投资面临的重要挑战;"一带一路"基础设施投资需要大量的资金投入,而中国是基础设施投资的主要来源国。在"逆全球化"背景下,西方国家鼓励资本回流,实行贸易保护措施,降低了国际资本市场上的流动性,使"一带一路"项目建设面临更大的融资缺口,将严重制约"一带一路"基础设施建设的进程。

沿线国家的债务可持续会从收益和风险两个方面影响"一带一路"基础设施建设。对于债务可持续性较强的国家来说,通过调节政府债务能够提升基础设施建设的收益并降低风险,但是对于债务可持续性较差的国家来说,由于其债务风险较大,将会增加基础设施建设的风险影响收益。由于沿线国家经济发展结构或以农业为主,或较为依赖其资源优势,发展可持续较差,成为诱发主权信用风险的温床。经济发展的可持续性较差导致沿线国家的经济容易受到外部冲击的影响,抗风险能力较弱。此外,沿线部分国家对外偿付能力有限,债务压力风险较高,较高的财政赤字也进一步推高了外债压力风险,增加了经济可持续发展的难度。

沿线金融风险包括银行系统性风险和资本市场风险。从沿线国家的银行业系统性风险趋势看,2013年"一带一路"倡议提出后,多数国家的银行系统性风险水平较为稳定,整体波动较小,少数国家仍然处于银行业系统性风险的高点,如波黑、希腊等。证券行业的发展水平很低,直接融

资能力受到极大约束，资本市场参差不齐，风险差异大，融资服务有限。

从沿线国家自身的疫情发展冲击来看，其国内经济衰退以及社会环境的不安定都提升了沿线国家的信用风险，使得基础设施项目投资者的投资意愿再次降低。从基础设施建设的收益来看，公路、铁路等建设项目的收益在很大程度上依赖运输量的高低，疫情防控导致的全球产业链的中断无疑使得基础设施建设项目的收益难以维系，这也使得后续基础设施建设项目难以继续进行。

俄罗斯和乌克兰作为"一带一路"沿线的重要国家，两国冲突势必影响"一带一路"基础设施建设进程。此外，俄乌冲突爆发后，制裁风险明显增多、增大，这对于具有海外业务的中国企业和金融机构都产生了很大的影响。这将会导致"一带一路"基础设施功能的破坏、在建工程的破坏、还款来源和融资来源破坏以及对参与主体产生冲击。

"一带一路"沿线国家较多处于地缘政治冲突频发的地区，地缘政治冲突的发生使得基础设施的建设进程缓慢，甚至中断。已建成项目也可能由于冲突而摧毁，对于基础设施建设的回报带来极大的不确定性，这直接对我国"一带一路"基础设施建设产生影响。

疫情导致各国经济增长乏力，财政负担加重，将会减少对"一带一路"基础设施建设的投资，影响基础设施项目的建设进度。此外，由于疫情加重了沿线地区的地缘政治风险，基础设施建设的不确定增加，风险上升，使得其他国家与沿线地区的合作意愿降低。可见，疫情的发生对"一带一路"基础设施建设造成了很大影响。

第二节 解决"一带一路"沿线基础设施投资问题的对策建议

一、坚定不移推进全球化发展，大力深化改革开放，通过"一带一路"倡议，引领新一轮全球化方向

一是全球化不是各国间的"零和博弈"，"共赢机制"的存在意味着全球化趋势不可逆转。尽管当前"逆全球化"思潮涌动，但全球化给世界各国带来的正向收益，毫无疑问可以提高全体民众的福祉水平，为各国的可持续发展增加动力。这也意味着西方国家试图走民族主义、孤立主义、逆全球化道路的做法是错误的，是有损于世界经济福利水平的。

二是中国在拥抱全球化与跻身全球市场过程中受益显著，这与我国对外开放的基本国策、良好的市场和要素条件、与邻友好的外交主张、安定团结的政治局面密不可分。几十年来，中国政府始终坚持"和平与发展"的时代主题，将发展作为国家首要任务，坚定不移走改革开放之路，不断开放市场，主动融入经济全球化进程，促进了贸易大繁荣、投资大便利、人员大流动、技术大发展，从而取得了全球化"红利"的长足进步。

三是在西方国家"逆全球化"呼声频频的当前，中国应接过新一轮全球化的"接力棒"，进一步顺应世界发展潮流，进一步加大对外开放力度，进一步提升国家综合实力和人民生活水平，更为积极、主动地参与全球经济治理，以自身的能量带动其他国家发展，让所有国家公平分享全球化的成果和收益，做全球化进程坚定的参与者、有效的协调者，成为新一轮全球化进程的引领者。

二、加强对"一带一路"沿线投资环境评估，适当调整投资目的地

对外投资不可避免要面对投资环境风险，建议中国企业和金融机构在对沿线基础设施投资和融资时，首先要对目的地的环境进行评估，依据对国家风险划分等级调整投资布局。比如，依据2020年的评估经过，国家风险高的10个国家是巴林、罗马尼亚、乌克兰、约旦、阿尔巴尼亚、斯里兰卡、蒙古国、斯洛伐克、巴基斯坦、伊朗，建议中国企业在内的投资者要谨慎投资，不增加新投资同时管理好存量投资风险。风险低、最适合投资前5名的国家依次为新加坡、中国、泰国、波兰和以色列，并且这些国家从2010年到2020年国家风险排名稳定。适当控制对中等风险国家规模。国家风险近来明显下降的国家是塞尔维亚、缅甸等国家，建议投资者应当应及时了解风险变化调节投资策略。投资环境是在不断变化的，建议投资企业动态调整投资目的地，做好风险防控。

三、深化基础设施互联互通，促进经贸金融合作，不断提升沿线经济发展绩效

当前"一带一路"倡议的实施应当继续坚持深化各国间的互联互通。互联互通基础设施投资在对接"一带一路"沿线各国发展战略的同时，也将为区域协同发展和共同繁荣增添新活力。下一阶段，中国应进一步与"一带一路"沿线国家在基础设施的建设与互联互通方面建立和完善协调沟通机制，而深化与具有紧密地缘关系和经贸往来关系的国家的合作可以成为"一带一路"倡议实施的突破口。同时，各国应进一步规范外资的准

入机制，制定协调、统一的发展规划和技术标准，以扩大"一带一路"倡议对各类型基础设施水平的增进效应。

缓解资金约束和提供技术支持可能是"一带一路"倡议提升沿线国家基础设施水平的重要机制。因此，加快建设亚洲基础设施投资银行、丝路基金等代表广大发展中国家利益的国际多边金融机构，为广大发展中国家提供金融支持，同时将中国改革开放以来创造的优质产能和先进生产技术转移给"一带一路"沿线的其他国家，都将有益于提高"一带一路"倡议对沿线国家基础设施绩效的增进效应。

中国政府筹建以亚洲基础设施投资银行为代表的开发性金融机构，这种市场化运作、注重长期投资、依托信用支持并且财务可持续的金融模式为"一带一路"资金融通提供重要金融支持，能够有效降低融资成本。多边开发银行应发挥"批发性银行"优势，使用较低的资本动员成本，引导商业性资本流入，同时健全完善债券发行机制，筹集低成本中长期资本服务基础设施项目。

基础设施对"一带一路"沿线经济发展具有显著的正向影响。因此，"一带一路"倡议的实施应继续坚持以深化国家间互联互通为突破口，互联互通建设在对接"一带一路"沿线各国发展战略的同时，也将为区域协同发展和共同繁荣增添新活力。

四、通过"一带一路"基础设施互联互通的完善，有效促进"中欧班列"运行，提高企业经营绩效，优化产能

"一带一路"倡议对企业的贸易效应存在截面差异。因此，我国应根据"一带一路"基础设施互联互通在不同层面所展现的贸易效应合理布局、扬长避短，力争使其发挥出最大的促进效应。我国及沿线国家企业在参与"一带一路"项目建设的过程中，应当合理利用相关政策和设施，改善企业经营风险，提高企业经营绩效。中国应该扩大中欧班列对僵尸企业形成的显著抑制作用，继续促进贸易便利化，跨国公司应该抓住中欧班列带来的发展机遇。具体建议如下。

扩大铁路网络连接，提高通行效率，增加中欧班列运行数量。通过增开中欧班列推进"一带一路"贸易向着更高速、更高效、更高质量的方向发展。中欧班列的开通，为相应的城市和地区带来的真正意义不仅仅体现在班列所展现的交通便利本身，更体现在其影响力、带动力等综合效应上，为贸易转型以及城市的可持续发展不断赋能。通过政策的积极引导与设施的逐渐配套，使中欧班列不断发挥产业带动效应、物流枢纽效应以及

路线集聚效应，使中欧班列的发展不再依靠补贴，而是真正让市场在其中起决定性作用。

大力推动企业深入布局"一带一路"沿线业务，拓展海外市场。中国企业应深入布局"一带一路"沿线国家，不断拓展海外业务，企业海外市场的扩张既可以通过销售规模的扩大促进企业销售收入的增加，又可以通过规模经济效应摊低企业的销售成本，缓解企业持续创新中的"资金约束"，进而通过资本累积效应实现企业的可持续发展。中国企业还要顺势而为，积极响应"一带一路"倡议，逐步扩大开放、降低时间成本和运输成本，降低经营风险，提高企业绩效。中国企业要遵守东道国国家的法律和商业规则，重视生态环境保护，推进本土化发展，促进当地就业等，实现与东道国人民的和谐共处。

企业需要积极拓展中欧班列相关业务，改善经营管理状况。中国企业不仅要提高经营能力、追求合理盈利，更要积极践行持续发展原则，追求经济、社会和环境的综合价值最大化，成为文明进步的推动者。企业还需要扩大与中欧班列沿线国家的海外业务，增加其在国外市场的销售份额，优化产能，降低僵尸企业的形成。

五、构建系统化的"一带一路"沿线金融合作机制，支持基础设施投融资，促进沿线金融效率提升

中国作为"一带一路"倡议的发起者与主要参与方，应积极推动沿线金融合作，继续扩大对"一带一路"沿线投资，引领带动高质量、大规模的金融资源在沿线国家聚集流通，促进金融对资源更有效的配置进而提升金融效率；同时探索构建形成平等、透明、可持续的创新型区域金融合作机制，巩固沿线资金融通环境质量，为沿线投融资活动提供优质的金融制度环境保障。

在推进"一带一路"资金融通过程中要充分考虑当地的金融市场成熟度和金融需求差异度，因地制宜推进金融合作。应切实根据不同沿线国家金融发展实际情况，选取利益交汇点制定资金融通进程中的金融标准与合作范式，加强投融资规则协同对接，在借鉴现有国际准则基础上构建行之有效、适合各国国情的"一带一路"可持续融资规则体系。在为沿线国家提供资金支持时，国际多边组织和金融机构需要格外注意分析国家债务可持续性，帮助构建完善财政保障制度，确保基础设施建设贷款能够得到偿付，债务风险在可控范围之内。另外，汇率稳定性、外汇储备充足度以及通货膨胀压力等都是基础设施融资需要考察的因素。借助国际组织"一带

一路"基础设施项目库,在全球范围内将融资与项目相匹配,对投资项目进行监督,助力项目实施。

"一带一路"资金融通进程中需格外重视风险因素。倡议能够更为显著地提升低风险国家的金融效率,因此强化风险管控将有助于"一带一路"倡议的金融效率提升作用更好地发挥。应格外重视能够对沿线投融资合作产生严重负面影响的汇率风险等经济风险,可以通过推动中资银行"走出去"拓展跨境人民币支付结算等业务,鼓励使用人民币开展基础设施投融资业务以避免第三方货币价值波动带来的交易风险,维护沿线国家金融稳定,助力金融效率的提升。

六、防范基础设施投资风险,提升沿线基础设施投资项目安全性

在应对"逆全球化"冲击方面,力争将"一带一路"倡议框架打造成为新型全球化的制度基础。"一带一路"倡议在不断践行其原则、理念、目标过程中,必将会促进全球化转型,成为全球化新的制度框架,推动新型全球化演进。推进全球化转型的重要思路就应该是构建更加有效的市场体系、改进政府管理能力和完善有效的全球治理体系。积极承担区域乃至全球的治理责任,主动担当、勇于作为,完善全球金融体系治理、环境保护治理、社会安定治理等治理体系,推进公平、公正、高效的全球治理建设。推进开展项目尤其是基础设施项目合作,激发全球发展动能,助力全球经济复苏。通过加强合作、沟通和协调吸引更多国家参与合作体系,实现各国之间经济、科技、艺术、文化等方面的全面深度开放,为全球化注入源源不断的发展动力。

在应对债务风险方面,"一带一路"国家财政实力较弱,部分沿线国家外债与GDP之比甚至超过100%,投资企业需要及时把握和预测沿线国家债务风险,避免债务负担过重的国家和地区开展投资;通过适合的合作方式,如PPP模式增加风险分担机制,将风险敞口控制在最小范围。

对于债务问题带来的金融风险需要妥善安排,而不是简单的收缩,以挽回部分损失;另外,可以对因疫情冲击而恶化的债务的偿还和项目建设进行重新安排,毕竟这些项目很多属于跨周期的基建项目,需尽量减缓疫情冲击的影响。就长期而言,中国更需要"一带一路"相关的金融市场的建设和完善以推动相关投融资的优化和风险的分化。建议建立完善的金融保险支持体系,防范和化解金融风险。沿线国家金融发展水平差异以及缺乏完善的金融基础设施,为有效保障我国企业基础设施投资的利益,应建立有效的保险支持系统。

在国家政治风险防范方面，要通过签订多边协定，增强政治互信。通过加强沿线国家之间的交流沟通，缓解地缘政治冲突，化解政治风险。同时，建立完善的"一带一路"基础设施安全合作机制，警惕沿线国家的恐怖主义袭击、政治更迭等风险。再者，建立"一带一路"基础设施建设风险监测预警机制。发挥高校、科研机构和智库在项目研究方面的优势，监测基础设施建设的进展与面临的风险，提前预警。最后，缓解对疫情与地缘政治风险叠加给基础设施投资项目安全性造成的冲击，及时与沿线国家合作企业一道，修正和重新安排建设周期，管控好分歧，降低项目的违约风险，确保沿线投资资产的安全。

第三节　推进"一带一路"沿线基础设施投资，夯实命运共同体的基础

一、大力推动"一带一路"沿线基础设施投资，进而推动全球化发展和包容性经济增长，实现共同繁荣

以基础设施互联互通为优先领域的"一带一路"建设助力实现多维度联通，加速信息流、资本流等要素自由流动，优化沿线国家资源配置水平。在"一带一路"沿线基础设施建设需求旺盛，但各国普遍面临资金较大缺口的情况下，基础设施投资能够通过乘数效应带动投资，完善基础设施建设，为经济增长提供新动能，通过"授人以渔"促进实现互利共赢。

"一带一路"倡议实施是从深化各国互联互通开始，其主要着力点之一就是包括交通、通信、能源等在内的基础设施投资。"一带一路"倡议下的基础设施投资将在很大程度上缩小沿线各国的时空距离，带来区域一体化效应。"一带一路"倡议显著增进了沿线国家的基础设施发展水平、沿线基础设施水平，带动了生产要素自由流动，进而推动了全球经济发展。"一带一路"理念顺应经济全球化的趋势，提倡贸易自由化和投资自由化，以更为公平、合理和均衡的形式实现资源配置，促进产业结构升级并促进经济增长。

"一带一路"倡议提出以来，共建"一带一路"得到国际广泛瞩目并受到各国积极响应。丝路合作一方面旨在复兴古代丝绸之路时代国际经贸往来的基本内涵，另一方面寻求全面突破如今国际发展合作的主流范式，以实现参与各国共同且均衡的发展。在全球实体经济低迷、"逆全球化"

思潮涌起的时代背景下,"一带一路"倡议秉持共商共建共享原则,推动经济全球化更加开放包容、普惠共赢。"一带一路"倡议推动了全球化发展,为世界经济带来持续、稳定的正向收益,促进共同繁荣。

"一带一路"基础设施投资的最终目的是促进各国经济增长,尤其是经济的包容性增长。达到缩小收入差距、区域间协调发展的可持续增长模式。基础设施投资可以促进经济增长,同时改善"一带一路"沿线居民的收入分配。基础设施投资显著促进"一带一路"沿线经济发展,"一带一路"互联互通有助于经济繁荣。

二、积极与"一带一路"沿线国家其他区域发展战略计划对接,通过完善全方位合作机制,促进高质量建设

保障"一带一路"高质量建设需要寻找发展契合点进行国家间战略对接,"一带一路"倡议与蒙古国"草原之路"、俄罗斯"欧亚联盟"、欧洲"容克计划"、印度尼西亚"全球海洋支点"、哈萨克斯坦"光明之路"等战略在一定程度上有相似的发展诉求,以高度契合点为抓手推进"一带一路"互联互通建设将有助于各国实现共同繁荣。"一带一路"基础设施投资在面临巨大机遇和广阔前景的同时,也面临一系列挑战。诸如"逆全球化"风险、投资环境风险、债务与金融风险、地缘政治风险等不确定性会阻碍基础设施项目在"一带一路"沿线国家的推动进程。为顺利开展"设施联通","一带一路"银行间常态化合作机制、"一带一路"交通运输合作机制(如中欧班列等)、电子商务合作机制等合作机制的建立将有助于从"政策沟通"角度营造良好的制度环境,为基础设施建设保驾护航。在政府引导作用下,企业与金融机构协同发力能够完善"一带一路"基建市场机制,促进"一带一路"高质量建设行稳致远。

三、通过加强政府引导与发挥企业主体作用,实现中国企业在"一带一路"沿线础设施投资中的可持续发展

中国作为"一带一路"参与的发起者和重要参与方,应通过加强政府引导作用,协同各国政府积极规划引导沿线基础设施建设,实现战略对接、优势互补,以"政策沟通"促进"设施联通"。从中国政府的角度,可以协同国际组织和有意愿参与"一带一路"建设的国家,以及相关行业组织和领头企业,建设"一带一路"基础设施项目库,收集可供投资的项目信息,面向全球开放,吸引主权资金、私有资本等进行资金注入。同时,可结合当下数字技术进行数字化运营,推动区块链技术等与基础设施

建设深度融合。此外，中国政府应组织搭建多边沟通共建平台，进一步拓展以政府为主导的投融资渠道，引导更多私有资本参与"一带一路"建设。随着"一带一路"倡议逐渐得到全球共识，越来越多的国家意识到参与共建"一带一路"实现合作共赢的成果，中国可以加快与金融资源丰富的发达国家签署合作协议，联合国际资本强化合作关系，引导私有资本进入"一带一路"基础设施建设市场，助力沿线国家形成可持续发展融资机制。

发挥企业主体作用，积极推进合作。除了政府层面起宏观引导作用健全市场机制之外，微观企业作为"一带一路"基础设施建设中的主体，应该从自身出发，强化风险识别，对风险进行有效管控，保障项目顺利实施，避免重大风险发生。在项目的准备阶段，企业应该与东道国政府以及多边国际组织积极广泛合作交流，了解当地商业惯例、风俗习惯、制度标准等，不打"无准备之仗"。沿线国家如斯洛伐克是欧盟成员国，中资企业参与基础设施建设项目需要提供过去几年在欧盟地区的业绩证明，这成为许多企业进入市场的门槛。在全面掌握宏观环境的基础上，运用相关机构如律师事务所、会计师事务所等的专业知识和经验深入对项目进行可行性分析与风险识别，确保风险可控、盈利可持续。由于沿线国家发展水平不一，国情多样，企业需要根据东道国特征采取相应的风险缓释措施。具体而言，应该与外国企业加强合作，尤其是选取合适的东道国合作伙伴，这样不仅有助于了解当地市场，还能够形成利益捆绑，一定程度上规避风险。外国企业参与可以有效分散项目风险，减轻中国企业承担的运营风险，而中国企业的信誉也会为项目增信。另外，企业应该针对基础设施项目建设中的技术挑战，与国际技术领先企业加强研发攻关，尽可能降低施工风险，保障劳工安全、环境友好、可持续盈利。

企业还应该展示"软"实力，尊重当地文化风俗、宗教信仰、商业惯例等，把握市场机遇，深入参与"一带一路"高质量建设。重视与当地政府及企业建立良好合作关系，真正融入当地发展建设中。在涉及劳工保护、环境质量等问题时，严格遵守当地法律法规，不打"擦边球"、不越红线。企业需要深入了解东道国的社会文化环境、政治环境，因地制宜从事相关工作，避免将中国国情自动代入沿线国家而引起不必要的麻烦和争端。"一带一路"沿线国家如菲律宾，人口众多，民风淳朴，但较为注重自身舒适度和幸福感，工作节奏缓慢、加班意愿不高。企业需要充分尊重当地的习惯风俗，有效利用人力资源，避免劳务纠纷，减少劳资矛盾。像新加坡这样投资吸引力较高的国家，法律体系健全，融资渠道多样，政治社会稳定，中国企业在此进行商业活动需要格外注意重合同、守信用。在与新加坡企业合作或者投资设立机构时，要充分认识到合同的重要性，严格履行各项义务。无论沿线国家经济发展水平和市场机制健全程度如何，都要在事先做好充分的调查研究，熟悉投资环境，做好环境评估和保护，履行必要社会责任。做好市场调研十分重要，如果对信息真实性和项目可操作性了解不深入就盲目进入市场，很可能导致投资失败。潜在风险如汇率风险、政治风险、法律风险等需要格外重视，可运用保险、担保、银行等业务保障自身利益，积极参与"一带一路"建设。

四、完善"一带一路"沿线基础设施投资的金融支持体系，发挥沿线金融机构协同作用，促进金融利益共同体形成

"一带一路"沿线基础设施建设资金缺口依然庞大，国际资本参与不足，资金避险情绪严重，需要构建完善的金融支持体系。该体系是由国际金融组织牵头、沿线国家金融机构参与，金融市场协同的开发性金融与商业性金融互补的金融支持体系。

开发性金融是基础设施建设的重要融资渠道，多边开发性金融机构能够为沿线国家基础设施提供专业的金融支持，有效调动这些机构的开发性金融资源将助力"一带一路"基础设施融资。在现有的开发性金融机构基础上，中国还可以考虑和沿线国家共同建立新型金融机构作为补充。除了开发性金融，国际私有资本的参与是"一带一路"基础设施建设顺利运行的重要保障，但是目前国际私有资本的参与度远远不够。政府还应引导商业银行完善支持基础设施建设的贷款机制，推动资本市场尤其是中长期债券市场的建设，发展培育股权投资基金，健全金融市场支撑功能。

鼓励和引导商业性金融的参与，在私营部门和金融机构之间建立有效的信息交流，积极拓展包括直接债务融资（债券等）、间接债务融资（主权借款、出口信贷等）、股权融资（首次公开募股融资、私募股权融资等）、金融租赁等市场，为基础设施项目建设提供资金支持。建设过程中需要尤其注意社会、经济和环境效益，实现可持续发展。

国际金融组织应引领"一带一路"金融规则建设，建设金融利益共同体机制。世界银行、亚洲开发银行、金砖国家新开发银行等国际多边开发金融机构为基础设施项目的融资起到关键作用。丝路基金、中国—东盟投资合作基金等政府引导的投资合作基金也从资金融通的角度推进"一带一路"高质量发展。建议政府可以与国际组织与金融机构合作构建"一带一路"基础设施投融资规则体系，为基础设施项目提供权威的指导融资标

准。融合投融资规则需要确定国际机构的相同以及差异之处，要符合"一带一路"沿线国家的国情与基础设施建设特征，同时注重促进经济、社会与环境的可持续发展。国际组织和金融机构的协同作用在此过程中将发挥重要价值，为实现人类命运共同体理念提供政策和支持。

第四节　本章小结

本章首先总结归纳了"一带一路"沿线基础设施投资问题研究的结论，主要结论有："一带一路"基础设施在倡议落地和"五通"推进中发挥基础性作用，推动了全球化的新发展。"一带一路"沿线基础设施投资环境复杂，基础设施整体水平落后，中国在沿线投资面临复杂环境与问题。"一带一路"倡议提升了沿线国家基础设施水平，促进经济发展绩效显著，增进了沿线的福利水平。"一带一路"基础设施互联互通对中国企业的贸易、经营绩效和产能优化等经济效应作用明显，对中国企业可持续发展具有重要推动作用。"一带一路"基础设施投资渠口大，需要多种金融形式的支持，同时，"一带一路"倡议也促进了沿线国家金融效率的提升，完善金融支持体系非常必要。"一带一路"基础设施投资面临"逆全球化"、债务可持续性、金融风险、国家政治风险、疫情叠加地缘政治风险冲击，安全问题非常突出等，处理好安全问题是基础设施投资的第一要务。

其次针对"一带一路"沿线基础设施投资问题，本研究提出了相应对策建议，依次是：坚定不移推进全球化发展，大力深化改革开放，通过"一带一路"倡议，引领新一轮全球化方向；政府和企业应加强对"一带一路"沿线投资环境评估，适当调整投资目的地；通过深化基础设施互联互通，促进经贸金融合作，不断提升沿线经济发展绩效；通过"一带一路"基础设施互联互通的完善，有效促进"中欧班列"运行，提高企业经营绩效，优化产能，推进中国企业可持续发展；构建系统化的"一带一路"沿线金融合作机制，支持基础设施投融资，促进沿线金融效率提升，防范基础设施投资面临的"逆全球化"风险、债务与金融风险、国家政治风险、疫情叠加的地缘政治风险，提升沿线基础设施投资项目的安全性。

最后从全局角度，就推进"一带一路"基础设施投资，夯实人类命运共同体基础，从"一带一路"沿线基础设施投资推动"全球化"发展，沿线全方位合作机制，政府与企业协同、沿线基础设施金融支持体系等角度提出了战略性意见和建议。主要包括：大力推动"一带一路"沿线基础设施投资，进而推动全球化发展和包容性经济增长，实现共同繁荣；积极与"一带一路"沿线国家其他区域发展战略计划对接，通过完善全方位合作机制，促进高质量建设；通过加强政府引导与发挥企业主体作用，实现中国企业在"一带一路"沿线础设施投资中的可持续发展；完善"一带一路"沿线基础设施投资的金融支持体系，发挥沿线金融机构协同作用，促进金融利益共同体形成。

参考文献

[1] 白钦先,丁志杰. 论金融可持续发展 [J]. 国际金融研究,1998 (5): 28-32.

[2] 鲍宏礼. 全球化的销蚀作用与我国的对策 [J]. 经济论坛,2003 (12): 28-29.

[3] 卞元超,吴利华,白俊红. 高铁开通、要素流动与区域经济差距 [J]. 财贸经济,2018,39 (6): 147-161.

[4] 步晓宁,张天华,张少华. 通向繁荣之路:中国高速公路建设的资源配置效率研究 [J]. 管理世界,2019,35 (5): 44-63.

[5] 蔡宏波,宋研霏,马红旗. 城市商业银行设立与僵尸企业的形成 [J]. 北京:中国工业经济,2020 (9): 80-98.

[6] 蔡元元. 创新我国企业"一带一路"投融资模式 [J]. 宏观经济管理,2021 (10): 63-68.

[7] 曹翔,李慎婷. "一带一路"倡议对沿线国家经济增长的影响及中国作用 [J]. 世界经济研究,2021 (10): 13-24+134. DOI: 10.13516/j.cnki.wes.2021.10.002.

[8] 常晨,陆铭. 新城之殇——密度、距离与债务 [J]. 经济学 (季刊),2017,16 (4): 1621-1642.

[9] 陈丹丹,周全林. 中国经济转型收益及其度量:1978—2010 [J]. 当代财经,2012 (12): 19-27.

[10] 陈刚. 法官异地交流与司法效率——来自高院院长的经验证据 [J]. 经济学 (季刊),2012,11 (4): 1171-1192.

[11] 陈菁泉,王永玲. "丝绸之路经济带"沿线国国家风险评级与对策研究 [J]. 经济理论与经济管理,2020 (7): 73-87.

[12] 陈玲玲,翟会颖,张媛媛,王建平. 中欧班列对中欧贸易的影响——基于贸易引力模型和双重差分模型 [J]. 商业经济研究,2020 (19): 139-142.

[13] 陈萍,李平.中国城市人口密度与城市化进程:一个经验的U型曲线 [J]. 社会科学辑刊, 2012 (5): 129-133.

[14] 陈万灵,何传添.海上丝绸之路的各方博弈及其经贸定位 [J]. 改革, 2014 (3): 74-83.

[15] 崔守军,焦玉平.中国对拉美开发性金融合作研究 [J]. 中国人民大学学报, 2020, 34 (3): 151-162.

[16] 崔岩,于津平."一带一路"国家基础设施质量与中国对外直接投资——基于面板门槛模型的研究 [J]. 世界经济与政治论坛, 2017 (5): 135-152.

[17] 崔岩,于津平."一带一路"国家交通基础设施质量与中国货物出口 [J]. 当代财经, 2017 (11): 100-109. DOI: 10.13676/j.cnki.cn36-1030/f.2017.11.010.

[18] 戴林莉.增强对欧外贸竞争力研究——基于中欧班列提单视角 [J]. 国际贸易, 2017 (10): 22-25.

[19] 戴翔,宋婕."一带一路"倡议的全球价值链优化效应——基于沿线参与国全球价值链分工地位提升的视角 [J]. 中国工业经济, 2021 (6).

[20] 邓路,谢志华,李思飞.民间金融、制度环境与地区经济增长 [J]. 管理世界, 2014 (3): 31-40+187.

[21] 董艳,刘佩忠.国有注资对民营企业绩效的影响——基于中国工业企业的研究 [J]. 北京:经济学(季刊), 2021 (6): 1925-1948.

[22] 范天苧."一带一路"下基建融资难题何解 [J]. 中国外资, 2021 (24): 34-36.

[23] 范子英,田彬彬.税收竞争、税收执法与企业避税 [J]. 经济研究, 2013, 48 (9): 99-111.

[24] 方军雄.所有制、制度环境与信贷资金配置 [J]. 经济研究, 2007 (12): 82-92.

[25] 方明月,孙鲲鹏.国企混合所有制能治疗僵尸企业吗?——一个混合所有制类啄序逻辑 [J]. 北京:金融研究, 2019 (1): 91-110.

[26] 方意.系统性风险的传染渠道与度量研究——兼论宏观审慎政策实施 [J]. 管理世界, 2016 (8): 32-57+187.

[27] 龚静,尹忠明.铁路建设对我国"一带一路"战略的贸易效应研究——基于运输时间和运输距离视角的异质性随机前沿模型分析 [J]. 国际贸易问题, 2016 (2): 14-25.

[28] 龚六堂,谢丹阳. 我国省份之间的要素流动和边际生产率的差异分析 [J]. 经济研究, 2004 (1): 45-53.

[29] 龚强,张一林,雷丽衡. 政府与社会资本合作 (PPP): 不完全合约视角下的公共品负担理论 [J]. 经济研究, 2019, 54 (4): 133-148.

[30] 郭晔,黄振,姚若琪. 战略投资者选择与银行效率——来自城商行的经验证据 [J]. 经济研究, 2020, 55 (1): 181-197.

[31] 韩立岩,蔡红艳. 我国资本配置效率及其与金融市场关系评价研究 [J]. 管理世界, 2002 (1): 65-70.

[32] 郝凤霞,刘子涵. "一带一路"国内沿线区域基础设施投资效率及其经济效益——基于软、硬基础设施的视角 [J]. 工业技术经济, 2019, 38 (8): 10-19.

[33] 洪银兴,桂林. 公平竞争背景下国有资本做强做优做大路径——马克思资本和市场理论的应用 [J]. 北京: 中国工业经济, 2021 (1): 5-16.

[34] 黄群慧. "一带一路"沿线国家工业化进程报告 [M]. 北京: 社会科学文献出版社, 2015.

[35] 黄先海,余骁. 以"一带一路"建设重塑全球价值链 [J]. 经济学家, 2017 (3): 32-39.

[36] 蒋庚华. 服务业投入对我国工业离岸货物外包的影响——基于我国工业行业动态面板数据的理论和实证 [J]. 国际贸易问题, 2014 (1): 108-119.

[37] 金戈. 中国基础设施资本存量估算 [J]. 经济研究, 2012, 47 (4): 4-14+100.

[38] 金仁淑,孙玥. 我国企业对"一带一路"沿线投资面临的法律风险及对策研究 [J]. 国际贸易, 2019 (9): 70-79. DOI: 10.14114/j.cnki.itrade.2019.09.010.

[39] 靳庆鲁,孔祥,侯青川. 货币政策、民营企业投资效率与公司期权价值 [J]. 经济研究, 2012, 47 (5): 96-106.

[40] 鞠传霄. "一带一路"资金融通面临的挑战及建议 [J]. 中国投资 (中英文), 2021 (ZA): 20-21.

[41] 康继军,张梦珂,黎静. 孔子学院对中国出口贸易的促进效应——基于"一带一路"沿线国家的实证分析 [J]. 重庆大学学报 (社会科学版), 2019, 25 (5): 1-17.

[42] 雷洋,马军海,张玉春,黄承锋,周建庭,吴宏波. "一带一

路"沿线公路交通基础设施发展战略研究 [J]. 中国工程科学, 2019, 21 (4): 14-21.

[43] 李建军, 韩珣. 普惠金融、收入分配和贫困减缓——推进效率和公平的政策框架选择 [J]. 金融研究, 2019 (3): 129-148.

[44] 李建军, 李俊成. "一带一路"倡议、企业信贷融资增进效应与异质性 [J]. 世界经济, 2020, 43 (2): 3-24.

[45] 李建军, 李俊成. "一带一路"倡议是否增进了沿线国家基础设施绩效? [J]. 兰州大学学报 (社会科学版), 2018, 46 (4): 61-73.

[46] 李建军, 李俊成. "一带一路"基础设施建设、经济发展与金融要素 [J]. 国际金融研究, 2018 (2): 8-18.

[47] 李建军, 李俊成. 全球化真的损害了发达国家的经济利益吗?——来自全球化收益分配及其决定因素的证据 [J]. 经济学家, 2019 (7): 101-112.

[48] 李建军, 李明洲, 彭俞超. "一带一路"倡议与沿线国家金融效率 [J]. 金融评论, 2022, 14 (2): 35-52+124.

[49] 李启佳, 罗福凯, 庞廷云. "一带一路"倡议能够缓解中国企业产能过剩吗? [J]. 产业经济研究, 2021 (4): 129-142. DOI: 10.13269/j.cnki.ier.2021.04.010.

[50] 李青原, 章尹赛楠. 金融开放与资源配置效率——来自外资银行进入中国的证据 [J]. 中国工业经济, 2021 (5): 95-113.

[51] 李青原, 赵奇伟, 李江冰, 江春. 外商直接投资、金融发展与地区资本配置效率——来自省级工业行业数据的证据 [J]. 金融研究, 2010 (3): 80-97.

[52] 李姝澜. 中资商业银行在"一带一路"沿线亚洲国家经营的风险研究 [D]. 外交学院, 2019.

[53] 李曦辉, 陈景昭. "一带一路"倡议与人类命运共同体 [J]. 北方民族大学学报 (哲学社会科学版), 2019 (4): 31-37.

[54] 李向阳. "一带一路"的研究现状评估 [J]. 经济学动态, 2019 (12): 27-37.

[55] 李扬. "金融服务实体经济"辨 [J]. 经济研究, 2017, 52 (6): 4-16.

[56] 李原. "一带一路"跨境基础设施项目投资收益分析 [J]. 开发性金融研究, 2021 (1): 69-80. DOI: 10.16556/j.cnki.kfxjr.20201225.001.

[57] 李志鹏, 邓暄. 促进"一带一路"跨境融资租赁发展研究 [J]. 国际经济合作, 2021 (4): 77-84.

[58] 李治国, 唐国兴. 资本形成路径与资本存量调整模型——基于中国转型时期的分析 [J]. 经济研究, 2003 (2): 34-42+92.

[59] 梁振民. 中巴经济走廊建设: 意义、进展与路径研究 [J]. 亚太经济, 2018 (5): 13-20+149. DOI: 10.16407/j.cnki.1000-6052.2018.05.002.

[60] 廖凯诚, 李晓晔, 谢慧敏. 地方政府经济与社会投资效率的区域差异分解及动态效应评价 [J]. 数量经济技术经济研究, 2019, 36 (12): 42-63.

[61] 廖琴. "一带一路"背景下国际基础设施建设项目经济风险评价研究 [D]. 西安建筑科技大学, 2018.

[62] 林海明, 杜子芳. 主成分分析综合评价应该注意的问题 [J]. 统计研究, 2013, 30 (8): 25-31.

[63] 林毅夫, 李永军. 比较优势、竞争优势与发展中国家的经济发展 [J]. 管理世界, 2003 (7): 21-28.

[64] 刘冲, 刘晨冉, 孙腾. 交通基础设施、金融约束与县域产业发展——基于"国道主干线系统"自然实验的证据 [J]. 管理世界, 2019, 35 (7): 78-88+203.

[65] 刘海猛, 胡森林, 方恺, 何光强, 马海涛, 崔学刚. "一带一路"沿线国家政治-经济-社会风险综合评估及防控 [J]. 地理研究, 2019, 38 (12): 2966-2984.

[66] 刘嘉婷. "一带一路"下PPP融资模式面临的问题及路径选择 [J]. 经济研究导刊, 2020 (30): 59-60.

[67] 刘俊锋, 刁节文. 投资"一带一路"基础设施项目的宏观经济风险及对策 [J]. 经济研究导刊, 2021 (4): 53-56.

[68] 刘瑞明, 赵仁杰. 国家高新区推动了地区经济发展吗?——基于双重差分方法的验证 [J]. 管理世界, 2015 (8): 30-38.

[69] 刘艳红, 黄雪涛, 石博涵. 中国"新基建": 概念、现状与问题 [J]. 北京工业大学学报 (社会科学版), 2020, 20 (6): 1-12.

[70] 刘勇政, 冯海波. 腐败、公共支出效率与长期经济增长 [J]. 经济研究, 2011 (9): 17-28.

[71] 卢锋, 李昕, 李双双, 姜志霄, 张杰平, 杨业伟. 为什么是中国?——"一带一路"的经济逻辑 [J]. 国际经济评论, 2015 (3): 9-

34+4.

[72] 罗煜, 王芳, 陈熙. 制度质量和国际金融机构如何影响PPP项目的成效——基于"一带一路"46国经验数据的研究[J]. 金融研究, 2017 (4): 61-77.

[73] 吕越, 陆毅, 吴嵩博, 王勇. "一带一路"倡议的对外投资促进效应——基于2005—2016年中国企业绿地投资的双重差分检验[J]. 经济研究, 2019, 54 (9): 187-202.

[74] 马晓丽. 中国基建行业对"一带一路"沿线国家直接投资面临的政治风险研究[D]. 吉林大学, 2021.

[75] 马新啸, 汤泰劼, 蔡贵龙. 非国有股东治理与国有企业去僵尸化——来自国有上市公司董事会"混合"的经验证据[J]. 北京: 金融研究, 2021 (3): 95-113.

[76] 帕拉格·康纳. 超级版图[M]. 崔传刚、周大昕译. 北京: 中信出版社, 2016.

[77] 潘雅茹, 罗良文. 基础设施投资对经济高质量发展的影响: 作用机制与异质性研究[J]. 改革, 2020 (6): 100-113.

[78] 彭俞超, 彭丹丹. 金融业相对盈利性与经济增长——来自121个国家的国际经验[J]. 国际金融研究, 2018 (8): 23-32.

[79] 彭俞超. 金融功能观视角下的金融结构与经济增长——来自1989~2011年的国际经验[J]. 金融研究, 2015 (1): 32-49.

[80] 邱华炳, 刘宏. 我国开放格局下的金融效率与金融风险[J]. 经济研究, 1999 (8): 58-63.

[81] 邱煜, 潘攀. "一带一路"倡议与沿线国家债务风险: 效应及作用机制[J]. 财贸经济, 2019, 40 (12): 96-111.

[82] 商务部国际贸易经济合作研究院. 中国"一带一路"贸易投资发展报告2020. 第一版. 北京: 国际贸易经济合作研究院, 2020.

[83] 申慧慧, 于鹏, 吴联生. 国有股权、环境不确定性与投资效率[J]. 经济研究, 2012, 47 (7): 113-126.

[84] 沈坤荣, 孙文杰. 投资效率、资本形成与宏观经济波动——基于金融发展视角的实证研究[J]. 中国社会科学, 2004 (6): 52-63+205.

[85] 施普皓. 中巴经济走廊绽放共赢之光[N]. 经济日报, 2021-11-20 (04). DOI: 10.28425/n.cnki.njjrb.2021.008977.

[86] 施震凯, 邵军, 浦正宁. 交通基础设施改善与生产率增长: 来

自铁路大提速的证据[J]. 世界经济, 2018, 41 (6): 127-151.

[87] 史耀斌. 夯实"一带一路"基础设施融资机制[J]. 中国财政, 2017 (13): 4-6. DOI: 10.14115/j.cnki.zgcz.2017.13.002.

[88] 隋广军, 黄亮雄, 黄兴. 中国对外直接投资、基础设施投资与"一带一路"沿线国家经济增长[J]. 广东财经大学学报, 2017, 32 (1): 32-43.

[89] 孙楚仁, 张楠, 刘雅莹. "一带一路"倡议与中国对沿线国家的贸易增长[J]. 社会科学文摘, 2017, 11 (23): 20-22.

[90] 孙亮, 刘春. 民营企业因何引入国有股东?——来自向下调整盈余的证据[J]. 上海: 财经研究, 2021 (8): 109-122.

[91] 孙壮志, 赵克斌, 王晓泉. "一带一路"蓝皮书: "一带一路"建设发展报告 (2021). 第一版. 北京: 社会科学文献出版社, 2022.

[92] 唐升, 李红昌, 郝璐璐, 喻文天. 交通基础设施与区域经济增长: 基于多种运输方式的分析[J]. 中国软科学, 2021 (5): 145-157.

[93] 唐宜红, 俞峰, 林发勤, 张梦婷. 中国高铁、贸易成本与企业出口研究[J]. 经济研究, 2019, 54 (7): 158-173.

[94] 佟家栋. 分工与国际经济保护主义: 驳"中国威胁论"[J]. 世界经济, 2017 (6): 3-22.

[95] 王海, 吴梦萱, 尹俊雅. 地区金融机构与僵尸企业——基于城商行设立的准自然实验[J]. 北京: 统计研究, 2021 (3): 58-70.

[96] 王立国, 赵婉妤. 产能过剩对信贷资源配置效率的影响——基于金融供给侧结构性改革的背景[J]. 改革, 2019 (12): 133-145.

[97] 王绍媛, 杨础瑞. 借力新基建驱动中国服务贸易高质量发展研究[J]. 国际贸易, 2022 (1): 88-96.

[98] 王绍媛. 中国服务贸易竞争力分析——基于进出口数据的指标分析[J]. 世界经济与政治论坛, 2005 (1): 23-28.

[99] 王晓彤. "一带一路"下中长期投融资多元风险可控体系的构建[J]. 中国外资, 2021 (24): 37-39.

[100] 王雄元, 卜落凡. 国际出口贸易与企业创新——基于"中欧班列"开通的准自然实验研究[J]. 中国工业经济, 2019 (10): 80-98.

[101] 王永剑, 刘春杰. 金融发展对中国资本配置效率的影响及区域比较[J]. 财贸经济, 2011 (3): 54-60.

[102] 王永进, 盛丹, 施炳展, 李坤望. 基础设施如何提升了出口技术复杂度?[J]. 经济研究, 2010, 45 (7): 103-115.

[103] 王永钦, 杜巨澜, 王凯. 中国对外直接投资区位选择的决定因素: 制度、税负和资源禀赋 [J]. 经济研究, 2014 (12): 126-142.

[104] 王振山. 银行规模与中国商业银行的运行效率研究 [J]. 财贸经济, 2000 (5): 19-22.

[105] 王宗韩, 白思俊, 郭云涛. "一带一路"基础设施PPP项目投资风险研究——以东南亚三国为例 [J]. 工程管理学报, 2021, 35 (5): 88-93.

[106] 温灏, 沈继奔. "一带一路"投融资模式与合作机制的政策思考 [J]. 宏观经济管理, 2019 (2): 54-61.

[107] 温军, 冯根福. 异质机构、企业性质与自主创新 [J]. 经济研究, 2012 (3): 53-64.

[108] 吴时舫. "一带一路"投融资合作模式与优化策略 [J]. 国际金融, 2022 (4): 44-53.

[109] 吴粤, 王涛, 竹志奇. 政府投资效率与债务风险关系探究 [J]. 财政研究, 2017 (8): 29-42+55.

[110] 吴志君. "一带一路"倡议下中国企业海外投资基础设施所面临的法律风险及其防范 [D]. 郑州大学, 2019.

[111] 习近平. 开放共创繁荣 创新引领未来——在博鳌亚洲论坛2018年年会开幕式上的主旨演讲 [J]. 中国经济周刊, 2018 (15): 20-23.

[112] 夏琼, 杨峰, 吴华清. "三重底线"下中国商业银行经营效率及其影响因素分析 [J]. 中国管理科学, 2019, 27 (8): 26-36.

[113] 向鹏成, 蔡奇钢. "一带一路"倡议下重大基础设施投资的文化风险评价研究 [J/OL]. 重庆大学学报 (社会科学版): 1-17 [2022-06-09]. http://kns.cnki.net/kcms/detail/50.1023.c.202107.

[114] 向鹏成, 宋贤萍. PPP模式下城市基础设施融资风险评价 [J]. 工程管理学报, 2016, 30 (1): 60-65.

[115] 向鹏成, 张菲, 盛亚慧. "一带一路"沿线国家基础设施投资社会风险评价研究 [J]. 工业技术经济, 2022, 41 (3): 3-11.

[116] 肖建忠, 肖雨彤, 施文雨. "一带一路"倡议对沿线国家能源投资的促进效应: 基于中国企业对外投资数据的三重差分检验 [J]. 世界经济研究, 2021 (7): 107-119+137. DOI: 10.13516/j.cnki.wes.2021.07.008.

[117] 肖兴志, 张伟广, 朝镛. 僵尸企业与就业增长: 保护还是排挤? [J]. 北京: 管理世界, 2019 (8): 69-83.

[118] 谢多. 不断开创服务"一带一路"建设新格局 [J]. 中国金融, 2021 (Z1): 76-78.

[119] 徐江田. "一带一路"下的投融资模式风险和规避对策 [J]. 中国外资, 2022 (2): 33-35.

[120] 徐奇渊. "一带一路"沿线国家交通基础设施融资需求测算 [J]. 开发性金融研究, 2018 (6): 8-16.

[121] 徐曙娜. 政府与基础设施、基础产业 [J]. 财经研究, 2000 (3): 54-59.

[122] 徐思, 何晓怡, 钟凯. "一带一路"倡议与中国企业融资约束 [J]. 中国工业经济, 2019 (7): 155-173.

[123] 许娇, 陈坤铭, 杨书菲, 林昱君. "一带一路"交通基础设施投资的国际经贸效应 [J]. 亚太经济, 2016 (3): 3-11.

[124] 许英明, 邢李志, 董现垒. "一带一路"倡议下中欧班列贸易通道研究 [J]. 国际贸易, 2019 (2): 80-86.

[125] 薛琼琼, 何寿奎. "一带一路"基础设施项目融资风险评估与控制 [J]. 工程经济, 2021, 31 (9): 27-31.

[126] 亚洲发展银行. 满足亚洲基础设施建设需求报告, 2017.02.

[127] 严佳佳, 刘永福, 何怡. 中国对"一带一路"国家直接投资效率研究——基于时变随机前沿引力模型的实证检验 [J]. 数量经济技术经济研究, 2019, 36 (10): 3-20.

[128] 严金强, 夏碧英. 当代资本主义市场经济的制度困境与中国破解方案 [J]. 上海经济研究, 2021 (1): 56-65.

[129] 杨栋旭, 于津平. 投资便利化、外商直接投资与"一带一路"沿线国家全要素生产率 [J]. 经济经纬, 2021 (2): 54-63.

[130] 杨茜, 石大千. 交通基础设施、要素流动与城乡收入差距 [J]. 南方经济, 2019 (9): 35-50.

[131] 杨永恒, 胡鞍钢, 张宁. 基于主成分分析法的人类发展指数替代技术 [J]. 经济研究, 2005 (7): 4-17.

[132] 叶建芳, 李丹蒙, 丁琼. 真实环境下机构投资者持股与公司透明度研究——基于遗漏变量与互为因果的内生性检验分析视角 [J]. 财经研究, 2009 (1): 49-60.

[133] 易宇, 周观平. 全球产业链重构背景下中国制造业竞争优势分析 [J]. 宏观经济研究, 2021 (6): 34-49.

[134] 殷宝庆, 肖文, 刘洋. 贸易便利化影响了出口技术复杂度

吗?——基于2002—2014年省级面板样本的检验[J]. 科学学与科学技术管理,2016,37(12):73-81.

[135] 于民,刘一鸣. 中欧班列、中欧贸易吸引力及前景分析——基于贸易引力模型[J]. 经济问题探索,2019(10):125-133.

[136] 余晶晶,何德旭,仝菲菲. 竞争、资本监管与商业银行效率优化——兼论货币政策环境的影响[J]. 中国工业经济,2019(8):24-41.

[137] 袁佳. "一带一路"基础设施资金需求与投融资模式探究[J]. 国际贸易,2016(5):52-56.

[138] 苑德宇,李德刚,杨志勇. 外商直接投资进入是否增进了中国城市基础设施绩效[J]. 世界经济,2017,40(8):143-166.

[139] 岳中刚,叶茂坤. "一带一路"沿线国家交通基础设施改善的贸易效应研究[J]. 上海经济,2021(6):19-32.

[140] 张碧琼,田晓明. 中国对外直接投资环境评估:综合评分法及应用[J]. 财贸经济,2012(2):73-80.

[141] 张碧琼,卢钰,邢智晟,刘斌. 中国对一带一路沿线投资的风险和导向[J]. 开放导报,2018(2):29-33.

[142] 张成思,张步昙. 再论金融与实体经济:经济金融化视角[J]. 经济学动态,2015(6):56-66.

[143] 张大永,张志伟. 竞争与效率——基于我国区域性商业银行的实证研究[J]. 金融研究,2019(4):111-129.

[144] 张家栋,柯孜凝. "一带一路"建设在南亚:现状、挑战与机遇[J]. 印度洋经济体研究,2021(5):19-41+151-152.

[145] 张鹏飞,黄烨菁. 中国企业参与"一带一路"基础设施建设PPP合作模式的影响因素研究——以亚洲发展中国家为合作对象的分析[J]. 新金融,2019(1):25-31.

[146] 张文合. 创新对外投资基础设施项目的投融资模式[J]. 国际工程与劳务,2021(10):78-82.

[147] 张相伟,龙小宁. 中国境外金融机构促进了对外直接投资吗?[J]. 国际贸易问题,2018(9):108-120.

[148] 张勋,王旭,万广华,孙芳城. 交通基础设施促进经济增长的一个综合框架[J]. 经济研究,2018,53(1):50-64.

[149] 张艳艳,于津平. 交通基础设施、相邻效应与双边贸易——基于中国与"一带一路"国家贸易数据的实证研究[J]. 当代财经,2018

(3): 98-109. DOI: 10.13676/j.cnki.cn36-1030/f.2018.03.010.

[150] 张亦然. 基础设施减贫效应研究——基于农村公路的考察 [J]. 经济理论与经济管理, 2021, 41 (2): 28-39.

[151] 张友棠, 杨柳. "一带一路"国家金融发展与中国对外直接投资效率——基于随机前沿模型的实证分析 [J]. 数量经济技术经济研究, 2020, 37 (2): 109-124.

[152] 郑荷芬, 马淑琴, 徐英侠. 基础设施投入对服务贸易结构影响的实证研究——来自跨国面板数据的证据 [J]. 国际贸易问题, 2013 (5): 115-127. DOI: 10.13510/j.cnki.jit.2013.05.010.

[153] 郑世林, 周黎安, 何维达. 电信基础设施与中国经济增长 [J]. 经济研究, 2014, 49 (5): 77-90.

[154] 郑雪, 张昕蕾, 钟楚缇, 鲍文. 一带一路倡议下基础设施项目面临的管理风险研究 [C] //劳动保障研究会议论文集（八）. 2021: 83-85.

[155] 周士新. 美国"蓝点网络"计划及其影响分析 [J]. 亚太经济, 2021 (4): 69-75. DOI: 10.16407/j.cnki.1000-6052.2021.04.008.

[156] 周延礼. 金融助力"一带一路"新举措 [J]. 中国金融, 2019 (8): 15-16.

[157] 朱博恩, 张伯伟, 马骆茹. 交通基础设施联通对"丝绸之路经济带"的经济影响研究——基于CGE的模拟分析 [J]. 国际商务（对外经济贸易大学学报）, 2019 (5): 41-55.

[158] Abramovitz M. Catching up, forging ahead, and falling behind [J]. The journal of economic history, 1986, 46 (2): 385-406.

[159] Agénor P R, Neanidis K C. Corruption Clubs: The Allocation of Public Expenditure and Economic Growth [J]. Centre for Growth & Business Cycle Research Discussion Paper, 2006, 79 (4): 899-931.

[160] Aggarwal R, Demirgüç-Kunt A, Pería M S M. Do remittances promote financial development? [J]. Journal of development economics, 2011, 96 (2): 255-264.

[161] Ahearne A G, Shinada N. Zombie firms and economic stagnation in Japan [J]. International Economics and Economic Policy, 2005, 2 (4): 363-381.

[162] Aibai A, Huang X, Luo L, Peng Y. Foreign Direct Investment, Institutional Quality, and Financial Development along the Belt and Road: An

Empirical Investigation [J]. Emerging Markets Finance and Trade, 2019, 55 (14): 3275 - 3294.

[163] Aigner D, C. Lovell C, and P. Schmidt P. Formulation and Estimation of Stochastic Frontier Production Function Models [J]. Journal of Econometrics, 1977, 6 (1): 21 - 37.

[164] Albalate D, Bel G, Fageda X. When supply travels far beyond demand: Causes of oversupply in Spain's transport infrastructure [J]. Transport Policy, 2015, 41: 80 - 89.

[165] Ang J S, Cheng Y, Wu C. Does enforcement of intellectual property rights matter in China? Evidence from financing and investment choices in the high - tech industry [J]. Review of Economics and Statistics, 2014, 96 (2): 332 - 348.

[166] Ariff M, Can L. Cost and Profit Efficiency of Chinese Banks: A Non - Parametric Analysis [J]. China Economic Review, 2008, 19 (2): 260 - 273.

[167] Arndt S W. Production networks in an economically integrated region [J]. ASEAN Economic Bulletin, 2001, 18 (1): 24 - 34.

[168] Aschauer D A. Is public expenditure productive? [J]. Journal of monetary economics, 1989, 23 (2): 177 - 200.

[169] Asiedu E, Lien D. Democracy, foreign direct investment and natural resources [J]. Working Papers, 2010, 84 (1): 99 - 111.

[170] Asiedu E. On the determinants of foreign direct investment to developing countries: is Africa different? [J]. World development, 2002, 30 (1): 107 - 119.

[171] Banerjee A, Duflo E, Qian N. On the Road: Access to Transportation Infrastructure and Economic Growth in China [J]. Social Science Electronic Publishing, 2012, 11 (1): 1 - 53.

[172] Bao S Z, Cai R L. Cost externalization of the zombie enterprise and its market failure correction [J]. Gaige (Reform), 2016, 29 (9): 115 - 122.

[173] Battese G, Coelli T. Frontier Production Functions, Technical Efficiency and Panel Data: With Application to Paddy Farmers in India [J]. Journal of Productivity Analysis, 1992, 3 (1): 153 - 169.

[174] Beck T, Levine R. Stock Markets, Banks and Growth: Panel Evi-

dence [J]. Journal of Banking & Finance, 2004, 28 (3): 423 -442.

[175] Bertrand M. Mullainathan S. Are CEOs Rewarded for Luck? The Ones Without Principals are [J]. The Quarterly Journal of Economics, 2001, 116 (3): 901 -932.

[176] Bilel K, Mouldi D. The relationship between financial liberalization, FDI and economic growth: An empirical test for MENA countries [J]. Economics and finance review, 2011, 1 (10): 20 -26.

[177] Bougheas S, Demetriades P O, Mamuneas T P. Infrastructure, specialization, and economic growth [J]. Canadian Journal of Economics, 2000, 33 (2): 506 -522.

[178] Buurman J, Rietveld P. Transport infrastructure and industrial location: The case of Thailand [J]. Review of Urban & Regional Development Studies, 1999, 11 (1): 45 -62.

[179] Caballero R J, Hoshi T, Kashyap A K. Zombie lending and depressed restructuring in Japan [J]. American Economic Review, 2008, 85 (1): 1943 -77.

[180] Calderón C, Chong A. Volume and quality of infrastructure and the distribution of income: an empirical investigation [J]. Review of Income and Wealth, 2004, 50 (1): 87 -106.

[181] Calderón C, Moral - Benito E, Servén L. Is infrastructure capital productive? A dynamic heterogeneous approach [J]. Journal of Applied Econometrics, 2015, 30 (2): 177 -198.

[182] Chen B, Woo Y P. Measuring economic integration in the Asia - Pacific region: A principal components approach [J]. Asian Economic Papers, 2010, 9 (2): 121 -143.

[183] Chen Y S, Huang J Q. Regional favoritism and emergence of zombie company: Evidence from China [J]. Jingji Guanli (Business Management Journal), 2017, 39 (9): 149 -166.

[184] Cook P. Infrastructure, rural electrification and development [J]. Energy for Sustainable Development, 2011, 15 (3): 304 -313.

[185] Dailami M, Klein M. Government support to private infrastructure projects in emerging markets [J]. Policy Research Working Paper Series, 1998.

[186] Dercon S. Risk, poverty and vulnerability in Africa [J]. Journal

of African Economies, 2005, 14 (4): 483 -488.

[187] Diamond D. Financial Intermediation and Delegated Monitoring [J]. The Review of Economic Studies, 1984, 51 (3): 393 -414.

[188] Donaldson D. Railroads of the Raj: Estimating the impact of transportation infrastructure [J]. American Economic Review, 2018, 108 (4 - 5): 899 -934.

[189] Donaldson D. Railroads of the Raj: Estimating the impact of transportation infrastructure [J]. American Economic Review, 2018, 108 (4): 899 -934.

[190] Dowrick S, DeLong J. B. Globalisation and convergence [M]. Blackwell Publishing Ltd, 2003.

[191] Duranton G, Turner M A. The fundamental law of road congestion: Evidence from US cities [J]. American Economic Review, 2011, 101 (6): 2616 -2652.

[192] Fan H, Liu Y, Qiu L, Zhao X. Export to Elude [J]. Journal of International Economics, 2020, 127, 103366.

[193] Fitriandi P, Kakinaka M, Kotani K. Foreign direct investment and infrastructure development in Indonesia: Evidence from province level data [J]. Asian Journal of Empirical Research, 2014, 4 (1): 79 -94.

[194] Gambacorta L, Shin H S. Why bank capital matters for monetary policy [J]. Journal of Financial Intermediation, 2016: 35.

[195] Gibson J, Rozelle S. Poverty and access to roads in Papua New Guinea [J]. Economic development and cultural change, 2003, 52 (1): 159 -185.

[196] Heeks R. Do information and communication technologies (ICTs) contribute to development? [J]. Journal of international development, 2010, 22 (5): 625 -640.

[197] Hoshi T, Kashyap A K. Will the U. S. bank recapitalization succeed? Eight lessons from Japan [J]. Journal of Financial Economics, 2010, 97 (3): 398 -417.

[198] Jiang F T, Geng Q, Lv D G, Li X P. Mechanism of excess capacity based on China's regional competition and market distortion [J]. Zhongguo Gongye Jingji (China Industrial Economics), 2012, 29 (6): 44 -56.

[199] Jin G. The estimation of China's infrastructure capital stock [J].

Economic Research Journal, 2012, 47 (4): 4-14.

[200] Kane E J. Dangers of capital forbearance: The case of the FSLIC and zombie S&Ls [J]. Contemporary Economic Policy, 1987, 5 (1): 77-83.

[201] Kumar A, Acharya A. Regional Disparity, Infrastructure Development and Economic Growth: An Inter-State Analysis [J]. Research on Social Work Practice, 2011, 6 (6): 17-30.

[202] Lakshmanan T R. The broader economic consequences of transport infrastructure investments [J]. Journal of transport geography, 2011, 19 (1): 1-12.

[203] Levine R. The Legal Environment, Banks, and Long-Run Economic Growth [J]. Journal of Money, 中欧班列 dit and Banking, 1998, 30 (3): 596-613.

[204] Lopez-casasnovas G, Rivera B, Currais L. Health and Economic Growth: Findings and Policy Implications [J]. Population Studies, 2007, 30 (3): 533-534.

[205] Mcmillan M, Rodrik D, Í Verduzco-Gallo. Globalization, Structural Change, and Productivity Growth, with an Update on Africa [J]. World Development, 2014 (63): 11-32.

[206] Milanovic B. The two faces of globalization: against globalization as we know it [J]. World development, 2003, 31 (4): 667-683.

[207] Myrdal G. Economic Theory and Under-developed Regions [M]. Longon: Harper & Row, 1957.

[208] North D. Structure and Change in Economic History [M]. 1981, Norton.

[209] Obstfeld M. The global capital market: benefactor or menace? [J]. Journal of economic perspectives, 1998, 12 (4): 9-30.

[210] Patra A, Acharya A. Regional Disparity, Infrastructure Development and Economic Growth: an Inter-state Analysis [J]. Research and Practice in Social Sciences, 2011, 6 (2): 17-30.

[211] Pistor K, Raiser M, Gelfer S. Law and Finance in Transition Economies [J]. CID Working Papers, 2000.

[212] Rehman C A, Ilyas M, Alam H M, et al. The impact of infrastructure on foreign direct investment: The case of Pakistan [J]. International

Journal of Business and Management, 2011, 6 (5): 268-276.

[213] Richardson S. Over - Investment of Free Cash Flow [J]. Review of Accounting Studies, 11 (2-3): 159-189.

[214] Riedel J, Jin J, Gao J. Overview of economic reforms and outcomes, from how China grows: investment, finance, and reform [J]. Introductory Chapters, 2007.

[215] Rodrik D. Has Globalization Gone Too Far? [J]. Peterson Institute Press All Books, 1997.

[216] Rostow W W. The Stages of Economic Growth: A Non - Communist Manifesto [J]. Journal of the American Statistical Association, 1960, 55 (292).

[217] Shahbaz M. Income inequality - economic growth and non - linearity: A case of Pakistan [J]. International Journal of Social Economics, 2010, 37 (8): 613-636.

[218] Shaidullin R N, Ulesov D V, Shigabieva A M, et al. Innovative infrastructure in post - industrial society [J]. World Applied Sciences Journal, 2013, 27 (13): 180-183.

[219] Shirley C, Winston C. Firm inventory behavior and the returns from highway infrastructure investments [J]. Journal of Urban Economics, 2004, 55 (2): 398-415.

[220] Singh A. Capital account liberalization, free long - term capital flows, financial crises and economic development [J]. Eastern Economic Journal, 2003, 29 (2): 191-191.

[221] Snieska V, Simkunaite I. Socio - Economic Impact of Infrastructure Investments [J]. Engineering Economics, 2009, 3 (63): 16-25.

[222] Srinivasu B, Rao P S. Infrastructure development and economic growth: Prospects and perspective [J]. Journal of business management and Social sciences research, 2013, 2 (1): 81-91.

[223] Stulz R M. The limits of financial globalization [J]. The journal of finance, 2005, 60 (4): 1595-1638.

[224] Sungyeop, Jung, Jae, et al. PPP program and EPC design of 1915 Çanakkale Bridge [J]. Jouran of the Korean Society of Civil Engineers, 2017.

[225] Tamang P. Urbanisation and economic growth: Investigating causality [J]. Econometrics, 2013, 1 (3): 41-47.

[226] Tierney S. High – speed rail, the knowledge economy and the next growth wave [J]. Journal of Transport Geography, 2012, 22: 285 – 7.

[227] TiersMonde. A. O. Hirschman, The strategy of economic development [J]. ekonomisk tidskrift, 1958, 50 (199): 1331 – 1424.

[228] Timofeev, A. A, Great Siberian highway and process urbanization on Southern Ural [J]. Journal of Siberian Federal University: Humanities & Social Sciences, 2009 (2): 176 – 183.

[229] Todaro M P. A model of labor migration and urban unemployment in less developed countries [J]. The American economic review, 1969, 59 (1): 138 – 148.

[230] Tulkens H. Measuring the Contribution of Public Infrastructure Capital in Sweden: Comment [J]. Scandinavian Journal of Economics, 1992: 94.

[231] Vickerman R. High – speed rail and regional development: The case of intermediate stations [J]. Journal of Transport Geography, 2015, 42: 157 – 165.

[232] Wagstaff A, Claeson M. The Millennium Development Goals for Health: Rising to the Challenges [J]. The World Bank, 2004.

[233] Wijesiri M, Yaron J, Meoli M. Assessing the Financial and Outreach Efficiency of Microfinance Institutions: Do Age and Size Matter? [J]. Journal of Multinational Financial Management, 2017, 40: 63 – 76.

[234] Wurgler J. Financial Markets and the Allocation of Capital [J]. Journal of Financial Economics, 2000, 58 (1): 187 – 214.

[235] Xuecheng Z, Congying H, Tong Z, et al. The utilization evaluation for large – scale scientific instruments based on rank – sum ratio model [J]. Science Research Management, 2013, 34 (4): 108 – 114.

[236] Yao S J, Fang J, He H B. Can Time – Space Compression Promote Urban Economic Growth? Evidence from China's High – speed Rail Projects [J]. China & World Economy, 2020, 28 (5): 90 – 117.

[237] Yescombe E R. Public – Private Partnerships: Principles of Policy and Finance [M]. 2007.

图书在版编目（CIP）数据

"一带一路"沿线基础设施投资问题研究/李建军等著. -- 北京：中国财政经济出版社，2023.6
国家社科基金后期资助项目
ISBN 978-7-5223-2132-5

Ⅰ.①一… Ⅱ.①李… Ⅲ.①"一带一路"－基础设施建设－基本建设投资－研究 Ⅳ.①F294

中国国家版本馆CIP数据核字（2023）第056131号

| 责任编辑：孙 琛 | 责任印制：党 辉 |
| 封面设计：王 颖 | 责任校对：张 凡 |

中国财政经济出版社 出版

URL: http://www.cfeph.cn
E-mail: cfeph@cfeph.cn

（版权所有　翻印必究）

社址：北京市海淀区阜成路甲28号　邮政编码：100142
营销中心电话：010-88191522
天猫网店：中国财政经济出版社旗舰店
网址：https://zgczjjcbs.tmall.com
北京财经印刷厂印刷　各地新华书店经销
成品尺寸：165mm×238mm　16开　21.25印张　359 000字
2023年7月第1版　2023年7月北京第1次印刷
定价：88.00元
ISBN 978-7-5223-2132-5
（图书出现印装问题，本社负责调换，电话：010-88190548）
本社质量投诉电话：010-88190744
打击盗版举报热线：010-88191661　QQ：2242791300